鈴木一功
編著

企業価値評価
実践編

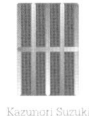

VALUATION in PRACTICE

Kazunori Suzuki

ダイヤモンド社

まえがき

　現在の日本では、かつてないほど企業価値や株主価値が意識されている。1990年代の日本では、企業の資金調達方法を、従来の銀行や保険会社といった金融機関からの間接金融から、社債やコマーシャル・ペーパー、株式といった市場からの調達、直接金融へと移行させようとする数々の施策がとられた。いわゆる金融ビッグバンである。直接金融のもとでは、事業価値の評価が高い企業の資金調達コストは下がり、低い企業の資金調達コストは上昇、さらに進めば、市場での資金調達自体が不可能になる。従来あまり意識されることのなかった事業価値や企業価値が、企業の血液ともいえる資金調達やそのコストに、直接影響を与える時代が到来したのだ。もはやいかなる企業も、自社の事業価値や企業価値に対して、無頓着ではいられないのだ。

　それでは、事業価値や企業価値はどのように算定されるのだろうか。現在のファイナンスの主流をなす理論によれば、資産の価値は、その資産が将来生むと予想されるキャッシュフローを、その機会費用（割引率）で現在価値に直したものの総和に等しい。したがって企業の価値も、行き着くところその企業が将来生み出すと予想されるキャッシュフローの現在価値の総和、ということになる。しかし、仮にこの基本理論を理解しても、現実の実務でそれをどのように当てはめて、実際の企業や事業の価値を算定するのかは自明ではない。企業が将来生み出すと予想されるキャッシュフローをどのように定義し、予測するのか、割引率には何を用いればいいのか、こうした1つひとつに対して実務の現場では具体的な理屈や数値が要求される。

　このような問題に対処すべく登場したのが、本書が基本書とした*Valuation: Managing and Measuring the Value of Companies*（第3版の翻訳『企業価値評価』ダイヤモンド社、2002年）であった。実際同書は、欧米のビジネススクールの書店でベストセラーとなり、講義にも同書を教科書に「Corporate Valuation（企業価値評価）」を教えるものが登場した。将来発生するフリー・キャッシュフロー（全資本提供者に分配可能なキャッシュフロー）の現在価値の総体としての事業価値をまず求め、そこから負債の価値を差し引いて株式価値を算定するというエンタプライズDCF法は、本書によって標準手法としての地位を確立した。

　日本においても近年のキャッシュフローへの注目の高まりを背景に、前述の*Valuation*の邦訳などが出版され、数多くの読者を獲得した。しかし、同書をはじめとする価値評価に関する書籍は、欧米の金融市場や、財務諸表の事例を用いていることが多く、価値評価に携わる実務家の間では、日本の金融市場や財務諸表に引き直した場合に、どう解釈すべきか悩むケースも少なくなかった。そして、その解釈の困難

さ故に、明らかに理屈の通らない数字に基づいて算定した企業価値を提示する実務家も存在した。

　筆者は、前職の企業の合併・買収（M&A）のアドバイザリー部門で、日々売買対象である企業の価値算定の実務に携わり、その後、現職の中央大学アカウンティングスクールにおいて、「企業価値評価論」を、マッキンゼー・アンド・カンパニーの本田桂子氏とともに担当している。そこでは実際に日本の上場企業を取り上げ、公表されている財務諸表等の資料を用いて、欧米の教科書になるべく忠実に企業価値評価を試みるという教育を行っている。そうしたなかで得られた問題意識やノウハウの蓄積のうえに本書がある。本書では実際の財務諸表を用いて、日本企業の事業価値や企業価値をエンタプライズDCF法に絞り、その過程を詳細に紹介する。

　本書では、事業価値や企業価値評価の経験がない読者はもとより、ファイナンス理論をすでに習得したアナリスト、MBAホルダーにとっても、実務を行ううえで有用と思われる実践事例の紹介を中心に据えた。本書を読み進めば自明だが、事業価値や企業価値の評価は、ファイナンスの知識さえあれば行えるというものではなく、企業の財務諸表上の勘定科目に関する会計的知識、将来のキャッシュフローを予測するための経営戦略に関する知識、そして評価対象とする企業の属する業界環境に対する知識、と総合的な知識が組み合わされて初めて、より正確な分析が可能になる。そうした知識の詳細すべてを本書でカバーすることは到底不可能である。当然、経営戦略の見方や、業界の見方について、本書の内容は専門家から見ると稚拙に映るものもあるだろう。ただ、各章の企業分析事例を見ていけば、どのような分野の知識を組み合わせて、事業価値や企業価値が算定されていくのか、ということについてのイメージは理解していただけるのではないかと考えている。

　本書の構成は以下のようになっている。第1章では、エンタプライズDCF法を用いて企業価値評価を行う場合の標準的手順をまとめ、日本企業を評価する場合に問題になりそうな変数について、現時点で筆者が標準的と考えている手法を紹介する。

　第2章～第4章では、東京製鐵、カゴメ、三共という上場企業3社の実際の財務諸表を基に、第1章で紹介した手順に沿って、実際に事業価値、企業価値の評価手順を詳細に示す。第2章の東京製鐵は、企業価値評価の標準形である。時間をかけず事業価値、企業価値の算定を行うために、将来キャッシュフローの予測の前提はかなり単純化している。初めて事業・企業価値評価に携わる読者は、まずこの標準形をきちんと理解することで、ある程度価値算定ができるようになるはずである。また、時間や情報面の制約から、第2章で行う程度の簡易的分析で価値評価をしなければならないケースが、実務上は多いかもしれない。

　第3章のカゴメでは、同社が開示している事業部門ごとの業績数値を使って、どこ

まで事業部門ごとの価値が評価できるかに挑戦する。もちろん、積極的情報開示を誇る同社の財務諸表をもってしても、事業部門ごとの価値評価に十分なデータが揃っているとはいえない。そのため、部門ごとの資産や経費の切り分けに際して、多くの仮定が必要となっている。第3章によって、公開されている資料のみから事業部門ごとの価値評価をすることの困難さと限界がわかるとともに、企業内部で各事業部門の評価を求められている実務家には、どのような内部資料がそろえば、より正確な部門ごとの価値評価ができるかのヒントが得られるであろう。

第4章の三共では、企業の主力商品ごとの将来売上予測から、将来の業績予想を行うという、非常に詳細な分析の過程を示している。企業が社運を賭けて他の企業を買収するM&Aにおいては、買収のターゲットとなった企業について、単なる全企業合計の売上や利益予測だけではなく、このように主力商品ごとの詳細分析をすることで、より正確なキャッシュフローの予測ができる。

第2章～第4章のケースは、すべて中央大学アカウンティングスクールの「企業価値評価論」の2002年度履修生が、講義内で評価対象企業を選択し、実際に分析した結果をベースにしている。ただし、出版にあたっては、改めて彼らが自分たちの講義内での分析を見直し、より精緻な数字の作成や、予想の裏づけとなるデータの収集などを行い、さらに編著者がその予測の前提の妥当性や、理論構成の正確さについてチェックし、加筆修正を行った。また、各企業の所属する業種のおかれている経営環境に対する理解が妥当かどうか、実際にその業界の企業に働く方々にコメントを頂戴し、さらなる修正を加えた。評価の手法を学ぶことが主眼であるので、評価の基準時はあえてアップデートせず、2002年末のままとしている。

本書からわかることは、エンタプライズDCF法によって算定される事業価値は、決して唯一の数値としてあたえられるものではない、ということである。われわれは各ケースの最後に我々の算定した企業価値や株式価値を提示しているが、それらの数値は、各ケースで設定した前提（シナリオ）を変化させれば、それにともなって変化する。したがってより重要なことは、いかにしてエンタプライズDCF法にしたがって価値評価をするかというよりも、いかにしてより精度の高いシナリオを描き、業績予測を行うかということになる。もちろん神ではない人間が行う以上、将来の予測に完璧はありえない。しかし、だからといってどんな（いい加減な）予測でも構わないというわけでもない。たとえば、業界全体の成長率を超えた成長を、業界内の個別企業が永久に続けることを予測することは、明らかに理論的に矛盾している。将来予測においては、正確か誤りかの白黒をつけることではなく、より正確な予測とするためにどのようにするべきかを常に重視するべきである。

本書の目的は、企業価値算定の手順を紹介することであり、個々の企業の事業戦略、

財務戦略の是非や巧拙を議論することではない。また、エンタプライズDCF法によって算定した価値と、実際に市場で取引される時価が一致するという保証はない。長期的に見れば市場価格は、エンタプライズDCF法で算定された価値と近い水準に収束する可能性が高いものの、こうしたファンダメンタル（本来の価値）と乖離する状態が相当期間続きうることも、いわゆる「バブル」の事例を持ち出すまでもなく、歴史的な事実である。実際、本書の3事例の評価時点は2002年末であるが、エンタプライズDCF法で算定された理論価格と比較した場合、市場の株価は3社ともに、2割ほど割安であった。この原因が、我々の将来予測が楽観的すぎたことによるのか、株式市場が悲観的過ぎたことによるのかを知ることは困難である。我々の評価時点である2002年12月以降1年間で株式市場全体は約20パーセント上昇したが、もちろん、株式市場には新しい情報が伝えられており、それらを反映して株価は変動するので、この事実をもって我々の分析が正しかったと主張するつもりは毛頭ない。

　本書の執筆にあたって、中央大学アカウンティングスクール・MBAプログラム「企業価値評価論」履修生多くの協力をいただいた。実際に執筆にあたった履修生の紹介は巻末に記載されているが、それ以外にも当初ケースとして収録予定で諸般の事情から掲載できなかった企業の原稿を書いて頂いた泉名正男氏、森亨弘氏、柴田裕氏、直接執筆にはあたらないものの色々なコメントを寄せてくれた柳慎一氏、大倉英嗣氏、彼らの協力があったからこそ、本プロジェクトはここまでこぎつけることができた。

　初稿完成後には、新日鉄ソリューションズの三宅秀樹氏、カゴメの執行役員財務部長・長井進氏、松野敏博氏に、それぞれ第2章、第3章、第4章の業界分析について、貴重な助言やコメントを頂戴した。

　トム・コープランド教授には、米国のファイナンシャル・マネジメント・アソシエーション学会において、体当たり的にいくつかの疑問点をぶつけるという無礼を働いたが、ご多忙中にもかかわらず、やさしく丁寧に問題点を整理し、解決の方向性を示唆していただいた。

　そして誰よりも、本書の出版に向けて力強いサポーターとなっていただいたのが、編集担当の岩佐文夫氏であった。岩佐氏は、執筆者間の時として激しい議論や、遅れ気味の執筆作業に翻弄されながらも、最後まで辛抱強く助言、ご指導いただいた。

　最後に筆者は、出版原稿のピークと出産が重なり、育児をほとんど押しつけてしまった妻に心から感謝するとともに、本書の出版を待たず本年1月に他界した父に本書を捧げる。

2004年11月

鈴木一功

企業価値評価【実践編】

目次

第 1 章 企業価値評価の実践プロセス……1

◉……………本章では、エンタプライズDCF法を用いて企業価値評価を行う場合の標準的手順をまとめる。プロセスは大きく4つのステージに分類され、さらに20のステップで企業価値評価を行う。その過程で、各種計算モデルにおいて日本企業を評価する場合に必要となる要素（変数）について、筆者の考え方をまとめながら説明する。

企業価値評価のフレーム……2
STAGE1　過去の業績分析……4
STAGE2　資本コストの推計……11
STAGE3　将来キャッシュフローの予測……20
STAGE4　継続価値の計算と企業価値の算定……28

第 2 章 基本ケース──東京製鐵……45

◉……………本章では東京製鐵を事例に、エンタプライズＤＣＦ法の基本手順を紹介する。東京製鐵は、電炉法、すなわち鉄のスクラップを原材料に、スクラップを熱して溶かし、成分を調整しながら鉄鋼を生産するという事業を営んでいる有力企業である。基本的ＤＣＦ法の手順の紹介に東京製鐵を選んだ理由は、同社の事業はほぼ製鉄だけで、多角化しておらず、また製鉄業自体が短期間に極端な変貌を遂げるような業界でないことから、将来の業績予測やキャッシュフロー予測の基本形として取り上げるにふさわしいと考えたからである。本書の予測手法は簡略なものであり、大半の読者にとっては、本章の基本形だけでも十分に、日々の企業価値評価のニーズには対応できるだろう。

STAGE1　過去の業績分析……46
STAGE2　資本コストの推計……83
STAGE3　将来キャッシュフローの予測……97
STAGE4　継続価値の計算と企業価値の算定……122

第3章 事業部別ケース──カゴメ 127

●..............本章ではカゴメを事例に、事業部門毎の価値算定の手順を紹介する。カゴメは、食品、飲料の製造を主たる事業とするメーカーである。同社を事例として取り上げたのは、投資家への情報開示に積極的で、詳細な部門別数値が入手可能だからである。本来ならば、事業部門の価値評価には各部門の詳細な内部財務データが必要であるが、ここでは、開示情報のみに基づいて、さまざまな仮定を置きながら各部門の価値評価を算定する手順を説明する。本章の手順は、より詳細な内部データによって、事業毎の価値を算出する際のヒントとなるであろう。

STAGE1　過去の業績分析..............128
STAGE2　資本コストの推計..............195
STAGE3　将来キャッシュフローの予測..............210
STAGE4　継続価値の計算と企業価値の算定..............245

第4章 詳細分析ケース──三共 249

●..............本章では三共を事例に、より詳細な主力商品毎の将来予測に基づく事業・企業価値評価を行う手順を説明する。三共は、日本の製薬会社で第2位の企業である。同社を事例として取り上げたのは、製薬会社においては、研究開発、臨床試験、新薬としての発売、特許切れ、という取扱製品のライフサイクルが、企業業績に大きな影響を与えるため、総売上だけではなく、商品毎の詳細な分析が不可欠だからである。仮に社運をかけて企業買収や合併（M&A）を行う場合には、本章のような主力商品まで立ち入った分析手順を参考に、価値評価を行うべきだろう。

STAGE1　過去の業績分析..............250
STAGE2　資本コストの推計..............296
STAGE3　将来キャッシュフローの予測..............310
STAGE4　継続価値の計算と企業価値の算定..............342

参考文献..............349

第 *1* 章

企業価値評価の実践プロセス

●本章では、エンタプライズDCF法を用いて企業価値評価を行う場合の標準的手順をまとめる。プロセスは大きく4つのステージに分類され、さらに20のステップで企業価値評価を行う。その過程で、各種計算モデルにおいて日本企業を評価する場合に必要となる要素(変数)について、筆者の考え方をまとめながら説明する。

企業価値評価のフレームワーク

　1980年代まで日本において企業価値といえば、税制や会計との関係でとらえられることが多かった。そこで問題とされていたのは、譲渡や相続により所有権が移転する株式について、どのような価値を「当局」が認識するのか、ということが中心であった。したがって国税当局の出す「財産評価基本通達」に基づいて、当局に受け容れられる計算根拠を示すことが、実務家に求められてきた。株式価値の計算根拠は、取引相場のある株式については市場価格、取引相場のない株式については、簿価ベース、または時価ベースに換算した「純資産価値方式」（会社資産を今の時価で売却し、負債を支払った後に株主の手元に残る清算価値）と、「類似業種比準方式」（同業で上場されている企業の株価をもとに、国税当局が業種ごとに発表している倍率を、配当金額、利益額、簿価純資産額に掛けて平均した値）によるのが主流だった。

　しかしながら、1990年代以降、企業価値や株式価値を意識した経営や投資意思決定の重要性を説く、アメリカ流のコーポレート・ファイナンス理論が日本でも浸透するにつれて、将来のキャッシュフローをもとに、その現在価値を求めることで事業価値を計算するという手法（ディスカウント・キャッシュフロー（DCF）法）が普及し始めた。現在でも、対国税当局では従来の手法が用いられているものの、企業の投資や経営、買収の意思決定に利用される企業価値評価は、DCF法を使うのが主流になりつつある。同時に、会計分野では、時価会計への流れと相まって、不動産などの資産や、銀行の貸出債権に至るまで、DCF法で査定しようという論調がみられる。

　ただ、一口にDCF法といっても、そのなかにはエンタプライズDCF法、エコノミック・プロフィット（もしくはEVA™）に基づく方法、直接株主に帰属するキャッシュフローを割り引くエクイティーDCF法など、いくつかのバラエティがある。本書では、それらのなかで現時点で最も一般的な企業価値評価手法であるエンタプライズDCF法について、詳細に解説する。これは、少なくとも事業価値・企業価値評価の実務の世界においては、エンタプライズDCF法が最も広く使われているDCF法だからである。また、そのなかで触れられる資本コストやキャッシュフローといった考え方は、それ以外のDCF法においても利用可能なものが多く、本書のかなりの部分は、広くDCF法一般において、応用できるはずである。本書では、以降「DCF法」と表記した場合、特に断りがない限りエンタプライズDCF法を指す。

　実際に企業価値評価について、実務家の間には、DCF法については2つの極端な考え方が存在するようである。一方の極は、DCF法によって「唯一無二の」企業価値を求められるとする考え方で、もう一方の極は、前提さえ操作すればどのような企業価値も「計算上創作する」ことが可能だ、とする考え方である。結論をいえば、筆者は、

このどちらの立場も支持しない。

　本書を詳しく読めば、DCF法で計算される企業価値や株式価値は、前提の置き方によって、ある程度の幅を持って推定されるものであり、「これが正解」という唯一の（ピンポイントの）答えが得られるものではないことは、すぐにわかるだろう。ただ、このこと自体が、DCF法の致命的な欠陥だとはいえない。企業の将来の業績やキャッシュフローを予測する以上、幅（誤差）が伴うのは当然だが、だからこそ業界の展望や当該企業におけるオペレーション改善の可能性をどう見極めるかが重要になる。そして、そういった展望をいかに企業価値評価の前提に置き換えるかによって、よい企業価値評価となるかどうかが決まってくる。本書の目指すものは、そうした「ある程度の幅のある」DCF法の計算において、実務上どのようにキャッシュフローを予測し、どのような割引率で現在価値に割り引くのか、ということについて、ある程度基準となる考え方を整理し、提示することである。

　以下本書では、エンタプライズDCF法に関して、具体的にどのように企業価値や株式価値を計算していくのかについて、手順（ステージ）を追って説明していく。この手順には、以下の4つのステージがある。

　　　STAGE1：過去の業績分析
　　　STAGE2：資本コストの推計
　　　STAGE3：将来キャッシュフローの予測
　　　STAGE4：継続価値の計算と企業価値の算定

　STAGE1では、価値を評価したい企業の過去の業績を理解するために、当該企業の財務諸表を分析する。次にSTAGE2では、将来のキャッシュフローを割り引くための資本コスト（割引率）を推計する。STAGE3では、過去の業績を参考にしつつ、今後当該企業がどのような業績をたどると考えられ、その結果どのようなキャッシュフローを生むと予測されるかを考える。以上の3つのステージが完了すれば、STAGE4において、事業価値・企業価値と株主価値を求めることになる。なお、各ステージのなかでさらに細かい作業順序として、複数のステップを設けて説明する。

　あらかじめ断っておくが、本書ではこの第1章で企業価値評価の手順を説明してはいるが、基本的知識については、ある程度すでに読者が持っていることを念頭に置いている。本書で取扱うのは、アメリカの教科書からはなかなか理解できない、日本企業の価値評価に固有な実務上の問題が中心である。したがって、コープランド他（2002年）の『企業価値評価』などの基本的テキストを併用しながら、読み進められることを是非お勧めしたい。

STAGE 1 過去の業績分析

　STAGE 1 では、価値評価対象企業の過去の業績を分析する。DCF法により企業価値を求める場合、将来キャッシュフローを割り引くことはすでに述べた。そして、企業の将来キャッシュフローを生みだす主要な源泉は、企業の営業・投資活動である。そこで、まず過去の当該企業の業績をしっかりと把握することが、将来の業績予測とその評価の基礎となる。ある意味で企業の将来は過去の延長線上にあるからである。過去の分析においては、当該企業がどのようにキャッシュフローを稼ぎ出しているのか、すなわちその企業のバリュー・ドライバーは何か、をきちんと意識しながら作業を行うことが重要である。なかでもバリュー・ドライバーを見極め、それがROIC（Return on Invested Capital：投下資産利益率）と成長率に与えた影響を分析することが、将来業績を予測する際の重要な基礎となる。

　STAGE1は、さらに7つのステップに分かれる。もちろん、これらのステップがすべて必要ではない場合もあろうし、逆に不十分という場合もあるだろう。ただ、標準的な企業価値評価の手順を順序立てて整理することで、作業上の見落としをなくし、より精緻な要因分析ができるようになるはずである。7つのステップは、以下のようになる。

　　ステップ1：財務諸表の再構成
　　ステップ2：NOPLATの算出
　　ステップ3：フリー・キャッシュフローの計算
　　ステップ4：ROICの要素分解とバリュー・ドライバーの算定
　　ステップ5：信用力と流動性の分析
　　ステップ6：業績の詳細な分析
　　ステップ7：過去の業績の総合評価

　以下では、これらのステップでの留意点を簡単に説明する。

ステップ1● 財務諸表の再構成

　ステップ1では、過去の財務諸表を収集し、それを見ながら評価対象企業の投下資

産にどのようなものがあるのかを整理する。

  ステップ1-1：過去の財務諸表の収集
  ステップ1-2：要約貸借対照表の作成
  ステップ1-3：要約損益計算書の作成
  ステップ1-4：算定用貸借対照表の作成
  ステップ1-5：投下資産の計算

　ステップ1-1の財務諸表の収集には、有価証券報告書を購入したり、企業ホームページから収集したりする方法がある。集めた財務諸表をもとに、貸借対照表と損益計算書の要約をする。ここでは、会計基準の変更等により、名称が変更になったり、削除・追加されたりした項目をよく理解し、継続性を保つために必要に応じて科目を読み替えることに注意を要する。
　要約（または算定用）貸借対照表、要約損益計算書ができたら、それを基に事業用投下資産（事業用の流動資産、および固定資産）の合計額や、投下資産総額を計算する（ステップ1-5）。企業の資産の中には、将来キャッシュフローを生み出すのに必要な資産（事業用資産）と、直接は必要ない資産（非事業用資産）がある。将来キャッシュフローを割り引いて得られる現在価値は、事業用資産部分の価値であり、非事業用資産は別途時価ベースで加算される。したがって、事業用資産と非事業用資産の切り分けは、企業価値算定の上で重要な作業である。

ステップ2◉……………NOPLATの算出

　NOPLAT（Net Operating Profits Less Adjusted Taxes：みなし税引後営業利益）は、現金支払いベースでとらえた場合の、企業のみなし税引後利益である。そのために、まずEBITA（Earnings Before Interest, Taxes, and Amortization：支払利息・のれんの償却費等営業外損益および税引前利益）を計算する。これは、評価対象企業に借入金がなく、営業権（のれん）の減価償却もない場合の税引前営業利益である。これには、損益計算書の営業収益までの項目のほとんどが含まれるが、受取利息、支払利息、事業撤退費用、特別損益、営業活動以外の投資からの収益は含めない。また営業権の償却が営業利益の計算過程で差し引かれている場合には、足し戻す必要がある。

　EBITAが計算できたら、EBITA全額に対してかかると想定されるみなし法人税を計算する。これは負債金利の節税効果がないと仮定した場合（企業が全額株主資本で資

金調達した場合）にかかる税金に相当する。具体的には、財務諸表上で計上されている法人税額（一般的には、有価証券報告書から転記した「法人税等」の金額）をもとに、支払利息による節税額（支払利息×限界税率[注1]：限界税率については本章末のコラム1参照）、過去勤務債務利息による節税額（現在日本では計上した期に節税効果が認められないためゼロとするケースが多い[注2]）を加算し、受取利息配当に対する税金（受取利息×限界税率[注1]）、その他営業外損益に対する税金（その他営業外損益×限界税率[注1]）、特別損益に対する税金（特別損益×限界税率[注1]）を控除したものをEBITAに対する税金として計算する。EBITAから、EBITAに対する税金を控除したものがNOPLATである。

　このようなことをするのは、DCF法では営業・投資活動から発生するキャッシュフローであるフリー・キャッシュフローのみを、加重平均資本コスト（WACC）で割り引いて事業価値を求め、金融取引に伴い発生する課税の影響は割引率であるWACCの計算のなかで調整するのが原則だからである。

　このようにして売上高からEBITAを求め、NOPLATを求めるという方法とは別に、当期利益から逆算してNOPLATを算出する方法がある。この方法では、当期利益に繰延税金負債、税引後営業外損益（その他営業外損益×（1－限界税率））、税引後特別損益（特別損益×（1－限界税率））を加算し、これに税引後支払利息（支払利息×（1－限界税率））を加算し、税引後受取利息（受取利息×（1－限界税率））を控除して、NOPLATを算出する。当然のことながら、2つの方法で算出されたNOPLATの金額は同じとなるはずなので、この2つの手法で計算したNOPLATの金額の一致をチェックしておけば、NOPLATの算出ミスを防ぐことができる。

ステップ3● ……………フリー・キャッシュフローの計算

　NOPLATが計算されたら、それをもとにフリー・キャッシュフローを計算する。フリー・キャッシュフローは、企業の営業・投資活動が生み出した税引後のキャッシュフローであり、有利子負債提供者と株式資本の提供者に帰属するキャッシュフロー

【注1】これらの金額が過大な場合や、欠損の繰り越しがある場合には、限界税率を単純に適用するのではなく、より詳細な税率についての検討が求められる可能性がある（第2章：東京製鐵のケースを参照）。

【注2】2003年3月期よりも前の期においては、税務上の退職給与引当金繰入額と会計上の退職給付費用は一致しておらず（厳密には正確ではないが、簡単にいえば税務上は会計上の費用の40％相当しか損金に認められず）、2003年3月期からは全額認められなくなった。

の合計である。したがって、フリー・キャッシュフローは、企業の財務活動や資本の調達方法（資本構成）には影響を受けない。

フリー・キャッシュフローは、NOPLATから純投資額を差し引いたものである。純投資額は、新規投資から減価償却や除却により減少した資産を差し引いた数字で、投下資産の増加額を示す。すなわち、

フリー・キャッシュフロー＝NOPLAT－純投資額
　　　　　　　　　　　＝（NOPLAT＋減価償却費）－総投資額

という関係がある。なお、ここで「投資」といった場合、運転資金の増加分や、有形固定資産以外の営業用資産の増加額も含めて考える。これらの数字は、ステップ1-5で求めた投下資産総額をもとに計算する。

ステップ4◉　　ROICの要素分解とバリュー・ドライバーの算定

次にROICをはじめとする諸指標を分析することで、企業の業績がどのような性質を持っているのかを明らかにする。この過去の分析によって計算された指標が、将来の業績予想において重要な役割を果たすことになる。

過去の業績分析のなかで、最も重要なことは評価対象企業の価値が、どのような要因によって影響を受けているかを明らかにすることである。こうした要因のことを、バリュー・ドライバーと呼んでいる。一般にバリュー・ドライバーのなかで重要なものは、売上・利益・投下資産額などにかかる成長率と、事業に投下した資産がどの程度の収益率を上げるかという2つの要素である。後者の収益率については、一般にROICという指標で計測するので、まずはこのROICの計算式をおさらいしよう。

$$ROIC = \frac{NOPLAT}{投下資産}$$

ここで、
NOPLAT：（ステップ2で算出）
投下資産：運転資本（ワーキング・キャピタル）＋事業用有形固定資産＋その他の
　　　　　（事業用）資産（ステップ1-5で計算）

収益性の分析においては、ROICをさらに細かい構成要素に分解して考えることで、投下資産に対する収益率に影響を与えるバリュー・ドライバーのより詳細な分析が可能に

なる。具体的には、まずNOPLATをEBITA×（1－現金ベースの税率）と置き換えて税引前のROICを算出し、その後に、売上高を使うことで以下のように式を書き換えてみる。

$$税引前ROIC = \frac{ROIC}{1-現金ベースの税率} = \frac{EBITA}{投下資産}$$

$$= \frac{EBITA}{売上高} \times \frac{売上高}{投下資産}$$

上記のように分解した結果、税引前ROICは、①のれん償却前営業利益率（EBITA／売上高：企業が売上からどの程度利益を上げたかを示す）と、②資産回転率（売上高／投下資産：企業が投下資産を使ってどの程度売上を効率よく上げているかを示す）とに分解して考えられる。さらに、これら2つの指標を費用項目や資産項目と売上高の比率に分解していき、いわゆる「ROICツリー」を描くことが可能である。詳細は第2章以降の実際の分析例を参照してほしい。

過去のバリュー・ドライバーが計算できたら、時系列的にそれを並べてみて、指標のトレンドや競合他社と比較した特徴をつかむ。特に競合とのベンチマークは有効である。また、時系列的分析を可能にするためには、なるべく過去に遡ってデータを集めたり、できるだけバリュー・ドライバーを細かく分解したりすることが重要となる。ただ、日本においてはここ数年で単独決算重視から連結決算重視への流れや、企業会計や決算発表の方針が頻繁に変わってきたため、データの時系列上の整合性を保つためには、補正計算などの作業が必要になる可能性もある。

ステップ5◉……………信用力と流動性の分析

過去の業績分析の最終ステップとして、信用力という観点から企業の財務状況をチェックするのがこのステップである。ただ、我々の目的はあくまでも企業価値の算定であり、企業の信用や倒産確率を分析することではない。あくまでも財務の健全性を分析することで、将来の業績やキャッシュフロー予測が、財務面の問題（資金調達困難による倒産など）のために実現できなくなることがないかどうかをチェックするのが主たる目的である。

健全性の指標としては、インタレスト・カバレッジ（収益が支払利息の何倍あるかを示す指標）、有利子負債の投下資産総額に占める割合、投資比率（分配可能な資金のうち再投資に回すものの割合）、配当性向、などがある。

ステップ6● ……………業績の詳細な分析

　このステップでは、これまで分析した要因のうち、他の企業価値に影響を与えるものや、より複雑な会計的問題についての詳細を再度考えようというものである。もちろん、こうした問題は最初からステップ1で詳細に分析してしまうこともできる。ただ、なれていない人が分析する場合には、最初からあまりに複雑な会計議論に入り込んでしまうと、「木を見て、森を見ず」的な分析になってしまう可能性もあるため、最初にラフな分析をやっておいて、その結果がある程度見えたところで、詳細な分析を行うというのも一手であろう。

　以下にいくつか詳細分析が必要となる可能性の高い項目を掲げる。ただし、これらの項目は、財務諸表に基づくデータだけでは解決することが不可能な場合も多い。企業買収などで、企業価値を算定する場合や、自社の関連部門、関連企業を分析する場合などには、評価対象企業についてより詳細なデータが入手できることもあるが、仮にそのような追加的データが得られない場合には、対象企業について公表されている財務諸表以外のデータを使ったり、さまざまな仮定を設けたりして、定性的に判断して情報を補う必要がある。このあたりは、企業価値評価のなかでも過去の経験や業界知識がものをいう部分である。

　判断が難しい分野としては、以下のようなものが考えられる。

1. 企業買収に伴う営業権（のれん代）の償却費をどう位置づけるか
2. リース取引をどのようにオンバランス化し、有利子負債として再認識するか
3. 年金債務（退職給付債務）をどのように価値評価するか
4. 諸引当金や積立金をどのようにフリー・キャッシュフローや投下資産に分類するか
5. 少数株主持分をどう取り扱うか
6. 有形固定資産への投資で周期的に大きな投資がある場合にどのように平準化するか
7. インフレの影響をどう予測するか

　これらの論点については、第2章以降の各ケースにおいて、必要に応じて議論を加える。

ステップ7● ……………過去の業績の総合評価

　ステップ6までが完成すると、一通りの過去の分析作業は完了である。最後に、これまでに得られた分析結果をもとに、総合的に評価対象企業について定性的に考えるのが、この最後のステップである。
　ここでは、評価対象企業の業績だけでなく、業界の競合状況や業界全体の売上・収益動向、評価対象企業の信用力などを総合的に整理する。そこでは、レシオ分析等を含めて、業界内での評価対象企業の地位を見極め、あるべき財務のかたちを考える。このステップによって、STAGE 3 で実施する将来の業績予測の重要な基礎ができる。また、評価対象企業が上場企業の場合、株式市場でその企業の株価がどのように評価されてきたのかについて、時系列データを調べ、財務諸表分析から得られた業績とどのように株価がリンクしているかを分析することで、企業価値と業績の算定上のヒントが得られることもある。

STAGE 2
資本コストの推計

　STAGE 2 では、資本コスト（割引率）を推定する。DCF法やそれに類する現在価値の考え方を基本にした企業価値評価においては、将来発生すると予想されるキャッシュフローをどのような割引率、もしくは資本コストで現在価値に割り引くのかが大きな問題となる。資本コストは企業価値評価のみならず、企業の投資意思決定においてプロジェクトが最低限満たさなければならない収益率（ハードルレート）として用いられ、エコノミック・プロフィットやそれに類似した経営指標を計算する際にも必要な概念である。資本コストは評価対象となる事業のリスクを将来にわたって適切に反映したものであるべきである。資本コストの推定は、ファイナンス分野において、最も重要なテーマであり、さまざまな方法が提案されている。本節では、この割引率、資本コストの求め方について、現時点で最も一般的と考えられる方法を説明する。

　フリー・キャッシュフローを割り引くエンタプライズDCF法において、割引率として用いられるのは、税引後の加重平均資本コスト（WACC：Weighted Average Cost of Capital）である。これは、企業全体の資金調達の状況、具体的にはその事業が、長期的に負債と株式資本をどのように組み合わせて資金を調達すべきかを反映して、企業全体の平均的な資金のコストを求めるという考え方である。そこには、資本市場が当該事業のリスクを適切に評価しているという暗黙の前提がある。各種資金調達手段のコストについては、限界税率控除後の加重平均を取る。本書では、第2章以降で取り上げた企業が、有利子負債と普通株式の2種類のみを資金調達手段としていたことから、以下の式を示しているが、優先株式や劣後負債による資金調達が恒常的に財務戦略に組み込まれている場合、それらのコストも加重平均して織り込む必要がある。

$$\text{WACC} = k_b(1-T_c)\frac{B}{V} + k_s\frac{S}{V}$$

ここで、
k_b：期限前償還権や株式への転換権がない有利子負債の税引前最終利回り
T_c：評価対象企業の限界税率（限界税率については章末の「コラム1」を参照）
B：有利子負債の時価
V：評価対象企業の時価ベース総価値（V＝B＋S）

k_S：普通株式の資本コスト
S　：普通株式の時価総額

　以下本節では、WACCの計算に必要な各要素を、どのように求めていくかについて、ステップを追って考えていく。具体的には、以下のようなステップとなる。

　　　ステップ 8 ：資本構成の推定
　　　ステップ 9 ：株式以外での資金調達コストの推定
　　　ステップ10：普通株式による資金調達コストの推定
　　　ステップ11：加重平均資本コスト（WACC）の計算

ステップ8◉‥‥‥‥資本構成の推定

　WACCの計算において重要なことは、評価対象企業が、今後有利子負債と株式資本を時価総額比率ベースでどのように組み合わせて資金調達をしていくつもりか、を予想することである。本来であれば、企業の資金調達手段ごとの構成比は、時間の経過とともに変化するものであるし、期間ごとの金利水準も一定ではないので、WACCは、すべての資金調達手段についてその時々の比率と資金調達コストを加重平均し、毎期異なった数値を利用するべきであろう。しかしながら、一般にDCF法でフリー・キャッシュフローを割り引く場合、実務上は継続価値の計算に至るまでWACCは一定の数値が用いられる[注]。

　すべての期間に同一のWACCを使って現在価値を計算する場合、遠い将来に至るまで同一の割引率を用いるのであるから、WACCもその事実と整合的な数値を使って計算されるべきである。具体的には、その企業の現状と将来の姿を総合的に勘案して、今後の資金調達手段が長期的にどのようなかたちで行われ、その比率はどのようになるのかをある程度単純化し一定の水準に固定するべきである。一般には、企業が現状の資本構成を将来にわたって維持する、という経営方針を明確に表明していない限り、現状の資本構成比率をそのまま安易にWACC計算の加重平均に使うべきではない。

　この長期的な資本構成の推定においては、以下のような 3 つのサブ・ステップを追って考えるとよい。

　　　【注】一定のWACCを将来のすべての期間について用いるということは、企業が常に時価ベースの資本構成比が一定になるように、負債と株主資本を機動的に調達・返済（消却）することを暗黙の前提とする。

ステップ8-1：時価ベースでの資本構成の把握
ステップ8-2：類似企業の資本構成の分析
ステップ8-3：長期的目標資本構成の推定

　ステップ8-1では、評価対象企業の現在の株式時価、可能ならば社債の時価をベースに、評価対象企業の現状の資本構成を把握する。銀行借入については、短期借入については借入金額そのものを用いるが、長期借入については、可能であれば社債と同様にその返済スケジュールに応じて借入期間と同期間の社債利回りを用いて時価評価するのが望ましい。なお、転換社債のようなエクイティ絡みの場合、厳密にやろうと思えば、その時価評価の過程で転換権のオプション部分から株式のヘッジ比率を計算しておけば、理論上は転換社債を社債部分と株式部分とに分解して、負債と株式資本に加算できる（詳細については、Copeland, Weston, and Shastri 著「Financial Theory and Corporate Policy (4th Edition)」を参照）。ただし、過去に発行した社債で、現在の株価が転換価額を大きく下回っている場合は、ほぼ100％を普通社債として時価評価してよいだろう。また短期、長期の銀行借入や社債だけでなく、退職給付引当金残高やリースといった、本来それらがなかったら、有利子負債残高が増加したと思われるもの（広義の有利子負債）も加算するべきである。

　ステップ8-2では、類似企業（同業で企業規模的にも類似性の強い企業）で公開企業を何社かピックアップし、その資本構成を分析する。仮に評価対象企業の現在の資本構成が、類似企業のものから離れている場合、将来その平均に近づいていく可能性はないのかを考える。またベンチャー企業など同業比較が難しい企業については、たとえば一昔前において当該企業と同じようにベンチャーとみなされていた業種の企業が、現状どのような資本構成となっているかなども調べてみるとよいだろう。

　ステップ8-3では、評価対象企業の現状（ステップ8-1）、類似企業の資本構成（ステップ8-2）、および評価対象企業が今後どのような資本構成を目指しているのかを将来計画やインタビューなどから読み取り、以上を総合的に判断して、評価対象企業の長期的に維持可能で、かつ企業価値計算に妥当と思われる目標資本構成を決定する。この目標資本構成の決定は、評価者の過去の経験や知識がものをいうジャッジメント（判断）の部分で、企業価値評価では「アート」に属する分野といえる。

ステップ9●……………株式以外での資金調達コストの推定

　長期的目標資本構成が決まれば、次に各資金調達手段の資本コストを求めることになる。ステップ9ではまず、株式資本以外の資金調達手段のコストを考える。この場

合、主に有利子負債（銀行借入、社債）による調達ということになる。有利子負債の資本コストの推定について、本書では以下のように行う。

1．格付がBBB格以上の企業の負債コスト

BBB格以上の信用力を持つ企業については、その企業についてデータの存在する最長期間の市場利回りに超長期のイールド調整（国債のイールドカーブのなかで、10～30年の長期の期間の傾斜を参考にする）を行ったものを有利子負債のコストとする。

2．格付がBBB格未満（投資不適格社債）の企業の負債コスト

それより格付の劣る企業（投資不適格社債発行企業）については、BBB格企業の社債コストに、相応のクレジット・リスクプレミアムを加味したものを用いるのが一般的である。このプレミアムの水準に関しては、日本では取引市場がないケースが多いので、次善の方法としてたとえば、アメリカにおけるBBB格と、それ以下の格付の社債期待利回りとの差を求め、それを使う方法が考えられる。なお、有利子負債のコストについては、より詳細な検討をコラム2にて行う。

なお、銀行借入やリースといった有利子負債のコストについても、上で記したような方法で求めた金利を基準に、資本コストを求めることになる。現状だけを見れば、社債を発行するよりも銀行借入のほうが支払金利が低い企業も多いだろうが、これについても、超長期の将来を展望したときに、そのような状況が維持可能かどうかという観点から考えるべきである。

本来ならば銀行やリース会社といった間接金融による資金調達は、社債などの直接金融での資金調達に比べて、コスト高（直接金融ではなく間接金融を利用することによる、金融機関のマージンが加味される）となると考えるべきである。近い将来、現状では割安にみえる間接金融による有利子負債の資本コストが、少なくとも直接金融の社債コスト並みになると考えるならば、社債金利を間接金融の有利子負債の調達コストに準用しても不自然ではないだろう。また、銀行借入は往々にして短期借入の名の下に、実質的に長期にわたって返済されることなくロールオーバーされるケースが多い。この場合も、将来、現在のイールドカーブの予測にしたがって短期金利が上昇するならば、結局は長期的に平均すれば現在の社債のイールドカーブに近いコストとなるはずであり、目先の低金利が遠い将来にわたって継続すると考えるべきではないだろう。

ステップ10◉……………普通株式による資金調達コストの推定

　ステップ10では、株式資本コストを推定する。この作業は、WACC計算の過程では最大の問題である。これに関しては、実務上はCAPM（資本資産価格モデル）が用いられることが圧倒的に多い。理論的には、より複雑なモデルを用いるべきではないかという指摘があるが、現実にはそれではCAPM以外のどのモデルを用いるべきかという点について、少なくとも実務の現場でのコンセンサスは、まだないように思える。ただ、仮にCAPMを用いるとしても、個々の変数の取り方はまちまちで、実務の現場においても見解が分かれている。本章では、これらの数値についてどのようなものを入れるべきか、筆者の見解を述べ、コラム3～5において数値の選択を巡るファイナンス理論からの論点を紹介する。
　CAPMによる株式の資本コストは、以下のような式で求められる。

$$E(k_s) = r_f + \beta [E(r_m) - r_f]$$

ここで、
$E(k_s)$：普通株式の期待収益率＝普通株式の資本コスト
r_f：リスクフリー・レート
$E(r_m)$：マーケット・ポートフォリオ（市場全体）の期待収益率
$E(r_m) - r_f$：マーケット・リスクプレミアム
β：評価対象企業株式のシステマティック・リスク（ベータ）

　ここでは、上式のなかの特に重要な要素であるリスクフリー・レート、マーケット・リスクプレミアム、ベータの3要素の推定を3つのサブ・ステップとして考え、それらを総合してステップ10-4で株式資本コストを求める。なお、これ以降本書では、期待収益率を示す$E(k_s)$について、単にk_sと記載する。

　　　ステップ10-1：リスクフリー・レートの推定
　　　ステップ10-2：マーケット・リスクプレミアムの推定
　　　ステップ10-3：システマティック・リスク（ベータ）の推定
　　　ステップ10-4：普通株式資本コストの算定

ステップ10-1：リスクフリー・レートの推定
　リスクフリー・レートについて、コープランド他の『企業価値評価』では、10年も

ののの米国債の利用を勧めている。しかしながら本書では、人為的低金利政策が維持されている日本の現状を考え、20年もの国債の利回りを利用することを提案する。この背景については、コラム3において詳細に議論する。

ステップ10-2：マーケット・リスクプレミアムの推定

次に必要となるのは、マーケット・リスクプレミアムの決定である。マーケット・リスクプレミアムは、将来リスクのある資産であるマーケット・ポートフォリオ（市場全体に投資するポートフォリオ）と、リスクフリー・レート（国債金利）との間に、どの程度の収益率の差が期待できるかを表す数値である。このマーケット・リスクプレミアムを推定するには、将来の期待収益を直接投資家から聴取し、そこから数値を計算する方法と、過去の株式、債券の利回り実績に基づいて推定する方法がある。実務上は、後者が使われるケースが多く、本書でもこの方法を採用している。

具体的には、東京証券取引所第1部上場企業の株価指数TOPIXをマーケット・ポートフォリオの代替指数とし、マーケット・リスクプレミアムは、4～6％を使うのが妥当だと考える。本書の事例では、その範囲のなかの数値で、日本証券経済研究所のデータをもとにマーケット・リスクプレミアムに5％を用いている。なお、この数値は競争に勝ち残った企業や株式市場だけを対象とすると収益率が高く出すぎるという、いわゆる「生き残りバイアス」を考慮して2.0％を控除した結果の数値である。この数値を巡る理論面からの議論については、コラム4において詳細に説明する。

ステップ10-3：システマティック・リスク（ベータ）の推定

最後に必要となるのは、システマティック・リスク（ベータ）の推定である。ベータの推定は、理論面からも難しく、実務上もさまざまな推定方法が用いられている。ベータの推定は、過去その企業がどのような企業だったかということとともに、将来その企業がどのような企業となっていくのか、という将来経営予測をも反映させて考える必要がある。したがって、最終的に用いる数値に関しては、以下に掲げる手法で求めたベータを基準にしつつも、ある程度の主観的判断が行われる余地を、筆者たちは否定するものではない。以下に紹介するのは、筆者らが実務上標準的に用いられることが多いと考える推定方法である。なお、各種ベータの推定方法を巡る細かい理論面の議論については、コラム5において詳細に説明する。

1．公開企業の場合

公開企業についてベータを求める場合、上場企業についてはBarra社の推定した「将来予測ベータ（predicted beta）」（この内容についてはコラム5参照）の利用が可能

ならばそれを用いる。入手不可能であれば、過去の株式収益率から回帰分析で求めたベータや、東京証券取引所の出版する「ベータ値CD-ROM」の値を利用する。その場合、ベータは収益率の計算期間や推定期間によって大きく変化することがあるので十分に注意し、自らの用いているベータが直感的に異常と思われたら、必要に応じて修正を加えたり、非上場企業と同様に、競合他社のベータ平均値を参考にしたりして、ベータを決定する。また、本書のケースでは、日本の株式市場に対する感応度を測定したローカル・ベータを利用したが、海外事業比率の高い企業では、グローバル・ベータを用いたほうがよい場合もあるので、注意を要する。

2．非公開企業の場合

非公開企業については、株価データが存在しないため、Barra社のベータのデータの取得はもとより、回帰分析によるベータの推定も、直接的には不可能である。そこで同業の公開企業について、「1．」に述べた方法のいずれかでベータを測定し、資本構成による影響を取り除くための修正を施したベータ（unlevered beta：100％株式資本で調達していたと仮定したベータの修正値）を求め、その平均値や中央値を、再度評価対象企業の資本構成に合わせて再修正したもの（リレバード・ベータ）を、対象企業のベータとする。

非公開企業については、評価対象企業と類似の上場企業を数社ピックアップし、それら上場企業のベータの平均値や中央値を用いて、非公開の評価対象企業のベータを推定することになるが、一口に類似企業といっても、その負債と株式資本の構成比は、各社まちまちである。企業の株式のリスク指標であるベータには、本業のリスクと借入（レバレッジ）がもたらす財務リスクの2つが影響を与えているため、複数の上場企業のベータを参考にして、本業のリスクを求めようとする場合、財務リスクを取り除いて平均を取るほうが理想的である。ここで、比較している類似上場企業のベータと、それら企業に「借入がなかったと仮定したら」、すなわち「本業のリスクだけを抽出したら」どのようなベータとなるかという理論値との間に、一定の前提[注]の下で以下のような関係式が成り立つことを利用する。具体的には、この関係式を用いて、実際に観測された企業のベータから、財務レバレッジ（借入）の影響を除いた本業のリスクだけを逆算する。この作業を、観測されたベータをアンレバー（unlever）す

> 【注】上の計算式で求めたアンレバード・ベータは、比較企業や評価対象企業はリスクフリー金利で社債を発行できる、という前提をおいているので、借入比率が高い企業においては弊害がある。この点についての詳細は、章末のコラム5を参照のこと。

ると呼び、この計算式に基づき計算されたベータをアンレバード・ベータ（unlevered beta）と呼んでいる。

$$\beta_L = \beta_U \times \left[1 + \frac{B}{S}(1-T_C) \right]$$

ここで、
β_L：実際に計算される上場企業のベータ＝借入のある企業のベータ
β_U：アンレバード・ベータ（本業のリスクを示すベータ）
B：有利子負債の時価総額
S：普通株式の時価総額
T_C：限界税率

　評価対象企業と類似の上場企業について、アンレバード・ベータの平均値や中央値を求めたら、それを評価対象企業の業界ベータ（アンレバード・ベータ）として用いて、ステップ1で求めた評価対象企業の目標資本構成に合わせて、上の計算式で今度は借入による財務リスクをも反映したベータとして求めれば、作業は完了である。この作業をベータのリレバー（relever）と呼んでいる。

ステップ10-4：普通株式資本コストの算定

　以上3つのサブ・ステップが終了すれば、CAPMの要素はすべて求められたことになり、CAPMの式、よって株式の資本コストを求めることができる。

ステップ11● ……………加重平均資本コスト（WACC）の計算

　最後に、これまでのステップ8からステップ10までの作業を踏まえて、WACCを算出する。具体的にはこれまでの目標資本構成、株式以外での資金調達コスト、株式による調達コスト等の推定から前述の式を用いてWACCを算出する。

$$\text{WACC} = k_b(1-T_C)\frac{B}{V} + k_s\frac{S}{V}$$

ここでの、$B/V, S/V$は目標資本構成を用いることに注意を要する。

　以上、資本コストを推定する方法を、ステップを追って説明してきた。ここまで読んできた読者は、ファイナンスの教科書では簡単に理論式が述べられているだけの

WACCを求めるために、どれだけ細かい論点が存在するかに気づいたことであろう。本書の提案する手法は、どのような数値を入力するのが説得的かということに対する、筆者たちの1つの考え方ではあるが、この方法が唯一無二なものであると主張するつもりはないし、実務上は各論点において異なる考え方が存在することも了解している。我々が読者に注意を喚起したいのは、資本コストの計算においては、いわゆる「いいとこ取り」は禁物であり、計算の過程においてある前提をおいて数値を入力した場合、その他の箇所で使われる数値もその前提と整合性を持っていなければならない、ということである。この点は、ここまで説明してきた資本コストの計算方法において、我々が最も注意を払ったポイントである。なお、本書で触れなかった論点（たとえば、非上場企業株式における資本コストのプレミアムの取り扱い）も存在することを、最後に念のため申し添えておく。

STAGE 3
◉ 将来キャッシュフローの予測

　STAGE 3 は、将来業績の予測である。DCF法により企業価値を求める場合、将来キャッシュフローを割り引き、その総和を計算することはすでに述べた。したがって、将来キャッシュフローの予測のためには、評価対象企業の業績予測が不可欠である。そのためには、STAGE 1 で行った過去の業績分析を踏まえ、当該企業の所属する業界はどのような展望を持っているのか、そしてその業種のなかで将来的に当該企業がどのような地位を占めていくのかを考えていく必要がある。そこでは、今後における業界や企業の成長率や、ROICをどのように予測するかが重要となる。

　業績予測にあたって、本書はさらに細かい 5 つのステップに分けて行う。5 つのステップの内容は、具体的には以下のようになる。

>　ステップ12：将来予測の期間と詳細の決定
>　ステップ13：シナリオの策定
>　ステップ14：シナリオの業績予測への転換
>　ステップ15：複数業績予測シナリオの作成
>　ステップ16：一貫性と整合性のチェック

　以下ではこれらの各ステップにおいてどのような点に留意して作業をするかを簡単に説明するが、これら 5 つのステップは、必ずしも 1 回のサイクルとして終了するものではなく、必要に応じていくつかステップを遡って見直す、といった作業も必要となる点は注意を要する。なお、以下を読み進めるうえでは、具体的イメージをわかせるために、第 2 章以降の具体的企業の分析例を参照しながら読み進めていくことをお勧めする。

ステップ12◉ 将来予測の期間と詳細の決定

　まず業績予測をどの程度の期間にわたって、どの程度詳細に行うかを決定する。通常、最初の10～15年間程度については、比較的精緻な業績予測を作成し（詳細予測期間）、それに基づいてキャッシュフローの現在価値を計算する。業績予測期間以降の

期間を「存続期間」と呼び、存続期間に発生すると予測されるキャッシュフローの現在価値、すなわち「継続価値」は、単純な公式（STAGE 4で詳述）に基づいて算出される。

　問題は、業績予測を行う期間をどの程度とするかであるが、ここで重要とされるのが、「企業が業績的に安定した状態に入るまでの期間」という基準である。存続期間におけるキャッシュフローの現在価値が、簡単な公式で算出されるためには、存続期間において企業業績が、以下のいずれかの特徴を持った安定期に入っている必要がある。すなわち、

　　1．新規に投下された資産の利益率（ROIC_I：return on newly invested capital）が一定になる。
　　2．企業全体の投下資産利益率（ROIC）が一定になる。
　　3．企業は営業利益の一定割合を再投資し、一定の成長率で成長する。

といった条件を満たしている状況と考えられる。そして、詳細予測期間が十分に長く取ってあれば、存続期間における企業の成長率は、長期的な経済の成長率とほぼ等しくなるはずである。

　詳細予測期間に10〜15年間取るといった場合、このような長期にわたって将来を見通すことは、成長率が高く、伸び盛りの企業ほど重要である。伸び盛りの業種ほど、長期の予測は難しいことが多いのだが、だからといって3〜5年間という中期で予測期間を打ち切って、残りの期間について継続価値に依存すると、目先の高い成長率が永久に続くという錯覚に陥り、過剰な企業価値を算定してしまう可能性を高めることになる。2000年前後のいわゆるITバブルの頃には、証券会社のアナリストのレポートでさえ、企業価値のほぼ100パーセントが継続価値から生まれる（下手すると詳細予測期間だけのキャッシュフローはマイナス）という価値評価をしているものが珍しくはなかった。しかも、こうしたレポートにおける、存続期間のキャッシュフローの成長率は、往々にして日本の長期的潜在成長率の予測を超えたものとなっていた。

　このような中期予測のみに頼ることの弊害を踏まえて、本書では詳細予測期間は可能な限り長めに設定することを勧める。その際、予測期間全体についての細かい予測が難しい場合には、

　　1．3〜5年の中期予測については、企業の営業計画などを参考に、予測貸借対照表と予測損益計算書を詳細に作成する。予測値は、できる限り企業の売上個数、商品単価の動向などを織り込んで、詳細に積み上げる。

2. その後10～15年目までの期間については、より簡単な予測を作成する。売上高や利益率、平均的資本投資、資本回転率などに的を絞る。また、個々の企業については存在しなくても、業界全体の生産量や売上の推移について、業界団体などから長期の予測が発表されている場合もあるので、そのようなデータを極力活用する。

　このように予測期間を 2 段階に分ける方法がある。いずれにせよ、予測期間の後半を上記のように簡略化したとしても、目に見えるかたちで業績とキャッシュフローを予測することにより得られる企業価値評価における示唆のメリットは、単純に「継続価値」のなかに情報を埋没させてしまうよりは、はるかに大きいと考える。

ステップ13◉……………シナリオの策定

　ステップ12で詳細予測期間が決まれば、今度はその期間内における評価対象企業の業績見通しをたてることになる。これは、顧客がどのようなニーズを持ち、競合がどのような手を打ってくるか、またサプライヤーがどう対応してくるか、といったことを考え、最もありそうなシナリオが何かを考えることである。加えてステップ15にも関係するが、自社にとって最も望ましく、かつあり得そうなシナリオは何か（楽観シナリオ）、逆に自社にとっては最も厳しいものの、現実には起こる可能性のあるシナリオは何か（悲観シナリオ）、という、少なくとも 3 つのパターンのシナリオを考えることが必要である。

　次に、評価をする事業のバリュー・ドライバーを選び出し、各々のシナリオの下で、それらバリュー・ドライバーがどのように推移していくのかを、事業に基づく分析やさまざまな業績予測によって、きちんと根拠を示しながら予測していく。企業という組織の中には、さまざまな情報が存在しているものだが、それらの多くは定性的なまま利用されている。そうした情報を、いかにして将来予測にとって意味のあるように定量化していくかは、 1 つのポイントである。加えて、評価対象企業のトップ・マネジメントと話ができる場合、彼らの持つ業界や自社の展望をヒアリングして、予測に織り込んでいくことが望ましい。

　本ステップは、評価者が十分に業界を理解したうえで行って初めて意味があり、予測された数値が、関係者に納得性のあるように予測を行っていくことが重要である。逆にいえば、単に数字を舐める、各事業部が提示してくる予測の数字を、そのまま足し合わせる、ないしは機械的に数字を作成する、といったことは行うべきではない。

　作成された企業戦略のシナリオ分析は、最終的に評価対象企業が、資本コスト（一

般的にはWACC）を上回るROICをどの程度の期間上げることができ、その期間がどの程度の長さなのか、ということについて評価者が判断するために使われる。このような判断のためには、評価対象企業の競争優位を考える必要がある。それは具体的には、

1．競合他社がまねできない価格・商品内容の組み合わせにより、顧客に対してより高い価値を提供できるか。
2．競合他社より低いコスト構造を実現できるか。
3．競合他社より資本を効率的に運用できるか。

といった観点からの分析である。

ステップ14● ……………シナリオの業績予測への転換

　企業の将来業績についてのシナリオができたら、それを将来予測に転換しなければならない。その際に、まず損益計算書と貸借対照表の予測から始めて、そこからフリー・キャッシュフローやROICを計算していく。一般に損益計算書の予測は、企業の中期計画などで比較的なじみが深いものであろうが、貸借対照表の予測というのはあまり見かけないかもしれない。ただ、企業価値評価においては、何度も述べたようにROICを意識することが重要であり、そのためには単に損益計算書の利益予測のみではなく、常にその利益を生み出すためにどのくらいの資金投入が必要だったか、という投下資産（invested capital）の概念を強く意識すべきである。このことを明らかにするためには、貸借対照表の予測が不可欠なのである。
　業績予測を作成していくうえでは、さらに細かいステップを踏んで行うのがいいだろう。具体的には以下のようなサブ・ステップがある。

　　　ステップ14-1：売上高の予測
　　　ステップ14-2：予測損益計算書の作成
　　　ステップ14-3：予測貸借対照表の作成
　　　ステップ14-4：予測フリー・キャッシュフローの算出

　なお、ステップ14-2とステップ14-3は、第2章以降の事例において説明を見やすくするために分けているが、実際に予測する際には、予測損益計算書を作成しながら、同時に予測貸借対照表をリンクさせながら行っていくので、本章ではまとめて説明する。

ステップ14-1：売上高の予測

売上高はほとんどの企業において、収益性に大きな影響を与える重要項目であるため、時間を十分かけて精緻に予測する。この場合、売上高を直接予測するのではなく、販売数量と価格等に分けて予測することによって、より納得性の高い予測が可能になる。

販売数量については、市場全体の予測よりも高い伸びを予測する場合は、競合他社からシェアを奪うことを意味するので、その実現性を検討する。価格については、景気サイクル、商品サイクル、将来のインフレ予想、市場の需給予想などから予測を作成する。業界全体の商品価格予想などがあれば、参考にするとよいだろう。

ステップ14-2：予測損益計算書の作成、ステップ14-3：予測貸借対照表の作成

売上高の予測をもとに、以下のように損益計算書、貸借対照表の諸項目を順に予測し、予測損益計算書、予測貸借対照表をつくっていく。

まず、営業項目だが、これは損益計算書の営業費用と、貸借対照表上の運転資金、有形固定資産などである。これらは、企業が本業を営むうえで直接必要な項目であり、売上金額、数量、売上原価などから計算する。

運転資金の予測においては、これらの項目残高の売上や営業費用に対する比率（回転期間）をもとに予測する方法が一般的である。

有形固定資産については、①有形固定資産の減価償却後の残高（ストック）が、売上高の一定比率となるよう維持する方法と、②有形固定資産への投資額（フロー）が、売上高の一定割合となるよう維持する方法が代表的である。このどちらを選ぶべきかについては、実務上も見解が分かれる。①の立場を取る人々は、本来有形固定資産が、売上を生む源泉である点に着目する。したがって、売上と資産残高の間には一定の比率が保たれるべきだと考えるわけである。たとえていえば、「鶏がいなければ、卵は得られない」ということになる。それに対して、②の立場からは、企業には本来業績に余裕のある時期に投資をさかんにし、逆に業績が芳しくない時期には、投資を絞り込む傾向がある点を重視する。したがって、売上の一定割合を新規投資に回すと考えたほうが、現実的だと考えるわけである。たとえていえば、「ない袖は振れぬ」ということになる。現実には、企業や業界の慣習なども勘案して、最終的には評価者がよりどちらのアプローチが現実に近いかを判断することになる。

ROICツリー（STAGE 1 ステップ4参照）と主要指標を計算し、全体像をつかみ、数値間に矛盾がないか検証する。

ステップ14-4：予測フリー・キャッシュフローの算出

　本ステップの最後として、予測損益計算書、予測貸借対照表をもとに、予測フリー・キャッシュフローを算定する。

　予測フリー・キャッシュフローの算定の手順として、まずSTAGE 1 の過去の業績分析と同様に、予測損益計算書をもとにEBITAを計算する。EBITAが計算できたら、EBITA全額に対してかかると想定されるみなし法人税の予測をもとに、EBITAから、EBITAに対する税金を控除すればNOPLATが予測できる。なお、EBITAを起点に損益計算書の上部からNOPLATを計算する方法と、当期利益を起点として、損益計算書の下部から逆算してNOPLATを計算する方法とで、計算された金額が一致することを確認すると計算ミスを防げる。

　NOPLATを計算し、投資から生じるキャッシュフローを予測しNOPLATに加える。投資から生じるキャッシュフローの予測のために、まず予測貸借対照表を整理して、各種投下資産の残高推移の予測を作成する。なお、この際営業に必要な投下資産と、余剰現金や余剰有価証券などの、営業外の投下資産は別立てにしておく。そして、営業投下資産と営業外投下資産を合算した投下資産総額が、資金調達（負債・資本項目）の面からみた投下資産総額の合計と、金額が一致することを確認することで計算ミスをチェックする。

　NOPLATの予測と、投下資産の予測をもとに、予測フリー・キャッシュフローを算出する。一般にフリー・キャッシュフローは、

$$\text{フリー・キャッシュフロー} = \text{NOPLAT} + \text{減価償却費} - \text{新規の総投資額}$$
$$= \text{グロス・キャッシュフロー} - \text{新規の総投資額}$$

という計算式が成り立つ。ここでの「新規の総投資額」には、投下資本の予測シートにおける営業運転資金、有形固定資産、およびその他正味営業資産が含まれる。なお、予測フリー・キャッシュフローに営業外のキャッシュフローを加味して計算した「投資家に分配可能なキャッシュフロー」は、資金調達サイドからみた財務キャッシュフローと一致することを確認しておく。

ステップ15◉…………複数業績予測シナリオの作成

　先のステップ12～ステップ14で 1 つのシナリオは完成する。しかし、業績予測においては、将来の不確実性を反映して、複数のシナリオを作成する場合がある。このようなケースをシナリオ分析といっている。業績予測に不確実性が少なく、当事者が作

成した予測に納得できる可能性が高い場合には、1つのシナリオによる分析で十分な場合もあるだろうが、不確実性が高い場合には、メインシナリオ（評価者や関係当事者が、最も可能性の高いと考えるシナリオ）のほかに、楽観シナリオ、悲観シナリオといったかたちで、上下に業績の幅を取る手法が一般的に用いられる。そして、最終的には各々のシナリオの下で求められた企業価値に対して、シナリオが起こることの主観的確率（シナリオがどの程度の確率で起きそうか、という評価者の見解）を乗じて加重平均することで、企業価値を算定する。なお、このシナリオ分析のことを、「リアル・オプション法」と解説している専門書が見受けられるが、これは誤りである。「リアル・オプション法」においては、いわば各シナリオの下での企業価値とそのシナリオの起こる確率を、確率過程と呼ばれる数学的手法を用いて、同時に計算する。したがって、「リアル・オプション法」は、評価者の主観でシナリオの起こる確率が割り振られるシナリオ分析とは一線を画するものである。

ステップ16◉⋯⋯⋯⋯⋯一貫性と整合性のチェック

　最後のステップ16では、実際にステップ12〜ステップ15で完成したシナリオ（1個、もしくは複数）から、フリー・キャッシュフローを計算する。同時に主要なバリュー・ドライバーを導き出し、STAGE 1で過去業績について行ったのと同様に、業績予測全体を評価、検証する。この際、以下のようなポイントに注意するとよい。

1. バリュー・ドライバーの動向は、評価対象企業の業績や業界の競争状況と矛盾しないか。
2. 売上高の成長率予測が、業界成長力とかけ離れていないか。
   対象企業の売上高成長率が、業界全体で予測されている成長率よりも高いということは、競合他社のシェアを侵食することを意味する。したがって、具体的にどの企業のシェアを奪うのか、なぜその奪われた企業が反撃しないのか、他社のシェアを侵食するだけの経営資源はあるのか、といったことが具体名を挙げて説明できなければならない。
3. 資本利益率予測は、業界の競争状況と矛盾しないか。
   業界全体として、参入障壁が崩れたり、顧客の交渉力が増大したりしている場合は、利益率は低下すると考えるのが自然である。逆に業界内での評価対象企業の地位が向上するのであれば、利益率が上昇するという予測がなされるべきであろう。
4. 評価対象企業の業界における技術革新のスピードはどうか。また技術革新

が収益率や、リスクにどのような影響を与えると予測されるか。
5．対象企業において予測されている投資案件が複数ある場合に、そのすべてが実現可能なのか。すべてを実行するだけの資源や人材がいるか。
6．資金ニーズ面からみて、財務面の予測に不自然な点はないか。資金調達計画は、計画どおりに実施できるのか。

　以上、STAGE 3 の 5 つのステップを経て、業績予測期間におけるフリー・キャッシュフローが計算されれば、STAGE 2 で求めた加重平均資本コスト（WACC）によって割り引くことで、その現在価値が求められる。DCF法で、企業価値を求める作業は、次のSTAGE 4 で計算する継続価値を残すのみとなる。

| STAGE 1 | STAGE 2 | STAGE 3 | **STAGE 4** |

STAGE 4
◉⋯⋯⋯⋯継続価値の計算と企業価値の算定

　STAGE 4 では、継続価値の計算と、これまでの各ステージで得られた数値を使って、最終的に企業価値の算定を行う。STAGE 3 までで、将来の一定の期間について、業績を予測し、そこから、DCF法により企業価値を求める場合に必要な将来キャッシュフローを予測した。この「詳細予測期間」以降の期間を「存続期間」と呼び、存続期間に発生すると予測されるキャッシュフローの現在価値、すなわち「継続価値」は、単純な公式に基づいて算出されることはすでに説明した。そして、存続期間におけるキャッシュフローの現在価値が、簡単な公式で算出されるためには、存続期間において企業業績が、以下に示すような特徴を持った安定期に入っている必要があることも指摘した。具体的には、

　　1．新規に投下された資産の利益率（ROIC_I）が一定になる。
　　2．企業全体の投下資産利益率（ROIC）が一定になる。
　　3．企業は営業利益の一定割合を再投資し、一定の成長率で成長する。

といった条件を満たしている状況である。詳細予測期間が十分に長く取ってあれば、存続期間における企業の成長率は、長期的な経済の成長率とほぼ等しくなるはずである。
　継続価値を算定するために、実務上使われている代表的アプローチを本章では検証し、結論としてバリュー・ドライバー公式を推奨する。本書では、この過程をさらに細かい4つのステップに分けて行う。4つのステップの内容は、以下のようになる。

　　ステップ17：追加純投資に対するリターン（ROIC_I）の算定
　　ステップ18：継続価値の算定
　　ステップ19：事業価値の算定
　　ステップ20：企業価値の算定

　以下ではこれらの各ステップにおいてどのような点に留意して作業をするかを簡単に説明するが、具体的イメージをわかせるために、第 2 章以降の具体的企業の分析例

を参照しながら読み進めていくことをお勧めする。

ステップ17● ……… 追加純投資に対するリターン（ROIC_I）の算定

継続価値算定の公式として、本書が推奨するのは、バリュー・ドライバーを明示的に含んだ、以下のようなバリュー・ドライバー式である。すなわち、

$$継続価値 = \frac{NOPLAT_{t+1}\left[1 - \dfrac{g}{ROIC\_I}\right]}{WACC - g}$$

ここで、
$NOPLAT_{t+1}$：キャッシュフロー予測期間後1年目の標準化したNOPLAT
g：NOPLATの長期成長率
ROIC_I：追加純投資に対するROIC（総投資額のうち減価償却費を上回った部分に対するROIC）
WACC：加重平均資本コスト（STAGE 2で算出）

この「バリュー・ドライバー式」においては、成長率、ROIC、加重平均資本コスト（WACC）といった、バリュー・ドライバーが変数として明示的に含まれている。この式は、永続的にフリー・キャッシュフローを予測し、WACCで割り引く作業を、3つの前提に基づいて単純化したものである。すなわち、

1. 企業は存続期間において、一定の利益率を獲得し、資本回転率、既存資産のROICは一定である。
2. 企業の売上とNOPLATは、一定の割合で増加する。グロス・キャッシュフローの一定割合は、毎年新規投資に回る。
3. すべての追加純投資のROICは、一定である。

これ以外にも実務上は、予測期間最終期の標準化したフリー・キャッシュフローが、一定の成長率で成長することを前提に継続価値を算定するモデルをはじめ、いくつかのモデルが利用されている。これらのモデルにより計算される継続価値も企業価値を評価する際の参考にすることは可能だが、筆者らはこのバリュー・ドライバー式がメインの計算式に相応しいと判断している。この議論の詳細は、コラム6において説明する。

継続価値算定をバリュー・ドライバー式によって算定する際に、まず決定しなければならないパラメータ（変数）として、予測期間後の追加純投資分のROIC（ROIC_I）がある。これを求める際には、予測期間内の各年度におけるROIC_Iを求めておき、それを参考に予測期間終了後、未来永劫を展望して平均的に達成可能なROIC_Iの水準を決定する。一般的には、ROIC_I＜WACCの場合、原則的には経営者はそのような新規投資をしないはずなので、ROIC_I≧WACCの関係が成り立つ。超長期的にみれば、企業の追加投資機会の収益率は、投資リスクに対して投資家が期待した収益率並み、すなわちROIC_I＝WACCとなる可能性が高いが、製薬業などでは長期的にWACCを超えるROIC_Iを維持しているケースもある。いずれにせよ、仮に長期的にROIC_I＞WACCを仮定するのであれば、競争力を維持できる源泉をきちんと積極的に示せるだけの材料が必要であろう。

ステップ18●⋯⋯⋯⋯⋯継続価値の算定

　ステップ17で決定したROIC_Iをもとに、ステップ18では、それ以外のバリュー・ドライバー式の要素を決定して、継続価値を算定する。
　バリュー・ドライバー式による継続価値の算定に必要な他の要素として、NOPLAT、NOPLATの成長率、WACCがある。これらのパラメータは、将来予測を立てる作業との整合性を意識しつつ決定する。以下、具体的に説明するが、WACCについては、予測期間、継続価値算定期間を通して一定の数値を用いることを前提に、すでにSTAGE 3 で述べたのでここでは繰り返さない。

1．NOPLAT

　ベースとなるNOPLATの水準については、標準化という作業を行った後のNOPLATを使う。標準化とは、予測期間以降に長期的に維持可能な営業キャッシュフローの実態を見極めることである。具体的には、長期的に維持可能な営業費用の水準や税率を推定することである。特に営業費用のなかに含まれている営業用資産の減価償却費部分については、継続価値算定期間の成長率が予測期間の成長率よりも一般に低い成長率を用いる場合が多い。その場合、継続期間における新規投資、およびその結果としての減価償却費は、予測期間内のものよりも少なくなることが予想されるため、そのことを反映したNOPLAT予測を立てる必要がある。また、売上に周期性のある企業においては、標準化したNOPLAT水準は、売上のビジネス・サイクルの中間点となるように調整する必要がある。

2．NOPLATの成長率

　成長率については、経済全体の長期成長率予測（日本企業でその営業基盤が日本国内の場合は、日本経済の長期成長率予測）を上回る数字を用いることは、非現実的である。なぜならば、そのような状況が超長期にわたって継続すると、その企業はいつの日か、経済全体の合計を上回る企業規模を持つようになってしまうからである。また、コラム6で述べるように、バリュー・ドライバー式においては、g＝ROIC_I×IR（再投資比率）の関係がなりたつ。そこで、成長率とROIC_Iから逆算される再投資比率をみて、評価者のイメージした評価対象企業の長期的イメージとの間で整合性があるかどうか、確認してみる必要がある。

　以上のバリュー・ドライバー式の諸要素をもとに、継続価値を算定する。なお、必要に応じて、コラム6で述べるフリー・キャッシュフロー法、清算価値法、各種マルチプル法などを参考にして、算定結果の妥当性をチェックする。

ステップ19● ……… 事業価値の算定

　STAGE 3で予測した、詳細予測期間に発生する将来フリー・キャッシュフローの現在価値の合計と、継続価値の現在価値を合算したものが、評価対象企業の営業から発生する全フリー・キャッシュフローの現在価値、すなわち事業価値ということになる。なお、継続価値をバリュー・ドライバー式などで求める場合、公式では予測期間終了翌年のデータを用いるが、求められた継続価値は予測期間の最終期時点での現在価値である。したがって、継続価値を現時点での現在価値に直す場合には、予測期間の年数分を資本コストで割り引くことになる。たとえば、予測期間が10年間の場合、公式では11年目のデータを用いるが、求められる価値は10年後時点での現在価値であるので、10年分を割り引くことになる。

ステップ20● ……… 企業価値の算定

　上記で算定したものに、非事業用資産の時価を加えて、企業価値とする。非事業用資産とは、事業価値の算定のもとになるフリー・キャッシュフローを生み出すために必要でない資産である。たとえば、余剰現金や、余剰投資有価証券、遊休資産といったものが該当する。

　日本企業の場合、そもそも持合株式としての投資有価証券や、企業保有の遊休資産が多いため、この取り扱いは、企業価値に大きな影響を与えることがある。持合株式

としての投資有価証券については、これを事業用資産とするか、非事業用資産とするか悩ましいところである。持合株式が事業上の取引を継続的に獲得するために不可欠なものであれば、事業用資産であるが、単に昔お付き合いで持合株式を購入したが、現状その企業との取引関係はない、といった場合であれば、非事業用資産である。現実には、このようにはっきりと線引きができるケースは必ずしも多くはないので、ある程度主観的判断が加わるのはやむをえないかもしれないが、その場合でもきちんと評価結果を利用する人たちに納得できる理論構成は必要だろう。

　最後に、株式資本の価値を求める場合には、企業価値からすべての有利子負債（株絡み債券、退職給付債務を含む）の時価、少数株主持分を差し引くことによって、株式資本の時価が求められる。

コラム1◉法人実効税率と限界税率

　限界税率とは現在、企業において追加的に1円の課税所得が発生した場合に生じる（もしくは将来的に発生すると予想される）支払い税金額の現在価値である。この限界税率は加重平均資本コストの計算において、負債コストの節税効果を計算するために用いる（WACCの計算式を参照）。限界税率は企業の利益に対して「平均的に」どの程度の税金を支払っているかを示す現金ベースの税率とは必ずしも一致しない（第4章「三共」を参照）。

　本書では、原則的には法人の限界税率として企業の所得実態からみて、追加的収入に対してどの程度の実効税率が適用されるのかをもって、限界税率と考えている。

　一般に実効税率はわが国では、以下の数式にて算出される。

$$\frac{法人税率 \times (1+住民税率) + 事業税率}{1 + 事業税率}$$

　これは、法人税は課税所得が課税標準とされていること、住民税は法人税が課税標準とされていること、および事業税はその支払事業年度の課税所得の計算上、損金算入されることに基づき計算した結果である。上記の式は税効果会計等ではなじみの式だが、事業税が損金計上されることがこの式を複雑化している。そもそも、事業税は法人税同様に課税所得に事業税率が課せられ算出される。すなわち、事業税＝課税所得×事業税率となる。この事業税が損金処理できるということは、事業税×実効税率分の税金の支払いが少なくなる。すなわち、当期の支払い税金は、課税所得×{法人税率×（1+住民税）+事業税}であり、事業税が損金計上されることを考慮した控除税金額は、課税所得×事業税率×実効税率となる。

　以上をまとめると、課税所得×実効税率＝課税所得×{法人税率×（1+住民税）+事業税}−課税所得×事業税率×実効税率となり、式を整理すると上記算式が導かれる。

　なお、事業税率については、東京都の場合、標準税率9.6%に対して1.05倍の税率となっているなど、地方自治体によって必ずしも一定ではないので注意を要する。また、外形標準課税の導入に伴い、2004年4月1日以後開始の事業年度から事業税の標準税率が変更されているが、本書においては考慮していない。

> コラム2●理論面からの有利子負債コスト推定を巡る議論

1．格付がBBB格以上の企業の負債コスト

　日本においては、有利子負債の比率の高い企業が少なくない。したがって、有利子負債のコストをどうみるかは、WACC計算上の重要な要素となる。この点について、コープランド他の『企業価値評価』では、社債の時価と債務不履行の確率と債務不履行時に債券保有者に配当されるであろう配当率から、市場が期待する最終利回りを求めることを提案している。しかしながら、日本においてはBBB格より上の格付の債券の、しかも20年程度のイールドカーブを描くのが精一杯である（Bloombergのイールドカーブを、どの程度信頼するかという議論は別にある）。ましてや、個々の債券格付と債務不履行リスクの関係、さらには債務不履行時の債券保有者への配当率に関しては、残念ながら十分なデータがない。したがって、実務上はまず当該分析企業の格付を確認（格付がなければ予測）し、ステップ9で述べた手法を原則とすべき、と考える。

　次に金利水準の問題である。日本においては、近年低金利政策がとられているため、特に短期金利については、リスクフリーレート・ベースでほぼゼロ、社債金利が1年もので0.5％弱（投資適格格付銘柄）、短期借入金利も最優遇金利（短期プライムレート）が1.375％と低くなっている（2004年6月時点）。しかしながら、エンタプライズDCF法においては、通常期間金利の概念はなく、単一の加重平均資本コスト（WACC）を全期間について適用する。したがって、このような低金利をWACCの計算式にそのまま入力することは、現在の極めて低い短期金利水準が、未来永劫続くということを暗黙の前提としていることになり現実的とはいえない。将来にわたって単一のWACCを使うのであれば、その計算要素のすべてにおいて、できる限り現在の国債や社債のイールドカーブから導いた長期（できれば20年以上）の期間を平均しての金利予測値を使用し、個々の資金調達手段について、長期間にわたって平均すればどの程度のコストになるのかを推定することが必要である。

2．格付がBBB格未満（投資不適格社債）の企業の負債コスト

　BBB格よりも格付の劣る企業の有利子負債については、どのように考えるのがよいだろうか。コープランド他の『企業価値評価』第10章第2節に見られる、「投資不適格債券については、表面利回りではなく有利子負債の提供者（社債保有者）の期待利回りを使うべきだ」というのは正しい指摘だが、実務上は必ずしもそのことを考慮せず、表面利回りを負債コストとすることが広く行われている。

現実の投資不適格債券の利回りは、日本においても極端に高い（時として5％を超える）利回りとなっているが、これは期待利回りではない。期待利回りというのは、投資家が表面金利から、元本が返済不能となる期待値を差し引いた、真に投資不適格債券への投資によって期待している利回りである。投資不適格債券において表面利回りが大幅に上乗せされるのは、倒産による損失の期待値を補うため（上乗せ部分と期待損失とが相殺する）と考えられるからである。

　日本において表面利回りから、期待損失率を差し引いて、投資不適格債券の期待利回りを求めることは、現状は過去の倒産データ（格付ごとの倒産確率に加え、倒産発生時の債券の元本回収率が必要）の蓄積が乏しく困難である。そこで、アメリカと日本では、異なる格付の社債間で期待利回りの差が同じである保証はないという問題を抱えながらも、データが揃っているアメリカの数値を使って推定せざるをえない。ただ、一般論としていえば、アメリカのデータから見る限り、BBB格の債券利回りに比べて期待利回り（倒産損失差引後）ベースで投資不適格債券が大きなプレミアムが乗せられることはないように思える。

> **コラム3●理論面からのリスクフリー・レートを巡る議論**

1．短期国債、10年もの国債、超長期（20年もの、30年もの）国債のいずれを用いるか

　短期国債、10年もの国債、超長期（20年もの、30年もの）国債のいずれを、リスクフリー・レートとして使うべきだろうか。すべてのキャッシュフローを一律のWACCで割り引く手法においては、現在の足元のほぼゼロである短期国債金利よりも、将来の短期国債金利予測（インプライド・フォーワードレート）の平均値としての、長期国債金利を使うことが望ましいことは、有利子負債コストの計算の説明と同様の考え方である。それでは、なぜ10年ものの金利であって、20年ものや30年ものの金利ではないのか。コープランド他の『企業価値評価』では、企業から将来発生するフリー・キャッシュフローの総計のデュレーションが10年に近いこととの整合性、超長期国際市場は10年もの国債市場に比べて、流動性が低いため、利回りに対する信頼性が低いということがその理由として挙げられている。加えて、日本の場合、後述するように戦後のほとんどの時期において10年超の長期国債は発行されておらず、そのためマーケット・リスクプレミアムを過去のデータから類推する際に使うリスクフリー・レートも、10年もの国債を使って求めるしかないという事情もある。

　しかしながら、現在の日本の金融政策は景気刺激のために、足元の短期金利を極端

に低く誘導している。このため、10年ものの金利であっても、手前の低い短期金利の影響を受けている。仮に10年ものの国債金利を使ってリスクプレミアムが推定されているとしても、本来私たちが求めたいのは、今から10年間だけでなく、10年後の時点での10年もの国債利回り（いわゆるインプライド・フォーワードレート）、20年後の時点での10年もの国債利回り、……、の平均値のはずである。したがって、本書では当面の低金利政策を前提に、20年もの国債の利回りをリスクフリー・レートとして利用する。なお、企業から将来発生するキャシュフローのデュレーションという観点からも、2％程度の長期金利の下では、20年程度の数値には、妥当性があると考える。

2．過去の国債金利平均を使うことの是非

過去数年間の国債金利の平均を、リスクフリー・レートとして用いるという実務家もいる。具体的には、過去数年間の国債平均利回り等を使用するケースである。これは、上記「1.」で述べたような、人為的な短期低金利のために、現状足元の10年もの国債の利回りが、歴史的に低い水準であるため、この影響を取り除こうという実務面での配慮だと思うが、筆者はこの方法には理論面から問題があると考える。なぜならば、CAPMによって株式資本コストを求めるのは、あくまでも現時点から将来にわたって、投資家がどのような収益率を当該株式から期待しているかを求めるものだからである。投資家の期待するマーケット・リスクプレミアムが仮にある程度安定的だとしたら、投資家は現在のリスクフリー・レートを基準に、そこからリスクプレミアムを上乗せして、個別株式の収益を期待するであろう。我々が実質（インフレ率勘案後の購買力）ベースではなく、名目ベースでDCF法を適用することを前提に考えれば、基準金利はあくまで評価時点でのインフレ期待を反映した現在の名目金利を利用することが整合的である。過去の国債平均利回りのほうが、現状の国債金利よりも高いのは、過去における期待インフレ率が、現在より高かったためである可能性が高い。過去の国債利回りを基準に、株式の期待収益を投資家が計算するという考え方は、現在の修正された（より低い）インフレ期待を、投資家が無視して、過去のインフレ予想にこだわり続けるということを示唆しており、理論的に無理がある。

> コラム4●理論面からのマーケット・リスクプレミアムを巡る議論

1．マーケット・ポートフォリオ代替指数の選択

最初に問題となるのは、CAPMでいうマーケット・ポートフォリオ（すべてのリスク資産を含むポートフォリオ）の代替指数として、どのような株式指数を使うかという

ことである。実務上は、日本の株式評価の場合、日本の株式指数の代表で採用銘柄数の多い東証株価指数（TOPIX）を利用することが多い（もちろん、この指数を使った場合、東証２部上場の株式や、大阪など他の国内証券取引所上場企業の収益率は無視されている）。

また、多国籍企業で、世界的に売上が分散している企業の場合には、世界的な株価指数（モルガン・スタンレー証券開発のMSCI指数など）を用いることもある。この場合、グローバルなリスクプレミアムの推定値が必要になる。いずれにせよ、マーケット・リスクプレミアムの算定で用いた指数は、ベータを推定する際に利用する指数と同様のものを利用するのが原則である。

２．算術平均と幾何平均

次に問題となるのは、過去の収益率の「平均」を計算する際に、算術平均を取るのか、幾何平均を取るのかである。算術平均とは、各期間の収益率を合計し、期間の数で割ったものである。今n個の期間について収益率のデータがあって、そのそれぞれが、$r_1, r_2, \cdots, r_n$と表されるとしよう。その場合算術平均は、以下のように記述される。

$$\frac{r_1+r_2+\cdots+r_n}{n} = \frac{\sum_{k=1}^{n} r_k}{n}$$

これに対し、幾何平均は各期間の複利計算を前提にして、毎期間どのような収益率で複利計算すれば、最初の資産金額が最後の資産金額に到達するか、という観点から平均値を計算するものであり、以下のように記述される。

$$\sqrt[n]{(1+r_1) \times (1+r_2) \times \cdots \times (1+r_n)} - 1 = \sqrt[n]{\prod_{k=1}^{n}(1+r_k)} - 1$$

一般に過去のデータから将来のリスクプレミアムを計測する際には、算術平均を使うべきというのがファイナンスの教科書でのコンセンサスになっているが、実務上は幾何平均を使っているケースもある。これは、算術平均では収益率の期間をどのように取るかによって、平均値に影響が出るからである。この点について次に述べる。

３．収益率の計算期間

一般に過去の収益率の平均を計算する際には、１年ごとの投資収益率データを用いているケースが多い。ただ、もちろんこれは１年ごとに限る必要はなく、たとえば、半年ごとの収益率データや、２年間の収益率データを利用することも可能である。こ

の際注意すべきは、算術平均を使う場合には、収益率計算期間を短くするほど年率換算した場合のリスクプレミアムが大きく見積もられる可能性が高くなることである。

たとえば、ここ4年間の1年ごとの収益率データが、25%, -20%, 25%, -20%だったと仮定しよう。この場合、1年ごとの収益率データを用いた算術平均では、+2.5%となる。一方2年間の収益率で考えると、実は2年間でのトータルの収益は、(1+0.25)×(1-0.2)=1であり、収益率はゼロとなっている。このことは前半、後半ともに同じであるから、算術平均は0％となる。このように収益計算期間を短く取ることによって、算術平均はより長い収益計算期間を取った場合の算術平均よりも上昇する傾向がある。この傾向は、短期的に株式の上下の変動が大きい場合ほど大きくなる。

4．リスクプレミアム推定期間

リスクプレミアム推定のための過去データを集める期間については、長ければ長いほどよいとされている。これは、過去のデータに基づくマーケット・リスクプレミアムの算定が、直接推定できない将来の期待値に関するものだからである。この点について、以下のような事例を考えよう。

ある硬貨について、その硬貨にひずみがなく、表と裏の出る確率が2分の1ずつとなっているかを調べるために、何度もその硬貨を投げ、その結果を見て判断しようとしていると考えてみよう。仮にその硬貨にひずみがないとすれば、何百回と硬貨を投げるうちに、表と裏の出た回数は限りなく近づいていくに違いない。硬貨を投げる回数（標本を取る回数）は、多ければ多いほど偶然の影響が排除されて、本来の硬貨の性質（母集団の性質）に近づいていく。

株式のリスクプレミアムについても同様だというのが、「リスクプレミアム推定のための過去データを集める期間については、長ければ長いほどよい」とする考え方の背景である。仮にリスクプレミアムが歴史的に安定的に推移するという前提に立てば、何十年ものデータを積み重ねることで過去のデータの標本平均は、母集団である「本来のリスクプレミアム」に限りなく近づいていくはずである。

ただ、日本の場合、戦前のデータまで遡って計算するべきかどうかについては議論が残るところだろう。これに対して、大部分のケースでは、戦前から戦後へと生じた資産価値の大きな変化は、一貫的に測定するには無理があるとして、戦後のデータを利用している。また、高度成長期における株式収益率のデータを、安定成長に入った日本経済に適用すべきかという議論もある。仮にマーケット・リスクプレミアムが安定的でなく、経済状況とともに変化していくのであれば、より最近のデータによる推定が必要だ、という主張である。この点については、今後も議論が続いていくと思われる。

5．リスクプレミアムの具体的数値を巡る諸研究

以上4つの論点を総合して、リスクプレミアムとしてどのような数字を考えるであろうか。戦前のデータを使って計算した例として、Dimson, Marsh, and Staunton（2002）によって、1900〜2000年の長期債に対するリスクプレミアムが7％前後（収益率計算期間10年の場合の年率換算算術平均、収益率計算期間1年の場合は算術平均10.3％、幾何平均6.2％で乖離が大きい）という推定がある。

一方戦後の数値では、最も一般的に使われているのは、日本証券経済研究所による株式投資収益率（1998年, 2001年）や、そのデータをもとにIbbotson Associatesが独自の計算でアップデートした、1952年からのデータを用いるプレミアム推定値である。ちなみに、この種のデータによって2002年末までについて計測すると、1953〜2002年末（1952年は50％超の極端に高い収益率が記録されているため除外した）における長期債に対するリスクプレミアムは6％前後となる。また、Jorion and Goetzmann（1999年）では、リスクプレミアムではないが、1949〜1996年末までの株式収益率算術平均を、9.79％と報告している。推定期間をより最近の期間に限定すると、1990年代以降の株式市場の低迷を反映し、マーケット・リスクプレミアムの推定値は低下する。たとえば、1970〜2002年末に期間を短縮すると、4％前後の長期債に対するリスクプレミアムと計算される。

6．生き残りバイアスの調整

コープランド他の『企業価値評価』では、株式指数などを基準にした収益率の測定には、生き残りバイアス（倒産や業績が悪化して上場廃止になった企業は指数から除かれるため、実際に株式に投資した場合よりも収益率が高く計算される傾向があること）があるため、過去のデータから求めた数値から2％程度を差し引いてマーケット・リスクプレミアムを求めることを提案している。上に述べたデータから同様の数値を差し引くと、日本の場合4〜5％という数字になる（私見では、東証1部上場企業の上場廃止確率は、アメリカのS&P指数採用銘柄よりも低いようにも思えるが、検証したわけではないので、アメリカの数字を使っている）。本書第2章〜第4章の事例では、マーケット・リスクプレミアムに5％を用いる。

コラム5●理論面からのシステマティック・リスク（ベータ）推定を巡る議論

1．Barra社の将来予測ベータ

Barra（バーラ）社は、1975年に当時カリフォルニア大学バークレー校の教授であ

ったバー・ローゼンバーグ博士（Dr. Barr Rosenberg）らによって、ファイナンスの研究および理論を実際の投資に活用することを目的として設立された企業で、現在アメリカのNASDAQ市場に上場している。Barra社が開発したのは、ベータを過去の株価だけから直接的に推定するのではなく、株価以外に企業の性格に影響を与えると思われる数々の経済的変数を用いて推定しようというモデルで、彼らはこのモデルから推定されたベータを、「将来予測ベータ（predicted beta）」（ファンダメンタル・ベータと呼ばれることもある）と呼んでいる[注]。

　これは、過去の株価だけからベータを推定すると、推定期間や収益率の計算期間（日次収益、週次収益、月次収益）によって、数値が大きく変動する可能性がある点に着目し、株価だけでなくそれ以外にも経済的にみて企業の性格に影響を与えそうな変数を多数（Barra社の最新の日本株モデルでは、53個の説明変数）使うことで、安定的にベータを推定しようという考え方である。実務上も、専門性が高いと世間で考えられている投資銀行では、Barra社のベータを意識しつつ、ベータの推定を行っているようである。

　しかしながら、現実にはBarra社のベータに、実際にアクセスできる読者は少ないと思われる。したがって次善の策として、以下では過去の株価という比較的容易に入手できるデータを用いてベータを推定する方法を説明する

2．過去の株価からベータを推定する方法

　過去の株価からベータを推定する方法は、データの入手が容易で、高価なデータベースを購入しなくても自分でベータが推定できるというメリットがある。以下にこの方法でベータを推定する場合の手順を簡単に説明する。

　手順1：一定の頻度（日次、週次、月次など）でベータを測定したい企業の株式と、マーケット・リスクプレミアムの算定に用いたマーケット・ポートフォリオの代替指数の収益率を時系列的に計算する。たとえば、日次収益率であれば、毎日の1株あたりのキャピタルゲインと配当受取を合算したものを、前日の株価で割って、日次収益率を求める。この作業を一定の推定期間（たとえば、5年間）について繰り返す。

　手順2：上で求めた収益率のデータをもとに、以下のように、分析対象企業の収益率を非説明変数、マーケット・ポートフォリオの収益率を説明変数とする以下の式に基づく単回帰分析を行う（これは表計算ソフトの関数やアドイン機能で、簡単に実行できる）。

【注】結果的には安定的であるとしても、理論的にこのような方法で求められた「ベータ」が、本来いわゆるCAPMが想定していたベータ値なのかどうかは疑問が残る。

$$r_i = a + br_m + \varepsilon$$

ここで、
r_i：分析対象株式の収益率の時系列
r_m：マーケット・ポートフォリオ（代替指数）の収益率の時系列
a：切片
b：ベータの推定値
ε：誤差項

　すでに述べたように、過去の株価から推定したベータの数値は、推定期間や収益率の計算期間によって大きく変化する可能性がある。そこで、本来市場の企業全体のベータ平均値は1であることを勘案して、過去の株価から回帰分析によって推定されたベータについて、長期的には市場の平均ベータ1に近づいていくのではないか、という仮定の下、1に近づけるべく修正を施すという手法が実務上用いられている。この手法は、投資理論（investments）をテーマとするファイナンスの主要教科書においても触れられており、たとえばElton他著 *Modern Portfolio Theory and Investment Analysis* においては、Blumeによる修正式として、(0.677×回帰分析によるベータ推定値＋0.343×1)によって求めたベータを、修正後のベータとして用いる方法を紹介している。また、この後の「3」で触れるBloomberg端末では、先行研究を参考に（0.67×回帰分析によるベータ推定値＋0.33×1）の修正式で求めたベータを、「修正ベータ」と呼んで表示している。

　このような修正は、確かに回帰分析によるベータが短期的な株価変動によって極端な値となることを防ぐ効果があり、本書第2章以降のケースでもBloombergの修正ベータを原則として参照している。しかしながら、長期的に見ても市場全体の株価変動との関連性が薄い業種（たとえば電力業）の企業については、この修正によって実態以上にベータが大きく見積もられる結果となる可能性もあり、利用には注意が必要である。

3．過去の株価からベータを推定する簡便法

　上に述べた回帰分析による方法は、ファイナンス系のホームページ（Yahoo!ファイナンス）などで過去の株価データが容易に入手できる現在では、さほど難しい作業ではない。しかしながら、回帰分析の作業が苦手という読者には、こうした作業を手軽に行ってくれるファイナンス系の情報端末が存在する。代表的なものとしては、Bloomberg社の端末があり、収益率の計測頻度（日次、週次、月次）や、推定期間を

変更すれば、瞬時にベータを再計算してくれるため、汎用性が高い。なお、Bloomberg以外のファイナンス情報端末でも、何らかのベータの情報は提供されている場合が多いので、自分がアクセスできるファイナンス系情報端末を、うまく活用できないか調べてみるとよいだろう。

不幸にしてそのような情報端末にもアクセスができない場合には、東京証券取引所で同取引所上場の株式について、回帰分析の手法でベータ値を3カ月ごとに計算し、「TOPIX及びベータ値CD-ROM」として販売しているので、それを利用すれば簡単にベータのイメージをつかむことができる。ただし、この場合収益率は月次収益率、推定期間は60カ月（5年間）と30カ月（2.5年間）に限られるので、推定値に不安が残る。また、収益率計算期間（日次・週次・月次）や、推定期間を変化させた場合に、予測が安定的かどうかを検証できないので、十分に注意して利用するべきである。

4．ベータのアンレバー、リレバー

非上場企業のベータを求めるために、類似上場企業のベータを求め、それらをアンレバードしたベータの平均値や中央値を求めて、それを評価対象企業の業界ベータ（アンレバード・ベータ）とすることを説明した。

アンレバード・ベータの計算に用いる式は、本来ならば以下のようなものである。

$$\beta_L = \beta_U + \frac{B}{S} \times (1-T_C) \times (\beta_U - \beta_B)$$

ただし、
β_B：当該上場企業の有利子負債のベータ

本文で述べた式は、実務上は負債のベータを推定するのが困難なため、$\beta_B=0$、すなわちその企業はリスクフリー・レートで有利子負債による資金調達をできる、と仮定している。したがって、借入比率が高く、社債格付を考えるとリスクフリー・レートを大きく上回る金利水準でしか借り入れられない企業において、アンレバード・ベータが極端に小さい値（0.2以下）となることが少なくない。これが、借入比率が高い企業において、本文中のアンレバード・ベータ計算式を用いることの弊害である。

このような場合、$\beta_B=0$という前提を緩和し、評価対象企業の社債利回りからβ_Bを逆算する方法が考えられる。しかし、有利子負債のベータ（β_B）の推定手法は、必ずしも確立しているとはいえず、このこと自体が新たな議論を呼ぶ可能性も否定できない。そのため実務の現場では、弊害を承知のうえで$\beta_B=0$の下で導かれる計算式を利用しているようである。

> コラム6◉バリュー・ドライバー式以外の継続価値算定方法

1．フリー・キャッシュフロー成長モデル

　これは、詳細予測期間最終期の標準化したフリー・キャッシュフロー（FCF）が、一定の成長率で成長することを前提に継続価値を算定することも多用されている。この場合、継続価値は以下のような式で計算される（以下FCF式と呼ぶ）。

$$継続価値 = \frac{FCF_{t+1}}{WACC - g}$$

　ただし、g はフリー・キャッシュフローの長期成長率である。

　バリュー・ドライバー式とFCF式の関係だが、実はバリュー・ドライバー式とは、FCF式における予測期間後のフリー・キャッシュフローを直接推定するのではなく、予測最終期のNOPLATの一部を、永続的に一定の再投資比率で再投資し、その再投資が永続的にROIC_Iの利益率で新たにNOPLATを成長させることに貢献する、という前提の下、FCFの代わりに代入したものである。ここで、長期的NOPLAT成長率（g）、NOPLATに対する再投資比率（NOPLATのうちどの程度が純投資（新規設備投資－減価償却費）に回されているかを示す比率：IR）、追加純投資のROIC（ROIC_I）の間には以下の関係が成り立つ。

$$g = ROIC\_I \times IR$$

　したがって、もともとの計算式としては同じだが、バリュー・ドライバー式では、どちらかというと恣意的になりやすい継続価値計算のもとになるフリー・キャッシュフローのうち、固定資産や運転資本への投資部分を、より明示的に、再投資比率と再投資の収益率という観点から、より客観的に計算しようという試みだとも考えられる。この点において、バリュー・ドライバー式は、FCF式よりも、より客観的計算を可能にするように思われる。

　これ以外にも、継続価値を計算する方法として、実務で用いられることがあるものとして、以下のようなものもある。これらはあくまでもバリュー・ドライバー式の数値水準の妥当性を検討するための参考値として用いることは可能だが、理論的には本来のDCF法とは必ずしも整合性のない部分があるので、利用にあたってはその限界を十分理解しておく必要があるだろう。

2. 清算価値法

　予測期間最終期の予測貸借対照表上の資産を売却し、負債を返済して残った株式資本部分を継続価値とする方法である。この方法は、簿価ベースで清算価値を計算しており、必ずしも時価を反映していないうえ、資産の時価とその資産から生み出すキャッシュフローの現在価値が必ずしも一致する保証もない。実際に予測期間の最終期に企業を清算することが予想されていない限り、この手法は企業のキャッシュフローベースの収益性を、正確に反映したものとはいえない。

3. 各種マルチプル法

　継続価値を算定する際に、予測期間最終期における利益や、EBIT（Earnings Before Interest and Taxes：支払利息税引前利益）、EBITDA（Earnings Before Interest, Taxes, Depreciation and Amortization：減価償却費、支払利息税引前利益）、簿価純資産といった数値に対して、一定のマルチプル（乗数）をかけて、継続価値を算定する方法である。この乗数を求める際には、評価時点での評価企業の所属業種における上場企業の株価をもとに乗数を計算しその平均を求めることが多い。しかしながら、評価時点での乗数と、予測期間最終期における乗数が一致する保証はない。実際、評価時点で高成長期にある企業の場合、乗数は評価時点をピークに徐々に低下するのが通常であり、その点を勘案せずにマルチプル法を適用すると、継続価値を過大評価する可能性が高いので、十分注意を要する。

第2章

基本ケース
東京製鐵

●本章では東京製鐵を事例に、エンタプライズDCF法の基本手順を紹介する。東京製鐵は、電炉法、すなわち鉄のスクラップを原材料に、スクラップを熱して溶かし、成分を調整しながら鉄鋼を生産するという事業を営んでいる有力企業である。基本的DCF法の手順の紹介に東京製鐵を選んだ理由は、同社の事業はほぼ製鉄だけで、多角化しておらず、また製鉄業自体が短期間に極端な変貌を遂げるような業界でないことから、将来の業績予測やキャッシュフロー予測の基本形として取り上げるにふさわしいと考えたからである。本書の予測手法は簡略なものであり、大半の読者にとっては、本章の基本形だけでも十分に、日々の企業価値評価のニーズには対応できるだろう。

STAGE 1

●............過去の業績分析

ステップ 1 財務諸表の再構成

1-1 過去の財務諸表の収集

　まず第2章では東京製鐵を取り上げる。東京製鐵を選んだ理由は、事業がほぼ製鉄だけで多角化しておらず、またその主に従事する製鉄業自体が短期間に大きな変貌を遂げるような業界でないことから、将来の業績予測やキャッシュフロー予測に基づいて行う企業価値評価の基本形として取り上げるにふさわしいと考えたからである。製鉄業界は炉によって大きく高炉と電炉にわかれるが、東京製鐵は、後者の電炉という炉によって鉄を生産する企業である。池谷イズムと呼ばれる強力なリーダーシップのもと、競争の厳しい製鉄業界にあって70年間事業を維持するとともに、東証1部に上場し、無借金経営を貫いている。

　東京製鐵の企業価値評価は、本書第1章に示した手順に従い、4つのステージを追って行う。STAGE 1 では、企業価値を評価するにあたっての最初の作業として、過去の業績を分析する。過去の業績分析は以下の7ステップで行う。

　　ステップ1：財務諸表の再構成
　　ステップ2：NOPLATの算出
　　ステップ3：フリー・キャッシュフローの算出
　　ステップ4：ROICの要素分解とバリュー・ドライバーの算定
　　ステップ5：信用力と流動性の分析
　　ステップ6：業績の詳細な分析
　　ステップ7：過去の業績の総合評価

　ステップ1-1では、過去の財務諸表を収集する。過去の財務諸表の収集方法は、有価証券報告書の購入、企業ホームページからの収集等がある。ここでは、過去の有価証券報告書を入手した（図表2-1、図表2-2参照）。ここで注意すべき点は、会計基準の変更等により、名称が変更になったり、削除・追加されたりした項目があるが、それが何であるのかをよく理解しておくことである。東京製鐵の場合は、「その他有価証券評価差額等」がこれに該当する。

図表2-1● 貸借対照表（東京製鐵）

(単位：百万円)

	1998/3期	1999/3期	2000/3期	2001/3期	2002/3期
(資産の部)					
流動資産					
現金及び預金	50,776	28,506	31,299	38,396	38,075
受取手形	30,865	21,934	19,845	18,946	16,236
売掛金	11,704	9,375	10,585	9,184	8,262
有価証券	4,099	2,765	2,642	0	0
自己株式	0	0	0	0	0
製品	6,299	3,146	4,226	4,018	3,707
半製品	1,677	676	742	986	1,621
原材料	2,021	1,295	2,148	1,353	999
貯蔵品	1,647	1,587	1,387	1,360	1,382
前払費用	0	0	0	578	581
短期貸付金	0	0	0	0	0
関係会社短期貸付金	845	845	0	0	0
未収消費税	0	0	0	0	0
その他	1,572	1,136	590	313	203
貸倒引当金	(182)	(161)	(104)	(82)	(46)
流動資産合計	**111,323**	**71,104**	**73,360**	**75,052**	**71,023**
固定資産					
有形固定資産					
建物	33,472	33,483	33,487	33,495	33,550
減価償却累計額	(12,781)	(14,252)	(15,635)	(16,935)	(18,138)
構築物	10,594	10,700	10,728	10,758	10,763
減価償却累計額	(6,306)	(6,694)	(7,040)	(7,338)	(7,606)
機械及び装置	191,060	191,866	192,350	192,826	193,255
減価償却累計額	(123,005)	(135,207)	(145,110)	(153,186)	(159,264)
車両及び運搬具	363	325	321	304	300
減価償却累計額	(319)	(296)	(300)	(285)	(280)
工具器具及び備品	11,461	11,870	11,824	11,748	11,917
減価償却累計額	(7,582)	(8,335)	(8,738)	(8,990)	(9,157)
土地	19,817	11,149	11,167	11,171	11,169
建設仮勘定	3,184	2,596	2,361	2,046	2,205
有形固定資産合計	**119,958**	**97,205**	**85,415**	**75,614**	**68,713**
無形固定資産					
ソフトウェア	0	0	117	70	34
電気供給施設利用権	8	7	6	5	4
その他	291	268	243	219	196
無形固定資産合計	**299**	**275**	**366**	**294**	**235**
投資その他の資産					
投資有価証券	308	308	1,070	3,706	7,418
関係会社株式	1,631	1,631	1,431	1,431	1,430
出資金	9	9	9	9	8
長期貸付金	9	4	2	2	0
従業員長期貸付金	1,307	1,128	892	749	602
関係会社長期貸付金	0	0	845	0	0
破産債権	0	380	342	10	10
長期前払費用	553	469	253	235	216
長期預金	0	0	0	0	0
その他	804	693	411	397	301
貸倒引当金	(11)	(388)	(1,182)	(9)	(36)

第2章　基本ケース

投資その他の資産合計	4,610	4,234	4,073	6,530	9,953
固定資産合計	124,867	101,714	89,854	82,438	78,902
資産合計	236,190	172,818	163,214	157,490	149,926
(負債の部)					
流動負債					
支払手形	15,258	10,304	11,130	12,006	6,291
買掛金	17,727	8,826	12,645	11,649	13,395
一年内償還の新株引受権付社債	0	0	0	0	0
一年内償還の転換社債	24,035	0	0	0	0
未払金	8,497	3,508	1,308	841	844
未払法人税等	0	0	0	0	0
未払事業税等	239	0	0	0	0
未払消費税等	877	720	273	429	174
未払費用	6,585	5,407	4,683	4,912	5,200
前受金	5,273	669	412	312	617
預り金	44	44	42	102	110
賞与引当金	789	605	488	446	384
設備支払手形	3,684	2,132	2,210	878	475
その他	0	0	0	493	3
流動負債合計	83,008	32,215	33,191	32,068	27,498
固定負債					
新株引受権付社債	0	0	0	0	0
転換社債	0	0	0	0	0
繰延税金負債	0	0	0	0	1,434
退職給付引当金	4,864	4,798	7,300	7,027	6,833
その他	0	0	80	110	100
固定負債合計	4,864	4,798	7,380	7,137	8,367
負債合計	87,872	37,013	40,571	39,205	35,866
(資本の部)					
資本金	30,894	30,894	30,894	30,894	30,894
資本準備金	28,845	28,845	28,845	28,845	28,844
利益準備金	3,628	3,706	3,738	3,832	3,863
その他の剰余金					
任意積立金					
特別償却準備金	1,171	914	379	259	190
圧縮特別勘定積立金	0	0	0	0	0
圧縮記帳積立金	603	579	322	308	296
退職手当積立金	379	379	379	376	360
別途積立金	60,000	60,000	60,000	53,771	0
当期未処分利益	22,798	10,488	(1,914)	53,771	47,632
その他の剰余金合計	84,951	72,360	59,166	54,714	48,481
その他有価証券評価差額金	0	0	0	0	1,976
自己株式	0	0	0	0	0
資本合計	148,318	135,805	122,643	118,285	114,060
負債・資本合計	236,190	172,818	163,214	157,490	149,926

図表2-2● 損益計算書（東京製鐵）

(単位：百万円)

	1998/3期	1999/3期	2000/3期	2001/3期	2002/3期
売上高	166,919	124,362	106,814	117,196	91,509
売上原価	155,377	114,982	100,333	102,506	83,166
期首製品たな卸高	4,992	6,299	3,146	4,226	4,017
当期製品製造原価	160,725	114,378	103,891	105,443	83,936
(うち減価償却費)	18,945	16,229	13,500	11,300	9,103
他勘定より受入高	891	27	117	21	39
他勘定へ振替高	4,932	2,576	2,595	3,166	1,118
期末製品たな卸高	6,299	3,146	4,226	4,018	3,707
売上総利益	11,542	9,380	6,481	14,690	8,342
販売費及び一般管理費	19,206	18,232	14,941	17,016	14,772
運賃諸掛	16,450	15,452	12,662	14,676	12,600
貸倒引当金繰入額	0	0	0	0	0
役員報酬	133	131	126	121	113
給料諸手当	762	786	752	811	772
賞与引当金繰入額	95	76	64	65	58
退職給与引当金繰入額	66	92	36	0	0
退職給付費用	137	143	0	75	84
福利厚生費	48	38	128	134	130
交際費	129	125	19	17	15
交通通信費	14	10	101	103	97
広告宣伝費	18	22	5	5	3
会費	165	168	26	28	1
租税公課	1	0	120	113	108
減価償却費	231	205	160	144	128
賃借料	502	518	445	436	370
その他	455	466	297	288	286
営業利益又は営業損失	(7,664)	(8,852)	(8,460)	(2,326)	(6,430)
営業外収益	1,921	1,837	1,922	747	2,022
受取利息	987	1,097	150	165	80
受取配当金	247	366	465	297	195
有価証券売却益	30	0	129	0	0
仕入割引	155	11	13	16	28
受取賃貸料	60	61	57	55	52
為替差益	277	0	0	179	114
たな卸資産低価損戻入額	0	267	1,053	－	1,520
雑収入	165	35	55	35	30
営業外費用	2,648	1,240	448	812	275
支払利息及び割引料	202	173	10	9	7
社債利息	388	385	0	0	0
社債発行費用	0	0	0	0	0
退職給与引当金繰入額	0	0	0	0	0
有価証券売却損	140	58	0	0	0
有価証券評価損	0	172	0	0	0
たな卸資産低価損	1,716	0	0	440	0
為替差損	0	102	118	0	0
寄付金	4	3	3	3	3
退職加算金	0	0	66	97	71
雑損失	198	347	251	263	193
経常利益又は経常損失	(8,391)	(8,255)	(6,986)	(2,391)	(4,683)
特別利益	123	206	132	447	37

固定資産売却益	0	0	0	0	0
土地売却益	0	182	24	3	0
貸倒引当金戻入額	123	24	108	30	37
退職給付会計変更時差異	0	0	0	414	0
特別損失	**1,883**	**3,684**	**5,753**	**1,450**	**933**
固定資産除却損	1,434	1,175	937	1,099	681
土地売却損	0	1,816	0	0	0
投資有価証券売却損	0	0	124	0	0
役員退職金	4	0	0	3	14
適格退職年金過去勤務費用	143	313	250	0	0
関係会社株式評価損	0	0	200	0	0
工場操業休止及び復旧損失	0	0	0	0	0
新工場操業開始損失	240	0	0	0	0
操業休止損失	62	0	0	348	0
特別退職金	0	0	0	0	0
貸倒引当金繰入額	0	380	845	0	0
退職給与引当金繰入額	0	0	3,276	0	0
投資有価証券評価損	0	0	0	0	198
会員権評価損	0	0	121	0	38
税引前当期純利益又は当期純損失	**(10,151)**	**(11,733)**	**(12,607)**	**(3,394)**	**(5,580)**
法人税及び住民税	0	0	0	0	0
当期純利益又は当期純損失	**(10,151)**	**(11,733)**	**(12,607)**	**(3,394)**	**(5,580)**
前期繰越利益	33,460	22,564	10,427	57,536	53,508
退職手当積立金取崩額	4	0	0	3	14
税効果会計に伴う任意積立金取崩額	0	0	0	0	0
特別償却準備金	0	0	275	0	0
圧縮記帳積立金	0	0	234	0	0
中間配当額	468	312	0	310	310
中間配当に伴う利益準備金積立額	47	31	0	31	0
利益による自己株式消却額	0	0	243	33	0
当期未処分利益又は当期未処理損失	**22,798**	**10,488**	**(1,914)**	**53,771**	**47,632**

STAGE 1 > STAGE 2 > STAGE 3 > STAGE 4

● ……………過去の業績分析

ステップ 1 財務諸表の再構成

1-2 要約貸借対照表の作成

　ステップ1-2では、ステップ1-1で収集した財務諸表を用いて、将来キャッシュフローを予測しやすいように貸借対照表の要約を作成する。特に日本企業の財務諸表は、貸借対照表・損益計算書ともに、項目が企業によって大きく異なるので、このステップは重要である。各社ごとに異なる貸借対照表の項目を、どの要約貸借対照表の項目に当てはめていくのかを十分注意して集約しなければならない。

　このステップでは、できる限り過去に遡り（最低でも10年程度）データを作成すべきであり、我々もそのように分析したが、ここでは紙面の都合上過去 5 年間のデータを掲載する（図表2-3）。このなかには、企業が公表している貸借対照表の項目から、以後の分析用に独自にデータを集約しなければならない項目がある。東京製鐵の場合、以下の 6 項目を独自に集約した。

図表2-3●解説

---

１ 棚卸資産
＝貸借対照表（図表2-1）の「製品」＋「半製品」＋「原材料」＋「貯蔵品」。
2002年 3 月期では、3,707＋1,621＋999＋1,382＝7,709百万円となる。

２ その他の流動資産
＝「有価証券」＋「自己株式」＋「前払費用」＋「短期貸付金」＋「関係会社短期貸付金」＋「未払消費税」＋「その他」。
「現金・預金」、「受取手形」、「売掛金」、「棚卸資産」、「貸倒引当金」に該当しないものを「その他」と分類した。2002年 3 月期では、0 ＋ 0 ＋581＋ 0 ＋ 0 ＋ 0 ＋203＝784百万円となる。

３ 短期借入金
＝「一年内償還の新株引受権付社債」＋「一年内償還の転換社債」。
2002年 3 月期については、 0 百万円である。

● 第2章　基本ケース

図表2-3● 要約貸借対照表（東京製鐵）

(単位：百万円)

		1998/3期	1999/3期	2000/3期	2001/3期	2002/3期
	流動資産	111,323	71,104	73,360	75,052	71,023
	現金・預金	50,776	28,506	31,299	38,396	38,075
	受取手形	30,865	21,934	19,845	18,946	16,236
	売掛金	11,704	9,375	10,585	9,184	8,262
1	棚卸資産	11,644	6,704	8,503	7,717	7,709
2	その他の流動資産	6,516	4,746	3,232	891	784
	貸倒引当金	(182)	(161)	(104)	(82)	(46)
	固定資産	124,867	101,714	89,854	82,438	78,902
	有形固定資産	119,958	97,205	85,415	75,614	68,713
	無形固定資産	299	275	366	294	235
	投資その他の資産合計	4,621	4,622	5,255	6,539	9,989
	貸倒引当金	(11)	(388)	(1,182)	(9)	(36)
	資産合計	236,190	172,818	163,214	157,490	149,926
	流動負債	83,008	32,215	33,191	32,068	27,498
	支払手形	15,258	10,304	11,130	12,006	6,291
	買掛金	17,727	8,826	12,645	11,649	13,395
3	短期借入金	24,035	0	0	0	0
4	その他の流動負債	25,988	13,085	9,416	8,413	7,812
	固定負債	4,864	4,798	7,380	7,137	8,367
5	社債	0	0	0	0	0
6	退職給付債務	4,864	4,798	7,300	7,027	6,833
	その他の固定負債	0	0	80	110	100
	繰延税金負債	0	0	0	0	1,434
	負債合計	87,872	37,013	40,571	39,205	35,866
	資本金	30,894	30,894	30,894	30,894	30,894
	資本準備金	28,845	28,845	28,845	28,845	28,844
	利益準備金	3,628	3,706	3,738	3,832	3,864
7	任意積立金	62,153	61,872	61,080	943	849
	その他有価証券評価差額金	0	0	0	0	1,976
	未処分利益	22,798	10,488	(1,914)	53,771	47,632
	資本合計	148,318	135,805	122,643	118,285	114,060
	負債・資本合計	236,190	172,818	163,214	157,490	149,926

4 その他の流動負債

＝「未払金」＋「未払法人税等」＋「未払事業税等」＋「未払消費税等」＋「未払費用」＋「前受金」＋「預り金」＋「賞与引当金」＋「設備支払手形」＋「その他」。流動負債のなかで、「支払手形」、「買掛金」、「短期借入金」に該当しないものを「その他」と分類した。2002年3月期では、844＋0＋0＋174＋5,200＋617＋110＋384＋

475＋ 3 ＝7,807百万円となるが、「流動負債」の合計額と合致するよう端数調整し、7,812百万円とした。

5 社債

＝「新株引受権付社債」＋「転換社債」。

2002年3月期については、 0 百万円である。

6 退職給付債務

＝「退職給付引当金」を転記。2002年3月期では、6,833百万円となる。

7 任意積立金

＝「特別償却準備金」＋「圧縮特別勘定積立金」＋「圧縮記帳積立金」＋「退職手当積立金」＋「別途積立金」。

2002年3月期では、190＋ 0 ＋296＋360＋ 0 ＝846百万円となる。なお、端数調整のため図表中には849百万円と記載。

STAGE 1 > STAGE 2 > STAGE 3 > STAGE 4

◉……………過去の業績分析

1 財務諸表の再構成

1-3 要約損益計算書の作成

　ステップ1-3では、ステップ1-1で収集した財務諸表から、損益計算書の要約を作成する。損益計算書の要約も、要約貸借対照表と同様にできる限り過去に遡り（最低でも10年程度）データを作成すべきであり、我々もそのように分析したが、ここでは紙面の都合上過去5年間のデータを掲載する（図表2-4）。東京製鐵の場合以下の10項目を独自に集約した。

図表2-4◉解説

1 売上原価（除減価償却費）
＝損益計算書（図表2-2）の「売上原価」－「（売上原価中の）減価償却費」。
減価償却費は損益計算書上では、費用であるが、実際の現金支出は伴わない。そこで、キャッシュフローの算定にあたっては、減価償却費を費用から除く。2002年3月期では、83,166－9,103＝74,063百万円となる。

2 販売費及び一般管理費（除減価償却費）
＝損益計算書の「販売費及び一般管理費」－「（販売費及び一般管理費中の）減価償却費」。
「販売費及び一般管理費」にも本社社屋等の減価償却費が含まれる。そのため、「販売費及び一般管理費」からも、そこに含まれる「減価償却費」を差し引いて算出した。2002年3月期では、14,772－128＝14,644百万円となる。

3 減価償却費
1 2 で除いた減価償却費を集計した。2002年3月期では、9,103＋128＝9,231百万円となる。なお、ここでは、営業外費用に含まれている減価償却費は、金額が少額であるため、無視することとした。

4 営業利益（又は営業損失）
＝「売上高」－「売上原価（除減価償却費）」－「販売費及び一般管理費（除減価償却費）」－「減価償却費」。

図表2-4● 要約損益計算書（東京製鐵）

(単位：百万円)

	1998/3期	1999/3期	2000/3期	2001/3期	2002/3期
売上高	166,919	124,362	106,814	117,196	91,509
① 売上原価（除減価償却費）	(136,432)	(98,753)	(86,833)	(91,206)	(74,063)
② 販売費及び一般管理費（除減価償却費）	(18,975)	(18,027)	(14,781)	(16,872)	(14,644)
③ 減価償却費	(19,176)	(16,434)	(13,660)	(11,444)	(9,231)
④ 営業利益（又は営業損失）	(7,664)	(8,852)	(8,460)	(2,326)	(6,429)
受取利息	987	1,097	150	165	80
受取配当金	247	366	465	297	195
⑤ 支払利息	(590)	(558)	(10)	(9)	(7)
⑥ その他営業外利益（又は損失）	(1,371)	(308)	869	(518)	1,479
⑦ 経常利益（又は経常損失）	(8,391)	(8,255)	(6,986)	(2,391)	(4,682)
⑧ 特別損益	(1,760)	(3,478)	(5,621)	(1,003)	(896)
⑨ 税引前利益（又は損失）	(10,151)	(11,733)	(12,607)	(3,394)	(5,580)
法人税	0	0	0	0	0
⑩ 当期純利益（又は当期純損失）	(10,151)	(11,733)	(12,607)	(3,394)	(5,580)

2002年3月期では、91,509－74,063－14,644－9,231＝△6,429となる。この数値が、損益計算書の「営業利益又は営業損失」の数値と一致することを確認する（ここでは端数の問題で1百万円の誤差が発生しているが、僅差であるため一致したものとみなす）。

⑤ 支払利息

＝「支払利息及び割引料」＋「社債利息」。

2002年3月期では、7＋0＝7百万円となる（表の上ではマイナス表記）。

⑥ その他営業外利益（又は損失）

＝（「受取利息」、「受取配当金」以外の「営業外収益」）－（「支払利息及び割引料」、「社債利息」以外の「営業外費用」）。

2002年3月期では、(2,022－80－195)－(275－7－0)＝1,479百万円となる。

⑦ 経常利益（又は経常損失）

＝上記④の「営業利益（又は営業損失）」＋「受取利息」＋「受取配当金」＋上記⑤の「支払利息」＋上記⑥の「その他営業外利益（又は損失）」。

2002年3月期では、△6,429＋80＋195－7＋1,479＝△4,682百万円となる。この数値が、損益計算書の「経常利益又は営業損失」の数値と一致することを確認する（ここでは端数の問題で1百万円の誤差が発生しているが、僅差であるため一致したものとみなす）。

8 特別損益

=「特別利益」−「特別損失」。

2002年3月期では、37−933＝△896百万円となる。

9 税引前利益（又は損失）

=上記 7 の「経常利益（又は経常損失）」＋上記 8 の「特別損益」。

2002年3月期では、△4,682＋△896＝△5,578百万円となる（表の上では、端数調整の結果△5,580百万円となっている）。

10 当期純利益（又は当期純損失）

=上記 9 の「税引前利益（又は損失）」−「法人税及び住民税」。

東京製鐵は赤字で納税額がゼロと記載されているため、2002年3月期では、△5,578−0＝△5,578百万円となる（表の上では、端数調整の結果△5,580百万円となっている）。

| STAGE 1 | STAGE 2 | STAGE 3 | STAGE 4 |

●……………過去の業績分析

ステップ 1 財務諸表の再構成

1-4 算定用貸借対照表の作成

　ステップ1-4では、ステップ1-1で収集した貸借対照表およびステップ1-2で作成した要約貸借対照表をもとに、キャッシュフローの算定に使用しやすいよう算定用貸借対照表を作成する（図表2-5参照）。

　キャッシュフローの予測のために、貸借対照表の再構成を行ううえで特に重要なのが、保有する現預金を、事業に必要な現金と余剰現金に切り分けることであろう。日本においては、戦後長く、歩積み両建てという銀行借入の一定割合を預金に残す習慣があったこと、また自社株の買い戻しができなかったために企業が多額の現預金を保有する傾向があったことなどを鑑みると、日本企業の価値評価において、この作業は特に重要といわざるをえない。製造業であれば、一般的に売上の0.5〜2％が運転資金として必要と考えられているが、できれば競合企業がどの程度現預金を保有しているのかなども参考に、営業用現金の残高を判断することが望ましい。

図表2-5●解説

1 現金及び預金（営業用を除く）
＝要約貸借対照表（図表2-3）の「現金及び預金」－下記 **2** の「営業用現金」。
「余剰現金」ともいう。2002年3月期では、38,075－1,830＝36,245百万円となる。

2 営業用現金
＝損益計算書（図表2-2）の「売上高」×2％。
第1章で紹介した『企業価値評価』によれば、売上高の0.5〜2.0%を超える現金と有価証券を余剰現金とみなす経験則があるとされ、これを参考に営業用現金の対売上高比率を2％とした。2002年3月期では、91,509×2％＝1,830百万円となる。

3 受取手形・売掛金
＝「受取手形」＋「売掛金」。
2002年3月期では、16,236＋8,262＝24,498百万円となる。

図表2-5● 算定用貸借対照表（東京製鐵）

(単位：百万円)

		1998/3期	1999/3期	2000/3期	2001/3期	2002/3期
1	現金及び預金（営業用を除く）	47,438	26,019	29,163	36,052	36,245
2	営業用現金	3,338	2,487	2,136	2,344	1,830
	棚卸資産	11,644	6,704	8,503	7,717	7,709
3	受取手形・売掛金	42,569	31,309	30,430	28,130	24,498
4	その他の流動資産	6,334	4,585	3,128	809	741
	流動資産計	111,323	71,104	73,360	75,052	71,023
5	総有形固定資産	269,951	261,989	262,238	262,348	263,159
6	減価償却累計額	(149,993)	(164,784)	(176,823)	(186,734)	(194,445)
7	有形固定資産計	119,958	97,205	85,415	75,614	68,714
	無形固定資産	299	275	366	294	235
	その他固定資産	4,610	4,234	4,073	6,530	9,953
	固定資産計	124,867	101,714	89,854	82,438	78,902
	資産合計	236,190	172,818	163,214	157,490	149,925
	短期借入金	24,035	0	0	0	0
	支払手形	15,258	10,304	11,130	12,006	6,291
	買掛金	17,727	8,826	12,645	11,649	13,395
	その他の流動負債	25,988	13,085	9,416	8,413	7,812
	流動負債計	83,008	32,215	33,191	32,068	27,498
	社債	0	0	0	0	0
	退職給付債務	4,864	4,798	7,300	7,027	6,833
	その他の固定負債	0	0	80	110	100
	繰延税金負債	0	0	0	0	1,434
	固定負債	4,864	4,798	7,380	7,137	8,367
	負債合計	87,872	37,013	40,571	39,205	35,865
	資本金	30,894	30,894	30,894	30,894	30,894
	資本準備金	28,845	28,845	28,845	28,845	28,844
	利益準備金	3,628	3,706	3,738	3,832	3,864
	任意積立金	62,153	61,872	61,080	943	849
	その他有価証券評価差額金	0	0	0	0	1,976
	未処分利益	22,798	10,488	(1,914)	53,771	47,632
	資本合計	148,318	135,805	122,643	118,285	114,060
	負債・資本合計	236,190	172,818	163,214	157,490	149,925

❹ その他の流動資産

＝要約貸借対照表の「その他の流動資産」＋「貸倒引当金」。

2002年3月期では、784＋△46＝738百万円となる（表の上では、端数調整のため741百万円と記載されている）。

❺ 総有形固定資産

＝貸借対照表（図表2-1）の「建物」＋「構築物」＋「機械及び装置」＋「車両及び運搬具」＋「工具器具及び備品」＋「土地」＋「建設仮勘定」。

これは、減価償却累計額差し引き前の有形固定資産残高を示す。2002年3月期では、33,550＋10,763＋193,255＋300＋11,917＋11,169＋2,205＝263,159百万円となる。

❻ 減価償却累計額

❺の各項目に対応する減価償却累計額を集計。

2002年3月期では、△18,138＋△7,606＋△159,264＋△280＋△9,157＝△194,445百万円となる。

❼ 有形固定資産計

＝上記❺の「総有形固定資産」＋上記❻の「減価償却累計額」。

2002年3月期では、263,159＋△194,445＝68,714百万円となる（要約貸借対照表の数値とは、端数の関係で1百万円の差額が出ている）。

| STAGE 1 | STAGE 2 | STAGE 3 | STAGE 4 |

● ·············· 過去の業績分析

ステップ

1 財務諸表の再構成

1-5 投下資産の計算

　ステップ1-5では、ステップ1-4で作成した算定用貸借対照表（図表2-5）を中心に、一部ステップ1-1の貸借対照表（図表2-1）を併用しながら、事業に投下している資産がどれくらいかを計算する（図表2-6参照）。

　投下資産は、事業用投下資産と非事業用投下資産からなる。そして、事業用投下資産は運転資金、有形固定資産、正味その他営業資産で構成されている。ただし、運転資金は、営業用現金、棚卸資産、受取手形・売掛金、その他の流動資産（有価証券を除く）の合計である営業流動資産から営業流動負債（流動負債から有利子負債である短期借入金と一年内償還社債を控除）を差し引いたものである。

　この営業用投下資産に非事業用投下資産である余剰現預金、余剰投資有価証券、投資及び前払金を足すと投下資産総額になる。

　また、このステップにおいては、投下資産総額は、資産側（事業用投下資産と非事業用投下資産）から計算しても、資産をいかに調達したかという負債の側から計算しても同じとなる特性を生かし、算定ミスがないかを確認することが有用である。具体的には東京製鐵の投下資産は以下のように算定した。

図表2-6●解説

〔資産側〕
1 営業流動資産
＝算定用貸借対照表（図表2-5）の「営業用現金」＋「棚卸資産」＋「受取手形・売掛金」＋「その他流動資産」－貸借対照表（図表2-1）の「有価証券」。
2002年3月期では、1,830＋7,709＋24,498＋741－0＝34,778百万円となる。
2 営業流動負債
＝算定用貸借対照表の「流動負債」の合計－「短期借入金」。
2002年3月期では、27,498－0＝27,498百万円となる。

図表2-6 ●　　　投下資産の計算（東京製鐵）

(単位：百万円)

〔資産側〕	1998/3期	1999/3期	2000/3期	2001/3期	2002/3期
1 営業流動資産	59,786	42,320	41,555	39,000	34,778
2 営業流動負債	(58,973)	(32,215)	(33,191)	(32,068)	(27,498)
3 営業運転資金	813	10,105	8,364	6,932	7,280
有形固定資産	119,958	97,205	85,415	75,614	68,714
4 正味その他営業資産	299	275	366	294	235
5 営業投下資産	121,070	107,585	94,145	82,840	76,229
余剰現預金	47,438	26,019	29,163	36,052	36,245
6 余剰投資有価証券	4,407	3,073	3,712	3,706	7,418
7 投資及び前払金	4,302	3,926	3,003	2,824	2,535
その他固定負債	0	0	(80)	(110)	(100)
8 投下資産総額	177,217	140,603	129,943	125,312	122,327
〔負債側〕					
9 普通株式・優先株式合計	148,318	135,805	122,643	118,285	114,060
10 繰延税金	0	0	0	0	1,434
11 未払配当金	0	0	0	0	0
12 調整後資本	148,318	135,805	122,643	118,285	115,494
借入金	24,035	0	0	0	0
退職給付債務	4,864	4,798	7,300	7,027	6,833
13 投下資産総額	177,217	140,603	129,943	125,312	122,327
バランスチェック	0	0	0	0	0

3 営業運転資金

＝上記 **1** の「営業流動資産」－上記 **2** の「営業流動負債」。

2002年3月期では、34,778－27,498＝7,280百万円となる。

4 正味その他営業資産

算定用貸借対照表の「無形固定資産」額で、2002年3月期は、235百万円である。

5 営業投下資産

＝上記 **3** の「営業運転資金」＋算定用貸借対照表の「有形固定資産」＋上記 **4** の「正味その他営業資産」。

2002年3月期では、7,280＋68,714＋235＝76,229百万円となる。

６ 余剰投資有価証券
＝貸借対照表の「有価証券」＋「投資有価証券」。
ここでは有価証券はすべて余剰とみなしている。2002年3月期では、0 ＋7,418＝7,418百万円となる。

７ 投資及び前払金
＝算定用貸借対照表の「その他固定資産」－貸借対照表の「投資有価証券」。
2002年3月期では、9,953－7,418＝2,535百万円となる。

８ 投下資産総額
＝上記 ５ の「営業投下資産」＋「余剰現預金」＋上記 ６ の「余剰投資有価証券」＋上記 ７ の「投資及び前払金」－「その他固定負債」。
2002年3月期では、76,229＋36,245＋7,418＋2,535－100＝122,327百万円となる。

〔負債側〕

９ 普通株式・優先株式合計
算定用貸借対照表の「資本合計」を転記した。2002年3月期では、114,060百万円となる。

10 繰延税金
算定用貸借対照表の「繰延税金負債」を転記した。2002年3月期では、1,434百万円となる。

11 未払配当金
配当金の支払いは、利益処分（本章では掲載せず）で行い、未払配当金は存在しないため、0百万円となる。

12 調整後資本
＝上記 ９ の「普通株式・優先株式合計」＋上記 10 の「繰延税金」＋上記 11 の「未払配当金」。
2002年3月期では、114,060＋1,434＋0 ＝115,494百万円となる。

13 投下資産総額
＝上記 12 の「調整後資本」＋「借入金」＋「退職給付債務」。
2002年3月期では、115,494＋0 ＋6,833＝122,327百万円となる。

| STAGE 1 | STAGE 2 | STAGE 3 | STAGE 4 |

●……………過去の業績分析

ステップ2 NOPLATの算出

　ステップ2では、ステップ1で再構成した財務諸表を用いて、NOPLAT（Net Operating Profits Less Adjusted Taxes）を算出する。

　NOPLATは税引後営業利益である。NOPLATの計算は、まずEBITA（Earnings Before Interest, Taxes, and Amortization：減価償却費・支払利息等営業外損益・特別損益および税引前利益）の算定から始める。EBITAは、借入金がなく、かつ、のれんの償却等の営業外損益と特別損益がない場合には、税引前利益と等しくなる。東京製鐵の場合は、売上高から、売上原価、販売費及び一般管理費（減価償却費含む）を控除したものを、EBITAとして計算した。次に、EBITAに対する税金だが、有価証券報告書から転記した「法人税等」に、支払利息に対する節税額（支払利息×限界税率）、過去勤務債務利息による節税額（日本では節税効果がないので0とした）を加算し、受取利息配当に対する税金（受取利息×限界税率）、その他営業外損益に対する税金（その他営業外損益×限界税率）、特別損益に対する税金（特別損益×限界税率）を控除したものをEBITAに対する税金として計算した。EBITAから、EBITAに対する税金を控除したものがNOPLATである。

　また、当期利益から逆算してNOPLATを算出し、上記算出数値の整合性を検証する。この方法は、当期利益に繰延税金負債、税引後その他営業外損益（その他営業外損益×（1－限界税率））、税引後特別損益（特別損益×（1－限界税率））を加算し、調整後当期利益を求め、これに税引後支払利息（支払利息×（1－限界税率））を加算し、税引後受取利息（受取利息×（1－限界税率））を控除して、NOPLATを算出する（図表2-7参照）。

　なお、東京製鐵の場合、過去分析期間における赤字期間においては、営業外項目に比して赤字が大きいため、実質限界税率ゼロと考えている[注]。

　以下、NOPLATの算出にかかる図表2-7について、重要と思われる項目につき解説する。

図表2-7●解説

〔売上高側〕
① 損益計算書上のEBITA
要約損益計算書(図表2-4)の「営業利益(又は営業損失)」を転記する。2002年3月期では、△6,429百万円となる。

② 過去勤務債務に関する調整
退職給付費用に含まれる利息費用であり、有価証券報告書の注記(本章では掲載せず)より2002年3月期は、320百万円である。これは過去勤務債務を有利子負債として取り扱いWACCの計算(ステップ11)において加重平均資本コストに含めて考えるため、キャッシュフロー上、足し戻すためのものである。

③ 調整後EBITA
= ①の「損益計算書上のEBITA」+②の「過去勤務債務に関する調整」。
2002年3月期では、△6,429+320=△6,109百万円となる。

④ EBITAに対する税金
以下「法人税等」、「支払利息による節税額」、「過去勤務債務利息による節税額」、「受取利息配当に対する税金」、「その他営業外損益に対する税金」、「特別損益に対する税金」の項目を集計して算出した。2002年3月期については、赤字なので0百万円となる。

⑤ 繰延税金の増減
算定用貸借対照表(図表2-5)の「繰延税金負債」の前期との差額を記載した。2002年3月期では、1,434−0=1,434百万円となる。

⑥ NOPLAT
= ③の「調整後EBITA」+④の「EBITAに対する税金」+「役員賞与」+⑤の

【注】限界税率算定と実効税率
将来の東京製鐵の限界税率の算定にあたっては、同社の追加的収入に対して適用されるであろう実効税率を用い、法人税率=30.00%、住民税率=20.70%(東京都)、事業税率=10.08%(9.6%×1.05東京都の場合、標準税率9.6%に対して1.05倍の税率としている)、軽減税率不適用法人)として、$\frac{30.0\% \times (1+20.7\%) + 10.08\%}{1+10.08\%}$ =42.05%と算出している。
(外形標準課税の導入に伴い、2004年4月1日以後開始の事業年度から事業税の標準税率が変更されるが、本書においては考慮していない。)

図表2-7● NOPLATの算出（東京製鐵）

(単位：百万円)

〔売上高側〕	1998/3期	1999/3期	2000/3期	2001/3期	2002/3期
売上高	166,919	124,362	106,814	117,196	91,509
売上原価	(136,432)	(98,753)	(86,833)	(91,206)	(74,063)
販売費及び一般管理費	(18,975)	(18,027)	(14,781)	(16,872)	(14,644)
減価償却費	(19,176)	(16,434)	(13,660)	(11,444)	(9,231)
1 損益計算書上のEBITA	(7,664)	(8,852)	(8,460)	(2,326)	(6,429)
2 過去勤務債務に関する調整	0	0	0	337	320
3 調整後EBITA	(7,664)	(8,852)	(8,460)	(1,989)	(6,109)
4 EBITAに対する税金	0	0	0	0	0
役員賞与	0	0	0	0	0
5 繰延税金の増減	0	0	0	0	1,434
6 **NOPLAT**	**(7,664)**	**(8,852)**	**(8,460)**	**(1,989)**	**(4,675)**
EBITAに対する税金					
法人税等	0	0	0	0	0
7 支払利息による節税額	0	0	0	0	0
過去勤務債務利息による節税額	0	0	0	0	0
8 受取利息配当に対する税金	0	0	0	0	0
9 その他営業外損益に対する税金	0	0	0	0	0
10 特別損益に対する税金	0	0	0	0	0
EBITAに対する税金	0	0	0	0	0
〔当期利益側〕					
当期利益	(10,151)	(11,733)	(12,607)	(3,394)	(5,580)
役員賞与	0	0	0	0	0
11 繰延税金負債の増加	0	0	0	0	1,434
12 税引後その他営業外損益	1,371	308	(869)	518	(1,479)
13 税引後特別損益	1,760	3,478	5,621	1,003	896
14 調整後当期利益	(7,020)	(7,947)	(7,855)	(1,873)	(4,729)
15 税引後支払利息	590	558	10	9	7
16 過去勤務債務に対する支払利息	0	0	0	337	320
17 投資家に分配可能な総利益	(6,430)	(7,389)	(7,845)	(1,527)	(4,402)
18 税引後受取利息配当	(1,234)	(1,463)	(615)	(462)	(275)
19 **NOPLAT**	**(7,664)**	**(8,852)**	**(8,460)**	**(1,989)**	**(4,675)**
バランスチェック	0	0	0	0	0

「繰延税金の増減」の項目を集計した。2002年3月期では、△6,109＋0＋0＋1,434＝△4,675百万円となる。

7 支払利息による節税額
＝要約損益計算書の「支払利息」×限界税率。
ここでは、利息の支払いによる損金算入額の増加にかかる節税額を算出する。2002年3月期では、赤字のため7×0％＝0百万円となる。

8 受取利息配当に対する税金
＝要約損益計算書上の（「受取利息」＋「受取配当金」）×限界税率。
ここでは、利息及び配当の受取による益金増加額にかかる税金の額を算出する。2002年3月期では、（80＋195）×0％＝0百万円となる。

9 その他営業外損益に対する税金
＝要約損益計算書上の「その他営業外利益（又は損失）」×限界税率。
ここでは、営業外の利益による益金増加額にかかる税金の額を算出する。2002年3月期では、赤字のため1,479×0％＝0百万円となる。

10 特別損益に対する税金
＝要約損益計算書上の「特別損益」×限界税率。
ここでは、特別損失による益金増加額にかかる税金の額を算出する。2002年3月期では、△896×0％＝0百万円となる。

〔当期利益側〕

11 繰延税金負債の増加
＝算定用貸借対照表の今期「繰延税金負債」－前期「繰延税金負債」。
2002年3月期では、1,434－0＝1,434百万円となる。

12 税引後その他営業外損益
＝要約損益計算書の「その他営業外利益（又は損失）」×（1－限界税率）。
2002年3月期では、赤字のため1,479×（1－0％）＝1,479百万円となる（表の上ではマイナス表記）。

13 税引後特別損益
＝要約損益計算書の「特別損益」×（1－限界税率）。
2002年3月期では、赤字のため△896×（1－0％）＝△896百万円となる（表の上ではプラス表記）。

14 調整後当期利益
＝「当期利益」＋「役員賞与」＋上記 10 の「繰延税金負債の増加」＋「継続的引当金の増加」＋上記 11 の「税引後その他営業外損益」＋上記 12 の「税引後特別損益」。

2002年3月期では、△5,580＋0＋1,434＋△1479＋896＝△4,729百万円となる。
15 税引後支払利息
＝要約損益計算書の「支払利息」×（1－限界税率）。
2002年3月期では、7×（1－0％）＝7百万円となる。
16 過去勤務債務に対する支払利息
＝上記 2 の「過去勤務債務に関する調整」－「過去勤務債務利息による節税額」。
2002年3月期では、320－0＝320百万円となる。
17 投資家に分配可能な総利益
＝14 の「調整後当期利益」＋15 の「税引後支払利息」＋16 の「過去勤務債務に対する支払利息」。
2002年3月期では、△4,729＋7＋320＝△4,402百万円となる。
18 税引後受取利息、配当
＝要約損益計算書の（「受取利息」＋「受取配当金」）×（1－限界税率）。
2002年3月期では、赤字のため（80＋195）×（1－0％）＝275百万円となる（表の上ではマイナス表記）。
19 NOPLAT
＝上記 17 の「投資家に分配可能な総利益」＋上記 18 の「税引後受取利息」。
2002年3月期では、△4,402＋△275＝△4,675百万円となる。この数字が、売上高から算出したNOPLATと一致することを確認する（バランスチェック）。

| STAGE 1 | STAGE 2 | STAGE 3 | STAGE 4 |

● ·············過去の業績分析

ステップ 3 フリー・キャッシュフローの計算

　ステップ3では、フリー・キャッシュフローを算出する。フリー・キャッシュフローは、NOPLATから純投資額を引いたものに等しい。この純投資額とは固定資産および運転資金に対し、当該年度に投資した額である。また、NOPLATに減価償却費を加えたものがグロス・キャッシュフローである。グロス・キャッシュフローから、ステップ1-5で算出した運転資金の増加、設備資金の増加（有形固定資産の増加＋減価償却費）、その他資産の増加を控除してフリー・キャッシュフローを算出する。また、フリー・キャッシュフローに営業外かつ財務以外のキャッシュフロー、および税引後受取利息、余剰現金の減少分、余剰投資有価証券の減少分を加算したものが投資家に分配可能なキャッシュフローである。この投資家に分配可能なキャッシュフローは財務キャッシュフローと同額になるはずである（図表2-8参照）。

図表2-8●解説

〔NOPLATからの算出〕

１ グロス・キャッシュフロー
＝NOPLAT算出（図表2-7）の「NOPLAT」＋「減価償却費」。
2002年3月期では、△4,675＋9,231＝4,556百万円となる。

２ 運転資金の増加
＝投下資産の計算（図表2-6）の当年度「営業運転資金」－同前年度「営業運転資金」。
2002年3月期では、7,280－6932＝348百万円となる（表の上ではマイナス表記）。

３ 設備投資
＝投下資産の計算（図表2-6）の当年度「有形固定資産」－同前年度「有形固定資産」＋当年度「減価償却費」。
本来的には、有価証券報告書の固定資産増減明細から、設備投資金額を細かく算出すべきであるが、ここでは、貸借対照表上の有形固定資産の増減と損益計算書上の減価償却費をもとに算出した。2002年3月期では、68,714－75,614＋9,231＝2,331百万円と

図表2-8● フリー・キャッシュフローの計算（東京製鐵）

(単位：百万円)

	1998/3期	1999/3期	2000/3期	2001/3期	2002/3期
NOPLAT	(7,664)	(8,852)	(8,460)	(1,989)	(4,675)
減価償却費	19,176	16,434	13,660	11,444	9,231
1 グロス・キャッシュフロー	11,512	7,582	5,200	9,455	4,556
2 運転資金の増加	10,144	(9,292)	1,741	1,432	(348)
3 設備投資	(4,715)	6,319	(1,870)	(1,643)	(2,331)
4 その他資産の増加	24	24	(91)	72	59
5 総投資	5,453	(2,949)	(220)	(139)	(2,620)
6 のれん代加算前フリー・キャッシュフロー	16,965	4,633	4,980	9,316	1,936
7 のれん代への投資	0	0	0	0	0
8 フリー・キャッシュフロー	**16,965**	**4,633**	**4,980**	**9,316**	**1,936**
9 営業外キャッシュフロー	(2,767)	(3,410)	(3,749)	(1,312)	2,837
10 税引後受取利息配当	1,234	1,463	615	462	275
11 余剰現金の減少(増加)	(14,473)	21,419	(3,144)	(6,889)	(193)
12 余剰投資有価証券の減少(増加)	771	1,334	(639)	6	(3,712)
13 投資家に分配可能なキャッシュフロー	1,730	25,439	(1,937)	1,583	1,143
〔財務キャッシュフローの算出〕					
14 税引後支払利息	590	558	10	9	7
過去勤務債務に対する支払利息	0	0	0	337	320
借入金の減少(増加)	156	24,035	0	0	0
15 過去勤務債務の減少(増加)	48	66	(2,502)	273	194
16 少数株主持分	0	0	0	0	0
17 配当	936	780	312	931	620
18 自社株式の購入(発行)	0	0	243	33	0
財務キャッシュフロー	1,730	25,439	(1,937)	1,583	1,143
バランスチェック	0	0	0	0	0

なる（図表2-9「補足計算詳細」を参照）。表中での表記は、キャッシュアウトであるため、△2,331百万円となる。

4 その他資産の増加

＝投下資産の当年度「正味その他営業資産」－同前年度「正味その他営業資産」。

2002年3月期では、235－294＝△59百万円となる。表中での表記は、キャッシュインで

図表2-9 ●･･････････････補足計算詳細（東京製鐵）

(単位：百万円)

	1998/3期	1999/3期	2000/3期	2001/3期	2002/3期
運転資金の増減					
事業用現金の増加	146	(851)	(351)	208	(514)
売上債権の増加	(10,111)	(11,260)	(879)	(2,300)	(3,632)
棚卸資産の増加	(72)	(4,940)	1,799	(786)	(8)
その他流動資産の増加	78	(415)	(1,334)	323	(68)
（買入債務の増加）	(9,945)	13,855	(4,645)	120	3,969
（その他流動負債の増加）	9,760	12,903	3,669	1,003	601
運転資金の増減	**(10,144)**	**9,292**	**(1,741)**	**(1,432)**	**348**
設備投資					
有形固定資産の増加	(14,461)	(22,753)	(11,790)	(9,801)	(6,900)
減価償却費	19,176	16,434	13,660	11,444	9,231
設備投資	**4,715**	**(6,319)**	**1,870**	**1,643**	**2,331**
営業外キャッシュフロー					
営業外損益その他	(1,371)	(308)	869	(518)	1,479
特別損益勘定	(1,760)	(3,478)	(5,621)	(1,003)	(897)
持分法による投資損益	0	0	0	0	0
投資及び前払金の減少（増加）	364	376	923	179	289
その他固定負債の増加（減少）	0	0	80	30	(10)
評価替の影響	0	0	0	0	1,976
包括利益累計額の増加					
営業外キャッツシュフロー	**(2,767)**	**(3,410)**	**(3,749)**	**(1,312)**	**2,837**

あるため、59百万円となる。

5 総投資

＝2の「運転資金の増加」＋3の「設備投資」＋4の「その他資産の増加」。

2002年3月期では、△348＋△2,331＋59＝△2,620百万円となる。

6 のれん代加算前フリー・キャッシュフロー

＝1の「グロス・キャッシュフロー」＋5の「総投資」。

2002年3月期では、4,556－2,620＝1,936百万円となる。

7 のれん代への投資

東京製鐵では、過去にM&A等を行っていないため、のれん代への投資は0となる。

8 フリー・キャッシュフロー

＝6の「のれん代加算前フリー・キャッシュフロー」＋7の「のれん代への投資」。

2002年3月期では、1,936＋0＝1,936百万円となる。

⑨ 営業外キャッシュフロー

補足計算詳細の営業外キャッシュフローを転記した。2002年3月期では、2,837百万円となる。

⑩ 税引後受取利息配当

NOPLATの算出（図表2-7）の税引後受取利息配当を用いる。2002年3月期では、275百万円となる。

⑪ 余剰現金の減少（増加）

＝投下資産の前年度「余剰現預金」－同当年度「余剰現預金」。

2002年3月期では、36,052－36,245＝△193百万円となる。ここでは余剰現金が増加しているため、表記はマイナスとなる。

⑫ 余剰投資有価証券の減少（増加）

＝投下資産の前年度「余剰投資有価証券」－同当年度「余剰投資有価証券」。

2002年3月期では、3,706－7,418＝△3,712百万円となる。ここでは余剰投資有価証券が増加しているため、表記はマイナスとなる。

⑬ 投資家に分配可能なキャッシュフロー

＝⑧の「フリー・キャッシュフロー」＋⑨の「営業外キャッシュフロー」＋⑩の「税引後受取利息」＋⑪の「余剰現金の減少（増加）」＋⑫の「余剰投資有価証券の減少（増加）」。

2002年3月期では、1,936＋2,837＋275＋△193＋△3,712＝1,143百万円となる。

〔財務キャッシュフローの算出〕

⑭ 税引後支払利息

NOPLATの算出（図表2-7）の「税引後支払利息」を使用する。2002年3月期では、7百万円となる。

⑮ 過去勤務債務の減少（増加）

＝投下資産の前年度「退職給付債務」－同当年度「退職給付債務」。

2002年3月期では、7,027－6,833＝194百万円となる。表中では減少額がプラスとして表される。

⑯ 少数株主持分

東京製鐵は、持分法を適用する関係会社が存在しないため、少数株主持分が発生していない。このため、少数株主持分については考慮していない。

⑰ 配当

当期の利益処分案（本章には掲載せず）の中間配当額と配当金を集計する。2002年3月

期では、310＋310＝620百万円となる。表中ではキャッシュアウトがプラスで表記されるため、表記は620百万円となっている。

⓲ 自社株式の購入（発行）

発行については、算定用貸借対照表（図表2-5）の「資本金」と「資本準備金」の集計の前期との差額を算出する。購入については、損益計算書の「利益による自己株式消却額」を転記する。発行と購入の合計がここで求める数値となる。2002年3月期では、（30,894＋28,845）－（30,894＋28,845）＋0＝0百万円となる。表中では減少額（自社株購入額）がプラスとして表される。

| STAGE 1 | STAGE 2 | STAGE 3 | STAGE 4 |

◉……………過去の業績分析

ステップ 4 | ROICの要素分解とバリュー・ドライバーの算定

　ここまでのステップで過去のキャッシュフロー算定に必要な計算はすべて完了した。ステップ4では、将来のキャッシュフローの予測やキャッシュフローの予測期間以降の価値である継続価値の算定にあたっての前提の決定にあたり、ROICやその他の指標を分析し、企業の業績と企業価値に影響を与える要素（バリュー・ドライバー）をどうとらえるか、についてまとめる。

　本ステップでみるように、ROICの分析にあたって、ROICを構成するさまざまな要因に分解して分析することで、企業価値に大きな影響を与えるバリュー・ドライバーを見極めることができる。この場合、ある単年度の数値のみ見るだけでなく、各々の指標を経年で比較したり、競合他社と比較したりすることが重要である。バリュー・ドライバーを見極めることで、キャッシュフローを構成するすべての項目について、詳しく見る時間のない場合でも、メリハリのついた分析ができ、結果として、よりよい将来予測ができることになる。

　東京製鐵のROICの要因分解と、それを樹形図化したROICツリーは図表2-10のようになる。また、ROICを要因分解したものの時系列変化を表にまとめると図表2-11のようになる。

　この分析の結果、以下の解説に述べるように、装置産業である東京製鐵の場合、現有設備を使ってどれだけ売上を増やせるか、つまり現有設備の下で、どれだけ売上を増加させられるか、すなわち図表2-10の **5** や **10** の数字をどれだけ改善できるかがバリュー・ドライバーであることがわかる。

図表2-10◉解説

1 ROIC
＝NOPLAT/期首投下資産。2002年3月期では、△4,675/82,840＝△5.64%となる。

2 税引前ROIC
＝調整後EBITA/期首投下資産。2002年3月期では、△6,109/82,840＝△7.37%となる。

図表2-10 ROICツリー（東京製鐵）※

- **1** ROIC −5.64%
  - **2** 税引前ROIC −7.37%
    - **4** EBITA/売上高 −6.68%
      - **6** 売上原価/売上高 80.94%
      - **7** 販管費/売上高 16.00%
      - **8** 減価償却費/売上高 10.09%
    - **3** EBITAに対する現金ベースの税率 23.47%
  - **5** 売上高/投下資産 1.105
    - **9** 営業運転資金/売上高 7.58%
    - **10** 有形固定資産/売上高 82.63%
    - **11** その他資産/売上高 0.32%

※期首投下資産残高ベース

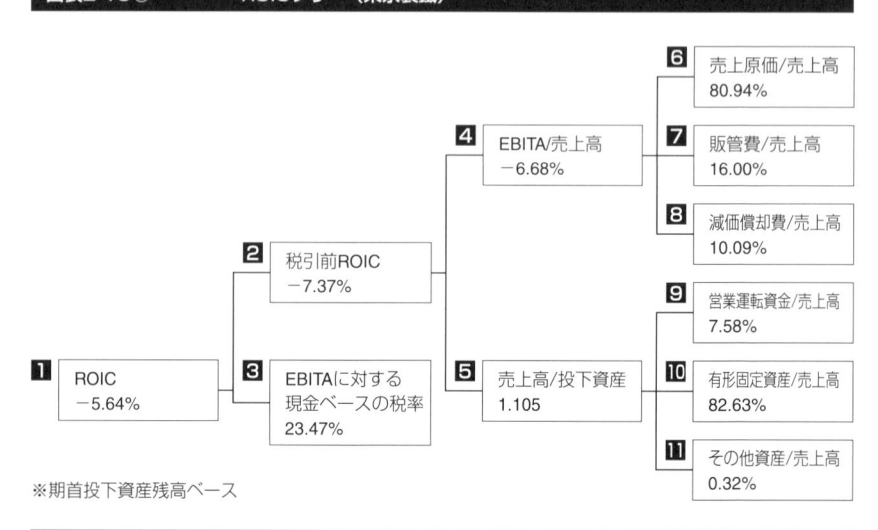

図表2-11 ROIC要因分解（東京製鐵）

	1991/3期	1992/3期	1998/3期	1999/3期	2000/3期	2001/3期	2002/3期
1 ROIC	52.62%	43.88%	−5.26%	−7.31%	−7.86%	−2.11%	−5.64%
2 税引前ROIC	98.83%	77.26%	−5.26%	−7.31%	−7.86%	−2.11%	−7.37%
3 EBITAに対する現金ベースの税率	46.76%	43.21%	0.00%	0.00%	0.00%	0.00%	23.47%
4 EBITA/売上高	26.02%	23.82%	−4.59%	−7.12%	−7.92%	−1.70%	−6.68%
5 売上高/投下資産	3.798	3.244	1.146	1.027	0.993	1.245	1.105
6 売上原価/売上高	62.38%	60.65%	81.74%	79.41%	81.29%	77.82%	80.94%
7 販管費/売上高	9.73%	11.83%	11.37%	14.50%	13.84%	14.40%	16.00%
8 減価償却費/売上高	1.87%	3.70%	11.49%	13.21%	12.79%	9.76%	10.09%
9 営業運転資金/売上高	6.38%	7.22%	6.56%	0.65%	9.46%	7.14%	7.58%
10 有形固定資産/売上高	19.82%	23.51%	80.53%	96.46%	91.00%	72.88%	82.63%
11 その他資産/売上高	0.12%	0.10%	0.19%	0.24%	0.26%	0.31%	0.32%

3 EBITAに対する現金ベースの税率

通常は実効税率を算出して、適用する。2002年3月期は、繰延税金負債の増加額が1,434百万円計上された（図表2-6参照）という特殊要因のため、23.47%となっている。

4 EBITA/売上高

2002年3月期では、△6,109/91,509＝△6.68%となる。

5 売上高/投下資産

2002年3月期では、91,509/82,840＝1.105となる。

6 売上原価/売上高
2002年3月期では、74,063/91,509＝80.94％となる。
7 販管費/売上高
2002年3月期では、14,644/91,509＝16.00％となる。
8 減価償却費/売上高
2002年3月期では、9,231/91,509＝10.09％となる。
9 営業運転資金/売上高
2002年3月期では、6,932/91,509＝7.58％となる。
10 有形固定資産/売上高
2002年3月期では、75,614/91,509＝82.63％となる。
11 その他資産/売上高
2002年3月期では、294/91,509＝0.32％となる。

　のちほど東京製鐵の経営環境については、ステップ7においてより定性的判断を加えて分析するが、図表2-11をもとに時系列的に見る限り、東京製鐵について、赤字の原因となったのは何よりも売上高／投下資産の数値の低下であることがうかがえる。表には、同社が黒字だった1991年3月期、1992年3月期の数値を併記しているが、売上高／投下資産の悪化要因として、有形固定資産／売上高の大幅上昇（20％前後→80％前後）がある。この点については、2000年3月期以降経営側も有形固定資産残高を削減し、設備をスリム化しようとしている兆候がうかがえる（有形固定資産／売上高は、2000年3月期の91.00％から2002年3月期に82.63％に低下）ものの、売上減少のインパクトをカバーするまでには至っていない。

　もう1つの赤字の原因は、EBITA／売上高の低下である。これは、売上の落ち込みとともに原価率や販管費が上がり、収益を圧迫したことによる。売上原価や販管費には固定部分がつきものであり、売上高が下がれば、ある程度売上に占める費用率が上がるのはやむを得ない部分がある。いずれにせよ、大型装置産業である同社にとっては、いかにして現有設備に見合った売上げを確保できるかがバリュー・ドライバーである。今後売上の変動に耐えられるように可能な限り、設備のスリム化や固定費部分の削減も同時に進めていくことが重要であろう。

| STAGE 1 | STAGE 2 | STAGE 3 | STAGE 4 |

● ……………過去の業績分析

ステップ
5 信用力と流動性の分析

　過去の業績分析の最終ステップでは、信用力という観点から企業の財務上の健全性をチェックする。図表2-12は、東京製鐵の過去の財務健全性を分析したものである（資金調達の分析）。ここでは、将来のキャッシュフロー予測が、財務面の問題のために実現できなくなることがないかどうかをチェックする。

　東京製鐵の場合、有利子負債がないため借入金返済能力という点からの懸念はない。ただし、これまで投資を減らしてキャッシュフローを捻出する一方で、当期利益が赤字にもかかわらず配当を続けているという問題点が明らかになり、今後、最終利益ベースでの黒字化を前提としないと、現在の配当方針の維持は難しいと思われる。

図表2-12●解説

1 インタレスト・カバレッジ
インタレスト・カバレッジとは、収益が支払利息の何倍あるかを示すものである。通常は、EBITAを支払利息と優先株に対する配当の合計で割って算出する。なお、東京製鐵は借入残高がなく、支払利息がないため、この分析は省略する。

2 有利子負債/投下資産総額
有利子負債/投下資産総額は、有利子負債への依存度を測る指標である。なお、東京製鐵は借入残高がなく、支払利息がないため、この分析は省略する。

3 投資比率
投資比率とは、分配可能な資金の中で投資に回すものの割合であり、正味ベース（純投資額/NOPLAT）と、グロスベース（総投資額／グロス・キャッシュフロー）がある。2002年3月期においては、正味ベースは、(2,620－9,231)／(－4,675)＝141.41％（分母・分子ともにマイナスなので、指標性は乏しい）、グロスベースでは、2,620/4,556＝57.51％となっている。時系列的に見る限り、NOPLAT赤字の期間に、純投資をマイナスにして設備のスリム化を図ってきた様子がわかる。

表2-12● ⋯⋯⋯⋯⋯⋯信用力と流動性の分析（東京製鐵）

	1998/3期	1999/3期	2000/3期	2001/3期	2002/3期
3 正味投資比率（純投資額 / NOPLAT）	321.36%	152.34%	158.86%	568.39%	141.41%
3 グロス投資比率（総投資額 / グロス・キャッシュフロー）					
	−47.37%	38.89%	4.23%	1.47%	57.51%
4 配当性向	−9.22%	−6.65%	−2.47%	−27.43%	−11.11%

4 配当性向

配当性向は、普通株式に対する配当を普通株主に分配可能な利益で割ったものである。同社の場合、当期利益が赤字であるにもかかわらず、一貫して配当を継続しており、配当性向の計算数値はマイナスとなり意味を持たない。問題は、むしろ今後黒字化が予定どおりに進まない場合には、このような配当政策をいつまでも維持できるのか、という疑問が浮上する点であろう。

| STAGE 1 | STAGE 2 | STAGE 3 | STAGE 4 |

●⋯⋯⋯⋯過去の業績分析

ステップ 6 業績の詳細な分析

　これまでのステップでは、比較的簡単に過去の財務諸表の分析を行ってきた。しかし、将来の収益予測の前提として、NOPLAT、投下資産、フリー・キャッシュフローをより正確に算定するために、複雑な会計上の問題を考慮する必要がある。ステップ 6 では、東京製鐵の将来の収益予測を行うために、特に重要な会計上の問題について述べる。

解説

1 のれん代
東京製鐵は、連結財務諸表を作成していないため、連結調整勘定などのいわゆるのれんについては考慮していない。

2 リース取引
STAGE 2 の「資本コストの推計」の項でも述べるが、2002年 3 月期における東京製鐵のファイナンス・リース取引によるリース物件期末残高相当額は、2 億6,600万円である。しかしながら、これをリース債務として貸借対照表に計上し、有利子負債に含めたとしても、後述する有利子負債比率はわずか0.3%しか増加しない。したがって、WACCの計算における目標資本構成の算定におけるリースの影響は、明示的には考慮しない。

3 年金
退職給付引当金は2002年 3 月期末現在の残高は、6,833百万円であるが、これは未認識数理計算上の差異1,008百万円が控除されたものであり、未積立の退職給付債務は7,261百万円である。資本構成の推定において有利子負債に含める退職給付債務の算出は、未認識数理計算上の差異（未認識過去債務がある場合にはそれも）を全額費用処理したものとして扱うべきであるから、未積立退職給付債務7,261百万円を広義の有利子負債として扱っている（前払年金費用については、それを計上できる場合がいくつかあり、それを特定できないので考慮していない）。

4 引当金と積立金
特段考慮すべき引当金や積立金はなかった。
5 少数株主持分
東京製鐵は、連結財務諸表を作成していないため、少数株主持分については考慮していない。
6 有形固定資産の調整、まとまった設備投資と償却期間
一度にまとまった設備投資を行う場合、ROICは年度ごとに大きくぶれることになる。状況によっては、投資キャッシュフロー利益率（CFROI：Cash Flow Return On Investment）を用いて、より複雑なROICの計算を行うことも検討に値するが、東京製鐵の分析においては、複雑な計算を行わず、ROICを採用した。
7 インフレの影響
インフレに基づく資産の調整を行い、実質ROICを算出することは、理論的には正しく、また高インフレの環境下では非常に有効である。しかし、実際行うのは複雑で難しいこと、および現在が低インフレ（もしくはデフレ）の環境下であることを踏まえ、インフレの影響は考慮していない。

| STAGE 1 | STAGE 2 | STAGE 3 | STAGE 4 |

◉……………過去の業績分析

ステップ 7 過去の業績の総合評価

　ステップ 7 では、過去の業績を総合的に評価するために、鉄鋼業界の競合状況の概要を理解したうえで、経営環境の変化のなかで、東京製鐵が、業界のなかでどのような位置を占めているのかを分析する。

　同社は電炉業界では世界有数のメーカーである。しかし一方で、鉄鋼市場における電炉の割合は必ずしも大きくはない。財務状況は1991年 3 月から2002年 3 月まで 9 期連続赤字であったにもかかわらず、キャッシュを潤沢に保有し、無借金経営を続けている。

解説

❶ 業界の競合状況

東京製鐵は、1934年創業の世界最大級の電炉メーカーである。主力のＨ型鋼では、シェア首位を回復し、また電炉としては初めて熱延鋼板に進出するなど、以前より積極的な経営姿勢で知られている。また、オーナー経営者である池谷太郎氏の効率的経営手法は、「池谷イズム」として知られ、強固な財務基盤を誇っている。
図表2−13からもわかるとおり、東京製鐵は、電炉メーカーでは国内トップだが、国内での比率をみれば、電炉の粗鋼生産高は全体の27％にすぎない。しかしながら、棒鋼類は100％近くを、また、Ｈ型鋼も50％超を電炉メーカーが生産している。このため、供給が拡大している原料としてのスクラップをいかに市場から調達して収益を上げていくかが、電炉メーカーとしての東京製鐵の課題となるであろう。

❷ 東京製鐵の業績

図表2-14を見ても明らかであるが、1991年 3 月期をピークに売上は減少し、利益に至っては、2002年 3 月期まで 9 期連続の赤字となっている。これは、
1．1993年 3 月期あたりからの建材需要の大幅な低迷や市中価格の下落による売上高の減少
2．販売価格下落に伴う限界マージンの下落による粗利の減少（図表2-15参照）

図表2-13 粗鋼の炉別生産高構成比

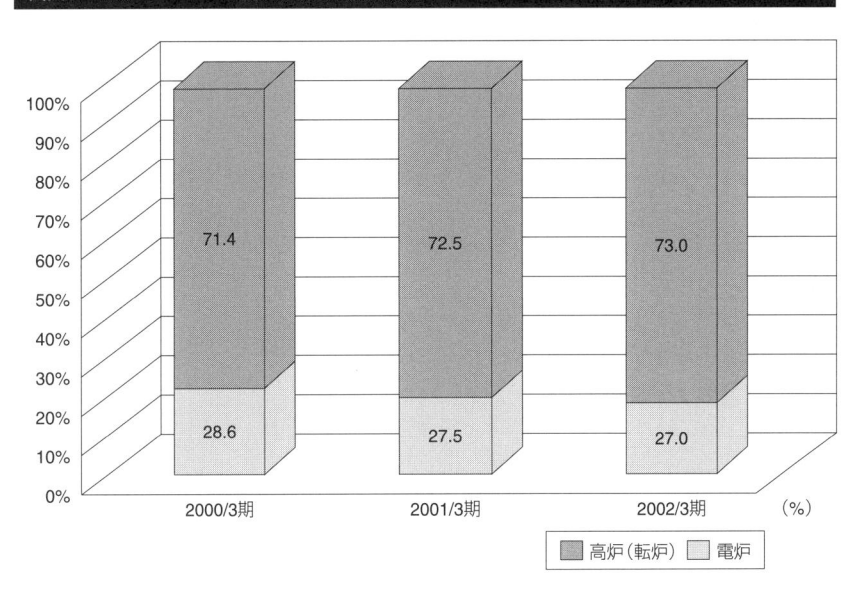

	2000/3期	2001/3期	2002/3期
高炉(転炉)	71.4	72.5	73.0
電炉	28.6	27.5	27.0

(%)

3. 1993年3月期をピークとした販売管理費及び減価償却費の削減が売上減のペースに追いつけていないこと(図表2-15参照)
4. H形鋼については、高炉メーカーと電炉メーカーが激しい価格競争を行ってきたこと

などが、要因として考えられる。

なお、評価時点より後の数字ではあるが、直近の2003年3月期決算では、売上高が対前年比42.2%増と大幅に増加し、10期ぶりの黒字転換を果たしている。これは、アジア向けの需要が増加していることに加え、アジアでの鋼板価格の上昇と日本国内での価格低迷などの要因を受け、輸出にシフトされたため、低迷していた輸出が好調となったものと考えられる。

財務状況については、退職給与引当金以外の有利子負債はなく、赤字決算が続いたとはいえ、キャッシュは潤沢に確保している。東京製鐵は、その意味では信用力の観点では、財務内容は健全である。しかし、有利子負債がないということで、レバレッジがまったく効かず、結果的に資本コストが高くなっているという見方もできる。今後業績が回復してきた場合には、レバレッジを効かせるために、借入をおこしたり、自社株償却を行ったりすることも戦略としては考えられるであろう。

図表2-14● 業績の推移（東京製鐵）

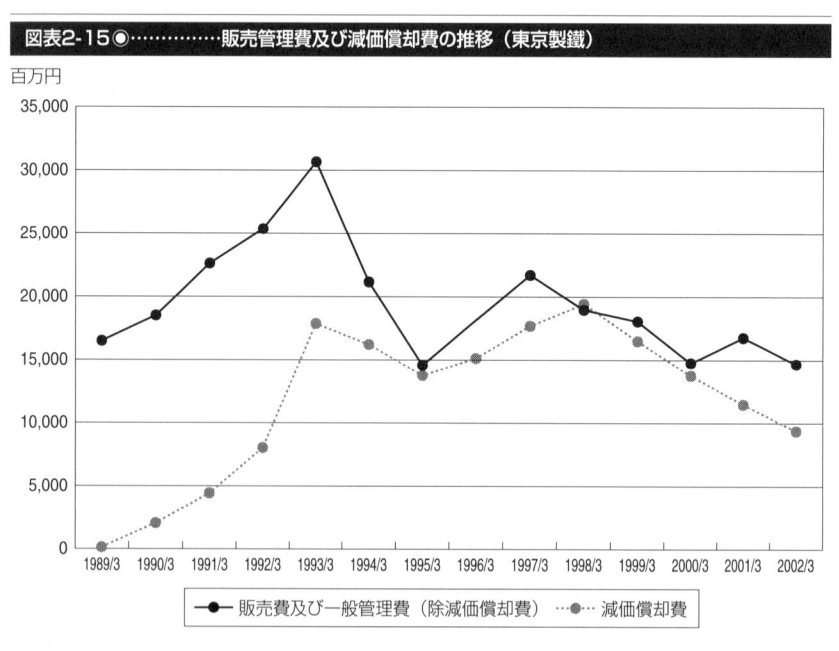

売上高：百万円　　　　　　　　　　　　経常利益（損失）、営業利益（損失）：百万円

経常利益又は経常損失　　営業利益又は営業損失　　売上高

図表2-15● 販売管理費及び減価償却費の推移（東京製鐵）

百万円

販売費及び一般管理費（除減価償却費）　　減価償却費

STAGE 1　　STAGE 2　　STAGE 3　　STAGE 4

●……………資本コストの推計

ステップ
8　資本構成の推定

8-1 時価ベースでの資本構成の把握

　STAGE 2 では、東京製鐵の加重平均資本コスト（WACC）を推計する。ここでは、第1章に従い以下のような4つのステップを通じて、WACCを推計していく。

- ステップ8：資本構成の推定
- ステップ9：株式以外での資金調達コストの推定
- ステップ10：普通株式による資金調達コストの推定
- ステップ11：加重平均資本コスト（WACC）の計算

　ステップ8では、中期的に目標とする東京製鐵の最適資本構成を推定する。DCF法におけるキャッシュフローの割引率である加重平均資本コスト（WACC）を計算するためには、まず評価対象企業の負債と株主資本の時価ベース構成比を決定しなければならない。この構成比を決定する際には、割引率は将来のすべてのフリー・キャッシュフローを割り引くことからみて、現状の資本構成というよりは、中長期的に東京製鐵が目標とすべき資本構成を考慮するべきである。そこで実際には、まず評価対象企業である東京製鐵について、とりうる限り直近の財務データを用いることにより、退職給付引当金を含めた広義の有利子負債および資本の時価総額を算出し、現状での資本構成比を求める。その後、わが国における東京製鐵以外の大手鉄鋼会社（高炉・電炉）について2002年9月末現在の有利子負債と資本との資本構成比を求め、東京製鐵と比較し、参考にしながら、最終的な目標資本構成を決定する。

　まず、図表2-16に東京製鐵の評価時点直近の資本構成を分析した。

図表2-16● 2002年12月末時点での資本構成（東京製鐵）

(単位：百万円)

	資金調達源	簿価	時価の推計	投下資産合計に占める割合
1	短期借入金	0	0	0.0%
1	長期の有利子負債	0	0	0.0%
3	退職給付引当金	6,833	7,261	10.7%
	有利子負債計	6,833	7,261	10.7%
4	普通株式	30,894	60,785	89.3%
4	少数株主持分	0	0	0.0%
	資本計	30,894	60,785	89.3%
	投下資産合計	37,727	68,046	100.0%

図表2-16● 解説

1 短期借入金・長期の有利子負債

東京製鐵は、2002年3月末（および9月末）現在、いわゆる「無借金経営」を行っており、短期借入金、長期の有利子負債ともに一切存在しない。したがって、資本構成の推定にあたっては短期借入金および長期の有利子負債は考慮する必要はない。

なお、STAGE 3「将来キャッシュフローの分析」で述べるように、東京製鐵の将来における業績を予測する際に5年後の2008年3月期からおよそ70億円程度の運転資金のための短期借入金が発生する見込みとしている。したがって、後述の東京製鐵の目標となる資本構成比についてはこの中期的に発生することが見込まれる短期借入金を有利子負債に含めることとする。

2 リース

STAGE 1「過去の業績分析」で述べたように、2002年3月期時点での有価証券報告書のリース取引関係の注記によると、ファイナンス・リース取引によるリース物件の期末残高相当額が2億6,600万円ある。これをリース債務として貸借対照表に計上し、有利子負債に含めたとしても、後述する有利子負債比率はわずか0.3%しか増加しない。したがって、WACCの計算における目標資本構成の算定上、リースの影響は明示的には考慮しない。

3 退職給付引当金

STAGE 1のステップ6で述べたとおり、資本構成の推定において有利子負債に含める退職給付債務を算出するには、未認識数理計算上の差異を全額費用処理したものとして扱うべきであると考え、未積立退職給付債務7,261百万円を広義の有利子負債として扱っている。なお、本来であれば他の勘定残高と同様に2002年9月末現在での未積

立退職給付債務の残高を用いるべきだが、当該残高は公表されていないため、2002年3月現在での残高を用いた。

4 普通株式、少数株主持分、優先株式、繰延税金

株主資本は簿価評価ではなく、株式時価総額として取り扱い、財務データを取得している2002年3月末ではなく、より直近の2002年12月末の時価総額を用いることとする。2002年12月末時点で、東京製鐵の株価は392円、発行済株式数は1億5506万4249株であり、株式の時価総額はおよそ607億8,500万円であった。なお、東京製鐵は連結決算を実施しておらず、少数株主持分は存在しない。優先株式も発行していない。2002年3月期末において繰延税金負債が14億3,400万円あるが、税効果会計関係の注記事項によると、これはその他有価証券評価差額金についてのものであり、準資本勘定として扱われるものではない。よって、繰延税金負債を調整後資本には含めていない。

● ‥‥‥‥資本コストの推計

ステップ 8 ## 資本構成の推定

8-2 類似企業の資本構成の分析

東京製鐵と同様に、類似企業の有利子負債は短期借入金、長期の有利子負債および退職給付引当金として簿価評価とし、また株主資本は2003年12月末現在での株式時価総額として取り扱った。図表2-17のとおり、東京製鐵の有利子負債と株式時価総額との合計に占める有利子負債の比率がきわめて低いことがみて取れ、他の鉄鋼会社に比べて資本構成比が著しく異なっていることがわかる。

図表2-17 ●‥‥‥‥鉄鋼業企業の有利子負債比率（2002年9月末現在）

企業名	(広義の)有利子負債 (百万円)A	発行済総株式数 (千株)	株価(2002/12/31)現在 (円)	株式時価総額 (百万円)B	A＋B (百万円)	(広義の)有利子負債/(A＋B)
新日本製鉄	2,139,823	6,806,980	139	946,170	3,085,993	69.3%
JFE	2,237,620	574,733	1,441	828,190	3,065,810	73.0%
住友金属工業	1,588,688	4,782,267	43	205,637	1,794,325	88.5%
神戸製鋼所	1,103,572	2,974,549	58	172,524	1,276,096	86.5%
日新製鋼	279,081	994,500	50	49,725	328,806	84.9%
合同製鐵	61,057	160,452	55	8,825	69,882	87.4%
東京製鐵	**7,261**	**155,064**	**392**	**60,785**	**68,046**	**10.7%**
大同特殊鋼	151,687	434,487	141	61,263	212,950	71.2%

(出所) 各社ホームページ

●……………資本コストの推計

ステップ 8　資本構成の推定

8-3 長期的目標資本構成の推定

　本来であれば鉄鋼業界全体における有利子負債比率を参考に東京製鐵の目標となる資本構成比を考えるべきであるが、

- 有利子負債比率が軒並み高い他の鉄鋼会社の資本構成比との比較が困難であること
- 東京製鐵は当面現状の「無借金経営」を継続する見通しであること

などを踏まえて、東京製鐵の目標となる資本構成比については現状の同社の資本構成を基本とし、業界他社の有利子負債比率は考慮しないことにする。

　この数字に、短期借入金・長期の有利子負債の分析で述べたように、当社が2008年3月期から発生予定としている、およそ70億円程度の運転資金のための短期借入金を加える。したがって、この中期的に発生が見込まれる借入金を有利子負債に含めて資本構成比を計算し、東京製鐵の目標となる資本構成比について、図表2-18に示すように有利子負債19.0%、株主資本81.0%と決定する（なお、有利子負債の内訳は、退職給付引当金部分が9.7%、将来発生する有利子負債が9.3%となる）。

図表2-18●……………長期的目標資本構成（東京製鐵）

（単位：百万円）

資金調達源	簿価	時価の推計	投下資産合計に占める割合
短期借入金	0	0	0.0%
長期の有利子負債	0	0	0.0%
退職給付引当金	6,833	7,261	9.7%
有利子負債計	6,833	7,261	9.7%
将来発生予定の借入金	7,000	7,000	9.3%
将来の有利子負債計	13,833	14,261	19.0%
普通株式	30,894	60,785	81.0%
少数株主持分	0	0	0.0%
資本計	30,894	60,785	81.0%
投下資産合計	37,727	68,046	100.0%
将来の投下資産合計	44,727	75,046	100.0%

| STAGE 1 | **STAGE 2** | STAGE 3 | STAGE 4 |

● ……………資本コストの推計

ステップ 9　株式以外での資金調達コストの推定

　ステップ 9 では、ステップ 8 で決定した資本構成を目標とし、維持するものと考えて、株式以外の資本のコストを算出する。具体的には、借入金部分については2.1%、退職給付引当金部分については、2.5%と推定した。

解説

1 短期借入金・長期の有利子負債

前述のとおり、東京製鐵には短期借入金、長期の有利子負債が一切ないため、資金調達コストの推定にあたっては短期借入金および長期の有利子負債は考慮する必要はない。しかし、中期的に発生することが見込まれる短期借入金を有利子負債に含めて東京製鐵の目標となる資本構成比を考えたため、この借入金についての資金調達コストを推定する必要がある。これについては第 1 章で述べられているようにWACCは超長期間を前提としているため、短期借入金についても目標とする資本構成からみて、保守的に見積もってBBB格債の長期の金利を参考に長期金利を決定する。ただし、2002年末時点では、事業法人についてのBBB格社債の利回りデータがないので、金融機関のBBB格社債の20年もの金利を参考に、約2.1%と見積もる（図表2-19参照）。

2 退職給付引当金

退職給付引当金について東京製鐵の有価証券報告書上の注記上では、予定利率は2.5%となっている。すでに述べたように、目標資本構成の決定にあたっては、この予定利率で計算された未積立退職給付債務7,261百万円を広義の有利子負債として扱ったため、資金調達コストの推定にあたっても、目標とする有利子負債構成比率の19.0%のうち、退職給付引当金部分の9.7%については、退職給与引当金の予定利率の2.5%を、そのまま退職給付引当金における資金調達コストとみなして計算する。

図表2-19 2002年12月末のイールドカーブ

フェアマーケット・イールドカーブ推移

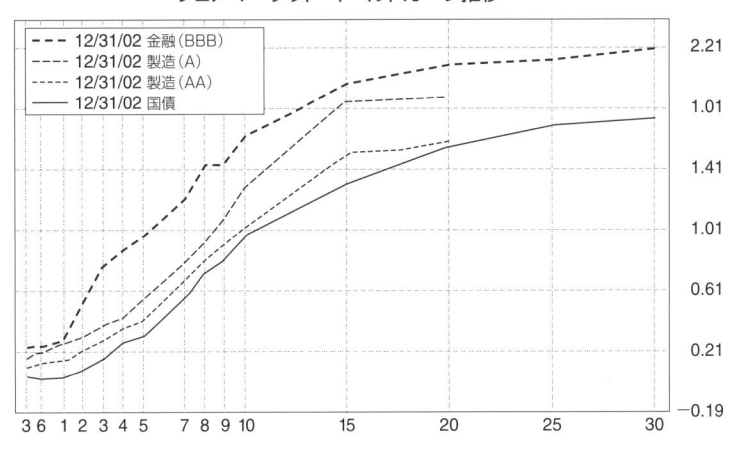

凡例:
- ---- 12/31/02 金融(BBB)
- ---- 12/31/02 製造(A)
- ---- 12/31/02 製造(AA)
- ── 12/31/02 国債

タイトル	日本国債 10〜30年物	製造業 (AA格)	製造業 (A格)	金融 (BBB格)
日付	12/31/02	12/31/02	12/31/02	12/31/02
3カ月	0.0115	0.0934	0.1660	0.2135
6カ月	0.0168	0.1063	0.1843	0.2256
1年	0.0205	0.1339	0.2445	0.2453
2年	0.0594	0.2050	0.2863	0.4530
3年	0.1328	0.2535	0.3801	0.7473
4年	0.2433	0.3596	0.4320	0.8734
5年	0.2937	0.4039	0.4995	0.9536
7年	0.5386	0.5689	0.7743	1.2047
8年	0.6922	0.8016	0.9260	1.4078
9年	0.7991	0.9221	1.0560	1.4445
10年	0.9455	1.0028	1.2690	1.6242
15年	1.3149	1.5060	1.8679	1.9748
20年	1.5530	1.5810	1.8863	2.1027
25年	1.6962			2.1331
30年	1.7419			2.1927

出典：Bloomberg

| STAGE 1 | **STAGE 2** | STAGE 3 | STAGE 4 |

◉……………資本コストの推計

ステップ 10 普通株式による資金調達コストの推定

10-1 リスクフリー・レートの推定
10-2 マーケット・リスクプレミアムの推定

　リスクフリー・レートは、2002年12月末時点での20年もの国債の流通利回りを用いるものとする。ステップ9の図表2-19で示したとおり、Bloomberg端末から取得した20年もの国債利回りである、1.55%をリスクフリー・レートとする。

　第1章で述べたように、マーケット・リスクプレミアムについては、戦後50年間のデータに基づく推定値をもとに5%を用いる。

| STAGE 1 | **STAGE 2** | STAGE 3 | STAGE 4 |

●⋯⋯⋯資本コストの推計

ステップ 10 株式による資金調達コストの推定

10-3 システマティック・リスク（ベータ）の推定
10-4 普通株式資本コストの算定

　東京製鐵の場合、前章で述べたように、輸出比率が比較的低いため、世界規模の競合他社の株価推移と市場との比較によるベータの比較ではなく、わが国における鉄鋼企業の株価推移と市場との比較によるベータとの比較を行う。本書では、代表的なベータ取得方法として、前章で説明されたように、Barra社の「将来予測ベータ (predicted beta)」を入手して利用したが、他の推定手法、すなわちBloombergや東京証券取引所のヒストリカル・ベータを使って求めた場合と、比較を行ったうえで決定している。

　具体的には、Barra社による東京製鐵のベータのみを利用した。業界内で有利子負債比率のばらつきが大きいことなどから、業界平均や他の推定方法によるベータは利用していない。この結果、リレバード・ベータは0.775、株主資本コストは5.43%と計算される。

解説

1 Barra社の「将来予測ベータ (predicted beta)」

Barraによる将来予測ベータを入手し、東京製鐵を含む鉄鋼業界のベータを比較した（図表2-20）。Barraによるベータはランキングや東証TOPIXデータと異なり、ヒストリカルなものではなく、Barra独自の手法に基づく企業の借入金を考慮したベータ（レバード・ベータ：β_L）の将来予測である。

ここで留意すべき点は、レバード・ベータについては、資本構成の異なる競合他社と比較をする場合、通常第1章で説明されたように、各社の有利子負債比率（（広義の）有利子負債／総資産）にて借入金なしのベータ（アンレバード・ベータ：β_U）に修正したうえで、比較を行う必要があるということである。ここでは、負債のベータ値を推定するのが困難なため、$\beta_B = 0$、すなわちその企業はリスクフリー・レートで社債を発行できる、と仮定して計算し直した以下の式でアンレバード・ベータを求める。すなわち、有利子負債比率を$B/(B+S)$、限界税率をT_Cとすると、

図表2-20　鉄鋼業企業のBarraベータ

企業名	借入ありベータ(β_L)	有利子負債比率	借入なしベータ(β_U)
新日本製鉄	0.95	69.3%	0.40
JFE	0.66	73.0%	0.25
住友金属工業	1.03	88.5%	0.18
神戸製鋼所	0.78	86.5%	0.16
日新製鋼	1.13	84.9%	0.26
高炉平均	0.97	82.3%	0.26
合同製鐵	1.13	87.4%	0.22
東京製鐵	0.73	10.7%	0.68
大同特殊鋼	1.06	71.2%	0.43
電炉平均	0.97	56.4%	0.55
平均	0.97	71.2%	0.39

（注）JFEのデータはサンプルデータ過少のため業界平均算出には用いていない
（出所）Barra

図表2-21　鉄鋼業企業のBloombergベータ（過去5年間）

企業名	未修整ベータ	修整ベータ 借入ありベータ(β_L)	有利子負債比率	借入なしベータ(β_U)
新日本製鉄	0.81	0.88	69.3%	0.37
JFE	0.56	0.71	73.0%	0.27
住友金属工業	0.99	0.99	88.5%	0.18
神戸製鋼所	0.88	0.92	86.5%	0.19
日新製鋼	1.03	1.02	84.9%	0.23
高炉平均	0.93	0.95	82.3%	0.25
合同製鐵	0.99	1.00	87.4%	0.19
東京製鐵	0.96	0.97	10.7%	0.91
大同特殊鋼	1.00	1.00	71.2%	0.40
電炉平均	0.98	0.99	56.4%	0.56
平均	0.95	0.97	71.2%	0.39

（注）JFEのデータはサンプルデータ過少のため業界平均算出には用いていない
（出所）Bloomberg

図表2-22　鉄鋼業企業の東証ベータ（過去5年間）

企業名	借入ありベータ(β_L)	有利子負債比率	借入なしベータ(β_U)
新日本製鉄	0.85	69.3%	0.36
JFE	NA	73.0%	NA
住友金属工業	1.01	88.5%	0.18
神戸製鋼所	0.82	86.5%	0.17
日新製鋼	1.12	84.9%	0.26
高炉平均	0.95	82.3%	0.25
合同製鐵	1.48	87.4%	0.29
東京製鐵	0.50	10.7%	0.47
大同特殊鋼	1.06	71.2%	0.43
電炉平均	1.01	56.4%	0.57
平均	0.98	71.2%	0.39

（注）JFEのデータはサンプルデータ過少のため提供されていない
（出所）東京証券取引所「TOPIX & ベータVALUE」

$$\beta_L = \beta_U \times \left[1 + \frac{B}{S}(1-T_C) \right]$$

であるため、

$$\beta_U = \frac{\beta_L}{\left[1 + (1-T_C)\dfrac{B}{S} \right]}$$

として、各社の借入なしのベータを比較する。なお、JFEは2002年10月の経営統合後日が浅く、データ数が少ないため、アンレバード・ベータの業界平均算出にあたってはJFEのデータは外している。

2 Bloombergによるヒストリカル・ベータ取得

Barraのベータと比較するため、Bloombergによる期間5年にて上述のわが国の代表的な鉄鋼業界のヒストリカル・ベータを週次収益率に基づいて推定したものを入手した（図表2-21）。Bloombergで観測されるベータも、企業の借入金を考慮したベータ（レバード・ベータ：β_L）であるため、1のBarra社の「将来予測ベータ（predicted beta）」の場合と同様、各社ごとにベータを比較する際には、借入金なしのベータ（アンレバード・ベータ：β_U）に修正したうえで、比較する必要がある。

なお、Bloombergは実際に回帰分析で求められたベータ（未修正ベータ）をもとに、独自の手法で修正したベータ（修正ベータ）を算出しているが、ここでは第1章に述べたとおり、ベータの推定期間などによる不安定性を緩和する目的で、この修正ベータを用いて各社を比較している。なお、ここでもJFEは経営統合後日が浅いため、JFEのデータは外している。

3 東証TOPIXデータ集によるヒストリカル・ベータ取得

Bloombergと同様に東京証券取引所「TOPIX&ベータVALUE」によるヒストリカル・ベータを入手し、東京製鐵を含む鉄鋼業界の借入金なしのベータを比較した（図表2-22）。手順はBloombergと同じである。また、すでに述べたのと同様の理由で、業界平均算出にあたってはJFEのデータは除いている。2と比較すると、推定期間の取り方によって、ベータの推定値がかなり異なっていることに気づくだろう。

以上、東京製鐵を含む鉄鋼業界の企業について求めたBarra社のベータ、およびそれ以外の手法で求めた業界各社のベータを比較検討した結果、Barra社による東京製鐵のベータのみを採用し、業界平均は用いないこととした。その理由は以下のとおり

である。

- 同じ鉄鋼業界でも有利子負債比率があまりにも乖離しており、業界平均で比較することに意味が見いだせないと判断したこと。
- 企業価値評価は将来の予測に基づくものであるため、ベータについても特に不自然な数値と認められない限り過去のデータを用いるよりは将来予測（フォワード・ルッキング）のデータを用いるほうが整合的であること。

なお、ここで採用するBarraレバード・ベータについては、アンレバード・ベータ0.68につき、実績の資本構成比ではなく、東京製鐵の目標有利子負債比率19.0%をベースにリレバード・ベータ（将来の資本構成に応じた財務レバレッジのリスクを考慮したベータ値）を計算した結果である、0.775を採用している。

以上の結論を用いて、東京製鐵の株式による調達コストの推定を行う。東京製鐵の普通株式の資本コストは下記のとおり資本資産価格モデル（CAPM）を用いて、5.43%となる。

$$k_S = r_f + [E(r_m) - r_f]\beta$$
$$k_S = 1.55\% + 5.0 \times 0.775 = 5.43\%$$

ここで、
- k_S：普通株式による調達コスト（普通株式の資本コスト）
- r_f：リスクフリー・レート
- $[E(r_m) - r_f]$：マーケット・リスクプレミアム
- β：Barraによる東京製鐵のフォワード・ルッキング・ベータ（リレバード）

を表す。

| STAGE 1 | **STAGE 2** | STAGE 3 | STAGE 4 |

◉ .... 資本コストの推計

ステップ 11 | 加重平均資本コスト（WACC）の計算

　STAGE 2 の最後に、これまでのステップ 8 からステップ10までの作業を踏まえて、東京製鐵の資本コストを算出する。具体的にはこれまでの、目標となる資本構成、株式以外での資金調達コスト、株式による調達コスト、等の推定から下記の式を用いてWACCを算出する（図表2-23）。

$$WACC = k_b(1-T_c)\frac{B}{V} + k_s\frac{S}{V}$$

ここで、

- k_b：有利子負債の資金調達コストを表す。退職給付引当金については2.5％、将来発生見込みの借入は2.1％として別立て計算（図表2-22参照）
- k_S：普通株式の資本コストを表し、ここでは前述の5.43％を適用
- B/V：目標有利子負債比率を表し、ここでは前述の19.0％を適用
- S/V：目標普通株式資本比率を表し、ここでは前述の81.0％を適用
- T_C：限界税率、STAGE 1 の過去の業績分析を参考に、将来の黒字転換を見込み42.05％を適用

とすることとした。
　図表2-23のとおり東京製鐵のWACCは4.65％と計算された。
　なお、ステップ14で予測するように、東京製鐵は2007年 3 月期まで法人税が発生しない予想なので、厳密にはその期間について、負債コストの限界税率は42.05％より低いものとして、計算すべきであるが、同社の負債比率が少なく、割引年数も最長 5 年なので、影響が軽微と判断し、全期間WACCは、4.65％としている。

図表2-23 ●⋯⋯⋯⋯資本コストの推定（東京製鐵）

(単位：％)

資金調達源	目標とする比率	コスト	税引後コスト	WACCへの寄与
短期借入金	0.0	0.0	0.0	0.00
長期の有利子負債	0.0	0.0	0.0	0.00
退職給付引当金	9.7	2.5	1.4	0.14
将来発生する借入金	9.3	2.1	1.2	0.11
有利子負債計	19.0			0.25
普通株式	81.0	5.4	5.4	4.40
少数株主持分	0.0	0.0	0.0	0.00
資本計	81.0		5.3	4.40
			WACC	**4.65**

STAGE 1 > STAGE 2 > **STAGE 3** > STAGE 4

● 将来キャッシュフローの予測

ステップ 12 将来予測の期間と詳細の決定

　本ステージでは、電炉業界の成長シナリオ、業績予測等を行い、その結果から東京製鐵の将来キャッシュフローの予測を行う。予測作業にあたっては、本来ならば以下のような5つのステップを、順番に行うのが望ましいが、公開情報に基づく第三者による簡便な企業評価という主旨に則り、ステップ15の複数シナリオの作成は省略している。

　ステップ12：将来予測の期間と詳細の決定
　ステップ13：シナリオの策定
　ステップ14：シナリオの業績予測への転換
　ステップ15：複数業績予測シナリオの作成
　ステップ16：一貫性と整合性のチェック

　将来の予測を行うに先立って、ステップ12では詳細に業績予測を行う期間を決定する。業績予測期間以後については、企業の存続価値（継続価値）を単純な公式により計算する。まず、将来予測期間を評価対象企業の業績の「安定期」まで拡張する。ここでは、経済産業省の研究会資料をもとに、鉄鋼業界の業績が10年程度の後には安定的に推移を始めると考え、東京製鐵の業績予測期間を2013年3月までとし、ステップ13ではそれまでの期間についてのシナリオを策定する。

解説

1 業績「安定期」に至る期間

電炉、高炉を含め鉄鋼業は市況性の高い産業であるので、年度ごとの業績の振れが大きい。したがって、長期的な観点の業界分析が必要である。評価時点で入手できた信頼すべき業界分析として経済産業省『鉄鋼業の競争力強化と将来展望研究会（中間報告）』（平成13年12月発表）（以下、中間報告）を採用した。このレポートの鉄鋼市場動向

分析を参考に東京製鐵の売上高成長シナリオを作成した。中間報告で言及されている予測は約10年であり、予測期間も平成24年（2013年3月期）までの11年間とした。

2 「安定期」の成長率の検証

詳細予測の期間が十分に長ければ、継続価値期間の成長率は経済成長率と同等になる。日本経済の潜在成長率については、さまざまな議論があるが、おおむね実質ベースで1～2％の議論が多い。しかし、経済全体の成長率と個別企業の成長率が一致するわけではない（一般には、成熟産業の個別企業の成長率が、経済全体の成長率を上回ることは、考えにくいが）。本稿では、保守的に見積もって鉄鋼業界の実質成長率はゼロと仮定、名目ベースのNOPLATは長期インフレ率並みに成長すると考え、継続期間の成長率を0.5％とした。

| STAGE 1 | STAGE 2 | **STAGE 3** | STAGE 4 |

◉‥‥‥‥‥将来キャッシュフローの予測

ステップ 13 シナリオの策定

　ステップ13では、経済産業省『中間報告』やその他の業界統計から、今後約10年間の鉄鋼業界の市場規模予測やそのなかでの東京製鐵の位置づけを考え、キー・バリュー・ドライバーである売上高の予測を行うかたちで、シナリオを策定する。また、同時に、今後東京製鐵が競合他社より低いコスト構造を実現して生き残っていくと我々は考えた。

解説

❶ 鉄鋼業界（および電炉）に関する市場予測と解釈

今後の日本の鉄鋼市場の予測を立てるに際し、経済産業省『中間報告』を参考にした（図表2-24）。この『中間報告』によれば、今後の日本の鉄鋼市場の予想ポイントは以下に要約される。

- 全世界の粗鋼の需要は着実に増加（平均成長率 1 ％）
- 国内市場は「縮小」するものの大規模な衰退はない
  粗鋼生産量　 1 億トンの大台から9000万トン台
  国内消費量　8500万〜7500万トンから7000万トン台
  海外輸出量　3000万トンから2500万トン
- 粗鋼生産の35％に相当する大量のスクラップが国内で発生し、今後も発生量は増加

国内消費、海外輸出とも中期的に減少するが、この影響は高炉に顕著であると考えられる。『中間報告』においても『鉄スクラップの増大への戦略的対応』として、「資源の有効利用の観点はもとより、鉄鋼原料の供給サイドの寡占体制に対するバーゲニング・パワーの維持」から電炉へのスクラップの本格的投入を検討するべきであると政策提言していることから、今後鉄鋼業界における電炉の位置づけは向上すると考えられる。

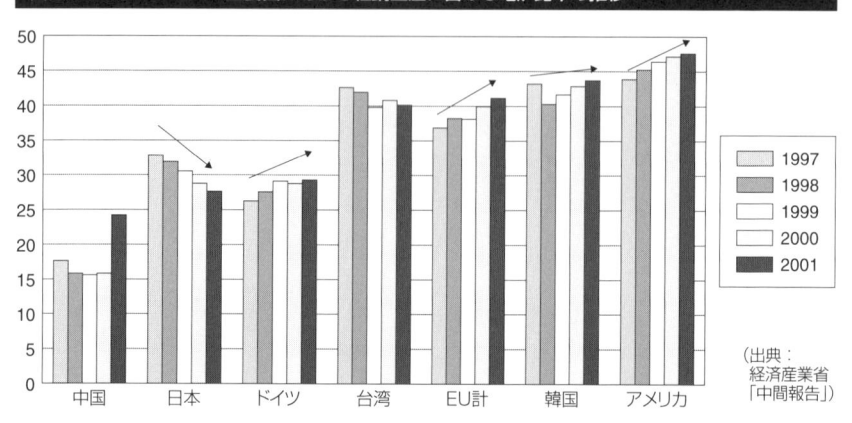

図表2-24 ●　　　　　　　主要国における粗鋼生産に占める電炉比率の推移

（出典：経済産業省「中間報告」）

図表2-25 ●　　　　　　　鉄スクラップの炉前価格の推移

（単位：円／トン）

	4月	5月	6月	7月	8月	9月	10月	11月	12月	1月	2月	3月	平均	年間変動
S.48	18,920	22,080	22,980	25,830	27,810	28,450	33,180	34,530	24,460	26,640	34,600	40,000	28,290	6,165
49	40,500	43,200	43,700	40,200	44,200	46,100	38,300	32,500	32,700	23,800	27,200	29,200	36,800	7,456
50 (1975)	30,200	29,000	25,800	21,800	24,500	21,800	20,100	16,500	20,500	21,600	25,000	29,200	23,833	4,197
51	28,200	26,700	26,400	26,700	29,200	27,800	25,300	25,800	24,000	23,800	25,300	24,000	26,100	1,737
52	21,700	21,500	21,100	20,100	21,600	19,700	19,400	16,900	17,000	19,700	23,800	25,200	20,642	2,424
53	24,100	23,600	24,800	24,300	22,900	21,400	23,200	22,900	24,500	26,400	26,600	26,900	24,300	1,674
54	26,700	26,000	25,300	26,600	26,700	26,800	27,500	29,700	32,500	33,800	36,900	36,900	29,617	4,287
55 (1980)	33,900	31,400	30,200	30,900	30,600	31,900	29,200	26,800	28,500	28,000	25,100	25,300	29,317	2,690
56	26,100	25,200	25,200	24,700	24,400	24,300	23,600	23,900	23,700	23,100	24,200	26,000	24,533	940
57	25,900	25,000	24,200	23,600	23,800	24,100	24,000	24,900	24,300	23,700	23,800	24,700	24,333	677
58	24,400	24,200	24,300	24,300	24,400	24,900	25,300	24,700	24,100	25,900	28,000	28,300	25,233	1,458
59	26,900	25,200	24,300	25,100	25,500	26,400	26,300	25,900	26,500	27,300	28,500	27,600	26,292	1,183
60 (1985)	26,100	26,000	26,100	25,100	24,800	24,000	23,800	23,600	21,700	20,100	19,400	19,300	23,333	2,581
61	16,800	14,400	14,200	14,600	14,200	13,900	13,900	13,500	13,500	13,600	13,700	14,500	14,233	895
62	14,400	13,900	13,300	12,800	13,600	16,100	18,400	21,300	17,500	16,500	15,500	16,600	15,825	2,465
63	15,200	13,300	14,000	15,100	14,400	14,800	16,800	15,200	14,600	15,700	17,100	15,800	15,167	1,087
H元	17,400	18,600	18,800	18,500	17,700	19,200	19,000	18,600	20,000	20,400	19,700	20,400	19,025	968
2 (1990)	21,400	20,600	19,100	18,000	17,600	19,200	18,800	17,500	17,500	18,100	18,600	19,200	18,800	1,221
3	19,200	19,100	18,600	16,800	15,800	14,900	13,900	12,500	11,800	11,700	11,600	11,630	14,794	3,050
4	11,600	11,600	11,300	10,900	10,800	11,100	11,300	11,600	13,200	15,300	15,800	13,200	12,308	1,705
5	12,200	14,500	15,700	15,200	15,500	14,100	13,800	13,800	14,600	14,700	13,900	13,500	14,292	965
6	13,200	12,800	12,700	12,700	12,800	14,500	15,100	15,100	15,100	15,200	16,200	16,500	14,325	1,416
7 (1995)	15,080	13,630	12,640	12,000	11,600	11,700	11,700	11,800	12,400	13,700	13,500	12,900	12,721	1,079
8	12,450	12,150	12,100	12,000	11,800	11,400	11,600	12,500	12,700	13,100	14,300	12,200	12,292	819
9	13,900	14,000	14,500	14,600	14,900	14,600	14,400	14,100	13,900	13,700	12,400	11,000	13,833	1,099
10	10,400	10,400	10,600	10,700	10,600	9,800	9,300	8,400	7,800	7,800	7,400	7,000	9,183	1,146
11	6,680	6,920	8,140	9,320	10,040	8,550	8,310	8,900	9,390	9,610	8,850	9,375	8,674	1,033
12 (2000)	9,777	9,842	9,226	8,923	8,902	8,785	8,954	8,838	8,865	8,351	7,787	7,435	8,807	698
13	7,028	6,715	6,490	6,400	6,569	6,555	6,891	7,661	7,818	8,009	8,863	9,665	7,389	1,044
14	9,825	10,127	10,681											

（出所：社団法人鉄源協会 資料を一部加工）

いわゆる粗鋼生産における電炉の比率についていえば、図表2-24のとおり、過去数年における日本の電炉比率のトレンド（低下）は主要国のトレンド（上昇）と「逆」である。しかし、前述の経済産業省『中間報告』の提言をふまえれば、日本においても電炉の比率が中長期的には上昇に転じる可能性は十分あり、その場合には、2001年度27.6％であった電炉比率はアメリカ、EU並みに40％の程度の水準に上昇する可能性もある。したがって、東京製鐵は、今後シェアを維持、もしくは若干上昇させ、その結果売上高も若干の増加を見込めると、我々は考えた。

❷ 原材料の価格動向と今後の需給に関する解釈

電炉の原材料である鉄スクラップの供給動向について、業界団体である社団法人鉄源協会の統計に基づき、数量・価格の予想を行った（図表2-25）。経済産業省『中間報告』にもあったとおり、鉄スクラップの発生量は今後も増大するが、これは国内における鉄鋼製品の蓄積量に関係する。鉄鋼の国内蓄積量は過去30年平均2％の成長率で、蓄積が進んでいる。鉄スクラップはこの国内蓄積量の3～2.3％の範囲内での「回収」分とされていて、回収量についても着実に増加している。このトレンドは予測期間を通じて、継続するものと考えられる。特に、スクラップ回収率については、環境問題等の風潮を反映し、直近の2.3％台から1970年代の3.0％程度まで上昇（回復）するであろう。また、鉄スクラップ価格について、鉄源協会の統計では、各年度において市況変動はあるものの一貫して下落している。仮に東京製鐵がこのメリットを生かせれば、製造原価にもこの傾向は反映されるであろう。

❸ 将来業績に関するストーリーの構築

東京製鐵の将来の業績について現実性のあるシナリオを構築する。❶❷で述べたマクロ予測のなかで、東京製鐵のシナリオを考察した。

鉄鋼業における国内生産が縮小していくなかで、電炉の位置づけはむしろ高まっていくであろう。そのなかで、永年『池谷イズム』と呼ばれる効率的経営で電炉トップシェアを維持しつづけている東京製鐵のポジションも変わらず、少なくとも鉄鋼需要の世界成長率1％並の売上増加を達成する。国内におけるスクラップ供給量の着実な増加により原材料価格の下落トレンドを、うまく原価改善に取り入れ、同時に設備のスリム化とコストダウンによって変動・固定比率を下げ製品価格の市況変動（値下がりリスク）を吸収（ヘッジ）していく。

| STAGE 1 | STAGE 2 | **STAGE 3** | STAGE 4 |

● ……………将来キャッシュフローの予測

ステップ 14 シナリオの業績予測への転換

14-1 売上高の予測

　ステップ14では、ステップ13で行った企業の将来業績についてのストーリーを財務予測に転換する。主な手順は、以下の細かいステップに分けて説明する。

- ステップ14-1：売上高の予測
- ステップ14-2：予測損益計算書の作成
- ステップ14-3：予測貸借対照表の作成
- ステップ14-4：予測フリー・キャッシュフローの算出

　これらの手順では、まず損益計算書と貸借対照表の予測から始め、そこからフリー・キャッシュフローやROICを計算することになる。
　まず、東京製鐵の売上予測を以下に述べるように行った（図表2-26参照）。
　ここでは、2013年3月まで1～0.7％の売上高成長率を見込んでいる。

図表2-26 ● 解説

当期および翌期の予想は会社発表を用いた。予測時点（2002年12月末）での『期末』予想、直近決算（2002年3月期、9月中間）時点での企業発表の業績見通しを採用した。東京製鐵の2003年3月期単独決算見込については、2002年6月7日付、10月19日付日経新聞および10月19日付中間決算に基づく修正発表の見込を用いた。売上高は121,000百万円（前期比132％）、経常損益は3,000百万円の黒字、最終損益は1,800百万円となり、2003年3月期には10期ぶりに「黒字決算」が見込まれている。
翌期の売上予測については、『日経会社情報』を使用した。2004年3月期の売上高は125,000百万円（前期比103％）、経常損益は3,000百万円、最終損益は1,800百万円の黒字となっている。2005年3月期以降については、ステップ13で述べたように、今後、東京製鐵が世界成長率並の売上増加率を達成するというシナリオの下、2013年3月の『安定期』まで1～0.7％の売上高成長率を見込んだ。

図表2-26 ● 2013年3月期までの売上高予測

	実績				日経会社情報	
	1999/3期	2000/3期	2001/3期	2002/3期	2003/3期	2004/3期
売上高(百万円)	124,362	106,814	117,196	91,509	121,000	125,000
売上高成長率	−25.5%	−14.1%	9.7%	−21.9%	32.2%	3.3%

市場規模（社団法人鉄源協会、経済産業省『鉄鋼業の競争力強化と将来展望研究会』による）

	1999/3期	2000/3期	2001/3期	2002/3期	2003/3期	2004/3期
粗鋼生産量(千トン)	97,998	106,901	102,064	100,298	98,532	96,766
国内消費量(千トン)	73,582	79,748	77,445	75,584	73,723	71,861
海外輸出量(千トン)	29,519	28,270	30,347	29,010	27,674	26,337

スクラップ（社団法人鉄源協会統計による）

	1999/3期	2000/3期	2001/3期	2002/3期	2003/3期	2004/3期
国内鉄鋼蓄積量(千トン)	1,181,837	1,198,933	1,222,904	1,247,362	1,272,309	1,297,756
想定回収量(千トン)	26,723	27,517	28,690	28,689	29,263	29,848
対蓄積量回収率	2.3%	2.3%	2.3%	2.30%	2.30%	2.30%
単位(円／t)	11,050	10,800	10,800	9,300	12,500	12,200
単価変動率		−2.3%	0.0%	−13.9%	34.4%	−2.4%

	予測							
	2005/3期	2006/3期	2007/3期	2008/3期	2009/3期	2010/3期	2011/3期	2012/3期	2013/3期
売上高(百万円)	126,250	127,513	128,724	129,886	130,999	132,066	133,088	134,066	135,003
売上高成長率	1.0%	1.0%	1.0%	0.9%	0.9%	0.8%	0.8%	0.7%	0.7%

市場規模（社団法人鉄源協会、経済産業省『鉄鋼業の競争力強化と将来展望研究会』に基づき予測）

	2005/3期	2006/3期	2007/3期	2008/3期	2009/3期	2010/3期	2011/3期	2012/3期	2013/3期
粗鋼生産量(千トン)	95,000	95,950	96,862	97,736	98,574	99,377	100,146	100,882	101,586
国内消費量(千トン)	0,000	70,700	71,372	72,016	72,633	73,225	73,791	74,344	74,853
海外輸出量(千トン)	25,000	25,250	25,490	25,720	25,940	26,152	26,354	26,548	26,733

スクラップ（社団法人鉄源協会統計に基づき予測）

	2005/3期	2006/3期	2007/3期	2008/3期	2009/3期	2010/3期	2011/3期	2012/3期	2013/3期
国内鉄鋼蓄積量(千トン)	1,323,711	1,350,185	1,377,189	1,404,732	1,432,727	1,461,483	1,490,713	1,520,527	1,550,938
想定回収量(千トン)	30,445	32,607	34,922	37,402	39,294	41,282	42,950	44,247	45,583
対蓄積量回収率	2.30%	2.42%	2.54%	2.66%	2.74%	2.82%	2.88%	2.91%	2.94%
単位(円／t)	11,700	11,417	11,128	10,832	10,535	10,237	9,942	9,653	9,369
単価変動率	−4.1%	−1.8%	−1.9%	−2.0%	−2.1%	−2.1%	−2.2%	−2.2%	−2.2%

| STAGE 1 | STAGE 2 | **STAGE 3** | STAGE 4 |

●⋯⋯⋯⋯将来キャッシュフローの予測

ステップ 14 シナリオの業績予測への転換

14-2 予測損益計算書の作成

　売上予測をもとに、ステップ14-2では予測損益計算書を作成する（図表2-27参照）。以下では、営業項目、法人税額、配当金の順に予測していく。なかでも営業項目は、営業利益そしてNOPLATの予測に直結する最も重要な項目である。

図表2-27●解説

◼ 営業項目（営業費用、運転資金、有形固定資産等）の予測

売上に対して、どの程度の営業費用が発生するかを分析し、営業利益を予測する。電炉を含む鉄鋼業の売上の構成比については、社団法人日本鉄鋼連盟の『鉄鋼統計要覧（2002年）』を参考にした。

直近年度の「日本大手5社の売上高構成と財務比率」によれば、売上高に占める主要費目とその比率は原材料費等（80.5%）、労務費（11%）、減価償却費（8.3%）、金利（1.9%）、租税（2.3%）であった。

次に、東京製鐵の有価証券報告書から計算した直近決算（2002年3月）の数値と比較した。売上原価率が91.0%（うち減価償却費10.1%）、売上高販売費及び一般管理費率が16.0%（うち運賃諸掛12%）となっている。

また、『鉄鋼統計要覧』の「鉄鋼業の主要財務指標比較」によると1991年度からの10年間の「鉄鋼業」の売上高経常利益率の平均は1.6%である。

以上を総合的に判断した結果、予測にあたっては2003年3月期以降も、当社が低コスト化に取り組むという前提の下で、売上原価率（除く減価償却費）を80%、販売費及び一般管理費率を10%、減価償却費率を8%とし、今後のトレンドとして利用することにする。これは、図表2-26に示したような原材料（スクラップ）単価の下落予想からみると、若干保守的かもしれないが、技術進歩によって一部スクラップが高炉で作られる鉄の原料になるという動きもあり、今後スクラップの需要も増加する可能性を見込んで、原価率一定と考えた。なお、予想損益計算書では、2003年3月期から5年間にわたって繰越欠損金の税額控除による節税効果を考慮している。

❷ 営業外項目の予測
受取配当金については、140百万円とした。2008年3月より、運転資金のための借入金が発生すると予測するので、支払利息（借入金利2.0％）を各期に発生させている。
❸ 法人税額
法人税額については、2003年3月期から2007年3月期までの5年間は、過去の繰越損失に比して税引前当期利益が少ないことから、実質的に税率0となると考えた。2008年3月期以降は、現金ベースの平均税率として便宜上STAGE 1で説明した法人実効税率42.05％を適用して、計算している。
❹ 配当金の予測
予測期間の配当金については、620百万円（＝4円×155百万株）を維持するものとし、税引後当期利益の残額が内部留保されるものとして、予測した。

　以上を総合して、図表2-27のように、2003年3月期から20013年3月期までの予測損益計算書を作成する。

図表2-27 ● 予測損益計算書（東京製鐵）

	2003/3期	2004/3期	2005/3期	2006/3期	2007/3期
売上高	121,000	125,000	126,250	127,513	128,724
1 売上原価					
（除減価償却費）	(96,800)	(100,000)	(101,000)	(102,010)	(102,979)
1 販売費及び一般管理費					
（除減価償却費）	(12,100)	(12,500)	(12,625)	(12,751)	(12,872)
1 減価償却費	(9,680)	(10,000)	(10,100)	(10,201)	(10,298)
営業利益	2,420	2,500	2,525	2,550	2,574
2 受取利息	0	0	0	0	0
2 受取配当金	140	140	140	140	140
2 支払利息	0	0	0	0	0
2 その他営業外利益					
又は損失(△)	440	360	300	300	300
経常利益	3,000	3,000	2,965	2,990	3,014
特別損益	0	0	0	0	0
税引前利益	3,000	3,000	2,965	2,990	3,014
3 法人税	0	0	0	0	0
当期純利益	3,000	3,000	2,965	2,990	3,014
借入金利 2.0%					
4 配当金	310	310	310	310	310
4 中間配当額	310	310	310	310	310
役員賞与	0	0	0	0	0
増資	0	0	0	0	0
自己株式償却	0	0	0	0	0

(単位：百万円)

2008/3期	2009/3期	2010/3期	2011/3期	2012/3期	2013/3期
129,886	130,999	132,066	133,088	134,066	135,003
(103,908)	(104,799)	(105,653)	(106,470)	(107,253)	(108,002)
(12,989)	(13,100)	(13,207)	(13,309)	(13,407)	(13,500)
(10,391)	(10,480)	(10,565)	(10,647)	(10,725)	(10,800)
2,598	2,620	2,641	2,662	2,681	2,700
0	0	0	0	0	0
140	140	140	140	140	140
(140)	(140)	(140)	(140)	(140)	(140)
300	300	300	300	300	300
2,898	2,920	2,941	2,962	2,981	3,000
0	0	0	0	0	0
2,898	2,920	2,941	2,962	2,981	3,000
(1,219)	(1,228)	(1,237)	(1,245)	(1,254)	(1,262)
1,679	1,692	1,704	1,716	1,728	1,738
310	310	310	310	310	310
310	310	310	310	310	310
0	0	0	0	0	0
0	0	0	0	0	0
0	0	0	0	0	0

第2章 基本ケース

| STAGE 1 | STAGE 2 | **STAGE 3** | STAGE 4 |

◉............将来キャッシュフローの予測

ステップ 14 シナリオの業績予測への転換

14-3 予測貸借対照表の作成

　貸借対照表項目の将来予測を立てる場合、その項目の残高を直接予測する方法（ストックの考え方）と、その変化を予測して間接的に予測貸借対照表を作成する方法（フローの考え方）とがある。本稿では前者を採用し、貸借対照表の各項目を売上高の関数として直接予測する方法を採用した。直近年度（2002年3月期）の貸借対照表項目の売上高比率は図表2-28のようになっている。この比率をベースに各項目を推定した（図表2-29参照）。

> 図表2-28、図表2-29 ◉解説

1 現金及び預金、営業用現金

東京製鐵は、従来より「無借金経営」で知られている。2002年3月期で見ても売上高の41.6％の現預金がある。この比率を参考に、現預金項目も推定比率を40％（うち営業用現金比率2％）とする。すでにSTAGE 1で見たように、売上高の2％程度を営業用現金と考えた。したがって、今後の予測においても同様の比率を用いることとする。また、営業用以外の現預金（余剰現預金）については、貸借対照表上の借方と貸方を一致させるための調整項目となっている。

2 棚卸資産、売掛金・受取手形、その他の流動資産

それぞれの項目残高の、2002年3月期における対売上高での比率を参考に、それぞれ8％、27％、2％という比率が、予測期間を通じて維持されるものとして、各期の売上高の予測値をもとに各項目の残高を推定した。

3 有形固定資産

有形固定資産の予測に関しては、有形固定資産の簿価が売上高の一定比率となるように予測した。具体的には、土地等の非償却性資産と償却性資産の純残高（減価償却累計額を差し引いたもの）の有形固定資産合算残高について、過去の売上に対する比率を計算し、それをもとに将来の対売上高有形固定資産残高比率を決定した。ただし、今後当社の業績が回復することを前提とした場合、現在一部稼働率の落ちている製鉄所

図表2-28●　　　　　貸借対照表上の諸項目の売上高比率（東京製鐵）

（単位：百万円）

		2002/3期	売上比
	流動資産	71,023	77.6%
1	現金・預金	38,075	41.6%
2	受取手形	16,236	17.7%
2	売掛金	8,262	9.0%
2	棚卸資産	7,709	8.4%
2	その他の流動資産	784	0.9%
	貸倒引当金	(46)	−0.1%
	固定資産	78,902	86.2%
3	有形固定資産	68,713	75.1%
4	無形固定資産	235	0.3%
4	投資その他の資産合計	9,985	10.9%
	貸倒引当金	△ 36	0.0%
	資産合計	149,926	163.8%
5	**流動負債**	27,498	30.0%
	支払手形	6,291	6.9%
	買掛金	13,395	14.6%
	短期借入金	0	0.0%
	その他の流動負債	7,807	8.5%
5	**固定負債**	8,367	9.1%
	社債	0	0.0%
	退職給付債務＋その他の固定負債	6,933	7.6%
	繰延税金負債	1,434	1.6%
	負債合計	35,866	39.2%
6	**資本合計**	114,060	124.6%
	資本金	30,894	33.8%
	資本準備金	28,845	31.5%
	利益準備金	3,864	4.2%
	任意積立金	849	0.9%
	その他有価証券評価差額金	1,976	2.2%
	未処分利益	47,632	52.1%
	負債・資本合計	149,926	163.8%

等については、必ずしも売上増分すべてについて残高を増やさなくても、まかなえる部分もあること、当社が過去 5 年間一貫して有形固定資産を減らして、生産設備のスリム化を推進してきていることなどを勘案し、対売上高有形固定資産合算残高比率は、2002年 3 月期の比率75.1％ではなく、2003年 3 月期における有形固定資産の残高ベースが、前年を下回る水準となるよう、売上高の55％を目標値として設定し、各年度の有形固定資産残高を予測した。

減価償却費については、予想損益計算書の想定で述べたとおり、売上高の 8 ％とし、当期の減価償却累計額残高＝前期の償却資産残高＋当期の減価償却費と計算した。

図表2-29 ● 予測貸借対照表（東京製鐵）

		2003/3期	2004/3期	2005/3期	2006/3期	2007/3期
1	現金及び預金（営業用を除く）	38,377	38,237	39,795	41,369	43,001
1	営業用現金	2,420	2,500	2,525	2,550	2,574
2	棚卸資産	9,680	10,000	10,100	10,201	10,298
2	受取手形・売掛金	32,670	33,750	34,088	34,428	34,755
2	その他の流動資産	2,420	2,500	2,525	2,550	2,574
	流動資産計	**85,567**	**86,987**	**89,032**	**91,099**	**93,203**
	土地及びその他					
	非償却固定資産	13,000	13,000	13,000	13,000	13,000
	償却有形固定資産	257,675	269,875	280,663	291,558	302,522
	減価償却累計額	(204,125)	(214,125)	(224,225)	(234,426)	(244,724)
3	**有形固定資産計**	**66,550**	**68,750**	**69,438**	**70,132**	**70,798**
4	無形固定資産	200	200	200	200	200
4	その他固定資産	10,000	10,000	10,000	10,000	10,000
	固定資産計	10,200	10,200	10,200	10,200	10,200
	資産合計	**162,317**	**165,937**	**168,670**	**171,431**	**174,201**
5	短期借入金	0	0	0	0	0
	一年内償還社債	0	0	0	0	0
5	支払手形	9,680	10,000	10,100	10,201	10,298
5	買掛金	18,150	18,750	18,938	19,127	19,309
5	その他の流動負債	9,680	10,000	10,100	10,201	10,298
	流動負債計	**37,510**	**38,750**	**39,138**	**39,529**	**39,904**
	社債	0	0	0	0	0
5	退職給付債務＋その他の固定負債	6,933	6,933	6,933	6,933	6,933
5	繰延税金負債	1,434	1,434	1,434	1,434	1,434
	固定負債	**8,367**	**8,367**	**8,367**	**8,367**	**8,367**
	負債合計	**45,877**	**47,117**	**47,505**	**47,896**	**48,271**
	資本金	30,894	30,894	30,894	30,894	30,894
	資本準備金	28,845	28,845	28,845	28,845	28,845
	利益準備金	3,864	3,864	3,864	3,864	3,864
	任意積立金	849	849	849	849	849
	その他有価証券評価差額金	1,976	1,976	1,976	1,976	1,976
	未処分利益	50,012	52,392	54,737	57,107	59,502
6	**資本合計**	**116,440**	**118,820**	**121,165**	**123,535**	**125,930**
	負債・資本合計	**162,317**	**165,937**	**168,670**	**171,431**	**174,201**
	バランスチェック	0	0	0	0	0

(単位:百万円)

2008/3期	2009/3期	2010/3期	2011/3期	2012/3期	2013/3期
50,328	50,699	51,111	51,563	52,055	52,583
2,598	2,620	2,641	2,662	2,681	2,700
10,391	10,480	10,565	10,647	10,725	10,800
35,069	35,370	35,658	35,934	36,198	36,451
2,598	2,620	2,641	2,662	2,681	2,700
100,983	101,788	102,617	103,468	104,340	105,234
13,000	13,000	13,000	13,000	13,000	13,000
313,552	324,644	335,796	347,005	358,269	369,584
(255,115)	(265,595)	(276,160)	(286,807)	(297,532)	(308,333)
71,437	72,050	72,636	73,198	73,737	74,251
200	200	200	200	200	200
10,000	10,000	10,000	10,000	10,000	10,000
10,200	10,200	10,200	10,200	10,200	10,200
182,620	184,038	185,453	186,866	188,277	189,686
7,000	7,000	7,000	7,000	7,000	7,000
0	0	0	0	0	0
10,391	10,480	10,565	10,647	10,725	10,800
19,483	19,650	19,810	19,963	20,110	20,250
10,391	10,480	10,565	10,647	10,725	10,800
47,265	47,610	47,941	48,257	48,561	48,851
0	0	0	0	0	0
6,933	6,933	6,933	6,933	6,933	6,933
1,434	1,434	1,434	1,434	1,434	1,434
8,367	8,367	8,367	8,367	8,367	8,367
55,632	55,977	56,308	56,624	56,928	57,218
30,894	30,894	30,894	30,894	30,894	30,894
28,845	28,845	28,845	28,845	28,845	28,845
3,864	3,864	3,864	3,864	3,864	3,864
849	849	849	849	849	849
1,976	1,976	1,976	1,976	1,976	1,976
60,561	61,633	62,717	63,814	64,921	66,040
126,989	128,061	129,145	130,242	131,349	132,468
182,620	184,038	185,453	186,866	188,277	189,686
0	0	0	0	0	0

第2章 基本ケース

以上のように、予測する結果、純設備投資額（新規投資と除却の差額分）は、有形固定資産残高を予測と一致させるように、自動的に算定される（＝有形固定資産の簿価の期首・期末の差額＋減価償却費）。

4 無形固定資産、投資その他の資産

2002年3月期の残高を参考に、無形固定資産については200百万円を、その他有形固定資産は投資有価証券その他として10,000百万円を設定し、予測期間を通して残高一定と仮定した。

5 負債項目

短期借入金は、2008年3月期以降に7,000百万円発生すると予測されているので、2008年3月以降の予測期間において、7,000百万円を残高に計上した。

流動負債（支払手形、買掛金、その他の流動負債）については、それぞれの項目残高の、2002年3月期における対売上高での比率を参考に、それぞれ8％、15%、8％という比率が予測期間を通じて維持されるものとして、将来の売上高予測から残高を計算した。

退職給付債務＋その他の固定負債については、退職給付引当金について従業員の退職による減額を見込まず2002年3月期と同額の6,833百万円とした結果、予測期間を通じて6,833＋100＝6,933百万円の残高を一貫計上した。

繰延税金負債については、2002年3月期計上分のその他有価証券評価差額金と同額の、1,434百万円を一貫計上している。

6 資本項目

想定期間中の新株式の発行による増資は想定していない。前年度未処分利益に今年度の社外流出後の当期純利益を足している。したがって、任意積立金、未処分利益への繰越を含め、その他資本勘定に集約している。

| STAGE 1 | STAGE 2 | **STAGE 3** | STAGE 4 |

◉ ……………将来キャッシュフローの予測

ステップ 14 シナリオの業績予測への転換

14-4 予測フリー・キャッシュフローの算出

　本ステップの最後に、予想損益計算書、予想貸借対照表をもとに、東京製鐵の予測フリー・キャッシュフローを算出する（図表2-32参照）。

　予測フリー・キャッシュフローの算出の手順としては、まず予測損益計算書をもとにNOPLATを計算し、投資から生じるキャッシュフローを予測しNOPLATに加える。DCF法では、フリー・キャッシュフローを加重平均資本コスト（WACC）で割り引くことで、企業価値を算出するので、フリー・キャッシュフローが求められれば、STAGE 2で求めたWACCを用いて、企業価値を算定するための準備がすべて整うことになる。なお、投資から生じるキャッシュフローの算定に用いるため、同時に図表2-31で投下資産の予測も作成する。

解説

❶ NOPLATの予測（図表2-30）

フリー・キャッシュフロー計算のために、まず予測損益計算書をもとに、NOPLATを計算する。2003年3月期から2007年3月期までは、実質EBITAに対して法人税が課せられないので、EBITAがそのままNOPLATになる。なお、「過去勤務債務に関する調整」については退職給付費用に含まれる利息費用を予測し計上すべきであるが、予定利率の変更等の予測が困難なため省略した。我々のNOPLAT予測は、その分保守的に（過少に）見積られている。
EBITAを起点に損益計算書の上部からNOPLATを計算する方法と、当期利益を起点として、損益計算書の下部から逆算してNOPLATを計算する方法とで、計算された金額が一致することを確認している（バランスチェック）。

❷ 投下資産の予測（図表2-31）

フリー・キャッシュフロー計算のためには、NOPLATに加えて、投資から生じるキャッシュフローを予測する必要がある。そのためには、まず予測貸借対照表を整理して、各種投下資産の残高推移の予測を作成する。なお、この際営業に必要な投下資産と、余

図表2-30 NOPLATの予測（東京製鐵）

(単位：百万円)

	2003/3期	2004/3期	2005/3期	2006/3期	2007/3期	2008/3期	2009/3期	2010/3期	2011/3期	2012/3期	2013/3期
売上高	121,000	125,000	126,250	127,513	128,724	129,886	130,999	132,066	133,088	134,066	135,003
売上原価	(96,800)	(100,000)	(101,000)	(102,010)	(102,979)	(103,908)	(104,799)	(105,653)	(106,470)	(107,253)	(108,002)
販売費及び一般管理費	(12,100)	(12,500)	(12,625)	(12,751)	(12,872)	(12,989)	(13,100)	(13,207)	(13,309)	(13,407)	(13,500)
減価償却費	(9,680)	(10,000)	(10,100)	(10,201)	(10,298)	(10,391)	(10,480)	(10,565)	(10,647)	(10,725)	(10,800)
損益計算書上のEBITA	2,420	2,500	2,525	2,550	2,574	2,598	2,620	2,641	2,662	2,681	2,700
過去勤務債務に関する調整	0	0	0	0	0	0	0	0	0	0	0
継続的引当金の増加	0	0	0	0	0	0	0	0	0	0	0
調整後EBITA	2,420	2,500	2,525	2,550	2,574	2,598	2,620	2,641	2,662	2,681	2,700
EBITAに対する税金	0	0	0	0	0	(1,092)	(1,102)	(1,111)	(1,119)	(1,128)	(1,135)
役員賞与	0	0	0	0	0	0	0	0	0	0	0
繰延税金の増減	0	0	0	0	0	0	0	0	0	0	0
NOPLAT	**2,420**	**2,500**	**2,525**	**2,550**	**2,574**	**1,505**	**1,518**	**1,531**	**1,542**	**1,554**	**1,565**
EBITAに対する税金											
法人税等	0	0	0	0	0	1,219	1,228	1,237	1,245	1,254	1,262
支払利息による節税額	0	0	0	0	0	59	59	59	59	59	59
過去勤務債務利息による節税額	0	0	0	0	0	0	0	0	0	0	0
受取利息配当に対する税金	0	0	0	0	0	(59)	(59)	(59)	(59)	(59)	(59)
その他営業外損益に対する税金	0	0	0	0	0	(126)	(126)	(126)	(126)	(126)	(126)
特別損益に対する税金	0	0	0	0	0	0	0	0	0	0	0
EBITAに対する税金	0	0	0	0	0	1,092	1,102	1,111	1,119	1,128	1,135
当期利益からの算出											
当期利益	3,000	3,000	2,965	2,990	3,014	1,679	1,692	1,704	1,716	1,728	1,738
役員賞与	0	0	0	0	0	0	0	0	0	0	0
繰延税金負債の増加	0	0	0	0	0	0	0	0	0	0	0
継続的引当金の増加	0	0	0	0	0	0	0	0	0	0	0
税引後その他営業外損益	(440)	(360)	(300)	(300)	(300)	(174)	(174)	(174)	(174)	(174)	(174)
税引後特別損益	0	0	0	0	0	0	0	0	0	0	0
調整後当期利益	2,560	2,640	2,665	2,690	2,714	1,505	1,518	1,531	1,542	1,554	1,565
税引後支払利息	0	0	0	0	81	81	81	81	81	81	81
過去勤務債務に対する支払利息	0	0	0	0	0	0	0	0	0	0	0
投資家に分配可能な総利益	2,560	2,640	2,665	2,690	2,714	1,586	1,599	1,612	1,624	1,635	1,646
−税引後受取利息配当	(140)	(140)	(140)	(140)	(140)	(81)	(81)	(81)	(81)	(81)	(81)
NOPLAT	**2,420**	**2,500**	**2,525**	**2,550**	**2,574**	**1,505**	**1,518**	**1,531**	**1,542**	**1,554**	**1,565**
実効税率		42.05%									
バランスチェック	0	0	0	0	0	0	0	0	0	0	0

図表2-31 ● 投下資産の予測(東京製鐵)

(単位:百万円)

	2003/3期	2004/3期	2005/3期	2006/3期	2007/3期	2008/3期	2009/3期	2010/3期	2011/3期	2012/3期	2013/3期
営業流動資産	47,190	48,750	49,238	49,730	50,202	50,655	51,090	51,506	51,904	52,286	52,651
営業流動負債	(37,510)	(38,750)	(39,138)	(39,529)	(39,904)	(40,265)	(40,610)	(40,941)	(41,257)	(41,561)	(41,851)
営業運転資金	9,680	10,000	10,100	10,201	10,298	10,391	10,480	10,565	10,647	10,725	10,800
有形固定資産	66,550	68,750	69,438	70,132	70,798	71,437	72,050	72,636	73,198	73,737	74,251
正味その他営業資産	200	200	200	200	200	200	200	200	200	200	200
営業投下資産	76,430	78,950	79,738	80,533	81,296	82,028	82,730	83,402	84,046	84,662	85,252
余剰現預金	38,377	38,237	39,795	41,369	43,001	50,328	50,699	51,111	51,563	52,055	52,583
余剰投資有価証券	7,500	7,500	7,500	7,500	7,500	7,500	7,500	7,500	7,500	7,500	7,500
投資及び前払金	2,500	2,500	2,500	2,500	2,500	2,500	2,500	2,500	2,500	2,500	2,500
投下資産総額	**124,807**	**127,187**	**129,532**	**131,902**	**134,297**	**142,356**	**143,428**	**144,512**	**145,609**	**146,716**	**147,835**
普通株式・優先株式合計	116,440	118,820	121,165	123,535	125,930	126,989	128,061	129,145	130,242	131,349	132,468
繰延税金	1,434	1,434	1,434	1,434	1,434	1,434	1,434	1,434	1,434	1,434	1,434
未払配当金退職給付債務等	6,933	6,933	6,933	6,933	6,933	6,933	6,933	6,933	6,933	6,933	6,933
調整後資本	124,807	127,187	129,532	131,902	134,297	135,356	136,428	137,512	138,609	139,716	140,835
借入金	0	0	0	0	0	7,000	7,000	7,000	7,000	7,000	7,000
投下資産総額	**124,807**	**127,187**	**129,532**	**131,902**	**134,297**	**142,356**	**143,428**	**144,512**	**145,609**	**146,716**	**147,835**
バランスチェック	0	0	0	0	0	0	0	0	0	0	0

剰現金や余剰有価証券などの、営業外の投下資産は別立てにしておく。そして、営業投下資産と営業外投下資産を合算した投下資産総額が、資金調達(負債・資本項目)の面から見た投下資産総額の合計と、金額が一致することを確認する(バランスチェック)。

3 フリー・キャッシュフローの予測(図表2-32)

図表2-30で作成したNOPLATの予測と、図表2-31で作成した投下資産の予測をもとに、フリー・キャッシュフローを計算したのが、図表2-32である。一般にフリー・キャッシュフローは、

$$\text{フリー・キャッシュフロー}=\text{NOPLAT}+\text{減価償却費}-\text{新規の総投資額}$$
$$=\text{グロス・キャッシュフロー}-\text{新規の総投資額}$$

という計算式で計算される。ここでの「新規の総投資額」には、投下資本の予測シートにおける営業運転資金、有形固定資産、およびその他正味営業資産が含まれる。
なお、予測フリー・キャッシュフローに営業外のキャッシュフローを加味して計算した「投資家に分配可能なキャッシュフロー」は、資金調達サイドからみた財務キャッシュフローと一致することを確認しておく(バランスチェック)。

図表2-32 フリー・キャッシュフローの予測（東京製鐵）

	2003/3期	2004/3期	2005/3期	2006/3期	2007/3期
営業キャッシュフロー					
NOPLAT	2,420	2,500	2,525	2,550	2,574
減価償却費	9,680	10,000	10,100	10,201	10,298
グロス・キャッシュフロー					
	12,100	12,500	12,625	12,751	12,872
運転資金の増加	(2,400)	(320)	(100)	(101)	(97)
設備投資	(7,516)	(12,200)	(10,788)	(10,895)	(10,964)
その他資産の増加	35	0	0	0	0
総投資	(9,881)	(12,520)	(10,888)	(10,996)	(11,061)
のれん代加算前フリー・キャッシュフロー					
	2,219	(20)	1,738	1,755	1,811
のれん代への投資					
フリー・キャッシュフロー					
	2,219	(20)	1,738	1,755	1,811
営業外キャッシュフロー	476	360	300	300	300
税引後受取利息	140	140	140	140	140
余剰現金の減少(増加)	(2,133)	140	(1,558)	(1,575)	(1,631)
余剰投資有価証券の減少(増加)	(82)	0	0	0	0
投資家に分配可能なキャッシュフロー	620	620	620	620	620
財務キャッシュフロー					
税引後支払利息	0	0	0	0	0
過去勤務債務に対する支払利息	0	0	0	0	0
借入金の減少(増加)	0	0	0	0	0
過去勤務債務の減少(増加)	0	0	0	0	0
少数株主持分	0	0	0	0	0
配当	620	620	620	620	620
自社株式の購入(発行)	0	0	0	0	0
財務キャッシュフロー	620	620	620	620	620
バランスチェック	0	0	0	0	0

(単位:百万円)

	2008/3期	2009/3期	2010/3期	2011/3期	2012/3期	2013/3期
	1,505	1,518	1,531	1,542	1,554	1,565
	10,391	10,480	10,565	10,647	10,725	10,800
	11,896	11,998	12,096	12,190	12,279	12,365
	(93)	(89)	(85)	(82)	(78)	(75)
	(11,030)	(11,092)	(11,152)	(11,209)	(11,263)	(11,315)
	0	0	0	0	0	0
	(11,123)	(11,182)	(11,238)	(11,291)	(11,342)	(11,390)
	773	817	858	899	937	975
	773	**817**	**858**	**899**	**937**	**975**
	174	174	174	174	174	174
	81	81	81	81	81	81
	(7,327)	(371)	(41)	(453)	(491)	(529)
	0	0	0	0	0	0
	(6,299)	701	701	701	701	701
	81	81	81	81	81	81
	0	0	0	0	0	0
	(7,000)	0	0	0	0	0
	0	0	0	0	0	0
	0	0	0	0	0	0
	620	620	620	620	620	620
	0	0	0	0	0	0
	(6,299)	701	701	701	701	701
	0	0	0	0	0	0

●第2章 基本ケース

| STAGE 1 | STAGE 2 | **STAGE 3** | STAGE 4 |

●……………将来キャッシュフローの予測

ステップ 15 複数業績予測シナリオの作成

　いったん予測シナリオを策定し、それを具体的なフリー・キャッシュフローの数値に変換できたら、複数のシナリオのもとでの業績予測を行うことが望ましい。業績予測を確実に行うことは難しく、予測の前提となった事項が変化することで、業績予測も、ひいては予測フリー・キャッシュフローも変わってくるからである。このように、前提を変えた複数のシナリオに（たとえば、楽観的ケース、悲観的ケース、など）基づいて、どの程度業績や予測フリー・キャッシュフローが変化するかを分析するのが、シナリオ分析である。

　ただ、本章のケースにおいては、すでにみたように外部者からみた東京製鐵の簡易な分析を主眼としているので、シナリオ分析は行っていない。

| STAGE 1 | STAGE 2 | **STAGE 3** | STAGE 4 |

● ……… 将来キャッシュフローの予測

ステップ 16 一貫性と整合性のチェック

　最後に、フリー・キャッシュフローの予測や、予測から計算される各種業績指標を見ながら、業績全体を評価する。

　図表2-33は、将来予測に基づく各種営業指標がどのような数値となるかを示したものである。

　ここでは、以下のような点を確認した。この中のいくつかは、ここまでの我々の分析の問題点をクローズアップするものであるが、本章では東京製鐵の企業価値評価のプロセスの解説を主目的としたので、特にシナリオの修正は行わなかった。東京製鐵の企業価値評価をより精緻に行いたい場合には、さらに複雑な仮定をおいたシナリオを作成する必要があると思われる。

解説

---

1 営業経費率は、我々の前提どおり、予測期間を通して売上高の一定比率を維持している。そもそもステップ13では、コスト削減による生き残りを見込んでいたわけであるから、その点が十分に反映されているとはいえない。したがって、我々のフリー・キャッシュフロー予測は保守的なものと考えるべきだろう。

2 その結果、バリュー・ドライバーの動き、特にROICをはじめとする税引後の収益率指標は、節税効果がなくなる2008年 3 月期を境に、法人税の支払いが開始することと相まって、一気に低下し、その後も緩やかに低下を続けている。そして、2013年 3 月期におけるROICは、1.8％とWACCを下回っている。STAGE 4 の継続価値の算定においては、少なくとも2014年 3 月以降の新規投資についてはWACC並みの収益率を予測している。これは、長期的に見れば、経営者は資本コスト（WACC）を下回るようなプロジェクトに投資し続けることはあり得ないという考え方に基づくが、そのためにはROICの向上が不可欠であり、どのような施策が具体的に可能か考えておく必要があろう。

図表2-33● 将来の営業指標予測（東京製鐵）

	2003/3期	2004/3期	2005/3期	2006/3期	2007/3期
調整後EBITA					
売上原価／売上高	80.0%	80.0%	80.0%	80.0%	80.0%
販売費及び一般管理費（除減価償却費）／売上高	10.0%	10.0%	10.0%	10.0%	10.0%
減価償却費／売上高	8.0%	8.0%	8.0%	8.0%	8.0%
調整後EBITA／売上高	2.0%	2.0%	2.0%	2.0%	2.0%
ROIC					
有形固定資産残高合計／売上高	55.0%	55.0%	55.0%	55.0%	55.0%
運転資金／売上高	8.0%	8.0%	8.0%	8.0%	8.0%
その他正味資産／売上高	0.2%	0.2%	0.2%	0.2%	0.2%
売上高／営業投下資産	1.58	1.58	1.58	1.58	1.58
ROIC（期首営業投下資産ベース）	3.2%	3.3%	3.2%	3.2%	3.2%
成長率					
売上高成長率	32.2%	3.3%	1.0%	1.0%	1.0%
調整後EBITA成長率	n/a	3.3%	1.0%	1.0%	0.9%
NOPLAT成長率	n/a	3.3%	1.0%	1.0%	0.9%
営業投下資産成長率	0.3%	3.3%	1.0%	1.0%	0.9%
当期利益成長率	n/a	0.0%	−1.2%	0.9%	0.8%

(単位：百万円)

2008/3期	2009/3期	2010/3期	2011/3期	2012/3期	2013/3期
80.0%	80.0%	80.0%	80.0%	80.0%	80.0%
10.0%	10.0%	10.0%	10.0%	10.0%	10.0%
8.0%	8.0%	8.0%	8.0%	8.0%	8.0%
2.0%	2.0%	2.0%	2.0%	2.0%	2.0%
55.0%	55.0%	55.0%	55.0%	55.0%	55.0%
8.0%	8.0%	8.0%	8.0%	8.0%	8.0%
0.2%	0.2%	0.2%	0.2%	0.1%	0.1%
1.58	1.58	1.58	1.58	1.58	1.58
1.9%	1.9%	1.9%	1.8%	1.8%	1.8%
0.9%	0.9%	0.8%	0.8%	0.7%	0.7%
0.9%	0.9%	0.8%	0.8%	0.7%	0.7%
−41.5%	0.9%	0.8%	0.8%	0.7%	0.7%
0.9%	0.9%	0.8%	0.8%	0.7%	0.7%
−44.3%	0.8%	0.7%	0.7%	0.7%	0.6%

第2章　基本ケース

| STAGE 1 | STAGE 2 | STAGE 3 | **STAGE 4** |

● ……………継続価値の計算と企業価値の算定

ステップ 17 追加純投資に対するリターン（ROIC_I）の算定

　最終ステージでは、STAGE 3 で算定した将来キャッシュフローをもとに、東京製鐵の継続価値を計算し、企業価値の算定を行う。企業価値算定のプロセスは以下の4つのステップに分かれる。

　ステップ17：追加純投資に対するリターン（ROIC_I）の算定
　ステップ18：継続価値の算定
　ステップ19：事業価値の算定
　ステップ20：企業価値の算定

　ステップ17においては継続価値を求めるために、我々はまず東京製鐵のNOPLATが長期的にどの程度の成長率を達成できるかを考える。鉄鋼業界の将来置かれるであろう環境からみて、我々はすでに述べたように、東京製鐵の長期的NOPLAT（名目）成長率は、長期インフレ率並みまで低下（実質ゼロ成長）すると考え、NOPLAT長期成長率（g）を0.5％と予想した。

　ここで、長期的NOPLAT成長率（g）、NOPLATに対する再投資比率（NOPLATのうちどの程度が純投資（新規設備投資－減価償却費）に回されているかを示す比率：IR）、追加純投資のROIC（ROIC_I）の間には以下の関係が成り立つ。

$$g = ROIC\_I \times IR$$

　東京製鐵の現状をみる限り、長期的にROIC_IがWACCを上回る状況は考えづらいため、少なくとも予測期間以降は、WACCと等しいROICを持った新規プロジェクトのみに投資すると考えれば、ROIC_I＝WACC＝4.65％とする。したがって、逆算される長期的再投資比率（IR）は、10.8％となる。ちなみに、我々の予測期間最終年度の2013年3月期における投資比率（純投資ベース）（IR）を計算すると、（11,315－10,800）÷1,565＝32.9％となっているが、少なくともWACCと等しいROICを持った新規プロジェクトのみに投資するためには、長期的にこのような高い投資比率は維持できないと考えるべきであり、再投資比率10％前後は妥当な線ではないかと考える。

STAGE 4

●·············継続価値の計算と企業価値の算定

ステップ 18 継続価値の算定

継続価値とは、キャッシュフローを予測する期間（2013年3月期）以降に発生するキャッシュフローの現在価値の総和である。本書では、ステップ17で決定した以下のようなバリュー・ドライバー式と呼ばれる算式により、継続価値を計算する。

我々のシナリオの下では、継続価値の現在価値は、20,512百万円と計算される。

解説

キャッシュフロー予測期間後の1年目のNOPLATを標準化し、このフリー・キャッシュフローを以下のバリュー・ドライバー式に代入して計算する。

$$継続価値 = \frac{NOPLAT_{t+1}\left[1 - \dfrac{g}{ROIC\_I}\right]}{WACC - g}$$

ここで、$NOPLAT_{t+1}$は、予測期間翌年におけるNOPLATの予測である。我々の予測では、2013年3月の予測NOPLAT 1,565百万円に、$(1+g) = 1.005$を乗じたものとなる。具体的には、2013年3月時点での継続価値は、端数の関係で以下のように33,817百万円となる。

$$継続価値 = \frac{(1{,}565 \times 1.005) \times \left[1 - \dfrac{0.005}{0.0465}\right]}{0.0465 - 0.005} = 33{,}817$$

この継続価値は、2013年3月期のものであるので、予測時点に遡って現在価値を計算すると、

$$継続価値の現在価値 = \frac{33{,}817}{(1+0.0465)^{11}} = 20{,}512$$

となる。

STAGE 1 > STAGE 2 > STAGE 3 > **STAGE 4**

●‥‥‥‥‥継続価値の計算と企業価値の算定

ステップ 19 事業価値の算定

　事業価値は、その事業から将来生み出されるキャッシュフローの現在価値の総和である。STAGE 3で予測した予測期間内のフリー・キャッシュフローの現在価値と、本ステージのステップ18で算定した継続価値の現在価値を合算したものが、事業価値となる。今回の算定では、31,302百万円となった（図表2-34参照）。

解説

具体的には、東京製鐵の事業価値は、たとえば、2003年3月期のフリー・キャッシュフローを、FCF_{2003}というように書くと、WACCが4.65%なので、以下のような式で示される。

$$\text{事業価値} = \frac{FCF_{2003}}{1+0.0465} + \frac{FCF_{2004}}{(1+0.0465)^2} + \cdots + \frac{FCF_{2013}}{(1+0.0465)^{11}} + \text{継続価値の現在価値}$$

上の式に当てはめて計算すると、事業価値は30,599百万円となる。
なお、上の式では、フリー・キャッシュフローは各年度の末に発生すると仮定しているが、現実の企業のキャッシュフローは、年度末に一括して発生するのではなく、年度を通じて発生しているため、実際の発生時期は年度の中央と考えることができる。この考え方に基づいて、キャッシュフローの発生時期を半年早めて、現在価値を高めに計算し直そうというのが、期中調整（Half-Year Discounting）の考え方である。
具体的には、上の式で計算された事業価値に$\sqrt{1+WACC} = \sqrt{1+0.0465} = 1.0230$を乗じる結果、期中調整後の事業価値は、31,302百万円となる（図表2-34）。
なお、厳密には、以上から求められる数値は2002年3月末時点のものなので、2002年12月末時点の価値評価をするには、さらに9カ月分の調整が必要であるが、その点については考慮していない。

図表2-34● 事業価値の算定（東京製鐵）

WACC＝4.65%
ROIC_I＝4.65%　（単位：百万円）

	フリー・キャッシュフロー	割引率	フリー・キャッシュフローの現在価値
2003／3期	2,219	0.955566173	2,121
2004／3期	(20)	0.913106711	(18)
2005／3期	1,738	0.872533885	1,516
2006／3期	1,755	0.833763865	1,463
2007／3期	1,811	0.796716546	1,443
2008／3期	773	0.761315381	589
2009／3期	817	0.727487225	594
2010／3期	858	0.695162183	597
2011／3期	899	0.664273467	597
2012／3期	937	0.634757255	595
2013／3期	975	0.606552561	591
継続価値	20,512		
事業価値	**30,599**		
期中調整	1.0230		
事業価値（期中調整後）	**31,302**		

第2章　基本ケース

| STAGE 1 | STAGE 2 | STAGE 3 | **STAGE 4** |

◉............継続価値の計算と企業価値の算定

ステップ
20 企業価値の算定

　ステップ19で計算した事業価値に、余剰現金、余剰有価証券や遊休資産などの非事業性資産を加えたものが、評価対象企業の企業価値となる（図表2-35参照）。

　東京製鐵の余剰現預金、余剰投資有価証券、その他非事業用金融資産を合計した企業価値は77,500百万円である。

解説

以上で、企業価値は算定できた。これをもとに株主価値を求めるには、この企業価値から有利子負債の現在残高を差し引く。有利子負債については、過去勤務債務（退職給付引当金）のみを考慮し、これを差し引いた東京製鐵の株主価値は70,239百万円（一株あたり453円）と計算される。これは、2002年12月末現在の実際の株価392円が我々の算定した株式価値よりも13.5％低いことを示しており、我々のシナリオどおりに業績をみた場合、実際の株価は割安だったということになる（図表2-35）。

図表2-35◉............企業価値・株主価値の算定（東京製鐵）

（単位：別途記載ない限り百万円）

事業価値	**31,302**
余剰現預金	36,245
余剰投資有価証券	7,418
その他の非事業用資産	2,535
企業価値	**77,500**
借入金	0
オペレーティング・リースの時価	0
過去勤務債務	7,261
優先株式	0
少数株主持分	0
事業再編引当金	0
株主価値	**70,239**
直近の発行済株式数	155,100,000 株
一株あたり価値	453 円

第 3 章

事業部別ケース
カゴメ

●本章ではカゴメを事例に、事業部門毎の価値算定の手順を紹介する。カゴメは、食品、飲料の製造を主たる事業とするメーカーである。同社を事例として取り上げたのは、投資家への情報開示に積極的で、詳細な部門別数値が入手可能だからである。本来ならば、事業部門の価値評価には各部門の詳細な内部財務データが必要であるが、ここでは、開示情報のみに基づいて、さまざまな仮定を置きながら各部門の価値評価を算定する手順を説明する。本章の手順は、より詳細な内部データによって、事業毎の価値を算出する際のヒントとなるであろう。

| STAGE 1 | STAGE 2 | STAGE 3 | STAGE 4 |

● ……………過去の業績分析【連結（全社）ベース編】

ステップ 1 財務諸表の再構成

1-1 過去の財務諸表の収集

　第3章では、カゴメ株式会社（以下、カゴメと表記）を対象に、事業セグメントごとの企業価値評価を行う。本章では、ディスクローズ・IRを積極的に行っている企業において、公表データのみで、どこまでセグメントごとの価値評価ができるかを示すことを主目的とする。

　複数の事業部門をグループに内包する企業は、事業部門評価の結果を通じて、「選択と集中」の経営判断・業績評価制度の構築などに活用しようとしている。また、株式市場における株価評価の視点からは、セグメント情報開示により各事業部門の価値が明確化されれば、コングロマリット・ディスカウントの解消に一役買うのではないか、という期待が持たれている。

　本来ならば、事業部門の価値評価を行うためには各部門の財務諸表を策定する必要があり、詳細な内部データを用いる必要があるが、ここでは、開示情報のみに基づいて各部門の財務諸表を策定し、将来予測を行い、価値を算出した。これは、カゴメが他社よりも詳細な部門別数値を開示しているために、ある程度詳細な推定が可能だからである。

　カゴメの事業内容は食品製造が主力であり、正確には複数の産業にまたがる事業部門を内包している企業とはいえないが、カゴメが開示しているビジネス・ユニットごとの情報をもとに、各ビジネス・ユニットの価値評価の方法を示すことによって、たとえば、企業内部で詳細データをもとに、部門別事業価値を算定する際の基本手順が示される。また、今後他社においても、より詳細なセグメント情報が開示されるようになれば、同様の分析が行えるようになる可能性もある。

　カゴメの部門別の価値評価は、前章までと同じステップに基づいて行う。セグメントごとの財務諸表を策定する必要がある関係上、ステップ1の「財務諸表の再構成」の分析を詳細に行う点に、本章の特徴がある。分析結果からは、カゴメの将来像についての示唆を部門別に読み取ることができる。

　カゴメの過去財務諸表分析は、2通り実施している。まず、簡単に「連結（全社）ベース編」として第2章の東京製鐵と同じように、連結財務諸表をベースに分析する。次に「事業部門ベース編」として、カゴメから事業部門別に公表されている数値をベ

ースに分析する。本章のメインは、この事業部門別の財務諸表ベースの過去分析だが、事業部門別数値の合算値が連結数値と同等であるかどうかを確認するために、「連結(全社)ベース編」もできあがった表を中心に簡単に紹介し、連結財務諸表ベースの過去分析の値についてコメントする。「事業部門ベース編」では、まず事業部門別の財務諸表の作成過程に関する説明をし、その後作成した事業部門別財務諸表をもとに行った分析結果を示している。

　企業価値を評価するにあたり、最初の作業として、過去の業績を分析する。過去の業績分析の手順は、前章と同じく、以下の7ステップであるが、応用編の趣旨に鑑み、実際には過去分析から将来の業績分析の基礎をつくるための主要ステップである、ステップ1～ステップ4の各ステップに、ステップ5～ステップ7の要素を織り込んで説明する。

　　ステップ1：財務諸表の再構成
　　ステップ2：NOPLATの算出
　　ステップ3：フリー・キャッシュフローの計算
　　ステップ4：ROICの要素分解とバリュー・ドライバーの算定
　　ステップ5：信用力と流動性の分析（本章では省略）
　　ステップ6：業績の詳細な分析（本章では省略）
　　ステップ7：過去の業績の総合評価（本章では省略）

　カゴメにおいては、1997年3月期以降の有価証券報告書を使用して、過去業績の分析を行った。これは、連結財務諸表上において、連結ベースの減価償却費総額の数値が開示された期が1997年3月期からとなっているためである。
　ステップ1-2の要約連結貸借対照表の作成は、ステップ1-4の算定用連結貸借対照表の作成において、まとめて行う。

図表3-1 ● 連結貸借対照表（カゴメ）

(単位：百万円)

	1998/3期	1999/3期	2000/3期	2001/3期	2002/3期
(資産の部)					
流動資産					
現金及び預金	2,118	1,906	2,126	7,133	1,372
受取手形及び売掛金	19,830	13,388	14,269	16,559	14,331
有価証券	12,069	7,024	8,276	5,612	17,195
棚卸資産	16,205	15,049	15,348	13,112	12,503
繰延税金資産			450	537	598
デリバティブ債権				4,430	7,257
その他	1,513	1,167	1,387	2,561	2,639
貸倒引当金	(155)	(93)	(81)	(73)	(41)
流動資産合計	**51,583**	**38,442**	**41,777**	**49,873**	**55,857**
固定資産					
有形固定資産					
建物及び構築物	19,513	20,731	22,078	23,000	23,596
減価償却累計額	(10,195)	(11,063)	(11,739)	(12,221)	(13,064)
機械及び装置	31,339	34,090	35,134	36,844	36,999
減価償却累計額	(21,472)	(24,516)	(25,829)	(27,610)	(28,229)
車両及び運搬具	1,116	1,182	1,250	1,304	
減価償却累計額	(769)	(833)	(876)	(923)	
工具器具及び備品	3,399	3,573	3,670	3,921	4,059
減価償却累計額	(2,489)	(2,701)	(2,816)	(2,994)	(3,217)
土地	7,068	7,050	7,256	7,033	7,050
建設仮勘定	467	593	256	210	1,304
有形固定資産合計	**28,011**	**27,757**	**28,012**	**28,184**	**28,498**
無形固定資産					
営業権			10	12	11
ソフトウェア			578	457	694
連結調整勘定		91	3		
商標権					
その他	43	43	42	44	43
無形固定資産合計	**43**	**134**	**635**	**514**	**749**
投資その他の資産					
投資有価証券	9,815	10,869	9,766	9,810	8,384
長期貸付金	1,049	928	822	918	1,055
長期前払費用	837	997			
繰延税金資産			76	1,541	1,250
その他	3,109	2,265	2,458	2,712	3,390
貸倒引当金	(59)	(58)	(58)	(63)	(194)
投資その他の資産合計	**14,752**	**15,002**	**13,064**	**14,919**	**13,886**
固定資産合計	**42,807**	**42,894**	**41,712**	**43,618**	**43,133**
繰延資産合計	122				
連結調整勘定	179				
為替換算調整勘定	19	388	514		
資産合計	**94,712**	**81,726**	**84,004**	**93,491**	**98,991**

(負債の部)

流動負債

支払手形及び買掛金	9,502	9,879	10,877	11,754	12,940
短期借入金	2,053	242	9	10	
一年内償還の転換社債	13,523				
未払金	5,976	5,956	7,326	7,847	7,822
未払事業税等	51				
未払法人税等	111	2,344	776	1,145	385
賞与引当金	1,529	1,509	1,583	1,603	1,620
設備関係支払手形					
繰延ヘッジ利益				4,430	7,257
その他	600	704	845	1,368	989
流動負債合計	**33,349**	**20,636**	**21,419**	**28,160**	**31,015**

固定負債

転換社債	14,541	14,541	14,541	14,541	14,541
長期借入金	669	71			
繰延税金負債			29	115	152
退職給付引当金	2,293	2,337	2,315	5,571	6,085
役員退職慰労引当金			295	286	362
連結調整勘定					
その他	190	280	445	465	468
固定負債合計	**17,693**	**17,230**	**17,626**	**20,979**	**21,609**
負債合計	**51,042**	**37,866**	**39,045**	**49,140**	**52,625**

少数株主持分

(資本の部)

資本金	4,772	4,772	4,772	4,772	4,772
資本準備金	8,520	8,520	8,520	8,520	8,520
連結剰余金	30,378	30,569	31,667	31,354	32,034
その他有価証券評価差額金				131	928
為替換算調整勘定				(427)	113
自己株式	(2)	(1)	(2)	(0)	(2)
資本合計	**43,669**	**43,860**	**44,958**	**44,351**	**46,365**
負債・資本合計	**94,713**	**81,726**	**84,004**	**93,491**	**98,991**

● 第3章　事業部別ケース

図表3-2● 連結損益計算書（カゴメ）

(単位：百万円)

	1998/3期	1999/3期	2000/3期	2001/3期	2002/3期
売上高	**112,403**	**113,361**	**126,018**	**135,221**	**142,099**
売上原価	**57,199**	**55,422**	**60,278**	**63,109**	**68,146**
売上総利益	**55,204**	**57,938**	**65,739**	**72,112**	**73,953**
販売費及び一般管理費	**50,460**	**52,583**	**60,115**	**65,955**	**67,583**
販売手数料	4,764	4,531	4,836	5,114	4,958
販売促進費	19,677	20,168	23,865	28,438	28,734
広告宣伝費	3,617	5,314	6,689	6,066	5,695
運賃・保管料	5,474	4,947	5,994	7,129	7,655
給料・賃金	5,454	5,581	5,812	6,136	6,393
貸倒引当金繰入額				11	0
賞与引当金繰入額	953	990	1,046	1,057	1,095
退職給付費用				406	536
退職給付引当金繰入額	273	184	354		
役員退職慰労引当金繰入額		—	36	37	153
連結調整勘定償却		88	88	3	0
減価償却費	1,028	1,010	1,082	1,105	1,171
その他	9,215	9,767	10,309	10,449	11,189
営業利益	**4,743**	**5,354**	**5,623**	**6,156**	**6,369**
営業外収益	**762**	**1,016**	**709**	**887**	**849**
受取利息	377	513	221	184	122
受取配当金	225	176	168	138	99
有価証券売却益	0				
持分法による投資利益		80	85	120	125
連結調整勘定償却					
為替差益				297	311
その他	160	246	234	146	189
営業外費用	**1,401**	**1,324**	**1,148**	**641**	**365**
支払利息	609	411	124	84	94
輸入雑損失				252	178
棚卸資産廃棄損	100		204		
有価証券評価損	357	346	232		
社債発行費用償却	122	122			
為替差損			331		
その他	211	445	255	304	92
経常利益	**4,105**	**5,046**	**5,184**	**6,402**	**6,853**
特別利益	**822**	**87**	**35**	**560**	**32**
貸倒引当金戻入額		66	15		27
固定資産売却益	45	20	20	95	5
投資有価証券売却益	705			38	0
退職給付制度改定特別利益					
退職給付信託設定益				425	0
転換社債買入消却差益	72				
特別損失	**2,484**	**1,118**	**1,573**	**5,794**	**4,035**
固定資産処分損	534	87	260	263	290

関係会社整理損	1,949				
退職給付会計変更時差異費用処理額				4,626	0
ゴルフ会員権評価損				101	165
適格退職年金過去勤務費用		397	343		
過年度役員退職慰労引当金繰入額			259		
創業100周年記念事業費用			428		
海外債権貸倒損			281		
棚卸資産廃棄損		633		768	638
投資有価証券評価損				34	2,903
退職給付制度改定特別損失					
投資有価証券売却損				0	38
税引前当期純利益	**2,443**	**4,015**	**3,647**	**1,168**	**2,850**
法人税、住民税及び事業税	321	2,604	2,071	2,202	1,629
法人税等調整額			(272)	(1,553)	(291)
連結調整勘定償却(減算)	88				
為替換算調整勘定(加算)					
当期純利益	**2,034**	**1,410**	**1,848**	**518**	**1,512**

| STAGE 1 | STAGE 2 | STAGE 3 | STAGE 4 |

● ·············過去の業績分析【連結（全社）ベース編】

ステップ 1　財務諸表の再構成

1-3 要約連結損益計算書の作成

　カゴメの要約連結損益計算書はすでに述べたように過去 6 期分作成したが、ここでは紙面の都合上過去 5 年間のデータを掲載する（図表3-1参照）。計算項目の中で注意を要する点は、以下のとおりである。

図表3-3●解説

1 販売費及び一般管理費

1998年 3 月期以前は、有価証券報告書上の連結損益計算書の「販売費及び一般管理費」の内訳に減価償却費が記載されていたが、1999年 3 月期以降は記載がなくなった。しかしながら、連結決算短信の注記事項に「販売費及び一般管理費」の減価償却費が記載されている（図表3-2の「減価償却費」はこの数値を記載）。ここでは、この「減価償却費」と「連結調整勘定償却」を差し引いて算出する。2002年 3 月期では、67,583 － 1,171 － 0 ＝66,412百万円となる。

2 連結調整勘定償却

1998年 3 月期以前の連結調整勘定償却は「法人税及び住民税」の下に計上されているので、販売費及び一般管理費に振り替えた。また、1999年 3 月期以降の連結調整勘定償却は販売費及び一般管理費の内訳に記載がなかったので、連結貸借対照表の連結調整勘定の減少額を連結調整勘定償却として取り扱い、「販売費及び一般管理費（除減価償却費）」から控除した。したがって、1999年 3 月期以降は、端数の誤差を除き、「販売費及び一般管理費」の合計額は、有価証券報告書の数値と一致する。連結調整勘定はのれんと同様のものと考え、連結調整勘定償却をのれんの償却と同様に取り扱うために、販売費及び一般管理費より抜き出して別立てしている。

　2002年3月期においては、 0 百万円である。

　なお、この調整を行っているために、1998年 3 月期以前については、営業利益、経常利益、税引前利益については、我々の計算した数字と、有価証券報告書上の数値（表中にはイタリック体で記載）は、一致しない。

図表3-3● 要約連結損益計算書（カゴメ）

(単位：百万円)

	1998/3期	1999/3期	2000/3期	2001/3期	2002/3期
売上高	112,403	113,361	126,018	135,221	142,099
売上原価（除減価償却費）	(53,910)	(52,524)	(57,441)	(60,357)	(65,482)
① 販売費及び一般管理費（除減価償却費）	(49,432)	(51,485)	(58,945)	(64,847)	(66,412)
② 連結調整勘定償却	(88)	(88)	(88)	(3)	0
減価償却費	(4,317)	(3,908)	(3,919)	(3,857)	(3,835)
有価証券報告書上の営業利益	*4,743*	*5,354*	*5,623*	*6,156*	*6,369*
営業利益	4,656	5,356	5,625	6,157	6,370
受取利息	377	513	221	184	122
受取配当金	225	176	168	138	99
支払利息	(609)	(411)	(124)	(84)	(94)
その他営業外利益	(632)	(586)	(704)	8	357
有価証券報告書上の経常利益	*4,105*	*5,046*	*5,184*	*6,402*	*6,853*
経常利益	4,017	5,048	5,186	6,403	6,854
特別損益	(1,662)	(1,031)	(1,538)	(5,234)	(4,003)
有価証券報告書上の税引前利益	*2,443*	*4,015*	*3,647*	*1,168*	*2,850*
税引前利益	2,355	4,017	3,648	1,169	2,851
法人税等	(321)	(2,604)	(1,799)	(649)	(1,338)
有価証券報告書上の当期利益	*2,034*	*1,410*	*1,848*	*518*	*1,512*
当期純利益	2,034	1,413	1,849	520	1,513

| STAGE 1 | STAGE 2 | STAGE 3 | STAGE 4 |

● ……………過去の業績分析【連結(全社)ベース編】

ステップ 1 財務諸表の再構成

1-4 算定用連結貸借対照表の作成

　ステップ1-4では、ステップ1-1の連結貸借対照表(図表3-1)をもとに算定用連結貸借対照表を作成する。各期の数値は図表3-4を参照されたい。以下では、注意を要する項目のみコメントする。

図表3-4●解説

1 営業用現金

「売上高」に2％を掛けて算出された金額を営業用現金とした。ただし、その金額が連結貸借対照表上の「現金及び預金」の金額を上回る場合には、連結貸借対照表(図表3-1)上の「現金及び預金」の金額を営業用現金とした。2002年3月期においては、売上高の2％の金額(2,842百万円)の方が、貸借対照表上の「現金及び預金」1,372百万円を上回るので、全額を計上している。

2 流動資産計

計算用の連結貸借対照表を作成するにあたり、有価証券や繰延税金資産の流動・固定の区分は意味を持たないので、流動資産に計上されている「有価証券」と「繰延税金資産」については、固定資産に計上されているものと合算して扱っている。

3 無形固定資産

「ソフトウエア」、「商標権」、「無形固定資産　その他」の項目を合算した無形固定資産のうち(「営業権」、「連結調整勘定」は 4 で別計算)。
なお、ソフトウエアは、2000年3月期より無形固定資産として計上されるように変更された。1999年3月期までは「投資その他の資産」の長期前払費用やその他に計上されていた。1999年3月期までのソフトウエアの金額がわかるのであれば組み替えるべきであるが、カゴメの場合わからないので、組み替えていない。2002年3月期においては、694＋0＋43＝737百万円となる。

4 営業権・連結調整勘定

「営業権」と「連結調整勘定」の項目を合算した。

図表3-4◉　　　　算定用連結貸借対照表（カゴメ）

(単位：百万円)

	1998/3期	1999/3期	2000/3期	2001/3期	2002/3期
現金及び預金	0	0	0	4,429	0
1 営業用現金	2,118	1,906	2,126	2,704	1,372
棚卸資産	16,205	15,049	15,348	13,112	12,503
受取手形・売掛金	19,675	13,295	14,188	16,486	14,290
その他の流動資産	1,513	1,167	1,387	6,991	9,896
2 **流動資産計**	**39,511**	**31,417**	**33,049**	**43,722**	**38,061**
総有形固定資産	63,090	66,037	68,394	71,008	73,008
減価償却累計額	(35,079)	(38,280)	(40,384)	(42,825)	(44,510)
有形固定資産計	28,011	27,757	28,010	28,183	28,498
3 無形固定資産	43	43	620	501	737
4 営業権・連結調整勘定	179	91	13	12	11
繰延税金資産（流動分も含む）	0	0	526	2,078	1,848
有価証券・投資有価証券	21,884	17,893	18,042	15,422	25,579
その他固定資産	4,936	4,132	3,222	3,567	4,251
固定資産計	**55,053**	**49,916**	**50,433**	**49,763**	**60,924**
繰延資産合計	122	0	0	0	0
資産合計	**94,686**	**81,333**	**83,482**	**93,485**	**98,985**
支払手形及び買掛金	9,502	9,879	10,877	11,754	12,940
短期借入金・転換社債	15,576	242	9	10	0
その他の流動負債	8,267	10,513	10,530	16,393	18,073
流動負債計	**33,345**	**20,634**	**21,416**	**28,157**	**31,013**
長期借入金・転換社債	15,210	14,612	14,541	14,541	14,541
長期引当金	0	0	295	286	362
退職給付債務	2,293	2,337	2,315	5,571	6,085
その他の固定負債	189	278	443	465	467
繰延税金負債	0	0	29	115	152
固定負債	**17,692**	**17,227**	**17,623**	**20,978**	**21,607**
負債合計	**51,037**	**37,861**	**39,039**	**49,135**	**52,620**
資本金	4,772	4,772	4,772	4,772	4,772
資本準備金	8,520	8,520	8,520	8,520	8,520
5 連結剰余金	30,378	30,569	31,667	31,354	32,034
その他有価証券評価差額金	0	0	0	131	928
6 為替換算調整勘定	(19)	(388)	(514)	(427)	113
自己株式	(2)	(1)	(2)	(0)	(2)
資本合計	**43,649**	**43,472**	**44,443**	**44,350**	**46,365**
負債・資本合計	**94,686**	**81,333**	**83,482**	**93,485**	**98,985**
バランスチェック	0	0	0	0	0

第3章　事業部別ケース

連結調整勘定は1996年から1998年までは、繰延資産の次に独立掲記されていたが、1999年3月期から無形固定資産の内訳科目として表示されるようになった。そのため、従来の連結調整勘定を無形固定資産に振り替えている。また、カゴメは営業権も有しているので、営業権と連結調整勘定を合算した。2002年3月期においては、11＋0＝11百万円となる。

5 連結剰余金

1998年3月期までは連結剰余金は、利益準備金とその他の剰余金とに分かれて表示されていた。1999年3月期より利益準備金をその他の剰余金に含め、連結剰余金として表示されることとなった。そのため、図表3-1も含め1998年3月期までの利益準備金をその他の剰余金と合算して連結剰余金としている。

6 為替換算調整勘定

為替換算調整勘定は、1999年10月の外貨建取引等会計処理基準の改正により、2001年3月期から資本の部に計上されることとなった。そのため、従来、資産の部（あるいは負債の部）に独立に表示されていた為替換算調整勘定を資本の部に振り替えている。

| STAGE 1 | STAGE 2 | STAGE 3 | STAGE 4 |

● ……………過去の業績分析【連結（全社）ベース編】

ステップ 1 財務諸表の再構成

1-5 投下資産の計算

　ステップ1-5では、ステップ1-4で作成した算定用貸借対照表を中心に、一部ステップ1-1の貸借対照表（図表3-1）を併用しながら事業に投下している資産を計算する（図表3-5参照）。

図表3-5●解説

〔資産側〕

1 正味その他営業資産

算定用連結貸借対照表（図表3-4）上の「無形固定資産」と貸借対照表（図表3-1）の「長期前払費用」の項目を合算した。

長期前払費用には2000年3月期より無形固定資産に計上されるように変更されたソフトウエアが含まれていたと思われることから、これを正味その他営業資産に含めることとした。それ以外の投資その他の資産に含まれる項目は営業資産に該当しないと考えられるため、ここには含めていない。なお、その他の営業負債にあたるものがないと思われるためそれは考慮していない。2002年3月期においては、737＋0＝737百万円となる。

2 余剰投資有価証券

算定用連結貸借対照表上の「有価証券・投資有価証券」の項目から「その他有価証券評価差額金」と「繰延税金資産・負債（資本の部に計上された有価証券評価差額金にかかるもののみ）」の項目を差し引いて算出した。

「有価証券・投資有価証券」のうち「その他有価証券」は時価評価され、「有価証券」および「投資有価証券」は含み損益相当額だけ増加ないし減少されている。含み損益部分は税効果考慮後の金額で「その他有価証券評価差額金」として資本の部に計上され、税効果相当額は「繰延税金資産」あるいは「繰延税金負債」として処理される。投下資産総額からこうした部分を除くために上記のような計算が必要となる。有価証券評価差額金に対応した「繰延税金資産」あるいは「繰延税金負債」の金額は、税効

図表3-5 ●　　　　　投下資産の計算（カゴメ）

（単位：百万円）

〔資産側〕	1998/3期	1999/3期	2000/3期	2001/3期	2002/3期
営業流動資産	39,511	31,417	33,049	39,293	38,061
営業流動負債	(17,769)	(20,392)	(21,407)	(28,147)	(31,013)
営業運転資金	21,742	11,025	11,642	11,146	7,048
有形固定資産	28,011	27,757	28,010	28,183	28,498
❶ 正味その他営業資産	880	1,040	620	501	737
営業投下資産（連結調整勘定除く）	50,633	39,822	40,272	39,830	36,283
営業権・連結調整勘定	179	91	13	12	11
営業投下資産（連結調整勘定含む）	50,821	39,913	40,285	39,842	36,294
余剰現預金	0	0	0	4,429	0
❷ 余剰投資有価証券	21,884	17,893	18,042	15,196	23,989
その他固定資産・繰延資産	4,221	3,135	3,222	3,567	4,251
その他固定負債	(189)	(278)	(443)	(465)	(467)
投下資産総額	**76,728**	**60,663**	**61,106**	**62,569**	**64,067**
〔負債側〕					
❸ 普通株式・優先株式合計	43,649	43,472	44,443	44,350	46,365
有価証券評価差額金	0	0	0	(131)	(928)
❹ 繰延税金資産・負債	0	0	(497)	(2,058)	(2,358)
未払配当金					
継続的引当金	0	0	295	286	362
調整後資本	43,649	43,472	44,241	42,447	43,441
借入金	30,786	14,854	14,550	14,551	14,541
退職給付債務	2,293	2,337	2,315	5,571	6,085
投下資産総額	**76,728**	**60,663**	**61,106**	**62,569**	**64,067**
バランスチェック	0	0	0	0	0

果会計関係の注記事項より入手でき、2002年3月期については662百万円である（ただし、貸借対照表（図表3-1）では詳細記載していない）。したがって、2002年3月期については、25,579－928－662＝23,989百万円となる。

〔負債側〕
❸ 有価証券評価差額金
算定用連結貸借対照表上の「その他有価証券評価差額金」額で、2002年3月期は928百万円である（減算項目のためマイナスで表記）。

❷の「余剰投資有価証券」を算出する際に、「有価証券評価差額金」を差し引いているので、資本合計に含まれている有価証券評価差額金を控除する。

❹ 繰延税金資産・負債

「繰延税金資産」の項目から「繰延税金負債」と❷で前述した「繰延税金資産・負債（有価証券評価差額金にかかるもの）」を差し引いて算出した。

繰延税金資産・負債を相殺した後は、正味で繰延税金資産となっているが、これは本来株主に帰属する資金を納税資金として使ってしまったものであるから、準資本勘定のマイナスとして扱うためにここで集計する。

2002年3月期については、1,848－152－（△662）＝2,358百万円となる（減算項目のためマイナスで表記）。

| STAGE 1 | STAGE 2 | STAGE 3 | STAGE 4 |

◉············ 過去の業績分析【連結（全社）ベース編】

ステップ
2 NOPLATの算出

　ステップ2では、ステップ1で再構成した財務諸表（主として要約連結損益計算書：図表3-3）を用いて、NOPLAT（Net Operating Profits Less Adjusted Taxes）を算出する。その結果は図表3-6に示されているが、そのなかで計算方法がわかりにくいと思われるものについて、以下解説する。

図表3-6●解説

〔売上高からの算出〕
■ 損益計算書上のEBITA
要約連結損益計算書を作成する際に、「販売費及び一般管理費」から「連結調整勘定償却」を控除していることから、要約連結損益計算書上の「営業利益」と図表3-6の「損益計算上のEBITA」とは連結調整勘定償却の金額だけ合わないことになる。
■ 役員退職慰労引当金の増加
連結貸借対照表（図表3-1）の当年度の「役員退職慰労引当金」から前年度の「役員退職慰労引当金」を差し引いて算出した。2002年3月期においては、362−286＝76百万円となる。
ここは、継続的引当金の調整をする箇所である。退職給付引当金はフリー・キャッシュフローの分析において財務キャッシュフローとして取り扱われるものなので、役員退職慰労引当金のみをここでの調整項目とした。なお、賞与引当金は未払債務としての性質が強いことから継続的引当金としては扱っていないため、ここでの調整項目にもなっていない。
■ EBITAに対する税金
要約連結損益計算書の「法人税等」から、EBITAの計算に含まれていない項目に対して限界税率（同社の追加的収入に対して適用されるであろう実効税率を適用）を乗じたものを加減算して、EBITAに対する税金を算出したものである。なお、カゴメについては、以下限界税率として41.6％を用いる（第1章参照）。

図表3-6● NOPLATの算定（カゴメ）

(単位：百万円)

	1998/3期	1999/3期	2000/3期	2001/3期	2002/3期
[売上高からの算出]					
売上高	112,403	113,361	126,018	135,221	142,099
売上原価	(53,910)	(52,524)	(57,441)	(60,357)	(65,482)
販売費及び一般管理費	(49,432)	(51,485)	(58,945)	(64,847)	(66,412)
減価償却費	(4,317)	(3,908)	(3,919)	(3,857)	(3,835)
① 損益計算書上のEBITA	4,744	5,444	5,713	6,160	6,370
過去勤務債務に関する調整	0	0	0	724	764
② 役員退職慰労引当金の増加	0	0	295	(9)	76
調整後EBITA	4,744	5,444	6,008	6,875	7,210
③ EBITAに対する税金	(1,278)	(3,194)	(2,657)	(2,774)	(2,854)
④ 役員賞与	(45)	(30)	(59)	(59)	(60)
⑤ 繰延税金の増減	0	0	(272)	(1,553)	(291)
NOPLAT	**3,421**	**2,220**	**3,020**	**2,489**	**4,005**
EBITAに対する税金					
法人税等	321	2,604	1,799	649	1,338
支払利息による節税額	253	171	52	35	39
⑥ 過去勤務債務利息による節税額	0	0	0	0	0
受取利息に対する税金	(157)	(213)	(92)	(77)	(51)
⑦ 受取配当金に対する税金	(94)	(73)	(70)	(57)	(41)
⑧ その他営業外損益に対する税金	263	277	328	47	(97)
⑨ 特別損益に対する税金	691	429	640	2,177	1,665
EBITAに対する税金	1,278	3,194	2,657	2,774	2,854
[当期利益からの算出]					
当期利益	2,034	1,413	1,849	520	1,513
役員賞与	(45)	(30)	(59)	(59)	(60)
繰延税金負債の増加	0	0	(272)	(1,553)	(291)
連結調整勘定の償却	88	88	88	3	0
⑩ 役員退職慰労引当金の増加	0	0	295	9	76
⑪ 税引後その他営業外損益	369	389	461	65	(135)
⑫ 持分法による投資損益	0	(80)	(85)	(120)	(125)
税引後特別損益	971	602	898	3,057	2,338
調整後当期利益	3,417	2,382	3,175	1,904	3,315
税引後支払利息	356	240	72	49	55
⑬ 過去勤務債務に対する支払利息	0	0	0	724	764
投資家に分配可能な総利益	3,772	2,622	3,247	2,677	4,134
税引後受取配当金	(131)	(103)	(98)	(81)	(58)
税引後受取利息	(220)	(300)	(129)	(107)	(71)
NOPLAT	**3,421**	**2,220**	**3,020**	**2,489**	**4,005**
バランスチェック	0	0	0	0	0

●第3章 事業部別ケース

4 役員賞与

わが国において役員賞与は利益処分項目として取り扱われているが、実質的にはシニア・マネジメントの報酬であるため、費用として取り扱うためにNOPLATの算出過程において考慮している。役員賞与は費用として処理しても節税効果はないためEBITAに対する税金を考慮した後に計上している。なお、役員賞与は、連結剰余金計算書（本章に掲載せず）より取得した。

5 繰延税金の増減

EBITAに対する税金には法人税等調整額が含まれており、これは当期に支払われた税金とは関係ないものである。法人税等を現金支払いベースにするためにこの法人税等調整額を控除する必要がある。繰延税金資産・負債のなかに有価証券評価差額金にかかる繰延税金資産・負債が含まれている場合に、繰延税金資産・負債の増減を計算した場合にはその金額は法人税等調整額の数字とは合致しなくなる。他の税効果項目と異なり、有価証券評価差額金にかかる税効果部分は法人税等調整額の増減とはならず、有価証券（投資有価証券）を増減させるからである。したがって、ここでは連結損益計算書の「法人税等調整額」を利用する[注]。2002年3月期は、－291百万円である。

6 過去勤務債務利息による節税額

この項目は、退職給付費用に含まれる利息費用を支払利息と同様に取り扱うためにNOPLATから利息費用を差し引き、それに対する節税額をEBITAに対する税金の算出において考慮するためのものであるが、わが国において退職給付費用には当期の税額に対する節税効果はないためここでの金額は0になる。

7 受取利息配当金に対する税金

＝「受取配当金」×限界税率41.6％

要約連結損益計算書の「受取配当金」の項目に限界税率41.6％を掛けて算出した。
受取配当金には益金不算入の制度があるが、連結子会社や持分法適用会社からの配当金については相殺されており、そもそも問題とはならない。それ以外の株式等からの

【注】法人税等調整額を差し引くことで、法人税等を現金支払いベースにするということは、連結損益計算書の「法人税、住民税及び事業税」の金額が、現金支払いベースであるということになる。しかし厳密には、これは当期の中間納付した金額（現金支払いベース）と年間の税額から中間納付額を差し引いた未払税金分の合計であるので、現金支払いベースではない。当期法人税等の現金支払いベースの金額とは、前期の未払税金の納付分と当期の中間納付分が正しい。しかしながら、このように取り扱う場合にはNOPLATの計算が煩雑になり、売上高と当期利益からそれぞれ算出して検証することも困難になると考えられるので、連結損益計算書の「法人税、住民税及び事業税」の金額が、現金支払いベースになるものと想定する。

受取配当金については部分的に益金不算入とされているが、受取配当金の金額に重要性が低く、少額であり、計算を複雑にするだけなので、益金不算入とされるものはないものとした。2002年3月期においては、99×41.6％＝41百万円となる。

8 その他営業外損益に対する税金
＝（要約連結損益計算書の「その他営業外利益」－損益計算書の「持分法による投資利益」）×限界税率41.6％

法人税等は、その他営業外損益が加減された利益に対するものであるから、EBITAに対する税金を求めるために、その他営業外損益による税額を法人税等から加減算することになる。なお、持分法による投資利益は、持分法適用会社の税引後利益に対する親会社の持分割合の利益であるから、すでに課税された後のものであり、これに対して税金はかからない。そのため、その他営業外損益から控除する必要がある。2002年3月期には、（357－125）×41.6％＝97百万円となる。

9 特別損益に対する税金
＝「特別損益」×限界税率41.6％

上記の法人税等は特別損益が加減された利益に対するものであるから、特別損益が加減算されていないEBITAに対する税金を求めるために特別損益による税額を法人税等から加減算することになる。2002年3月期には、－4,003×41.6％＝－1,665百万円となる。税金の削減になるため、表中ではプラス表記されている。

〔当期利益からの算出〕

10 役員退職慰労引当金の増加
役員退職慰労引当金の増減額は、現金支出を伴わない費用であるため当期利益に加減算する。

11 税引後その他営業外損益
＝（「その他営業外利益」－損益計算書の「持分法による投資利益」）×（1－限界税率41.6％）

当期利益には税引後のその他営業外損益が含まれているために、それを差し引くためのものである。2002年3月期には、（357－125）×（1－41.6％）＝135百万円となる（図表中ではマイナス表記）。

12 持分法による投資損益
当期利益には持分法当期利益が含まれているために、それを差し引くためのものである。損益計算書（図表3-2）の「持分法による投資利益」をそのまま用いるが、マイナス表記となる。

13 過去勤務債務に対する支払利息

退職給付費用に含まれる利息費用である。本来税引後ベースで計上するが、日本においては退職給付費用に当期の税額に対する節税効果がないため、「過去勤務債務に関する調整」と同額になる。

STAGE 1 > STAGE 2 > STAGE 3 > STAGE 4

● ………… 過去の業績分析【連結(全社)ベース編】

ステップ 3 フリー・キャッシュフローの計算

　ステップ3では、連結ベースのフリー・キャッシュフローを算出する。その結果は図表3-7に示されているが、以下注意すべき点を説明する。

図表3-7 ● 解説

〔NOPLATからの算出〕

❶ 設備投資
＝投下資産の当期の「有形固定資産」残高－投下資産の前期の「有形固定資産」残高＋「減価償却費」

厳密には、有形固定資産の除却や売却に伴う帳簿価額の減少部分を考慮して設備投資額を算定すべきだが、売却に伴う簿価の減少部分はキャッシュフロー計算書のない期間においては判明しない。これらを勘案することによりワークシートが必要以上に複雑になることから省略する。2002年3月期については、28,498－28,183＋3,835＝4,150百万円（キャッシュフロー減少要因なのでマイナス表記）。

❷ その他資産の増加
＝投下資産の当期の「正味その他営業資産」－投下資産の前期の「正味その他営業資産」

投下資産の「正味その他営業資産」は、カゴメの場合は「無形固定資産」と等しくなるため、ここでは、「無形固定資産」への投資分をキャッシュフローからマイナスすることになる。2002年3月期については、737－501＝236百万円（キャッシュフロー減少要因なのでマイナス表記）。

❸ のれん代への投資
いずれも営業権しかなく、その償却費は連結調整勘定償却以外のその他の科目で処理されているので、投資の減少というおかしな数字になっている。

2002年3月期については、11－12＝－1百万円となる。この項目は、フリー・キャッシュフロー算出上は減算項目のため、計算結果がプラス（マイナス）の場合、表中で

● 第3章　事業部別ケース

図表3-7 ● フリー・キャッシュフローの計算（カゴメ）

(単位：百万円)

	1998/3期	1999/3期	2000/3期	2001/3期	2002/3期
営業キャッシュフロー					
NOPLAT	3,421	2,220	3,020	2,489	4,005
減価償却費	4,317	3,908	3,919	3,857	3,835
グロス・キャッシュフロー	7,738	6,128	6,939	6,346	7,840
運転資金の増加	(3,165)	10,717	(617)	496	4,098
1 設備投資	(966)	(3,654)	(4,172)	(4,030)	(4,150)
2 その他資産の増加	1	(160)	420	119	(236)
総投資	(4,130)	6,903	(4,369)	(3,415)	(288)
のれん代加算前フリー・キャッシュフロー	3,608	13,031	2,570	2,931	7,553
3 のれん代への投資	(15)	0	(10)	(2)	1
フリー・キャッシュフロー	**3,593**	**13,031**	**2,560**	**2,929**	**7,554**
4 営業外キャッシュフロー	(531)	(105)	(1,322)	(3,238)	(2,219)
税引後受取利息	220	300	129	107	71
税引後受取配当金	131	103	98	81	58
5 余剰現金の減少（増加）	0	0	0	(4,429)	4,429
6 余剰投資有価証券の減少（増加）	415	3,991	(149)	2,846	(8,793)
投資家に分配可能なキャッシュフロー	**3,829**	**17,319**	**1,316**	**(1,704)**	**1,099**
財務キャッシュフロー					
税引後支払利息	356	240	72	49	55
過去勤務債務に対する支払利息	0	0	0	724	764
借入金の減少（増加）	2,761	15,932	304	1	10
過去勤務債務の減少（増加）	(77)	(44)	22	(3,256)	(514)
少数株主持分	0	0	0	0	0
配当	780	780	926	772	772
7 剰余金変動額減少（増加）	6	(333)	0	0	0
自己株式償却	0	743	0	0	0
BS自己株式増減額	2	(1)	1	(2)	2
8 その他剰余金変動額	1	2	(9)	10	10
法人税等調整額差額	0	0	(11)	8	9
アンバランス修正	1	2	2	2	1
財務キャッシュフロー	**3,829**	**17,319**	**1,316**	**(1,704)**	**1,099**
バランスチェック	0	0	0	0	0

はマイナス（プラス）表記される。

4 営業外キャッシュフロー

＝NOPLATの表（図表3-6）の「税引後その他営業外損益」＋「税引後特別損益」＋「持分法による投資損益」－投下資産計算（図表3-5）の「その他固定資産、繰延資産の増減（増加はマイナス）」＋「その他固定負債の増減」＋算定用貸借対照表（図表3-4）の「為替換算調整勘定の増減」

2002年3月期については、135＋△2,338＋125－（4,251－3,567）＋（467－465）＋（113－△427）＝△2,220百万円（端数調整後の数字△2,219百万円で表中には記載）。

「為替換算調整勘定の増減」は、算定用連結貸借対照表の当年度「為替換算調整勘定」－同前年度「為替換算調整勘定」である。増加はキャッシュフローにマイナスの影響を与えるので、増加分の金額は営業外キャッシュフローの算定においてマイナス項目とされる。

「為替換算調整勘定」は、主として在外子会社の財務諸表換算により発生するものである。「資産負債勘定」は期末日レートで、資本勘定は取得日レートで換算される。損益は平均レートで換算されることから、その累積である剰余金は過去の平均レートの累計になる。

このようにそれぞれの換算レートが異なるため、円換算後の在外子会社の貸借対照表には貸借差額が発生することになる。この貸借差額総額を為替換算調整勘定として計上し、貸借対照表をバランスさせる。子会社への投資後、円高になれば資本勘定に比して資産負債勘定が小さくなるため、為替換算調整勘定は借方残高になり（資本勘定のマイナス）、円安になればその逆となるため、為替換算調整勘定は貸方残高になる（資本勘定のプラス）。借方残高である為替換算調整勘定が増加するということは円高が進むことであるから、キャッシュフローはマイナスということになる。

5 余剰現金の減少（増加）

＝投下資産計算の当期の「余剰現預金」－前期の「余剰現預金」。

2002年3月期には、0－4,429＝－4,429百万円となる。

この数値は余剰現金が減少したことを示しているが、余剰現金の減少は、投資家に分配可能なキャッシュフローを算出する過程では、キャッシュフローにプラスの影響を与えるため、表中では、プラス表記されている。

6 余剰投資有価証券の減少（増加）

＝投下資産計算の当期の「余剰投資有価証券」－前期の「余剰投資有価証券」。

2002年3月期には、23,989－15,196＝8,793百万円となる。

余剰投資有価証券の増加は、キャッシュフローにマイナスの影響を与えるため、表中ではマイナス表記されている。

なお、投下資産のところでも述べているが、余剰投資有価証券の残高の算出にあたって、「有価証券評価差額金」およびそれにかかる「繰延税金資産・負債」を控除している。

〔財務キャッシュフローの算出〕
7 剰余金変動額
連結剰余金計算書（本章には記載せず）の項目から以下のように算出する。
=「連結子会社増加に伴う剰余金減少高」－「持分法適用会社の増加に伴う剰余金増加高」2002年3月期には、0－0＝0百万円である。
連結子会社や持分法適用会社が増加すると、それに伴って連結剰余金が増加する。連結損益計算書を通らずに連結剰余金が増減したものであるため、それを連結剰余金計算書により調整したものである。NOPLATを出発点としてフリー・キャッシュフローを算出しているため、このような連結損益計算書を通っていない剰余金の増減項目を財務キャッシュフローに含めなければ、投資家に分配可能なキャッシュフローと財務キャッシュフローが一致しない。

8 その他剰余金変動額
ここでは、投資家に分配可能なキャッシュフローと財務キャッシュフローを合わせるための調整をしている。

まず、連結損益計算書上の「法人税等調整額」と「有価証券評価差額金」にかかる繰延税金資産・負債を控除した後の「繰延税金資産・負債」の増減額の差額を調整項目としている。2002年3月期を例にとって説明すると以下のようになる。

2002年3月期の算定用連結貸借対照表上の「繰延税金資産・負債」の差額は1,848－152＝1,696百万円（資産サイド）である。これに含まれる有価証券評価差額金にかかる「繰延税金資産・負債」は662百万円（ステップ1-5の **2** 参照）（負債サイド）である。よって、有価証券評価差額金にかかる「繰延税金資産・負債」を除いた「繰延税金資産・負債」は1696－（－662）＝2,358百万円（資産サイド）ということになる。同様に、2001年3月期の「繰延税金資産・負債」の金額は1,963百万円（資産サイド）である。これに含まれる有価証券評価差額金にかかる「繰延税金資産・負債」は95百万円（負債サイド）である。よって、有価証券評価差額金にかかる「繰延税金資産・負債」を除いた「繰延税金資産・負債」は2,058百万円（資産サイド）ということになる。この2,358百万円と2,058百万円との差額300百万円が連結損益計算書の「法人税等調整額」と一致するはずであるが、実際の数値は291百万円である。本来であれば、この差額（9百万円）の原因を究明すべきであろうが、そのために必要な資料を対外資料から得ることはできない。この差額分は必ず投資家への分配可能なキャッシュフローと財務

キャッシュフローの不一致要因となるため、調整項目の1つとした。
　上記の調整をした後の財務キャッシュフローの合計を算出し、投資家への分配可能なキャッシュフローとの差額を計算すると1あるいは2となるので、これは四捨五入等に伴うアンバランスとして、それをここでの調整項目として、投資家への分配可能なキャッシュフローと財務キャッシュフローをバランスさせている。

STAGE 1 > STAGE 2 > STAGE 3 > STAGE 4

●……………過去の業績分析【連結（全社）ベース編】

ステップ4 ROICの要素分解とバリュー・ドライバーの算定

　カゴメのROICの要因分解と、それを樹形図化したROICツリーは2002年3月期について、下記のようになる（図表3-8）。なお、本章のような部門ごとの価値評価のケースでは、部門ごとのROICの要素分析のほうが重要であるため、ここではROICツリーを示すにとどめる。

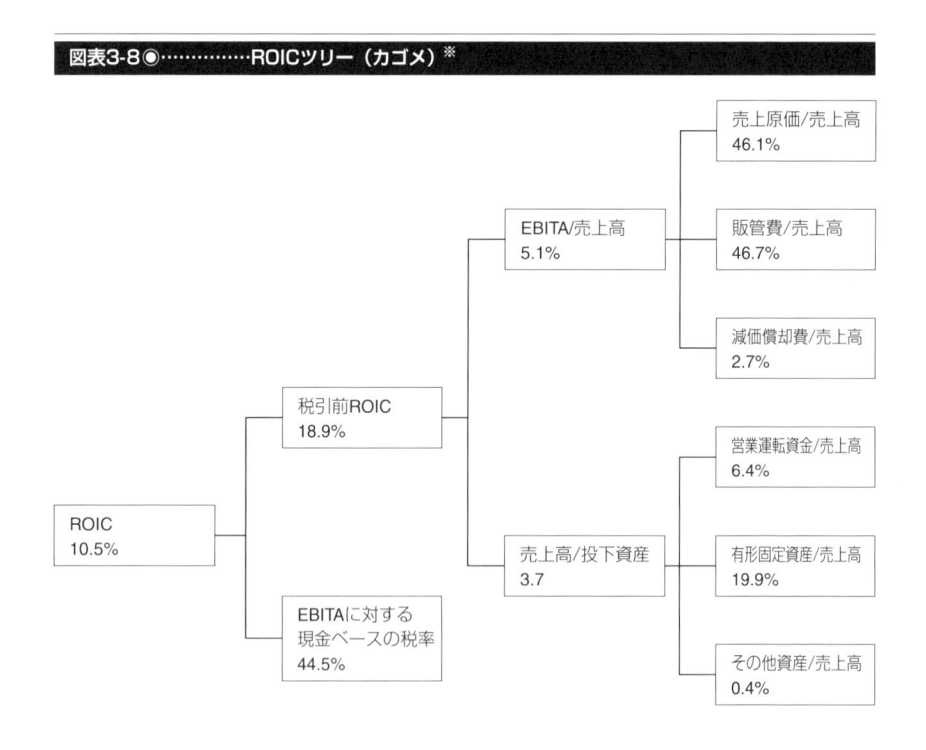

図表3-8●……………ROICツリー（カゴメ）※

```
ROIC          税引前ROIC         EBITA/売上高      売上原価/売上高
10.5%         18.9%              5.1%              46.1%
                                                   販管費/売上高
                                                   46.7%
                                                   減価償却費/売上高
                                                   2.7%
              EBITAに対する       売上高/投下資産    営業運転資金/売上高
              現金ベースの税率    3.7               6.4%
              44.5%                                有形固定資産/売上高
                                                   19.9%
                                                   その他資産/売上高
                                                   0.4%
```

※資本の平均値を使用

STAGE 1 ▶ STAGE 2 ▶ STAGE 3 ▶ STAGE 4

● ……… 過去の業績分析【事業部門ベース編】

ステップ 1 財務諸表の再構成

1-1 過去の財務諸表の収集

　本編では、いよいよカゴメの事業部門別に財務諸表の再構成を行い、それに基づいて各事業部門の業績の特徴を分析する。

　カゴメが同社の対外資料で定義している事業部門の分類と子会社の事業内容は図表3-9のとおりである。本分析上は飲料部門と食品部門は独立して扱うが、業務用ビジネス・ユニットとその他ビジネス・ユニットを合算して「その他ビジネス・ユニット」とする。また、開示データには、配賦不能コストが存在するため、「本社・間接部門」を設定して、部門が負担できないコストや研究開発コストを負担させることにした。子会社の事業は、親会社への依存度が高いため、独立して存在しえるか否かは疑わしいが、不動産・外食等、外部取引も一部存在している。子会社の事業については、実態が把握できないため、「子会社部門」として一括で評価することにする。また、後述するように、親会社と子会社との間で、売上高・有形固定資産を再配分するための調整を行っている。

　カゴメは、ビジネス・ユニット別に「売上高」「限界利益」「貢献利益」のデータを公表している。各ビジネス・ユニットの損益計算書はこの開示データをベースとして構築するが、一部修正を加えている。また、各ビジネス・ユニットの貸借対照表は存在しないため、可能な範囲で合理的理由に基づいて貸借対照表を切り分けた。

　ステップ1では、カゴメの財務諸表を事業部門（カゴメではビジネス・ユニットと称している）別に分割する。ここでも作業手順をさらに細かく分けていくが、注目すべきは、部門別の要約貸借対照表（ステップ1-2）や要約損益計算書の作成（ステップ1-3）という作業である。企業全体を分析する場合においては、有価証券報告書にしたがってデータを要約していく作業が中心だったのに対し、事業部門別の貸借対照表や損益計算書の作成においては、評価者がさまざまな仮定を置いて諸項目を、各事業部門に割り振らなければならない。

　本章では、以下に詳細に述べるように、さまざまな仮定に基づき部門別の要約貸借対照表や要約損益計算書に資産、負債、経費などを割り当てて作成している。そして、

図表3-9●　　　　　　　　カゴメの事業部門分類

開示情報上の部門定義			本分析上の部門定義	
親会社	飲料ビジネス・ユニット		→	飲料ビジネス・ユニット
	食品ビジネス・ユニット		→	食品ビジネス・ユニット
	業務用ビジネス・ユニット			その他ビジネス・ユニット
	その他ビジネス・ユニット計			
	生鮮野菜ビジネス・ユニット			
	通販ビジネス・ユニット			
	その他ビジネス・ユニット			
	（配賦不能コスト）		→	本社・間接部門
子会社	カゴメ不動産	不動産管理業務		子会社部門
	カゴメ物流サービス	物流		
	KAGOME.INC	原材料販売		
	東京職域販売	自販機による飲料販売		
	名古屋サービス	自販機による飲料販売		
	サウンドフーズ	外食		

　読み進むにつれて、カゴメのように情報開示に積極的な企業であっても、公表データだけから外部者が部門ごとの価値評価を行おうとすれば、そこには主観的判断が不可欠であり、限界があることも明らかになる。本章で紹介するのは、外部者による評価対象企業に対する1つの見方にすぎないが、その前提をより現実的なものに近づけられれば、評価結果の正確性も増す。会社の内部で同様の作業をする際には、より詳細な部門別のデータが入手できることから、より適格な価値評価が可能になることは、いうまでもない。

　なお、「過去の財務諸表の収集」は【連結（全社）ベース編】と重複するので説明は省略する。

| STAGE 1 | STAGE 2 | STAGE 3 | STAGE 4 |

●⋯⋯⋯⋯過去の業績分析【事業部門ベース編】

ステップ 1 財務諸表の再構成

1-2 要約貸借対照表の作成

　この作業は、部門別の事業価値を評価する場合において、最も手間がかかる部分である。公表されている財務諸表に部門別の貸借対照表は存在しない。また仮に社内資料を使って内部的に価値評価をする場合であっても、部門別の損益計算書は存在しても、貸借対照表までは作成していない企業も少なくないからである。以下では、項目別に項目名の横に我々がその項目を推定するのに使った考え方を示す。具体的には、以下の3つである。

- カゴメが公表している項目から直接計算する場合（「A」と表記する）、
- ある程度他の数値から合理的に推定できると思われる場合（「B」と表記する）、
- 直接推定できる関連項目がないため、便宜上売上等に比例して部門ごとに配賦する場合（「C」と表記する）、

この3つの考え方を組み合わせながら作成している。なお、【事業部門ベース編】では、この貸借対照表自体が【連結（全社）ベース編】に比べ簡略なものとなるので、ステップ1-4の算定用連結貸借対照表の作成は省略する。以下、ビジネス・ユニットは「BU」と略す。

図表3-10●解説

〔貸借対照表：資産項目〕
1 営業用現金（B）
そもそも営業用現金とは、投下資産をより正確に推定するため現金を営業用現金と余剰現金に区分したもので、その数値は公表情報ではわからない。会社全体でみると、経験則・業界の事情等から売上の2％程度が妥当な金額と推定しているため、BU別営業用現金も売上の関数とすることが妥当と考え、BU別売上構成比にて分類している。なお、子会社に関しては上記によらず連結と単独の差額としている（以下の項目

図表3-10● 部門別要約貸借対照表（カゴメ）

(単位：百万円)

飲料BU	2000/3期	2001/3期	2002/3期
営業用現金	694	1,531	582
棚卸資産	5,371	4,723	4,387
受取手形・売掛金	7,964	9,530	8,384
その他流動資産（除く有価証券・現預金と上記項目）	613	3,937	5,813
有形固定資産	10,214	10,266	10,002
無形固定資産	346	283	433
買入債務	5,274	6,535	7,475
その他流動負債（除：買入債務と短期有利子負債）	4,895	7,823	9,750
役員退職慰労引当金	0	0	0

食品BU	2000/3期	2001/3期	2002/3期
営業用現金	333	649	230
棚卸資産	3,301	2,169	2,425
受取手形・売掛金	3,819	4,036	3,306
その他流動資産（除く有価証券・現預金と上記項目）	294	1,667	2,293
有形固定資産	3,758	4,214	4,523
無形固定資産	166	120	171
買入債務	2,694	2,940	3,058
その他流動負債（除：買入債務と短期有利子負債）	2,347	3,313	3,845
役員退職慰労引当金	0	0	0

その他BU合計	2000/3期	2001/3期	2002/3期
営業用現金	177	376	147
棚卸資産	5,050	4,360	3,780
受取手形・売掛金	2,031	2,340	2,117
その他流動資産（除く有価証券・現預金と上記項目）	156	967	1,468
有形固定資産	2,409	2,498	2,630
無形固定資産	89	71	111
買入債務	1,385	1,525	1,720
その他流動負債（除：買入債務と短期有利子負債）	1,248	1,921	2,462
役員退職慰労引当金	0	0	0

本社・間接部門	2000/3期	2001/3期	2002/3期
営業用現金	0	0	0
棚卸資産	0	0	0
受取手形・売掛金	0	0	0
その他流動資産（除く有価証券・現預金と上記項目）	223	241	211
有形固定資産	2,230	1,828	2,027
無形固定資産	0	0	0
買入債務	0	0	0
その他流動負債（除：買入債務と短期有利子負債）	815	1,447	399
役員退職慰労引当金	180	210	339

子会社合計	2000/3期	2001/3期	2002/3期
営業用現金	922	148	413
棚卸資産	1,626	1,860	1,911
取手形・売掛金	374	580	483
その他流動資産（除く有価証券・現預金と上記項目）	101	179	111
有形固定資産	9,401	9,378	9,316
無形固定資産	21	28	24
買入債務	1,524	754	687
その他流動負債（除：買入債務と短期有利子負債）	1,224	1,889	1,617
役員退職慰労引当金	115	76	23

確認（合計値）	2000/3期	2001/3期	2002/3期
営業用現金	2,126	2,704	1,372
棚卸資産	15,348	13,112	12,503
受取手形・売掛金	14,188	16,486	14,290
その他流動資産（除く有価証券・現預金と上記項目）	1,387	6,991	9,896
有形固定資産	28,012	28,184	28,498
無形固定資産	622	502	738
買入債務	10,877	11,754	12,940
その他流動負債（除：買入債務と短期有利子負債）	10,529	16,393	18,073
役員退職慰労引当金	295	286	362

に関しても特に断りがない限り子会社は連結と単独の差額とする)。

2 棚卸資産(A、B)

有価証券報告書において、単独の棚卸資産の内訳が公表されている。さらに、製品・商品と仕掛品の各科目については「飲料」「食品」「その他」の別に情報が開示されている。この「飲料」「食品」「その他」の区分はBUの区分と同じであると考え、この数値をそのまま適用する。また、原材料・貯蔵品については上記のような情報が開示されていないため、製品・商品と仕掛品の比率と同じ比率で各BUに配分することにした。

製品・商品と仕掛品についての開示情報をBU別に合算し、時系列に配列すると図表3-11のようになる。なお、BU別の比率も同時に記した。

図表3-11 ●・・・・・・・・・・・・・・・部門別の製品、商品、仕掛品の配分

(単位:百万円)

	BU	計算式		2000/3期	2001/3期	2002/3期
製品及び商品と仕掛品(合算値)	単独合計(実)	①		6,336	5,337	4,612
	飲料BU(実)	A		2,480	2,240	1,910
	食品BU(実)	B		1,524	1,029	1,056
	その他BU(実)	C		2,332	2,068	1,646

	BU	計算式		2000/3期	2001/3期	2002/3期
各BU値の単独合計値に占める比率	単独合計			100.0%	100.0%	100.0%
	飲料BU	②	A / ①	39.1%	42.0%	41.4%
	食品BU	③	B / ①	24.1%	19.3%	22.9%
	その他BU	④	C / ①	36.8%	38.7%	35.7%

図表3-11の各BU別の比率(表中の②~④)は、製品・商品と仕掛品の合計値に占める各BUの比率であり、棚卸資産の配分比率を決める基本情報となるものである。売上高対比で考えると、その他BUが保有する棚卸資産額が他のBUよりも多額になっている点が注目される。この要因を追求することは開示情報だけでは情報が不十分なため行わないが、将来予測・事業部門評価の過程において、「その他BU」の棚卸資産の回転日数(または月数)の過去実績が、その他BUの価値にマイナスの影響を与える要因となりうる点に留意されたい。

次に、公表データよりBU別に分割できない原材料・貯蔵品にも、この比率(図表3-11の②~④)を適用して、各BUの保有金額を算出する(図表3-12)。

図表3-12 部門別の貯蔵品、原材料の配分

(単位：百万円)

	BU	計算式		2000/3期	2001/3期	2002/3期
貯蔵品と原材料 （推定合算値）	単独合計（実）	⑤		7,386	5,915	5,980
	飲料BU（推）	⑥	②×⑤	2,891	2,483	2,477
	食品BU（推）	⑦	③×⑤	1,777	1,140	1,369
	その他BU（推）	⑧	④×⑤	2,718	2,292	2,134

これで、飲料BU・食品BU・その他BUの各BUが保有する棚卸資産額の推定が完了した。各BUの製品・商品、仕掛品、貯蔵品、原材料の保有金額を合計すると、図表3-13にある数値になる。同時に子会社に所属する棚卸資産を連結と単独の差額を求めることによって算出した。事業部門評価の投下資産を算出する過程では図表3-13の数値を各事業部門の棚卸資産額として用いる。また、間接部門には棚卸資産は存在しない。

図表3-13 部門別の棚卸資産残高

(単位：百万円)

	BU	計算式		2000/3期	2001/3期	2002/3期
棚卸資産	連結合計（実）	⑨		15,348	13,112	12,503
	単独合計（実）	⑩		13,722	11,252	10,592
	飲料BU（推）		A+⑥	5,371	4,723	4,387
	食品BU（推）		B+⑦	3,301	2,169	2,425
	その他BU（推）		C+⑧	5,050	4,360	3,780
	子会社（推）		⑨-⑩	1,626	1,860	1,911

3 受取手形・売掛金（B）

これらの売上債権は売上と直接的な関係を有するものでありBU別売上構成比にて配分した。なお、月次ベースの売上データが得られれば回収サイトに応じて期末前数カ月の売上構成比にて配分することによってさらに精度を増すことができる。

4 その他流動資産（除く短期有価証券）（C）

この分類には前渡金、前払費用、未収入金、デリバティブ債権などが含まれている。このうち、前払費用は本社経費に関連して発生することが多いと想定して間接部門に全額を配分し、その他の経費は売上構成比にて各部門に配分する。また、前渡金など内部取引を行っている金額が判明している項目についてはその金額を相殺している。子会社の数値は連単の差分として算出する。

5 有形固定資産（A、B）

有価証券報告書の「主要な設備の状況」には、土地・建物・その他設備に関する情報が開示されている。この情報から、カゴメは生産工場を6カ所に保有しており、飲料生

産工場と調味料生産工場が各3工場ずつ存在することがわかる。飲料生産工場は飲料BUに、調味料生産工場は食品BUに配分することとするが、その他BUのみに帰属する有形固定資産が見当たらないため、調整を加える必要がある。その他BUは、業務用向け売上、通信販売向け売上等によって構成されているが、その商品は6工場のいずれかで生産されているはずであり、調整を加えないと、その他BUの資産が過小評価されてしまうためである。さらに会社案内・1999年3月期の有価証券報告書から、茨城工場は食品と飲料の両方を生産していることが判明しているので、本来は茨城工場の資産の一部を飲料BUが負担するように調整する必要がある。また、名古屋本社・東京本社と総合研究所の資産は間接部門に帰属するものとして取り扱う。会社によっては研究所を各部門の資産として分割配賦することもあろうが、ここでは、研究所は企業全体の将来への投資であると考え、全体のコストとして間接部門に配分する。営業所は各BUが利用するものと考え、また、その使用範囲は利益獲得ではなく売上高を獲得するための行為と関連しているため、BUの売上高の比率に応じて配分することとする。

有価証券報告書の「主要な設備の状況」に記載されている工場等(土地、建物、付属設備等)の情報を、時系列に配列すると図表3-14の数値になる。各BUと間接部門に帰属すると考えられる資産を仮計に算出した。その他BUに帰属しうる資産は直接的には見当たらない。本社・研究所・工場以外の資産では、営業所の数値が開示されてい

図表3-14● 有価証券報告書の「主要な設備の状況」に基づく部門別の有形固定資産

(単位:百万円)

部門名	設備名		設備内容に関する記述		有形固定資産帳簿価格		
			有価証券報告書	会社案内	2000/3期	2001/3期	2002/3期
飲料BU	那須工場		飲料生産	缶トマトジュース・野菜生活、六条麦茶	6,374	6,246	6,235
	富士見工場		飲料生産	紙パックトマトジュース・野菜生活	2,717	2,621	2,581
	静岡工場		飲料生産	野菜・果汁ペットボトル飲料	1,174	1,085	1,047
	仮計	①			10,265	9,952	9,863
食品BU	茨城工場		調味料生産	パスタソース等調理済製品・紙パック飲料	1,357	1,997	2,764
	小坂井工場		調味料生産	トマトケチャップ・トマトピューレ	1,499	1,383	1,197
	上野工場		調味料生産	ウスターソース・各種ソース	730	678	612
	仮計	②			3,586	4,058	4,573
その他BU							
間接部門	本社		管理		2,760	60	55
	東京本社		管理		493	224	321
	総合研究所		研究		1,670	1,544	1,651
	仮計	③			4,923	1,828	2,027
	その他設備	④=⑤-①②③	営業所		4,957	7,834	7,515
単独合計		⑤			23,731	23,672	23,978
連結合計		⑥			28,012	28,184	28,498
	子会社	⑥-⑤	物流等		4,281	4,512	4,520

るが、これは「その他設備」と考え、単独合計値より6工場と2本社・1研究所の数値を除くことによって求めた。また、単独決算数値と連結決算数値の差分を子会社の数値とした。

図表3-14の数値に、以下の4点の修正を加える（修正①～④）。
修正①：本社の資産額の変動と子会社が親会社から借用している不動産の内容の吟味。
修正②：上述の、茨城工場の一部の飲料BUへの配賦。
修正③：上述の、飲料BUと食品BUから、その他BUへの設備の付け替え。
修正④：上述の、「その他設備」項目の飲料BU・食品BU・その他BUへの配分。
各修正の詳細については、細かい部分が多いため、「コラム7」として別ページに記載しているので、そちらを参照されたい。4つの修正の中では、修正①が最も困難な内容であり煩雑である。また、4つの修正点のうち、修正②については影響が軽微であると判断したため、最終的には修正を行っていない。

6 無形固定資産（C）
無形固定資産の大部分を管理用ソフトウエアが占めているため、BU別売上構成比率で分類することが妥当であると考えた。

7 営業権・連結調整勘定（A）
営業権・連結調整勘定は連結子会社の超過収益力として評価されたものであるため、子会社部門に分類した。

〔貸借対照表：負債項目〕
8 買入債務（B）
変動費と関連が強いためBU別変動費の比率に応じて配分した。

9 その他流動負債（買入債務と短期性有利子負債を除く流動負債）（A, C）
この項目には前受金・預金・未払法人税・賞与引当金・繰延ヘッジ利益等が配分される。このうち、未払の税金は間接部門が負担するものとして間接部門に全額を配分し、残額を売上高比率に応じて各部門に配分した。子会社には連単の差額を計上する。

10 役員退職慰労引当金（C）
役員退職慰労引当金は、期末時点における役員に対する退職慰労金要支給額を引当計上したものである。厳密に配分する場合には、各BUに所属すると役員数に応じて配分する必要があると考えられる一方、役員の職務は、役職が上位になるほど（社長・専務・常務クラス）全社に及ぶ広い範囲を統括するものになっていくため、BUごとにその費用を配分することは不適切なケースも多い。カゴメのケースにおいても、有価証

券報告書の役員一覧をもとに、各BUに所属する役員数を推定する作業を行ったが、各BUに所属することが明らかな役員は全役員17名中3名のみであったこと、また、役員退職慰労金は、役職・勤続年数に応じて変化するものであることから、その大半が代表権のある役員に対する報酬と判断し、個別財務諸表で計上されている役員退職慰労引当金の全額を本社部門に割り振ることとし、連単の差額部分を子会社に割り振った。

以上の作業を総合したものが、冒頭の図表3-10である。

コラム7●部門別の有形固定資産の修正内容と考え方

修正① 親子間不動産貸借の修正（内部取引の調整）

図表3-14の本社（所在地：名古屋市）の有形固定資産の金額が時系列で変化している点が注目される。有価証券報告書の「主要な設備の状況」を追っていくと、この資産は親会社であるカゴメの貸借対照表から外されたわけではなく、「主要な設備の状況」の記述欄に変更があったことがわかる。2000年3月期時点において、カゴメは本社ビルの不動産2,760百万円（土地2,709百万円＋建物及び構築物43百万円が大半）を保有しているとの記述があるが、土地のうち2,693百万円は連結子会社へ賃貸中であるとの注記がなされている。2001年3月期以降は、この土地2,709百万円の金額が15百万円に減額されて「主要な設備の状況」に記載されているが、同期に同ビルに関する記述が子会社の主要設備欄にて開始され、そこでは親会社から本社ビルの土地2,693百万円を借用中であるとの記載がなされている。したがって、本社ビルの土地は「主要な設備の状況」の本社の記述からは外れたものの、依然として親会社が所有していることになる。

一方、カゴメの子会社には、貸事務所業を営むカゴメ不動産（株）が存在する。カゴメ不動産（株）はこの本社ビルの土地を親会社から賃借して、当該土地上の建物及び構築物の大半を所有する形態になっている。さらに、カゴメ不動産（株）はこのビルを含む所有不動産をグループ外テナントに賃貸して収入を得ていることが「主要な設備の状況」の注記等より判明している。

以上を整理すると、カゴメは親会社で所有する土地を子会社に賃貸し、子会社は当該土地上に建物を所有して、推定だがその一部を親会社に賃貸し、残りの建物をグループ外部に貸し付けて賃貸収入を得ていると思われる。また、この取引以外でも、2002年3月期でカゴメ本体は自ら所有する不動産1,420百万円を外部のテナントに賃貸しており、192百万円の賃貸収入を得ている旨が「主要な設備の状況」の注記に記載

されている。

　グループの事業の1つとして不動産賃貸業が存在し、グループ外から賃貸収入を得ている場合には、この事業を1つの部門に集約して（したがって、売上・利益・資産等も集約する）事業価値評価を行う必要がある。カゴメのケースでは親会社と子会社がそれぞれ不動産賃貸業を営んで外部から収入を得ている形態になっているため、これを統一評価する必要がある。親会社が所有する外部向けの賃貸不動産と賃貸収入を親会社の貸借対照表と損益計算書から切り離し、子会社に移して評価を行うことが望ましいということだ。

　この修正作業を詳細に行うためのデータは開示情報だけでは乏しいが、次に述べるルールに従って修正を行っている。また、後述の内部取引に関する考え方も参照されたい。

1) カゴメの本社ビルは、親会社が使用している部分は親会社が所有すると考えたいところだが、開示情報からは親会社が使用する比率は推定できなかった。そのため、本社ビルは土地建物すべてを子会社が所有することとし、親会社は本社を貸借しているものと考えることにした。貸借対照表上においては、親会社所有の土地を子会社に移す処置を取り、親会社が子会社から得ている土地賃貸収入と、親会社が子会社に支払っている建物賃借料は相殺されると考えて、損益計算書上の修正は行わないものとした。

2) カゴメ単体の損益計算書の数値から、グループ外への賃貸料を抽出して子会社部門に振り替える。親会社のカゴメがグループ外企業へ不動産を賃貸することによって得ている賃貸料は2002年3月期には192百万円であり、この数値はその他BUに含まれているものと考え、その他BUの売上高から192百万円を控除し、子会社部門の売上高に加算する。さらに利益にも修正を加える必要があるが、利益率・利益額の情報がないため、その他BU全体の貢献利益率と同じであるとみなして数値を修正する（不動産賃貸業の平均値を利用することも可能だが、ここではそこまで詳細な修正は行わない）。また、不動産賃貸業にかかるコストとしては、変動費は人件費程度であり、大半の費用は固定費であると考えられる。そのため、費用の修正においては、変動費は0とみなし、すべて固定費として修正を行った（図表3-15）。

修正② 茨城工場の一部の飲料BUへの配賦

　1999年3月期の有価証券報告書の「設備の状況」によると、茨城工場の生産品目は、パスタソース・ウーロン茶・フルーツジュースであると記述されている。最新のカゴメの会社案内には、茨城工場の生産品目は、パスタソース等調理済商品・紙パック飲

図表3-15 ● 各部門の賃貸料に関する調整

(単位:百万円)

調整項目		PL数値 修正前			PL数値 調整額			PL数値 修正後		
		2000/3期	2001/3期	2002/3期	2000/3期	2001/3期	2002/3期	2000/3期	2001/3期	2002/3期
その他BU売上高と利益の修正										
修正①	その他BU売上高	17,650	18,981	20,710	−185	−211	−192	17,465	18,770	20,518
	業務用BU	16,253	17,247	17,793	−	−	−	16,253	17,247	17,793
	生鮮野菜BU	137	324	908	−	−	−	137	324	908
	通販BU	818	858	1,403	−	−	−	818	858	1,403
	その他BU	442	552	606	−185	−211	−192	257	341	414
その他BU限界利益		5,393	6,323	7,216	−57	−70	−67	5,336	6,253	7,149
その他BU固定費		2,363	2,647	2,693	−25	−29	−25	2,338	2,618	2,668
その他BU貢献利益		3,030	3,676	4,523	−32	−41	−42	2,998	3,635	4,481
子会社部門売上高と利益の修正										
子会社売上高		7,055	7,441	8,090	185	211	192	7,240	7,652	8,282
子会社営業利益		509	747	433	32	41	42	541	788	475

料であるとの記述がなされている。この内容から、茨城工場は飲料と食品の双方の生産工場であることが判明する。したがって、内部情報等に基づいて厳密に事業部門評価を行う場合には、茨城工場の資産の一部は飲料BUに帰属するものとして取り扱う必要がある。1つの工場で複数の事業部門にまたがる商品が生産されるケースや、1つのラインから複数の事業部門に帰属する製品が製造されるケースは、実務上は珍しくなく、事業部門別に資産を分割する過程で各社のスタッフが頭を悩ませる要因の1つとなっている。

ところで、カゴメの茨城工場は2000年3月期においてはその帳簿価格は1,357百万円であったが、有価証券報告書の「重要な設備の新設」に開示されている設備投資額を見ると、2000年3月以降の3期間で合計3,659百万円の資本が茨城工場に投下される計画があり、2002年3月期までにはそのうちの2,756百万円(償却前金額)がすでに帳簿価格に計上されていることになる。この2,756百万円の設備投資は、食品製造ラインの新設を目的としている。2002年3月期の茨城工場資産の帳簿価格は2,764百万円であることを考えると、その資産の大半は食品製造ラインのものであり、飲料生産ラインの資産は少額であると考えられる。

したがって、今回の分析においては、茨城工場の資産の一部を飲料BUに配賦するという修正作業は行わなかった。今後の分析過程において、飲料BUの有形固定資産が若干過小評価されている可能性があることに注意する必要がある。

修正③ その他BUの資産額の算出

図表3-14では、飲料生産工場は飲料BUに、調味料生産工場は食品BUに配分されて

いるが、このなかから、その他BUが使用している設備を切り出して、その他BUに配分する。その他BUの売上高は業務用売上・通信販売売上等によって構成されているが、その商品は6工場のいずれかで生産されているはずであり、調整を加えないと、その他BUの資産が過小評価されてしまうためである。

その他BUが使用している設備の金額を推定するための合理的な情報が存在しないため、次のようなルールで、飲料BUの資産と食品BUの資産をその他BUに配分することとする。

その他BUの2002年3月の売上高は、前述の修正を加えた後の数値で20,518百万円であるが、その内訳（飲料と食品の比率）は不明である。そこで、その他BUの取扱い商品の内訳（飲料か食品か）は、飲料BUと食品BUの売上高の合計値に対するそれぞれの比率によって決定されるものとする。図表3-16はこのルールによって、その他BU売上高の内訳を求めたものである。なお、その他BUの売上高は必ずしもカゴメの所有工場で生産した商品ばかりで構成されているわけではない（野菜の通信販売等。これは協力会社によって生産されている）。だが、現在はその数値は開示されておらず、また、過去において開示されていたときでも、その金額は少額であったため、これらの要因は無視する。

図表3-16 ● その他BU売上高中の飲料と食品の内訳推定式

	計算式		2000/3期		2001/3期		2002/3期	
	売上高	比率	売上高(百万円)	比率	売上高(百万円)	比率	売上高(百万円)	比率
飲料BU		a	68,478	67.6%	76,430	70.2%	81,255	71.7%
食品BU		b	32,836	32.4%	32,369	29.8%	32,044	28.3%
その他BU売上高	⑦	a+b	17,465	100%	18,770	100%	20,518	100%
うち飲料（推定）	⑧=⑦×a	a	11,805	67.6%	13,186	70.2%	14,715	71.7%
うち食品（推定）	⑨=⑦×b	b	5,660	32.4%	5,584	29.8%	5,803	28.3%

図表3-16の飲料BUと食品BUの売上高およびその他BU売上高のうちの飲料売上推定値（表中の項目⑧）と食品推定値（項目⑨）を用いて、飲料BUと食品BUの資産の一部をその他BUに配賦することとする（図表3-18を参照）。

修正④ 「その他設備」の飲料BU・食品BU・その他BUへの配賦

「その他設備」の金額は図表3-14においては、2002年3月期で7,515百万円となっているが、前述の修正（①）において調整されており、修正後の数値は2,719百万円となっている（図表3-18参照）。「その他設備」は「主要な設備の状況」によると支店の資産

図表3-17 ●　　　　　　飲料BU・食品BU・その他BUの売上高の比率

(単位：百万円)

売上高	2000/3期		2001/3期		2002/3期	
	売上高(百万円)	比率	売上高(百万円)	比率	売上高(百万円)	比率
飲料BU	68,478	57.7%	76,430	59.9%	81,255	60.7%
食品BU	32,836	27.6%	32,369	25.4%	32,044	23.9%
その他BU	17,465	14.7%	18,770	14.7%	20,518	15.3%

図表3-18 ●　　　　　　有形固定資産額の修正過程

(単位：百万円)

調整項目		設備	有形固定資産帳簿価格の修正		
			2000/3期	2001/3期	2002/3期
親会社が子会社に貸し付けている賃貸用不動産の修正					
修正① 間接部門調整額	⑦	本社	−2,693	0	0
その他設備調整額	⑧	その他設備	−2,427	−4,866	−4,796
子会社調整額			5,120	4,866	4,796
修正①考慮後の「その他設備」金額			2,530	2,968	2,719
飲料BUと食品BUの保有設備のその他BUへの再配分					
修正② 飲料BU調整額			−1,509	−1,464	−1,512
食品BU調整額			−527	-597	−701
その他BU調整額			2,037	2,061	2,213
その他設備の飲料BU・食品BU・その他BUへの配分					
修正③ その他設備調整額		その他設備	−2,530	−2,968	−2,719
飲料BU調整額			1,459	1,778	1,651
食品BU調整額			699	753	651
その他BU調整額			372	437	417

図表3-19 ●　　　　　　修正後の各事業部門の有形固定資産額

(単位：百万円)

部門名	有形固定資産帳簿価格		
	2000/3期	2001/3期	2002/3期
飲料BU	10,214	10,266	10,002
食品BU	3,758	4,214	4,523
その他BU	2,409	2,498	2,630
間接部門	2,230	1,828	2,027
子会社	9,401	9,378	9,316
連結合計	28,012	28,184	28,498

等である。「関係会社の状況」と「主要な設備の状況」の子会社欄を見ると、配送センター（多摩川・柏・大阪・福岡・茨城・大府）の設備資産を親会社より借用しているとの開示がなされており、親会社は支店以外の資産として配送センターを資産として保有していることが明白である。カゴメグループの物流部門は子会社のカゴメ物流サ

ービス(株)だが、物流部門が 1 つの事業体として独立して存在しており、それを個別に評価する場合には、配送センターの資産はこの物流部門に帰属するとして評価することが望ましい。しかし、ここではこの配送センターの資産は各BUが負担しているものとして評価している。カゴメ物流サービス(株)は大半が親会社の事業のために存在しており、カゴメ物流サービス(株)が利用している資産は各BUが負担するべきだと考えられるからである。なお、本来は、カゴメ物流サービス(株)の売上・利益・資産等を子会社部門から切り離して各BUに配賦するべきだが、そこまでの開示情報は存在していないため、その修正は行っていない。

さらに、「その他設備」には、営業所と配送センター以外にも遊休資産が含まれている可能性もある。遊休資産等が存在する場合には、これらは営業推進のために活用されていないものとして、間接部門が負担することが妥当だと考える。各事業部門にとっては余剰資産が存在しないほうが部門価値を高めることになり、遊休資産を各事業部門に負担させることは部門長から嫌厭される行為である。しかし、ここでは非開示の資産のなかに間接部門に配賦すべき資産があるかどうかは判定できないため、これらはすべて営業用の投下資産と解釈し、各BUの資産として配賦することにした。したがって、この観点からは飲料BU・食品BU・その他BUの資産が過大に見積もられ、逆に、間接部門の資産が過小になっている可能性があることに留意すべきである。会社関係者が内部情報を用いて、グループの資産を各事業部門に配賦する場合には、実態に沿った形で配賦する必要がある。

以上の考え方に従うと、「その他設備」はすべて営業用の投下資産であり、これらの配分は、各BUの売上高構成比率（図表3-17）に応じて行うことが妥当であると考えられる。

有形固定資産帳簿価格を各部門に配賦する際の 4 つの補正項目について、修正過程を図表3-18に示した。また、修正の結果各部門が保有すると計算された有形固定資産額を図表3-19に表記した。

| STAGE 1 | STAGE 2 | STAGE 3 | STAGE 4 |

◉……………過去の業績分析【事業部門ベース】

ステップ 1 財務諸表の再構成

1-3 要約損益計算書の作成

　この作業は、ステップ1-2に引き続き、部門別の要約損益計算書を作成していく。要約貸借対照表の作成と同様に、各項目の横の括弧書き（A、B、C）は、ステップ1-2と同じく、項目の推定に使った考え方を示している。

図表3-20●解説

❶ 売上高（A）

飲料BUと食品BUは、カゴメの決算資料の数字をそのまま利用した。その他BUについては、ステップ1-2内のコラム 7「部門別の有形固定資産の修正内容と考え方」修正①ですでに述べたように、その他BUにはグループ外企業への不動産賃貸借収入が含まれており、子会社に不動産事業を集約するために必要な修正を行った（図表3-15を参照）。売上の連単の差額を子会社の売上として、それにカゴメが行っているグループ外企業への不動産賃貸収入を含めた。

なお、子会社の売上高は、連結財務諸表の売上高から親会社単体の財務諸表の売上高を差し引いて求めることとなるが、このようにして計算すると、親子間の内部取引として連結財務諸表の作成上相殺消去された部分を、取引実態にかかわらず子会社に負担させることになる。ほとんどの親子間の取引が子会社から親会社に対して行われているものであるならば問題ないが、逆の場合には、子会社の売上高を過少に計算することになる。こうした親子間の取引実態を知るには、有価証券報告書の関係会社の状況が役に立つ。

カゴメの連結決算短信には、親会社であるカゴメ、子会社およびグループ内取引の内訳が資産、負債、収益および費用について記載されている。これと、有価証券報告書の関係会社の状況によれば、カゴメと連結子会社との取引の内容がわかるため、内部取引の消去を親会社に負担させるべきか、子会社に負担させるべきか検討することができる。

有価証券報告書の関係会社の状況によると、自動販売機を通じた飲料製品の販売取引

図表3-20 ●……… 部門別要約損益計算書（カゴメ）

(単位：百万円)

飲料BU		2000/3期	2001/3期	2002/3期
1	売上高	68,478	76,430	81,255
2	BU限界利益	22,312	22,777	23,185
2	固定費	15,629	16,601	16,900
2	貢献利益	6,683	6,176	6,285
2	営業利益	6,683	6,176	6,285
3	減価償却費	1,566	1,600	1,472
4	受取利息	61	45	19
5	受取配当金	0	0	0
6	支払利息	62	46	43
7	その他営業外損益	(373)	(58)	(22)
8	特別損益	(296)	(2,813)	(541)
9	法人税等	1,295	375	659
10	法人税等調整額	(127)	(1,114)	(201)
11	役員賞与	28	30	30

食品BU		2000/3期	2001/3期	2002/3期
1	売上高	32,836	32,369	32,044
2	BU限界利益	9,257	8,230	8,289
2	固定費	8,129	6,894	6,759
2	貢献利益	1,128	1,336	1,530
2	営業利益	1,128	1,336	1,530
3	減価償却費	594	674	642
4	受取利息	29	19	7
5	受取配当金	0	0	0
6	支払利息	29	19	19
7	その他営業外損益	(179)	(24)	(9)
8	特別損益	(142)	(1,191)	(213)
9	法人税等	174	14	150
10	法人税等調整額	(17)	(41)	(46)
11	役員賞与	13	13	12

その他BU合計		2000/3期	2001/3期	2002/3期
1	売上高	17,465	18,770	20,518
2	BU限界利益	5,336	6,253	7,149
2	固定費	4,222	4,419	4,854
2	貢献利益	1,114	1,834	2,295
2	営業利益	1,114	1,834	2,295
3	減価償却費	373	275	387
4	受取利息	15	11	5
5	受取配当金	0	0	0
6	支払利息	24	16	15
7	その他営業外損益	(95)	(14)	(6)
8	特別損益	(76)	(691)	(137)
9	法人税等	201	128	248

● 第3章 事業部別ケース

10	法人税等調整額	(20)	(379)	(75)
11	役員賞与	7	7	8

	本社・間接部門	2000/3期	2001/3期	2002/3期
1	売上高	0	0	0
2	BU限界利益	0	0	0
2	固定費	3,843	3,978	4,216
2	貢献利益	(3,843)	(3,978)	(4,216)
2	営業利益	(3,843)	(3,978)	(4,216)
3	減価償却費	347	271	291
4	受取利息	0	0	0
5	受取配当金	168	138	99
6	支払利息	6	3	3
7	その他営業外損益	(249)	0	0
8	特別損益	(580)	(89)	(3,095)
9	法人税等	0	0	0
10	法人税等調整額	0	0	0
11	役員賞与	0	0	0

	子会社合計	2000/3期	2001/3期	2002/3期
1	売上高	7,240	7,652	8,282
2	BU限界利益	541	788	475
2	固定費			
2	貢献利益	541	788	475
2	営業利益	541	788	475
3	減価償却費	1,039	1,037	1,043
4	受取利息	116	109	91
5	受取配当金	0	0	0
6	支払利息	3	0	14
7	その他営業外損益	192	104	394
8	特別損益	(444)	(450)	(17)
9	法人税等	128	133	280
10	法人税等調整額	(108)	(19)	31
11	役員賞与	11	9	10

については、カゴメから子会社に飲料製品を販売して、子会社がそれを自動販売機により販売するという取引形態になっている。この場合には、当該取引による内部取引は親会社の売上より控除する必要がある。しかしながら、実際には内部取引の変動費部分の金額がわからず、内部取引相殺を親会社に負担させた場合の限界利益がわからないので、修正は行っていない。不動産取引においては、カゴメから子会社への賃貸取引があるが、後述するように、不動産業務はすべて子会社で行うものとしているため、ここで述べたような内部取引の調整は必要ないものと考える。

2 固定費、営業利益（A、C）

カゴメの決算資料では、BU別の売上高、貢献利益、限界利益が公表されている。
売上高から変動費を差し引いたものが限界利益であるから、売上高から限界利益を差し引くことでBUごとの変動費が求められる。さらに、貢献利益は、限界利益から管理可能固定費を差し引いたものであるから、限界利益から貢献利益を差し引くことにより、各BUに配賦された管理可能固定費（配賦可能固定費）を求めることができる。貢献利益から本社共通費（配賦不能固定費）を差し引くことで全社利益を算出することができる。なお、配賦不能固定費＝（売上原価＋販売費及び一般管理費）－（変動費＋配賦可能固定費）として、貢献利益から配賦不能固定費を差し引いた全社利益が損益計算書の営業利益と等しくなるようにした。NOPLATが営業利益をベースにした概念であるので、それと合わせる必要があるからである。

限界利益は決算資料の数値をそのまま使用したが、貢献利益（営業利益）については、配賦不能固定費を各BUに配賦することによって修正している。本社共通費を配賦しないというのは、それが各BUにとって管理不能な費用だと考えるからである。一方、BUごとの価値を算出するためには、売上とその売上を稼ぎ出すために必要としたあらゆるコストをBUごとに把握する必要がある。本社共通費である配賦不能固定費は、本社・間接部門で発生したコストだが、このコストも各BUでの売上を稼ぎ出すために発生したものである。よってこれらを各BUに配賦することで、企業価値評価の観点からの貢献利益（営業利益）を計算することができる。

以上の考え方に基づいて、具体的には以下のように作業を行っていく。

①配賦不能固定費の推定

まず、配賦不能固定費の推定である。カゴメの損益計算書の「販売費及び一般管理費」のうち、図表3-21のものを配賦不能固定費と考えた。
これらのうち、貸倒引当金繰入額、役員退職慰労引当金繰入額、調査研究費は、間接部門に直課すべきものとした。減価償却費は、本節**3**で後述するように各BUに配賦している。人件費関連の給料・賃金、賞与引当金繰入額、退職給付費用、その他人件

図表3-21 ● 販売費及び一般管理費中の配賦不能固定費

(単位：百万円)

	2000/3期	2001/3期	2002/3期
貸倒引当金繰入額	0	7	0
給料・賃金	4,709	4,926	5,161
賞与引当金繰入額	994	1,003	1,019
退職給付費用	359	389	506
役員退職慰労引当金繰入額	27	29	147
その他人件費	2,384	2,392	2,467
事務費	1,895	1,885	1,955
調査研究費	1,325	1,408	1,421
交際費	353	379	394
減価償却費	772	735	756
その他	3,047	3,098	3,684
合計	15,865	16,251	17,510
配賦不能固定費総額	16,657	16,391	18,465
間接部門へ直課するもの			
調査研究費	1,325	1,408	1,421
貸倒引当金繰入額	0	7	0
役員退職慰労引当金繰入額	27	29	147
合計	1,352	1,444	1,568
別の配賦基準で配賦するもの			
減価償却費	772	735	756
人件費関連			
給料・賃金	4,709	4,926	5,161
賞与引当金繰入額	994	1,003	1,019
退職給付費用	359	389	506
その他人件費	2,384	2,392	2,467
合計	8,446	8,710	9,153	← 従業員比で配賦する
配賦不能固定費の残額	6,087	5,502	6,988	← 売上比で配賦する

費は、修正後の従業員比（詳細はコラム 8「部門別の従業員数の修正内容と考え方」を参照）で配賦することとした。配賦不能固定費の総額と上記の合計値は等しくないので、配賦不能固定費の総額からこれらを差し引いたものを残りの配賦不能固定費とし、各BUの売上比で各BUに配賦した。

以上の配賦の結果をまとめたのが、図表3-22である（その他BUに関しては、コラム 7「部門別の有形固定資産の修正内容と考え方」で述べた修正①が反映されている）。

②営業利益の算出

次に、営業利益を算出する。固定費が計算できれば限界利益からそれを差し引くことで貢献利益が算出できる。再配賦後に残された配賦不能固定費は全額間接部門に直課したので、各BUの貢献利益と営業利益は等しくなっている。

図表3-22● 各部門への固定費の配賦明細

(単位：百万円)

部門名	配賦不能固定費の配賦			配賦可能固定費			固定費合計		
	2000/3期	2001/3期	2002/3期	2000/3期	2001/3期	2002/3期	2000/3期	2001/3期	2002/3期
飲料BU	6,975	6,959	8,094	8,654	9,642	8,806	15,629	16,601	16,900
食品BU	3,955	3,653	3,969	4,174	3,241	2,790	8,129	6,894	6,759
その他BU	1,884	1,801	2,186	2,363	2,647	2,693	4,247	4,448	4,879
間接部門	3,843	3,978	4,216				3,843	3,978	4,216
合計	16,657	16,391	18,465	15,191	15,530	14,289	31,848	31,921	32,754

❸ 減価償却費（A）

減価償却の対象となる資産は主に有形固定資産と無形固定資産であるが、投資・その他資産にも対象資産が含まれる場合がある。しかし、「投資・その他資産」に含まれる償却対象資産の抽出は情報の不足により行うことができなかった。したがって、ここではBU別の有形固定資産と無形固定資産からBU別の償却対象資産を求め、この数値からBU別減価償却費を推定することにする。

まず、BU別有形固定資産の算出結果（図表3-19）から減価償却の対象とならない土地・建設仮勘定を差し引き、償却対象の有形固定資産を算出する。ここでは、有形固定資産の帳簿価格をBU別に配賦し、さらに修正を加えた。こうして算出した、BU別の土地・建物仮勘定残高を示したものが、図表3-23である。

図表3-23● 部門別の修正後土地・建設仮勘定残高

(単位：百万円)

部門名	2000/3期	2001/3期	2002/3期
飲料BU	2,119	1,654	2,417
食品BU	723	585	1,196
その他BU	490	1,042	636
間接部門	361	321	445
子会社	3,820	3,642	3,660
連結合計	7,512	7,243	8,354

各BUの有形固定資産額（図表3-19）から土地・建設仮勘定金額を差し引くと、償却対象の有形固定資産が求まる。その数値にBU別の無形固定資産を加算すると、償却対象となる資産の金額を得ることができる（図表3-24）。

次に、減価償却費を償却対象資産合計額の比率に応じて配分する（図表3-25）。子会社の償却対象資産も修正した後なので、各BUと間接部門・子会社の償却対象資産額の比率に応じて、連結の減価償却費を配分することとする。

❹ 受取利息（C）

単独損益計算書上の受取利息から内部取引（グループ会社への貸付より発生する利息）

図表3-24 ● 部門別の償却対象資産残高の計算

(単位：百万円)

	償却対象有形固定資産			無形固定資産			償却対象資産合計		
	2000/3期	2001/3期	2002/3期	2000/3期	2001/3期	2002/3期	2000/3期	2001/3期	2002/3期
飲料BU	8,096	8,612	7,585	346	283	433	8,442	8,896	8,018
食品BU	3,035	3,629	3,327	166	120	171	3,201	3,749	3,497
その他BU	1,919	1,456	1,994	89	71	111	2,008	1,527	2,105
間接部門	1,869	1,507	1,582	0	0	0	1,869	1,507	1,582
子会社	5,581	5,736	5,656	21	28	24	5,602	5,764	5,680
連結合計	20,500	20,941	20,144	622	502	738	21,122	21,443	20,882

図表3-25 ● 部門別の減価償却費

(単位：百万円)

部門名	減価償却費		
	2000/3期	2001/3期	2002/3期
飲料BU	1,566	1,600	1,472
食品BU	594	674	642
その他BU	373	275	387
間接部門	347	271	291
子会社	1,039	1,037	1,043
連結合計	3,919	3,857	3,835

を相殺した金額を、BU別の営業用現金額に応じて配分した。

受取利息は現預金より発生しており、現預金を保有する比率に応じてBUに配分する必要がある。本書のベースとなる考え方では、貸借対照表上の「現金及び預金」は、営業用現金とその他の現預金に分割することとなっている。カゴメのケースにおいては、営業用現金を除く現預金は間接部門に所属するものとして扱っており、その場合には、受取利息の配分は、各BUが保有する営業用現金と間接部門が保有するその他の現預金に応じて配分する必要がある。しかし、カゴメは「現金及び預金」の保有金額が売上高の2％前後と非常に少額であり、間接部門が保有するその他の現預金は非常に少額であったため、ここでは間接部門への受取利息の配分を行わず、すべての受取利息は各BUに配分することとした。また、子会社分は連単の差額として算出する。

5 受取配当金（C）

受取配当金は連結金額全額を間接部門に配分した。

受取配当金はカゴメが保有する投資有価証券等より発生する。投資有価証券には、純投資で保有しているものと、政策投資（持合株式等）で保有しているものと、2つの保有目的があると考えられる。政策投資で保有しているものについては、BUに所属するものとして配分・管理している企業もあるが、カゴメのケースにおいては、グループ全体での政策投資と考え、その投資額は間接部門に所属するものとした。また、

純投資で保有している有価証券についても、各BUには分割せずに、間接部門が余剰現預金を預かってグループのために有価証券投資を行っていると考えることとし、その投資額は間接部門に所属するものとした。

6 支払利息（B）

BU別の負債比率は、資産と同じ比率だと仮定してBU別資産比率にて配分した。

カゴメの有利子負債は転換社債のみであり、支払利息は転換社債より発生している。この科目を各BUに配分するためには、厳密には、各BUに転換社債を配分する必要がある。この作業を行うためには、BUごとの負債資本構成を推定し、各BUの有利子負債額（転換社債金額）と株主資本額を配分する必要がある。しかし、今回はBUの時系列データが3期間しか存在しておらず、負債資本構成を推定するための情報が不足しているため、この作業は行わなかった。代替案として、各BUの負債資本構成は同じであると仮定し、各BUの有利子負債（転換社債）の額は、各BUの資産額に応じて配分されるものと考えた。

7 その他営業外損益（A、C）

まず、単独損益計算書上のその他営業外損益より、賃貸収入と賃貸原価を控除する。この2項目は連結損益計算書上は売上と売上原価の項目に振り替えられているためである。修正その他営業外損益のなかで本社部門のみに配賦すべき項目として有価証券評価損が存在するため、これは全額を本社部門に配分し、残額から持分法投資損益を控除したものを売上高比率に応じて各部門に配分した。子会社部門は連単の差分と持分法投資損益を配分した。

8 特別損益（A、C）

単独損益計算書上の特別損益のうち、間接部門に配賦すべき項目として、「投資有価証券売却損益」「投資有価証券評価損」「ゴルフ会員権評価損」「創業100周年記念事業費用」「過年度役員退職慰労引当金」繰入額が存在する。これらは全額を間接部門に配分する。残りの項目は各部門が負担すべき内容であると判断し、各部門の売上高比率に応じて配分することとした。また、子会社部門は連単の差分とする。

9 法人税等（B）

勘定科目の性質上利益と密接な関連があり、利益に応じて配分することが望ましい。ここまで算出した項目から部門別の税引前当期利益を簡易的に算出し、その利益の比率に応じて単独法人税等を各部門に配分する。税引前当期利益は、「営業利益＋受取利息配当金－支払利息＋その他営業外損益＋特別損失」とした。間接部門は赤字となるため税金は負担しない。また、子会社部門は連単の差分とする。

10 法人税等調整額（B）

9 の法人税等と同様の手法で各部門に配分した。

11 役員賞与（C）

直接的に関連を有する公表資料がないため、部門別売上高比率に応じて配分した。厳密に配分するためには、各部門に所属する役員を割り出し、その役員の分は各BUが負担するようにすることが望ましい。しかし、今回は各BUに所属する役員がそれぞれ1名しか推定できない、役員賞与全額のうち、役職に応じて各等級の役員にどの程度の賞与が配分されているのかを推定できない、等の理由から詳細に配分することは断念した。

また、子会社部門は連単の差額として算出する。

以上の作業を総合したものが、冒頭の図表3-20となる。

> **コラム8● 部門別の従業員数の修正内容と考え方**

各部門別の従業員は、以下のようにして把握した。

有価証券報告書の「主要な設備の状況」には、事業所ごとの設備とともに従業員数の記載がある。この従業員数を、上述した有形固定資産と同様にBUごとに時系列に配列すると、図表3-26のようになる。

有価証券報告書の従業員の状況には、単独ベースの従業員数と連結ベースの従業員数が開示されている。この数字と「主要な設備の状況」の従業員数の合計は、本来合致しなければならないはずである。合致していないとすれば、一部の従業員に関してはいずれのBUに属する事業所に所属しているのかを推定しなければならず、配賦基準としての有用性が劣ることになる。幸いカゴメの場合、単独合計と設備の状況の従業員数は合致した[注]。

図表3-26に関しては、コラム7「部門別の有形固定資産の修正内容と考え方」におけるものと同様の修正（修正③と修正④）が必要となる。これらの修正過程と修正後の各事業部門の従業員数は、それぞれ図表3-27および図表3-28に示されている。

> 【注】連結合計から単独合計を差し引いた子会社の従業員数は、「設備の状況」の子会社従業員数と2002年3月期を除いておおむね合致している。2002年3月期は13人の差異が発生しているが、子会社を1つのBUとして考えているため、差異の部分についての類推は行わず、そのまま、連結合計から単独合計を差し引いたものを子会社の従業員数として利用することとした。

図表3-26●　………………有価証券報告書に記載された各部門の従業員数

部門名	設備名	計算式	従業員数 2000/3	2001/3	2002/3
飲料BU	那須工場		128	128	122
	富士見工場		79	83	85
	静岡工場		21	23	23
	仮計	①	228	234	230
食品BU	茨城工場		97	92	95
	小坂井工場		73	76	74
	上野工場		56	53	50
	仮計	②	226	221	219
その他BU			0	0	0
間接部門	本社		49	47	50
	東京本社		224	225	225
	総合研究所		93	91	92
	仮計	③	366	363	367
	その他設備	④=⑤-①-②-③	469	465	491
単独合計		⑤	1,289	1,283	1,307
連結合計		⑥	1,497	1,480	1,520
	子会社	⑥-⑤	208	197	213
設備の状況の子会社欄の合計			207	196	200

図表3-27 ●　従業員数の修正過程

(単位：人)

調整項目			従業員数		
			2000/3期	2001/3期	2002/3期
飲料BUと食品BUの従業員のその他BUへの再配分					
修正③	飲料BU調整額		−34	−34	−35
	食品BU調整額		−33	−33	−34
	その他BU調整額		67	67	69
その他設備の従業員の飲料BU・食品BU・その他BUへの配分					
修正④	その他設備調整額		−469	−465	−491
	飲料BU調整額		270	279	298
	食品BU調整額		130	118	118
	その他BU調整額		69	68	75

図表3-28 ●　修正後の部門別の従業員数

(単位：人)

部門名	従業員数		
	2000/3期	2001/3期	2002/3期
飲料BU	465	478	493
食品BU	322	306	303
その他BU	136	135	144
間接部門	366	363	367
子会社	208	197	213
連結合計	1,497	1,480	1,520

| STAGE 1 | STAGE 2 | STAGE 3 | STAGE 4 |

◉............過去の業績分析【事業部門ベース】

ステップ 1 財務諸表の再構成

1-5 投下資産の計算

　ステップ1-2で述べたとおり、部門別の貸借対照表自体が、算定用に利用できる程度に簡略化されているので、ステップ1-4の算定用連結貸借対照表の作成は省略する。

　ステップ1-5では、ステップ1-2で作成した要約貸借対照表をもとに、事業に投下している資産を計算する（図表3-29参照）。

　なお、部門別の投下資産の算定においては、作業の繁雑さを考えて、資産側からのみ計算を行い、調達サイドからの算出によるバランスチェックは行っていない。

　以下では、表の中で、計算方法がわかりにくいと思われる箇所を中心に解説する。

図表3-29●解説

1 有形固定資産
部門ごとに、ステップ1-2 5 で計算した数値を用いる。
2 正味その他営業資産
部門ごとに、「無形固定資産」＋「長期前払費用」で計算する。
3 営業権・連結調整勘定
ステップ1-2 7 で述べたように、営業権・連結調整勘定は子会社部門に賦課した。
4 営業投下資産（連結調整勘定含む）
部門ごとに、「営業投下資産（連結調整勘定除く）」＋「営業権・連結調整勘定」で計算する。
5 余剰現預金
各BUごとに余剰現預金を切り分けるのが不自然なので、連結ベースの現預金残高と営業用現金残高の差額全額を、本社・間接部門に賦課した。
6 余剰投資有価証券
各BUごとに余剰投資有価証券を切り分けるのが不自然なので、連結ベースの余剰投資有価証券残高全額を、本社・間接部門に賦課した。

図表3-29 部門別の投下資産（カゴメ）

(単位：百万円)

飲料BU	2000/3期	2001/3期	2002/3期
営業流動資産	14,642	19,721	19,166
営業流動負債	(10,169)	(14,358)	(17,225)
営業運転資金	4,473	5,363	1,941
1 有形固定資産	10,214	10,266	10,002
2 正味その他営業資産	346	283	433
営業投下資産(連結調整勘定除く)	15,034	15,912	12,375
3 営業権・連結調整勘定			
4 営業投下資産（連結調整勘定含む）	15,034	15,912	12,375
5 余剰現預金	0	0	0
6 余剰投資有価証券			
7 その他固定資産、繰延資産	0	0	0
8 その他固定負債	0	0	0
投下資産総額	**15,034**	**15,912**	**12,375**

食品BU	2000/3期	2001/3期	2002/3期
営業流動資産	7,746	8,521	8,254
営業流動負債	(5,041)	(6,253)	(6,903)
営業運転資金	2,705	2,268	1,351
1 有形固定資産	3,758	4,214	4,523
2 正味その他営業資産	166	120	171
営業投下資産(連結調整勘定除く)	6,629	6,602	6,044
3 営業権・連結調整勘定			
4 営業投下資産（連結調整勘定含む）	6,629	6,602	6,044
5 余剰現預金	0		
6 余剰投資有価証券			
7 その他固定資産、繰延資産	0	0	0
8 その他固定負債	0	0	0
投下資産総額	**6,629**	**6,602**	**6,044**

その他BU合計	2000/3期	2001/3期	2002/3期
営業流動資産	7,414	8,043	7,512
営業流動負債	(2,633)	(3,446)	(4,182)
営業運転資金	4,781	4,597	3,330
1 有形固定資産	2,409	2,498	2,630
2 正味その他営業資産	89	71	111
営業投下資産(連結調整勘定除く)	7,279	7,166	6,071
3 営業権・連結調整勘定			
4 営業投下資産（連結調整勘定含む）	7,279	7,166	6,071
5 余剰現預金	0	0	0
6 余剰投資有価証券			
7 その他固定資産、繰延資産	0	0	0
8 その他固定負債	0	0	0
投下資産総額	**7,279**	**7,166**	**6,071**

本社・間接部門	2000/3期	2001/3期	2002/3期
営業流動資産	223	241	211
営業流動負債	(815)	(1,447)	(399)
営業運転資金	(592)	(1,206)	(188)
1 有形固定資産	2,230	1,828	2,027
2 正味その他営業資産	0	0	0
営業投下資産(連結調整勘定除く)	1,638	622	1,839
3 営業権・連結調整勘定			
4 営業投下資産（連結調整勘定含む）	1,638	622	1,839
5 余剰現預金	0	4,429	0
6 余剰投資有価証券	18,042	15,196	23,989
7 その他固定資産、繰延資産	2,178	2,389	2,876
8 その他固定負債	(161)	(176)	(177)
投下資産総額	**21,697**	**22,460**	**28,527**

子会社	2000/3期	2001/3期	2002/3期
営業流動資産	3,023	2,767	2,918
営業流動負債	(2,748)	(2,643)	(2,304)
営業運転資金	275	124	614

1	有形固定資産	9,401	9,378	9,316
2	正味その他営業資産	21	28	24
	営業投下資産(連結調整勘定除く)	9,697	9,530	9,954
3	営業権・連結調整勘定	13	12	11
4	営業投下資産（連結調整勘定含む）	9,710	9,542	9,965
5	余剰現預金	0	0	0
6	余剰投資有価証券			
7	その他固定資産、繰延資産	1,044	1,179	1,376
8	その他固定負債	(284)	(289)	(291)
	投下資産総額	**10,470**	**10,432**	**11,050**

確認（合計値）投下資産	2000/3期	2001/3期	2002/3期
営業流動資産	33,049	39,293	38,061
営業流動負債	(21,406)	(28,147)	(31,013)
営業運転資金	11,643	11,146	7,048
有形固定資産	28,012	28,184	28,498
正味その他営業資産	622	502	738
営業投下資産(連結調整勘定除く)	40,277	39,832	36,284
営業権・連結調整勘定	13	12	11
営業投下資産（連結調整勘定含む）	40,290	39,844	36,295
余剰現預金	0	4,429	0
余剰投資有価証券	18,042	15,196	23,989
その他固定資産、繰延資産	3,222	3,568	4,252
その他固定負債	(445)	(465)	(468)
投下資産総額	**61,109**	**62,572**	**64,068**

7 その他固定資産、繰延資産

連結ベースの残高全額を、本社・間接部門に賦課した。

8 その他固定負債

連結ベースの残高全額を、本社・間接部門に賦課した。

　以上の作業により、各部門の投下資産が求められる。なお、最後に各部門の投下資産の合計額が、連結（全社）ベースの数字と合致していることを確認する。

STAGE 1 > STAGE 2 > STAGE 3 > STAGE 4

◉ ………… 過去の業績分析【事業部門ベース】

ステップ 2　NOPLATの算出

　ステップ 2 では、ステップ 1 で再構成した財務諸表（主として要約連結損益計算書）を用いて、NOPLAT（Net Operating Profits Less Adjusted Taxes）を算出する。

　部門別のNOPLATの算出においては、作業の繁雑さを考えて、売上高をもとにして計算する（売上高からEBITAを求め、調整後税金を差し引いてNOPLATを計算する）方法のみで計算を行い、当期利益からの算出によるバランスチェックは行っていない。また項目によって前年度との残高増加額が必要になるため、算出は2001年 3 月期以降のみ可能である。

　以下では、計算方法がわかりにくいと思われる箇所を中心に解説する。

図表3-30 ●⋯⋯⋯⋯⋯部門別のNOPLATの算出(カゴメ)

(単位:百万円)

飲料BU	2001/3期	2002/3期
売上高	76,430	81,255
売上原価及び販管費	(68,654)	(73,497)
減価償却費	(1,600)	(1,472)
損益計算書上のEBITA	6,176	6,285
❶ 過去勤務債務に関する調整	234	248
❷ 役員退職慰労引当金の増加	0	0
調整後EBITA	6,410	6,533
❸ EBITAに対する税金	(1,570)	(903)
❹ 役員賞与	(30)	(30)
❺ 繰延税金の増減	(1,114)	(201)
NOPLAT	**3,696**	**5,399**
EBITAに対する税金		
❻ 法人税等	375	659
❼ 支払利息による節税額	19	18
❽ 過去勤務債務利息による節税額	0	0
❾ 受取利息に対する税金	(19)	(8)
❿ 受取配当金に対する税金	0	0
⓫ その他営業外損益に対する税金	24	9
⓬ 特別損益に対する税金	1,170	225
EBITAに対する税金	1,570	903

食品BU	2001/3期	2002/3期
売上高	32,369	32,044
売上原価及び販管費	(30,358)	(29,872)
減価償却費	(674)	(642)
損益計算書上のEBITA	1,336	1,530
❶ 過去勤務債務に関する調整	150	152
❷ 役員退職慰労引当金の増加	0	0
調整後EBITA	1,486	1,682
❸ EBITAに対する税金	(519)	(247)
❹ 役員賞与	(13)	(12)
❺ 繰延税金の増減	(41)	(46)
NOPLAT	**913**	**1,377**
EBITAに対する税金		
❻ 法人税等	14	150
❼ 支払利息による節税額	8	8
❽ 過去勤務債務利息による節税額		
❾ 受取利息に対する税金	(8)	(3)
❿ 受取配当金に対する税金		
⓫ その他営業外損益に対する税金	10	4
⓬ 特別損益に対する税金	495	89
EBITAに対する税金	519	247

その他BU合計	2001/3期	2002/3期
売上高	18,770	20,518
売上原価及び販管費	(16,661)	(17,837)
減価償却費	(275)	(387)
損益計算書上のEBITA	1,834	2,295
1 過去勤務債務に関する調整	66	72
2 役員退職慰労引当金の増加	0	0
調整後EBITA	1,900	2,367
3 EBITAに対する税金	(423)	(312)
4 役員賞与	(7)	(8)
5 繰延税金の増減	(379)	(75)
NOPLAT	**1,091**	**1,972**
EBITAに対する税金		
6 法人税等	128	248
7 支払利息による節税額	7	6
8 過去勤務債務利息による節税額		
9 受取利息に対する税金	(5)	(2)
10 受取配当金に対する税金		
11 その他営業外損益に対する税金	6	2
12 特別損益に対する税金	287	57
EBITAに対する税金	423	312

本社・間接部門	2001/3期	2002/3期
売上高	0	0
売上原価及び販管費	(3,707)	(3,926)
減価償却費	(271)	(291)
損益計算書上のEBITA	(3,978)	(4,216)
1 過去勤務債務に関する調整	178	184
2 役員退職慰労引当金の増加	30	129
調整後EBITA	(3,770)	(3,903)
3 EBITAに対する税金	19	(1,248)
4 役員賞与	0	0
5 繰延税金の増減	0	0
NOPLAT	**(3,751)**	**(5,151)**
EBITAに対する税金		
6 法人税等	0	0
7 支払利息による節税額	1	1
8 過去勤務債務利息による節税額		
9 受取利息に対する税金	0	0
10 受取配当金に対する税金	(57)	(41)
11 その他営業外損益に対する税金	0	0
12 特別損益に対する税金	37	1,288
EBITAに対する税金	(19)	1,248

第3章 事業部別ケース

子会社合計	2001/3期	2002/3期
売上高	7,652	8,282
売上原価及び販管費	(5,827)	(6,764)
減価償却費	(1,037)	(1,043)
損益計算書上のEBITA	788	475
1 過去勤務債務に関する調整	96	107
2 役員退職慰労引当金の増加	(39)	(53)
調整後EBITA	845	529
3 EBITAに対する税金	(282)	(143)
4 役員賞与	(9)	(10)
5 繰延税金の増減	(19)	31
NOPLAT	**535**	**407**
EBITAに対する税金		
6 法人税等	133	280
7 支払利息による節税額	0	6
8 過去勤務債務利息による節税額		
9 受取利息に対する税金	(45)	(38)
10 受取配当金に対する税金		
11 その他営業外損益に対する税金	7	(112)
12 特別損益に対する税金	187	7
EBITAに対する税金	282	143

確認（合計値）	2001/3期	2002/3期
売上高	135,221	142,099
売上原価及び販管費	(125,208)	(131,895)
減価償却費	(3,857)	(3,835)
損益計算書上のEBITA	6,156	6,369
1 過去勤務債務に関する調整	724	763
2 役員退職慰労引当金の増加	(9)	76
調整後EBITA	6,871	7,208
3 EBITAに対する税金	(2,775)	(2,853)
4 役員賞与	(59)	(60)
5 繰延税金の増減	(1,553)	(291)
NOPLAT	**2,484**	**4,004**
EBITAに対する税金		
6 法人税等	650	1,337
7 支払利息による節税額	35	39
8 過去勤務債務利息による節税額	0	0
9 受取利息に対する税金	(77)	(51)
10 受取配当金に対する税金	(57)	(41)
11 その他営業外損益に対する税金	47	(97)
12 特別損益に対する税金	2,177	1,665
EBITAに対する税金	2,775	2,853

図表3-30 ● 解説

1 過去勤務債務に関する調整

退職給付費用に含まれる利息費用である。これは、ステップ1と同様に、一定の理屈に基づいて各部門に賦課した。具体的には、退職給付債務を賦課した際と同じく、修正後の各部門の修正後従業員数(図表3-28参照)に比例して配分した(図表3-31参照)。

図表3-31 ●･･････････部門別の過去勤務債務に関する利息費用

(単位:百万円)

部門名	利息費用	
	2001/3期	2002/3期
飲料BU	234	248
食品BU	150	152
その他BU	66	72
間接部門	178	184
子会社	96	107
連結合計	724	764

2 役員退職慰労引当金の増加

ステップ1-2で述べたとおり、役員退職慰労引当金の全額は本社部門に割り振り、連単の差額部分を子会社に割り振っているので、各BUにおいてはすべてゼロとなる。

3 EBITAに対する税金

連結損益計算書上の「法人税、住民税及び事業税」と「法人税等調整額」を合計したものである「法人税等」から、EBITAの計算に含まれていない項目に対して限界税率(同社の追加的収入に対して適用されるであろう実効税率を適用)を乗じたものを加減算して、EBITAに対する税金を算出したものである。

4 役員賞与

ステップ1-3で述べたとおり、直接的に関連を有する公表資料がないため、部門別売上高比率に応じて配分したものを利用した。

5 繰延税金の増減

ステップ1-3 10 で計算した各事業部門の「法人税等調整額」を、そのまま利用した。

6 法人税等

ステップ1-3 9 で記載のとおり、利益に応じて配分した。

7 支払利息による節税額

ステップ1-3 6 で計算した部門ごとの支払利息をもとに、「支払利息」×限界税率

41.6％として計算した。

8 過去勤務債務利息による節税額
【連結（全社）ベース編】でも述べたように、わが国において退職給付費用には当期の税額に対する節税効果はないためここでの金額はゼロ。

9 受取利息に対する税金
ステップ1-3 4 で計算した、単独損益計算書上の受取利息から内部取引（グループ会社への貸付より発生する利息）を相殺した金額をもとに、「受取利息」×限界税率41.6％として計算した。

10 受取配当金に対する税金
ステップ1-3 5 で記述したように、受取配当金は連結金額全額を間接部門に配分しているので、その金額をもとに、「受取配当金」×限界税率41.6％として計算した。

11 その他営業外損益に対する税金
ステップ1-3 7 で記述した方法で計算された金額をもとに、限界税率41.6％を乗じて求めた。

12 特別損益に対する税金
ステップ1-3 8 で記述した方法で計算された金額をもとに、限界税率41.6％を乗じた。

以上の作業により、各部門のNOPLATが求められる。なお、最後に各部門のNOPLATの合計額が、連結（全社）ベースの数字（図表3-6）と合致していることを確認する（ただし、端数の関係で合計額は連結ベースの数字と厳密には合致しない）。

| STAGE 1 | STAGE 2 | STAGE 3 | STAGE 4 |

◉………過去の業績分析【事業部門ベース】

ステップ 3 フリー・キャッシュフローの計算

　ステップ 3 では、部門別のフリー・キャッシュフローを算出する。その結果は図表3-32のとおりである。部門別のフリー・キャッシュフローの算出においては、作業の繁雑さを考えて、NOPLATをもとにした直接計算のみを行い、財務キャッシュフロー面からのバランスチェックは行っていない。

　以下では、表の中で、計算方法がわかりにくいと思われる 4 点のみを解説する。

図表3-32◉解説

1 減価償却費
ステップ1-3 **3** で算出されたものを用いる。

2 設備投資
ステップ1-2 **5** で計算された部門ごとの有形固定資産残高をもとに、投下資産の当年度「有形固定資産」－同前年度「有形固定資産」＋**1**の当年度「減価償却費」という計算により求める。

3 その他資産の増加
ステップ1-2 **6** で計算された部門ごとの残高をもとに、投下資産の当年度「正味その他営業資産」－同前年度「正味その他営業資産」という計算式により求める。

4 のれん代への投資
ステップ1-2 **7** で計算された部門ごとの残高をもとに、計算用連結貸借対照表の当年度「営業権・連結調整勘定」－同前年度「営業権・連結調整勘定」－連結要約損益計算書の当年度「連結調整勘定償却（マイナス表記されている）」と計算した。

　以上の作業により、各部門のフリー・キャッシュフローが求められる。なお、最後に各部門のフリー・キャッシュフローの合計額が、連結（全社）ベースの数字（図表3-7）と合致していることを確認する（ただし、端数の関係で合計額は連結ベースの数字と厳密には合致しない）。

図表3-32◉　部門別のフリー・キャッシュフローの算出（カゴメ）

(単位：百万円)

飲料BU		2001/3期	2002/3期
営業キャッシュフロー			
	NOPLAT	3,696	5,399
❶	減価償却費	1,600	1,472
	グロス・キャッシュフロー	5,296	6,872
	運転資金の増加	(890)	3,422
❷	設備投資	(1,652)	(1,208)
❸	その他資産の増加	63	(149)
	総投資	(2,479)	2,065
	のれん代加算前フリー・キャッシュフロー	2,817	8,936
❹	のれん代への投資		
	フリー・キャッシュフロー	**2,817**	**8,936**

食品BU		2001/3期	2002/3期
営業キャッシュフロー			
	NOPLAT	913	1,377
❶	減価償却費	674	642
	グロス・キャッシュフロー	1,587	2,019
	運転資金の増加	437	917
❷	設備投資	(1,130)	(951)
❸	その他資産の増加	46	(51)
	総投資	(647)	(85)
	のれん代加算前フリー・キャッシュフロー	940	1,934
❹	のれん代への投資		
	フリー・キャッシュフロー	**940**	**1,934**

その他BU合計	2001/3期	2002/3期
営業キャッシュフロー		
NOPLAT	1,091	1,972
❶ 減価償却費	275	387
グロス・キャッシュフロー	1,365	2,359
運転資金の増加	184	1,267
❷ 設備投資	(364)	(519)
❸ その他資産の増加	18	(40)
総投資	(161)	708
のれん代加算前フリー・キャッシュフロー	1,204	3,067
❹ のれん代への投資		
フリー・キャッシュフロー	**1,204**	**3,067**

本社・間接部門	2001/3期	2002/3期
営業キャッシュフロー		
NOPLAT	(3,751)	(5,151)
❶ 減価償却費	271	291
グロス・キャッシュフロー	(3,480)	(4,860)
運転資金の増加	614	(1,018)
❷ 設備投資	131	(490)
❸ その他資産の増加	0	0
総投資	745	(1,508)
のれん代加算前フリー・キャッシュフロー	(2,735)	(6,368)
❹ のれん代への投資		
フリー・キャッシュフロー	**(2,735)**	**(6,368)**

子会社合計	2001/3期	2002/3期
営業キャッシュフロー		
NOPLAT	535	407
1 減価償却費	1,037	1,043
グロス・キャッシュフロー	1,572	1,450
運転資金の増加	151	(490)
2 設備投資	(1,014)	(981)
3 その他資産の増加	(7)	4
総投資	(870)	(1,467)
のれん代加算前フリー・キャッシュフロー	702	(17)
4 のれん代への投資	(2)	1
フリー・キャッシュフロー	**700**	**(16)**

確認(合計値)	2001/3期	2002/3期
営業キャッシュフロー		
NOPLAT	2,484	4,004
1 減価償却費	3,857	3,835
グロス・キャッシュフロー	6,341	7,839
運転資金の増加	497	4,098
2 設備投資	(4,029)	(4,149)
3 その他資産の増加	120	(236)
総投資	(3,412)	(287)
のれん代加算前フリー・キャッシュフロー	2,929	7,552
4 のれん代への投資	(2)	1
フリー・キャッシュフロー	**2,927**	**7,553**

| STAGE 1 | STAGE 2 | STAGE 3 | STAGE 4 |

◉……………過去の業績分析【事業部門ベース】

ステップ 4　ROICの要素分解とバリュー・ドライバーの算定

ここでは、BUごとの収益性の比較を、ROICツリーによって行う。

図表3-33はBUごとの数値の比較をしやすいように、主要な数値を一覧表にまとめたものである。

なお、本社・間接部門には売上がないのでNOPLATがマイナス値となるため、ROICもマイナス値となる。そのため、ここでは取り上げていない。

図表3-33◉……………部門別のROICの要素分解

(2002年3月期)	ROIC(平均)	税引前ROIC	EBITA／売上高	売上高／投下資産	営業運転資金／売上高	有形固定資産／売上高	その他資産／売上高
飲料BU	38.2%	46.2%	8.0%	5.7	4.5%	12.5%	0.4%
食品BU	21.8%	26.6%	5.2%	5.1	5.6%	13.6%	0.5%
その他BU	29.8%	35.8%	11.5%	3.1	19.3%	12.5%	0.4%
子会社	4.2%	5.4%	6.4%	0.9	4.5%	112.9%	0.3%

(2001年3月期)	ROIC(平均)	税引前ROIC	EBITA／売上高	売上高／投下資産	営業運転資金／売上高	有形固定資産／売上高	その他資産／売上高
飲料BU	23.9%	41.4%	8.4%	4.9	6.4%	13.4%	0.4%
食品BU	13.8%	22.5%	4.6%	4.9	7.7%	12.3%	0.4%
その他BU	15.1%	26.3%	10.1%	2.6	25.0%	13.1%	0.4%
子会社	5.6%	8.8%	11.0%	0.8	2.6%	122.7%	0.3%

2002年3月期および2001年3月期のいずれも、ROICは飲料BUが最も高く、以下、その他BU、食品BU、子会社BUの順である。税引前ROICは、EBITA／売上高と売上高／投下資産に分解できるが、BUごとの売上原価や販売費及び一般管理費のデータがないため、EBITA／売上高をそれ以上の要素に分解することができない。そのため、ここではEBITA／売上高についての分析は行わない。売上高／投下資産は、営業運転資金／売上高、有形固定資産／売上高、その他資産／売上高の3種類の効率性指標に分解できる。

これらの効率性指標をみると2つのことがわかる。

営業運転資金／売上高は、その他BUが極端に悪く、有形固定資産／売上高は、子会社が極端に悪いということである。その他BUは業務用の製品・商品が多く、それが、営業運転資金／売上高の数値を上昇させているようである。子会社は、不動産事業を行っているため、有形固定資産／売上高は高くなっているものと考えられる。
　以上のことから、各部門の特性について、以下のように推測する。

- 飲料BUは、資産効率がいいため、売上高／投下資産が高く、また、収益性もよくEBITA／売上高が高い。そのためROICも高い。
- 食品BUは、資産効率は飲料BUとほぼ同様であるため、売上高／投下資産は飲料BUとあまり変わらないが、収益性が非常に悪くROICがその他BUよりも低い。
- その他BUは、在庫面での資産効率が悪いため、売上高／投下資産が飲料BUや食品BUに比して極端に悪い。しかしながら、収益性が非常に高く、その結果ROICが食品BUよりも高くなっている。
- 子会社は、不動産事業を行っているため、固定資産にかかる資産効率が悪く、売上高／投下資産が他のBUに比して極端に悪い。そのため、収益性がある程度よくてもROICは低くなってしまう。なお、2002年3月期において、収益性指標であるEBITA／売上高は大きく悪化した。

　なお、すでにステップ1で述べたように、カゴメの分析においてはステップ5～ステップ7要素は他のステップに織り込んで説明した。したがって次のステップは、STAGE 2に移りステップ8「資本構成の推定」である。

STAGE 1 ▶ **STAGE 2** ▶ STAGE 3 > STAGE 4

● ……………資本コストの推計

ステップ 8 資本構成の推定

8-1 時価ベースでの資本構成の把握

　STAGE 2では、カゴメの部門別のWACCおよびカゴメ全体のWACCを推定する。企業の一部門のみを評価する場合、企業全体の資本コストを簡易的に各部門の資本コストとして利用することも可能だが、各部門により事業のリスクが異なるため、意思決定に際して間違いが生じる可能性がある。具体的には、企業全体の平均的リスクに比べてリスクの低い事業部門においては、本来低い割引率が適用されるべきところが、高め（企業平均）のWACCでキャッシュフローが割り引かれるために、現在価値が小さめに計算される。逆にリスクの高い事業部門では、現在価値が大きめに計算される。

　そこでSTAGE 2では、以下の4ステップに従いながら、事業部門ごとにその事業と類似業種の企業のリスク率を参考にしつつWACCを推計した。

　　ステップ 8：資本構成の推定
　　ステップ 9：株式以外での資金調達コストの推定
　　ステップ10：普通株式による資金調達コストの推定
　　ステップ11：加重平均資本コスト（WACC）の計算

　まず資本構成について考えるが、この場合すでに述べたリスク（主には、ステップ10で求める株式のベータ）だけではなく、資本構成についても部門別に考えるべきかが問題となる。この点については、中長期的にカゴメが目標とすべき全社的資本構成を全事業部門について適用すべきであると考える[注1]。

　以下では、まず評価対象企業であるカゴメについて、とりうる限り直近の財務データを用いることにより、退職給付引当金を含めた広義の有利子負債および資本の時価総額を算出し、現状での資本構成比を求める。その後、わが国におけるカゴメを除く大手食品会社（食品BUの競合他社）、大手飲料会社（飲料BUの競合他社）について、2002年12月末現在の有利子負債と資本との構成比を求め、カゴメの現状と比較、参考しながら、総合的に全社的目標資本構成を算出する。なお、その他BUについてはカゴメ全体のWACCを用いるので算出していない。

図表3-34● 2002年12月末時点での時価ベース資本構成（カゴメ）

資金調達源	時価の推計(百万円)	投下資産合計に占める割合
短期借入金	0	0.0%
転換社債の社債部分	14,618	19.3%
退職給付債務	5,000	6.6%
有利子負債計	19,618	25.9%
普通株式	56,161	74.0%
転換社債の資本部分	112	0.1%
少数株主持分	0	0.0%
資本計	56,273	74.1%
投下資産合計	75,891	100.0%

　以上を総合すると、カゴメの2002年12月末時点での時価ベースの資本構成は、図表3-34のように、有利子負債が25.9%、株式資本が74.1%と計算される。

解説

---

① 短期借入金・長期の有利子負債

カゴメは2002年9月末現在、短期借入金は存在しないが、長期の有利子負債として転換社債が存在する。よって、資本構成の推定にあたっては転換社債を考慮する必要がある。転換社債は通常の社債による資本調達とは違い、株式への転換権を併せ持つため、資本構成の推定に関しては、社債の部分と転換権の部分を分けて評価しなければならない。評価の手法としてはオプションを用いた評価、2項モデルによる評価、シミュレーションによる評価など多くの評価手法が存在するが、ここでは、Damodaran

....

　　【注1】確かに部門別に競合他社と比較すれば、各事業部門別に競合他社の資本構成を参考に別々の目標資本構成を定めることも可能である。しかしながら、特定の部門を売却、もしくは分社化することを前提にしない限り、各事業部門が別々の目標資本構成を設定し、別々の財務管理をすると考えることには無理がある。むしろ、各事業部門の財務方針は、本社財務部門によって全社的に決定され、その数値に各事業部門は依存するはずである。
　　もちろん、全社的目標資本構成を決定する際には、各事業部門の競合他社の資本構成は参考にされるだろう。ただし、あくまでもそうした部門ごとの数値は判断材料であり、最終的にはそれらを部門ごとのウェイトに従って加重平均したものをもとに、全社的目標資本構成が決定されると考えるべきだろう。

著のThe Dark Side of Valuationで述べられている評価方法を利用する。具体的には、「転換社債の評価は、普通社債の価値を求めた後、転換社債の時価との差額を株式資本とみなすものである」。つまり、カゴメの発行する転換社債が、普通社債であったなら（転換権がなかったなら）いくらであるかという理論価格を計算する。これは、同格付同償還期間における普通社債の流通利回り（イールド）を求め、転換社債の社債部分の予定キャッシュフローを割り引くことにより計算できる。ここではBloomberg端末より、同格付同償還期間の普通社債のイールドが0.407%というデータを入手し、普通社債の理論価値を14,618百万円と計算した。転換社債の時価総額は、同じくBloombergより14,730百万円であるので、この差である112百万円が転換オプションの価格になる。そして、この転換オプションの価格を株主資本の時価とみなす[注2]。

転換社債簿価残高	14,541百万円
転換社債時価総額	14,730百万円
普通社債理論価値	14,618百万円
転換オプション価値（＝株主資本価値）	112百万円

（Bloombergデータに基づき計算　2002年12月末現在）

この数値からわかるように、カゴメの転換社債は2002年12月末時点で株価が転換価額を下回っているため、ほとんど普通社債と同じ時価となっている。したがって、評価時点でみる限り、当転換社債はほぼ全額を有利子負債だと扱ってよいことになる。

2 リース
カゴメには2002年9月末現在ファイナンスリース取引によるリース物件の中間期末残高が2,451百万円計上されている。リース取引に関しては借入と同様の効果をもたらすため、資本構成の推定にあたっては全額、長期借入と同様に扱う。リースによる債務を2,451百万円と推定した。

3 退職給付引当金（退職給付債務）
カゴメは2002年8月に適格年金と厚生年金基金を解散し、確定拠出年金を新規に導入した。確定拠出年金の導入により、約251億円あった退職給付債務は約50億円に圧縮されている（2002年9月期　中間決算短信（連結）4．経営方針　記載）。

【注2】Damodaranの方式は、普通株式と転換権（オプション）のコストが同じだという前提に立っているが、実際には株式のオプションは原資産である株式よりもリスクが高いため、期待収益率も普通株式より高い。このため、この方式で求めた転換社債の資本コストは、実際よりも低めに出る。より正確な計算方法については、Copeland, Weston, Shastri 著の「Financial Theory and Corporate Policy（4th Edition）」を参照のこと。

貸借対照表上に記載されている退職給付引当金は1,757百万円であるが、これは適格年金と厚生年金基金以外にカゴメが退職一時金として支給している分に対応したものである。以上の事情を勘案した結果、評価時点におけるカゴメの退職給付債務は「経営方針」に記載されている50億円と推定した。

4 普通株式・少数株式持分・優先株式・繰延税金

株主資本の計算は、株式時価総額として取り扱った。2002年12月末時点で、カゴメの株価は727円、発行済株式数は7,725万株であり、株式の時価総額は約56,160百万円であった。カゴメは連結決算を実施しているが、連結対象子会社がすべて100%子会社であるため、少数株主持分は存在しない。優先株式も発行していない。

STAGE 2

● ……………資本コストの推計

ステップ 8 資本構成の推定

8-2 類似企業の資本構成の分析

次に、各部門ごとの競合他社の資本構成を分析する。ここでは、食品BUについて、わが国におけるカゴメを除く大手食品会社を類似企業とし、飲料BUについては、大手飲料会社を類似企業とする。なお、有利子負債は短期借入金、長期の有利子負債および退職給付引当金を簿価評価とし、また株主資本は2002年12月末現在での株式時価総額として取り扱った（図表3-35、図表3-36）。この分析の結果、競合他社データを見る限り、食品、飲料ともにカゴメの評価時点の資本構成と類似していることがわかる。

図表3-35 ● 大手食品会社の資本構成

(有利子負債残高は2002年3月決算ベース、時価総額は2002年12月末の株価を使用)

企業名	(広義の)有利子負債(百万円)	発行済株式数(千株)	時価(円)	株式時価総額(百万円)	合計(百万円)	有利子負債比率(百万円)
キッコーマン	90,919	197202	823	162,297	253,216	35.9%
味の素	227,144	649981	1,239	805,326	1,032,470	22.0%
キユーピー	113,878	155464	940	146,136	260,014	43.8%
ハウス食品	30,323	112378	1,121	125,976	156,299	19.4%
日清食品	17,214	127463	2,650	337,777	354,991	4.8%
					平均値	25.2%
					中央値	22.0%

図表3-36 ● 大手飲料会社の資本構成

(有利子負債残高は2002年3月決算ベース、時価総額は2002年12月末の株価を使用)

企業名	(広義の)有利子負債(百万円)	発行済株式数(千株)	時価(円)	株式時価総額(百万円)	合計(百万円)	有利子負債比率(百万円)
ヤクルト	50,212	175,910	1,352	237,830	288,042	17.4%
カルピス	13,275	78,750	545	42,919	56,194	23.6%
伊藤園	39,381	45,496	4,020	182,894	222,275	17.7%
キリンビバレッジ	28,308	54,380	1,859	100,929	129,237	21.9%
アサヒ飲料	55,426	52,585	407	21,402	76,828	72.1%
					平均値	30.6%
					中央値	21.9%

第3章 事業部別ケース

| STAGE 1 | **STAGE 2** | STAGE 3 | STAGE 4 |

●············資本コストの推計

ステップ 8 資本構成の推定

8-3 長期的目標資本構成の推定

　カゴメの代表的な事業部門である食品BU、飲料BUについて、それぞれの競合他社の資本構成を比較した結果、カゴメの評価時点での資本構成と大きく変わらないことが判明した。このことを踏まえ、我々としてはカゴメが将来にわたって、現在の資本構成をほぼ維持していくであろうと推測した。

　以上を総合的に勘案し、我々は最終的に部門、全社を問わず、有利子負債25%、株主資本75%を、カゴメの目標資本構成とした。

| STAGE 1 | **STAGE 2** | STAGE 3 | STAGE 4 |

◉............資本コストの推計

ステップ 9 株式以外での資金調達コストの推定

　株式以外の資金調達コストについても本来は部門別にリスクが異なるため、部門別の調達コスト算出が必要になる。しかし、カゴメを含む多くの日本企業において、プロジェクトファイナンスを中心とした部門別の資金調達を実施している企業は少数であり、部門別の資金調達を実施していたとしても情報が開示されていないことが多い。つまり、現状多くの企業にとって資金調達の主体は企業全体のリスクに対応したコーポレートファイナンスである。以上の理由により、株式以外での資金調達は部門別に算出せずに企業全体の数値を利用することとした。

　2002年12月末現在、カゴメには短期借入金は存在しない。有利子負債とみなされるものは、ステップ 8 で述べたように、長期資金調達としての転換社債と退職給付債務である。

　すでにステップ 8 で検証したように、カゴメの転換社債は2002年12月末時点で、14,618百万円の普通社債部分と112百万円の転換オプションに分解される。したがって、普通社債部分についての資本コストは、同格付社債で調達した場合に予想される金利（具体的には1.89%）を用いて計算を行う。

解説

1 転換社債の普通社債部分
WACCは超長期を前提としているため、転換社債の調達コストについても超長期の金利を適用させる必要がある。第 2 章のステップ 9 のイールド・カーブグラフ（図表2-19）で見たように、シングルA格の2002年12月末現在の超長期社債（20年もの）の利回りは1.89%であるため、社債の調達コストを1.89%と推定した。

2 リース
リースは資金調達の一種として借入れや社債発行の代替手段として一般的に利用される。長期の資金調達の代替手段であり基本的にコーポレートの信用力により調達コストが変化するものである。リースについても転換社債と同様、シングルA格水準の社

債コストである1.89％とした。
❸ 退職給付引当金
退職給付引当金についてはカゴメの有価証券報告書上の注記上において、予定利率が3％となっている。本来ならば、この部分についても1.89％を用いるほうが一貫性はあるが、そのためには仮に予定利率が1.89％だったならば退職給付債務がいくらになったかを算定せねばならず、公表データからは困難である。したがって、退職給付債務の割引率である予定利率をそのまま、退職給付引当金における資本コストとみなして計算を行う。

STAGE 1　**STAGE 2**　STAGE 3　STAGE 4

●……………資本コストの推計

ステップ
10　普通株式による資金調達コストの推定

10-1 リスクフリー・レートの推定
10-2 マーケット・リスクプレミアムの推定

　ステップ10では株式による調達コストの推定を行う。手順は以下に述べるような標準的なものである。

　ステップ10-1：リスクフリー・レートの推定
　ステップ10-2：マーケット・リスクプレミアムの推定
　ステップ10-3：システマティック・リスク（ベータ）の推定
　ステップ10-4：普通株式資本コストの算定

　事業部門別のリスクを反映するために、各部門ごとの競合他社の株式システマティック・リスク指標、すなわちベータを調べ参考にする。食品BUについては、わが国におけるカゴメを除く大手食品会社を類似企業とし、飲料BUについては、大手飲料会社を類似企業とし、それぞれベータのデータを収集する。
　リスクフリー・レートは、2002年12月末時点での20年もの国債の流通利回りを用いる。すでに第 2 章でみたとおり、Bloomberg端末から取得した20年もの国債利回りである1.55%を、リスクフリー・レートとする。マーケット・リスクプレミアムも第 2 章と同様に 5 %を利用した。

| STAGE 1 | **STAGE 2** | STAGE 3 | STAGE 4 |

● ……………資本コストの推計

ステップ 10 | 普通株式による資金調達コストの推定

10-3 システマティック・リスク（ベータ）の推定
10-4 普通株式資本コストの算定

　カゴメについても、第1章に述べた代表的なベータ取得方法である、Barra社の「将来予測ベータ（predicted beta）」を入手して利用した。ただし、全社および事業部門別のベータについて、Barra社の値が低すぎると感じられたため、他のベータ推定手法を併用して最終的なベータを計算した。その結果、カゴメの食品BU、飲料BU、全社ベースの株主資本コストは、それぞれ2.56％、3.62％、3.41％と推定された。

　まずカゴメ全社の「将来予測ベータ」は、2002年12月末時点の直近データで、0.039である。この数字は、現在の資本構成に基づくレバード・ベータであるが、ステップ8でみたように、今後当社の目標資本構成が評価時点とほぼ同じとするならば、この数値がそのままカゴメの企業全体に用いるべきベータということになる。

　ただ、直感的に0.039というベータは、若干低すぎる感もある。そこで、Bloombergと東証TOPIXデータ集によるヒストリカル・ベータを参照した。するとBloombergで期間5年のヒストリカル・ベータを週次収益率に基づいて推定したものは0.33、東証TOPIXデータ集では0.14となっており、確かにこの期間におけるBarraの推定値は低すぎたように思える（図表3-37）。

図表3-37 ●……………各種推定方法によるカゴメ全社のベータ値

推定方法	ベータ値
Barra	0.039
Bloomberg（週次5年）	0.33
東証TOPIXデータ集	0.14

　次に、各事業部門のベータを考えるために、競合他社のベータを参考にする。最初に、事業部門別に評価対象部門に類似した業種の上場企業をピックアップし、類似上場企業についてBarra、Bloomberg（期間5年・週次収益率に基づくヒストリカル・ベータ）、東証TOPIXデータ集によるベータを調べ、それを参考にしながら、部門別のベータを推定する。カゴメのケースでは、ステップ8-2と同様、食品BUについては大手食品会社を、飲料BUについては大手飲料会社を、それぞれ類似企業とし、それら類似企業のベータ値データを収集した（図表3-38、図表3-39）。なお、表中で「#N/A」

図表3-38 ●　　　　　　大手食品会社のベータ値比較

企業名	データ取得先	借入有ベータ	有利子負債比率	アンレバード・ベータ(借入無)
キッコーマン	Barra	0.236	35.9%	0.18
	Bloomberg未修整	0.51		0.38
	東証TOPIXデータ集	0.54		0.41
味の素	Barra	0.123	22.0%	0.11
	Bloomberg未修整	0.37		0.32
	東証TOPIXデータ集	0.18		0.15
キユーピー	Barra	-0.046	43.8%	#N/A
	Bloomberg未修整	0.29		0.20
	東証TOPIXデータ集	0.09		0.06
ハウス食品	Barra	0.028	19.4%	0.02
	Bloomberg未修整	0.21		0.18
	東証TOPIXデータ集	0.21		0.18
日清食品	Barra	-0.06	4.8%	#N/A
	Bloomberg未修整	0.1		0.10
	東証TOPIXデータ集	0.02		0.02
平均値	Barra	0.0562	25.2%	0.102
	Bloomberg未修整	0.296		0.236
	東証TOPIXデータ集	0.208		0.165
中央値	Barra	0.028	22.0%	0.105
	Bloomberg未修整	0.29		0.199
	東証TOPIXデータ集	0.18		0.154

図表3-39 ●　　　　　　大手飲料会社のベータ値比較

企業名	データ取得先	借入有ベータ	有利子負債比率	アンレバード・ベータ(借入無)
ヤクルト	Barra	0.273	17.4%	0.24
	Bloomberg未修整	0.63		0.56
	東証TOPIXデータ集	0.59		0.52
カルピス	Barra	0.207	23.6%	0.18
	Bloomberg未修整	0.53		0.45
	東証TOPIXデータ集	0.56		0.47
伊藤園	Barra	0.586	17.7%	0.52
	Bloomberg未修整	0.58		0.51
	東証TOPIXデータ集	0.83		0.74
キリンビバレッジ	Barra	0.256	21.9%	0.22
	Bloomberg未修整	0.37		0.32
	東証TOPIXデータ集	0.17		0.15
アサヒ飲料	Barra	0.307	72.1%	0.12
	Bloomberg未修整	0.4		0.16
	東証TOPIXデータ集	0.1		0.04
平均値	Barra	0.3258	30.6%	0.256
	Bloomberg未修整	0.502		0.400
	東証TOPIXデータ集	0.45		0.384
中央値	Barra	0.273	21.9%	0.220
	Bloomberg未修整	0.53		0.448
	東証TOPIXデータ集	0.56		0.474

と記載されている企業は、Barra社のデータベースから得られた「将来予測ベータ」がマイナスの値だったため、アンレバード・ベータについて計算対象から外したものである。

　以上の分析の過程で、我々はカゴメと同様に、食品・飲料業界においてBarraの「将来予測ベータ」とそれ以外の推定方法によるベータの間に大きな乖離があることを発見した。これは、第2章においては発生しなかった新たな問題である。本書の建前としては、Barraのベータを使うのが望ましい、としてきた。しかしながら、Barraによるアンレバード・ベータ平均値が食品業界において約0.1、飲料業界において約0.25というのは、これらの業界の低リスク構造を勘案したとしても、標準的ファイナンス教科書に掲載されている米国食品業界企業のベータに比べ、若干低すぎるのではないかと感じた。

　残念ながら、我々としてはこれらの異なる推定値の間の差異が発生する要因をつきとめることができなかった。そこで、必ずしもベストの方法でないことは承知しつつ、カゴメの食品BU、および飲料BUについて、それぞれ3つの異なるベータ推定手法で計算した競合他社のアンレバード・ベータの平均値を平均した、0.168、0.347を、事業部門のシステマティック・リスク（アンレバード・ベータ）として用いることにした。その結果、リレバード・ベータは、食品BUについては0.201、飲料BUについては0.415となった。なお、これらの数値をもとに2002年3月末における両BUの過去2年間のNOPLAT比20:80で加重平均したベータ値は、0.372と計算され、図表3-36のカゴメ全社の最大ベータ値よりも若干大きくなる。ただ、今後カゴメを取り巻く競争環境が厳しくなり、同社のリスクが増大する可能性も考えて、我々はカゴメの全社ベースのベータについては、この加重平均値をカゴメの全社ベースのリレバード・ベータと扱うこととした[注]。

　以上の推定値を用いて、カゴメの食品BU、飲料BU、全社ベースの株主資本コストの推定を行う。下記のとおり資本資産価格モデル（CAPM）を用いて計算すると、それぞれ2.56％、3.62％、3.41％となる。

【注】食品、飲料以外の部門のシステマティック・リスクは同業他社比較が困難なため、全社のシステマティック・リスクを計算するための加重平均に含めていない。ただ、本章の目的は事業部門の価値算定なので、カゴメ全社のベータは、（直接全社ベースのベータ値を推定した数値とかけ離れたものとならない限り）各事業部門の積み上げによる数値を使って、事業部門ごとの数値と整合性をとっておくほうが得策だと考え、上のように処理した。

$k_s = r_f + [E(r_m) - r_f] \beta$

$k_s = 1.55\% + 5\% \times 部門ベータ$ (または加重平均による全社ベータ推定値)

ここで、

- k_s：普通株式による調達コスト（普通株式の資本コスト）
- r_f：リスクフリー・レート
- $[E(r_m) - r_f]$：マーケット・リスクプレミアム

を表す。

STAGE 1　STAGE 2　STAGE 3　STAGE 4

●……………資本コストの推計

ステップ11　加重平均資本コスト（WACC）の計算

　ステップ10までの作業を踏まえて、カゴメの資本コストを算出する。具体的には、これまでの業界平均資本コスト、株式以外での資金調達コスト、株式による調達コストの推定から下記の式を用いてWACCを算出する。

$$\text{WACC} = k_b(1-T_c)\frac{B}{V} + k_s\frac{S}{V}$$

ここで、
- k_b：有利子負債での資金調達コスト
- k_s：普通株式の資本コスト
- B/V、S/V：それぞれの目標資本構成比。
- T_c：限界税率。ここではカゴメの適用法人実効税率の41.6%を適用。

　図表3-40のとおり、カゴメの飲料BU飲料部門のWACCは3.03%、食品BUのWACCは2.23%、全社ベースのWACCは2.87%と推定された。

図表3-40 ●……事業部門および全社ベースのWACCの推定（カゴメ）

カゴメ全体

資金調達源	目標とする比率	コスト	税引後コスト	WACCへの寄与
借入金・転換社債社債部分	16.6%	1.89%	1.11%	0.18%
リース	2.8%	1.89%	1.11%	0.03%
退職給付債務	5.7%	3.00%	1.77%	0.10%
有利子負債計	25.0%			0.32%
普通株式(転換社債の株式分含)	75.0%	3.41%	3.41%	2.56%
少数株主持分	0	0%	0.00%	0.00%
資本計	75.0%			2.56%
		WACC		**2.87%**

飲料BU

資金調達源	目標とする比率	コスト	税引後コスト	WACCへの寄与
借入金・転換社債社債部分	16.6%	1.89%	1.11%	0.18%
リース	2.8%	1.89%	1.11%	0.03%
退職給付債務	5.7%	3.00%	1.77%	0.10%
有利子負債計	25.0%			0.32%
普通株式(転換社債の株式分含)	75.0%	3.62%	3.62%	2.72%
少数株主持分	0	0%	0.00%	0.00%
資本計	75.0%			2.72%
		WACC		**3.03%**

食品BU

資金調達源	目標とする比率	コスト	税引後コスト	WACCへの寄与
借入金・転換社債社債部分	16.6%	1.89%	1.11%	0.18%
リース	2.8%	1.89%	1.11%	0.03%
退職給付債務	5.7%	3.00%	1.77%	0.10%
有利子負債計	25.0%			0.32%
普通株式(転換社債の株式分含)	75.0%	2.56%	2.56%	1.92%
少数株主持分	0	0%	0.00%	0.00%
資本計	75.0%			1.92%
		WACC		**2.23%**

● 第3章 事業部別ケース

| STAGE 1 | STAGE 2 | **STAGE 3** | STAGE 4 |

● ……………将来キャッシュフローの予測

ステップ 12　将来予測の期間と詳細の決定

　STAGE 3 では、食品BUおよび飲料BUの市場規模の推移と各社のシェアを予測し、その結果から将来のキャッシュフローの予測を行う。STAGE 1 において、我々はカゴメを食品BU、飲料BU、その他BUの 3 事業部門に分けて分析しているが、その他BUは食品、飲料に含まれないさまざまな事業を包摂しており、個別の分析は難しい。したがって、STAGE 3 では、主に食品と飲料業界の分析を中心に説明する。

　我々の分析ステップは、本書の標準的なものであるが、通常の企業全体を分析する場合に比べて、同じステップのなかで複数の部門について分析を要する点が異なっている。したがって、各ステップでは、必要に応じてサブステップを設け、分析手順を整理している。なお、ステップ13のシナリオの策定についてはステップ14にて各商品の分析に含めた。

　食品産業は全製造品出荷額の約 1 割程度を占める巨大産業であり絶対的な需要があるために景気変動の影響は少ないが、国内の人口が頭打ちであるため今後の成長は見込めない、いわゆる成熟産業である。成熟した商品に関しては商品ごとに需要量がある程度見込めるため（比較的安定的な需要・価格／消費者人口との相関性）、総需要量（単価×消費量）の予測とシェアの予測により各社の売上高の詳細な予測が可能となる。一方、消費者の嗜好性の変化が激しく、多様化していることから新商品の予測はきわめて困難である。しかし、有力新商品については競合他社の参入があるため、急成長を遂げた後に成長力が鈍る傾向がある。以下では、この特徴をおさえたうえで野菜飲料等の新商品の予測を行う。

　なお、本章では事業部門別の価値算出を説明することを主目的とするため、ステップ15およびステップ16については検討を加えていない。

　　ステップ12：将来予測の期間と詳細の決定
　　ステップ13：シナリオの策定（本章では省略）
　　ステップ14：シナリオの業績予測への転換
　　ステップ15：複数業績予測シナリオの作成（本章では省略）
　　ステップ16：一貫性と整合性のチェック（本章では省略）

食品・飲料業界は成熟産業であり他産業と比べきわめて低い成長率で推移していくと考えられる。一方、商品ごとにみると短期間で急成長を遂げる商品も存在する（カゴメの場合は野菜飲料）。そのため商品ごとに将来予測を行い、安定成長に移行することが見込める10年間を予測期間とした。また、STAGE 4 でも述べるが、安定期の成長率については、成長率が低い成熟産業の特性および国内人口の将来的な減少を勘案し、長期インフレ率を下回る水準で成長していくと考えている。

　なお、次のステップ13の検討内容は、ステップ14においてまとめて記述する。

| STAGE 1 | STAGE 2 | **STAGE 3** | STAGE 4 |

◉……………将来キャッシュフローの予測

ステップ 14 シナリオの業績予測への転換

14-1 売上高の予測（食品BU）

　ステップ14では、ステップ13のカバー範囲であるシナリオの策定と、そのシナリオを業績予測へと転換する作業を、以下のようなサブステップで同時に行う。すでに述べたように、食品と飲料を別々に分析する関係で、サブステップの構成は他の章とは若干異なっている。

　　ステップ14-1：売上高の予測（食品BU）
　　ステップ14-2：売上高の予測（飲料BU、その他BU）
　　ステップ14-3：部門別予測損益計算書の作成
　　ステップ14-4：部門別予測貸借対照表の作成
　　ステップ14-5：部門別フリー・キャッシュフローの算定

　カゴメは各BUに関して、市場規模の推移とシェアの推移を独自の調査結果として発表している。これらの発表数字と総務省統計局の発表している「家計調査年報」による市場全体の推移に関する情報とを総合し、今後の金額ベースでの市場規模とカゴメのシェアを予測し、食品BUにおける主要商品別の売上高予測を行った。

解説

1 市場規模の推移

●トマトケチャップ

カゴメ発表の市場規模の推移によれば、トマトケチャップの市場規模は1998年度には268億円あったものが2001年度には227億円に減少している。この間、総務省統計局の「家計調査年報」によれば、トマトケチャップの一世帯あたりの平均購入量が1,552gから1,355gに、購入単価が44.99円から41.77円（100gあたり）に低下している（図表3-41）。基幹調味料であるケチャップは周辺調味料の多様化による競争激化から需要を減らす傾向にあった。一方、2002年度はこれらの数値が1,369gおよび42.65円と若干の

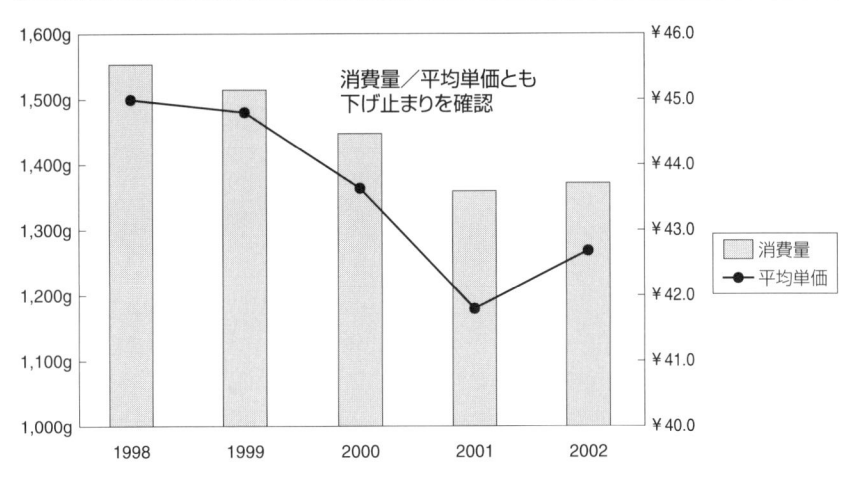

図表3-41 市場全体のケチャップ消費量と平均単価の推移

凡例：消費量／平均単価

消費量／平均単価とも
下げ止まりを確認

(出典：総務省統計局「平成14年度家計調査年報」)

増加がみられ、1992年頃から続いていた一世帯あたりの購入量および購入単価の下げ止まりが確認される結果となっている。これらの結果より、ケチャップの金額ベースの市場規模総額は、過去2年間の市場規模総額減少率3.7％を参考に、下げ止まりも勘案して、2003年度については2％の減少率を適用し、それ以降予測期間内で減少率が低下（歯止めがかかる）し、10年間で減少率が1％になるように予測した。

●レギュラーソース（＋お好み・焼そばソース）

カゴメ発表の市場規模の推移によれば、レギュラーソース（＋お好み・焼そばソース）市場の合計は、1998年～2002年（暦年ベース）にかけて、302億円、335億円、317億円、302億円、281億円（見込）と推移している。この間総務省統計局の「家計調査年報」によれば、ソース市場全体では、一世帯あたりの平均消費量が1,782gから1,670gに、購入単価が51.94円から48.24円と減少している（図表3-42）。ケチャップと同様、調味料類の多様化が進んでいるため、類似する商品群との競合により減少していたと考えられる。今後も市場規模は若干の減少傾向が続くと予測されるものの、ソース類は日本の食文化に欠かせないものであるため、減少率は低い水準で推移すると予想される。
我々は、ソース市場全体の金額ベースの市場規模総額について、過去2年間の市場規模総額減少率3.6％を参考に、下げ止まりも勘案して、2003年については2％の減少率を適用し、それ以降予測期間内で減少率が低下（歯止めがかかる）し、10年間で減少率が1％になるように予測した。

●パスタソース
カゴメ発表の市場規模の推移によれば、パスタソース市場の合計は、1998年～2002年（暦年ベース）にかけて、365億円、378億円、365億円、345億円、348億円（見込）と推移している。しかしながら、総務省統計局の「家計調査年報」には、パスタソースの記載はなく、それ以外にも今後の市場推移を予測するデータが十分に得られなかったため、2002年の数値を基に、市場規模は日本の人口にある程度連動していると仮定し、人口推移予測を用いて市場規模を予測した。

●ホールトマト、トマトソース、トマトピューレー、サルサ、その他の商品
これら商品に関しては、カゴメから市場規模予測が発表されてはいるものの、総務省統計局の「家計調査年報」をはじめとして、詳細な将来予測ができるようなデータを記載した資料がみつからなかった。そこで、パスタソース同様に、各商品の市場規模は日本の人口にある程度連動していると仮定し、人口推移予測を用いて市場規模を予測した。以上、我々の市場規模予測を一覧表にまとめたのが、図表3-43である。

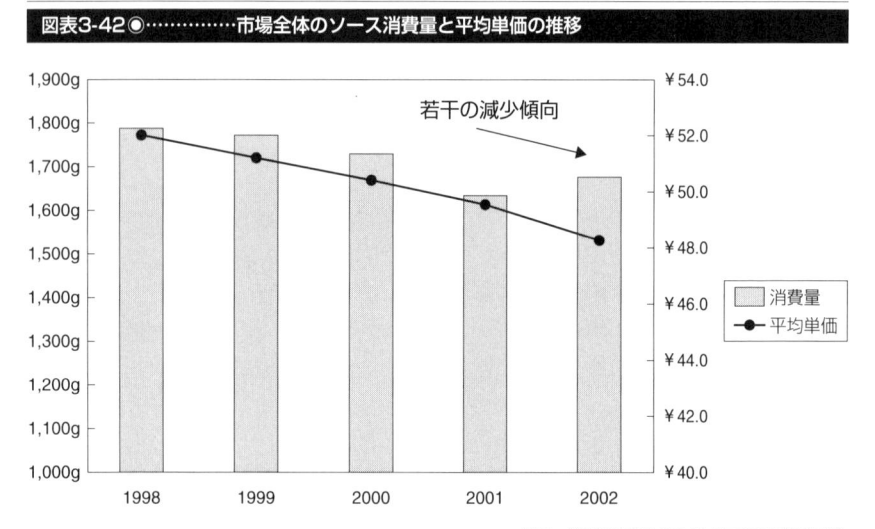

図表3-42● 市場全体のソース消費量と平均単価の推移

(出典：総務省統計局「平成14年度家計調査年報」)

2 カゴメシェアの予測

次に各商品の市場規模全体の中で、カゴメの商品が今後どのようなシェアを占めていくと考えられるかを、カゴメ発表の市場シェア資料を参考に予測する。我々の予測を一覧表にしたのが図表3-44であるが、以下でその主要な考え方を説明する。

図表3-43●　　　　　1999年～2012年の各商品市場規模（金額ベース）の実績および予測

(単位：億円)

	1999	2000	2001	2002	2003	2004	2005	2006	2007	2008	2009	2010	2011	2012
トマトケチャップ	258	241	227	228	223	219	215	212	208	205	202	200	197	195
レギュラー＋お好み・焼きそばソース	335	317	302	281	275	270	265	261	257	253	249	246	243	240
パスタソース	378	365	345	353	357	360	362	363	363	362	359	356	351	345
ホールトマト	55	49	44	48	49	49	49	49	49	49	49	48	48	47
トマトソース	8	6	6	8	8	8	8	8	8	8	8	8	8	8
トマトピューレー	9	8	7	6	6	6	6	6	6	6	6	6	6	6
サルサ	3	2	1	2	2	2	2	2	2	2	2	2	2	2

●トマトケチャップ

カゴメのトマトケチャップシェアは、1999年から2002年まで65％前後で推移している。トマトケチャップに関しては日本市場におけるガリバー的存在であり、カゴメのケチャップが日本人の食生活に密接に関連している。今後高シェアを保っていく競争力は持っており、またキャンペーンや製品パッケージのリニューアル等活性化の施策を積極的に実施していることから、今後とも高いシェアを維持することが予想されるため、トマトケチャップのシェアは過去5年間の平均シェアが、そのまま予測期間内を通じて維持されるとして計算した。

●レギュラーソース（＋お好み・焼きそばソース）

レギュラーソース（＋お好み・焼そばソース）は、業界内で3位のシェアを誇っている。ソース市場全体の規模が低下しているものの、カゴメのシェアは一定水準で推移している。基幹製品（ウスター、中濃、濃厚）は地域特性があり、その土地のブランドソースを使うという根強い需要がある。カゴメの発祥地である東海地区ではブランド力の強さが発揮されるものの、他地域の市場開拓は難しいと考えられる。過去5年間のシェアは安定的に推移しており、レギュラーソースおよびお好み・焼きそばソースのシェアについても、過去5年間の平均シェアが、そのまま予測期間内を通じて維持されるとして計算した。

●パスタソース

パスタソースのシェアは、容器合計ベースで1999年に13.5％であったものが2002年度には9.5％まで低下しており、現在は業界4位の水準である。内訳としては、業務用パスタソースがシェア3位と強さを発揮しているものの、家庭用パスタソースでは競争力が乏しくシェア8位となっており、パスタソース全体のシェアを減少させている。しかしながら、シェアの低下率は減少傾向にあるため、今後10年間はシェアの低下率を前年比0.1％と予測した。

● トマト関連商品

トマト関連商品（ホールトマト、トマトソース、サルサ）に関しては、市場を独占しており、極めて強い競争力があると考えられる。また、海外子会社や海外企業と提携しており、トマト原料等の安定供給先を確保している。今後とも高いシェアを維持することが予想されるため、トマト関連商品のシェアは過去5年間の平均シェアが、そのまま予測期間内を通じて維持されるとして計算した。

図表3-44 ● 1999年～2012年の各商品市場におけるカゴメのシェア実績および予測

(単位：％)

トマトケチャップ	1999	2000	2001	2002	2003	2004	2005	2006	2007	2008	2009	2010	2011	2012
カゴメ	61.9	63.5	64.1	64.0	63.9	63.9	63.9	63.9	63.9	63.9	63.9	63.9	63.9	63.9
A社	19.9	17.5	17.3	16.9	17.7	17.7	17.7	17.7	17.7	17.7	17.7	17.7	17.7	17.7
B社	2.3	2.6	3.1	3.3	2.8	2.8	2.8	2.8	2.8	2.8	2.8	2.8	2.8	2.8
C社	1.9	2.0	2.0	1.7	1.7	1.7	1.7	1.7	1.7	1.7	1.7	1.7	1.7	1.7
D社	0.0	0.9	1.2	1.3	0.7	0.7	0.7	0.7	0.7	0.7	0.7	0.7	0.7	0.7
その他	14.0	13.5	12.3	12.8	13.2	13.2	13.2	13.2	13.2	13.2	13.2	13.2	13.2	13.2

レギュラー＋お好み・焼きそばソース	1999	2000	2001	2002	2003	2004	2005	2006	2007	2008	2009	2010	2011	2012
A社	36.7	34.5	34.0	33.1	35.2	35.2	35.2	35.2	35.2	35.2	35.2	35.2	35.2	35.2
B社	22.6	24.2	25.0	26.1	23.9	23.9	23.9	23.9	23.9	23.9	23.9	23.9	23.9	23.9
カゴメ	21.9	22.5	22.2	22.5	22.3	22.3	22.3	22.3	22.3	22.3	22.3	22.3	22.3	22.3
C社	8.6	8.7	8.4	7.7	8.3	8.3	8.3	8.3	8.3	8.3	8.3	8.3	8.3	8.3
D社	2.7	2.7	2.8	2.9	2.7	2.7	2.7	2.7	2.7	2.7	2.7	2.7	2.7	2.7
その他	7.5	7.4	7.6	7.7	7.6	7.6	7.6	7.6	7.6	7.6	7.6	7.6	7.6	7.6

パスタソース	1999	2000	2001	2002	2003	2004	2005	2006	2007	2008	2009	2010	2011	2012
A社	25.6	26.2	28.5	28.9	26.5	26.5	26.5	26.5	26.5	26.5	26.5	26.5	26.5	26.5
B社	21.7	22.4	22.2	23.5	22.5	22.5	22.5	22.5	22.5	22.5	22.5	22.5	22.5	22.5
C社	11.6	12.5	14.9	15.8	12.9	12.9	12.9	12.9	12.9	12.9	12.9	12.9	12.9	12.9
カゴメ	13.5	12.2	9.9	9.5	9.4	9.3	9.2	9.1	9.0	8.9	8.8	8.7	8.6	8.5
D社	5.3	5.5	4.6	4.4	4.4	4.3	4.3	4.2	4.2	4.1	4.1	4.1	4.0	4.0
その他	22.3	21.2	19.9	17.9	23.4	23.5	23.6	23.7	23.8	23.9	23.9	24.0	24.1	24.2

ホールトマト	1999	2000	2001	2002	2003	2004	2005	2006	2007	2008	2009	2010	2011	2012
カゴメ	57.3	62.9	62.6	63.0	58.8	58.8	58.8	58.8	58.8	58.8	58.8	58.8	58.8	58.8
A社	15.1	14.7	14.3	10.9	15.1	15.1	15.1	15.1	15.1	15.1	15.1	15.1	15.1	15.1
B社	1.5	1.8	1.8	1.7	1.7	1.7	1.7	1.7	1.7	1.7	1.7	1.7	1.7	1.7
C社	3.6	2.0	1.7	1.3	2.6	2.6	2.6	2.6	2.6	2.6	2.6	2.6	2.6	2.6
D社	1.4	1.1	0.9	0.6	1.2	1.2	1.2	1.2	1.2	1.2	1.2	1.2	1.2	1.2
その他	21.1	17.5	18.7	22.5	20.6	20.6	20.6	20.6	20.6	20.6	20.6	20.6	20.6	20.6

トマトソース	1999	2000	2001	2002	2003	2004	2005	2006	2007	2008	2009	2010	2011	2012
カゴメ	59.6	69.8	81.2	75.8	67.9	67.9	67.9	67.9	67.9	67.9	67.9	67.9	67.9	67.9
A社	30.2	21.7	11.0	9.1	20.4	20.4	20.4	20.4	20.4	20.4	20.4	20.4	20.4	20.4
B社	2.1	1.6	1.4	3.3	2.4	2.4	2.4	2.4	2.4	2.4	2.4	2.4	2.4	2.4
C社	0.0	0.0	0.0	2.3	0.5	0.5	0.5	0.5	0.5	0.5	0.5	0.5	0.5	0.5
D社	0.0	0.0	0.0	1.5	0.3	0.3	0.3	0.3	0.3	0.3	0.3	0.3	0.3	0.3
その他	8.1	6.9	6.4	8.0	8.5	8.5	8.5	8.5	8.5	8.5	8.5	8.5	8.5	8.5

トマトピューレー	1999	2000	2001	2002	2003	2004	2005	2006	2007	2008	2009	2010	2011	2012
カゴメ	83.3	82.7	82.3	79.7	82.4	82.4	82.4	82.4	82.4	82.4	82.4	82.4	82.4	82.4
A社	14.2	15.0	15.4	17.2	14.9	14.9	14.9	14.9	14.9	14.9	14.9	14.9	14.9	14.9
B社	0.9	0.9	0.8	0.7	0.9	0.9	0.9	0.9	0.9	0.9	0.9	0.9	0.9	0.9
C社	0.8	0.6	0.5	0.5	0.6	0.6	0.6	0.6	0.6	0.6	0.6	0.6	0.6	0.6
D社	0.3	0.3	0.3	0.3	0.3	0.3	0.3	0.3	0.3	0.3	0.3	0.3	0.3	0.3
その他	0.5	0.5	0.7	1.6	0.9	0.9	0.9	0.9	0.9	0.9	0.9	0.9	0.9	0.9

サルサ	1999	2000	2001	2002	2003	2004	2005	2006	2007	2008	2009	2010	2011	2012
カゴメ	85.0	83.9	81.1	71.9	82.8	82.8	82.8	82.8	82.8	82.8	82.8	82.8	82.8	82.8
A社	0.0	0.0	2.1	1.0	0.6	0.6	0.6	0.6	0.6	0.6	0.6	0.6	0.6	0.6
B社	4.2	6.2	3.2	0.9	3.8	3.8	3.8	3.8	3.8	3.8	3.8	3.8	3.8	3.8
C社	5.6	2.9	0.5	0.1	1.8	1.8	1.8	1.8	1.8	1.8	1.8	1.8	1.8	1.8
その他	5.2	7.0	13.1	26.1	11.0	11.0	11.0	11.0	11.0	11.0	11.0	11.0	11.0	11.0

❸ カゴメの食品BUの売上予測

以上で、食品BUの取り扱っている主要商品の金額ベースでの市場規模と、その市場に占めるカゴメのシェア予測が完成した。カゴメの食品BUのうち、主要商品の売上高の予測は、これらを用いて、(金額ベース市場規模予測額)×(カゴメの予測シェア)を計算することで求めていくが、以下に予測作成上での注意点を述べる。

(1) カゴメの市場規模とシェアは、暦年ベースで計算されているため、会計年度ごとの予測に置き換える際には変換が必要。
  この点については、たとえば、2001年3月期の売上計算のベースとなる数字は、(2000年の市場規模×シェア)について75%、(2001年の市場規模×シェア)について25%の比率を用いて加重平均し、年度ごとの商品別(市場規模×シェア)の金額とした。

(2) カゴメの食品売上のうち一部は、業務用BUに計上されているため、(市場規模×シェア)の数値のうち、食品BUに全額は計上されない。

(3) 市場規模は消費者の平均実勢購買価格から拡大推計した金額であり、必ずしもカゴメの卸価格とは一致しないため、(市場規模×シェア)の数値がそのままカゴメの売上金額と合致するわけではない。

これらの問題点を解決するために、カゴメが発表している食品BU内の各商品毎の売上高と、その商品について(1)で推定した(市場規模×シェア)の数値の比率を2000年3月期から、2003年3月期(予想)までについて計算し、その平均値を、2004年3月期以降の(市場規模×シェア)の予測値に乗ずることで、各商品の年度ごとの売上予測を計算した。

なお、当社が発表している食品BU内の商品別売上は、「ケチャップ」、「ソース」、「トマトキッチンスタジオ」となっているが、「ケチャップ」は市場規模・シェアの「トマトケチャップ」、「ソース」は市場規模・シェアの「レギュラー＋お好み・焼そばソース」、「トマトキッチンスタジオ」は、「ホールトマト」、「トマトソース」、「トマトピューレー」、「サルサ」の合算値と解釈した。「パスタソース」については、食品BUの商品別売上の項目には含まれず、「その他」の売上に計上されていると考えた。そしてカゴメが発表している食品BU内の数字から算定した「その他」の売上高と、パスタソースについて(1)で推定した（市場規模×シェア）の数値の比率を2000年 3 月期から、2003年 3 月期（予想）までについて計算し、その平均値を、2004年 3 月期以降の（市場規模×シェア）の予測値に乗ずることで、「その他」商品の年度ごとの売上予測を行った。

カゴメデリ、冷凍食品、スープ等の商品に関しては、詳細な将来予測ができる資料が乏しいため、市場規模については日本の人口にある程度連動していると仮定し、人口推移予測に連動させ、マーケットシェアについては、現状のシェアをそのまま維持すると仮定し、売上高を予測した。当社はこれらの分野において、今後積極的に新商品を投じ、市場シェアの拡大を目指していると思われるので、この仮定は保守的すぎるかもしれない。

以上に基づいて行った、食品BUの商品別及び合計の売上予測を一覧表にしたのが、図表3-45である。

図表3-45 2000年〜2012年の各商品市場におけるカゴメの売上高実績および予測

(単位：百万円)

	2000/3	2001/3	2002/3	2003/3	2004/3	2005/3	2006/3	2007/3	2008/3	2009/3	2010/3	2011/3	2012/3
トマトケチャップ	14,189	13,994	13,417	13,505	13,054	12,809	12,582	12,371	12,176	11,996	11,831	11,680	11,543
（市場規模・シェアより換算したトマトケチャップ売上比）													
		89.8%	92.6%	92.1%	93.1%	91.9%	91.9%	91.9%	91.9%	91.9%	91.9%	91.9%	91.9%
ソース	7,744	7,586	7,154	6,823	6,589	6,465	6,350	6,244	6,146	6,055	5,972	5,896	5,826
（市場規模・シェアより換算したレギュラー＋お好み・焼きそばソース売上比）													
		106.3%	108.0%	108.2%	108.7%	107.8%	107.8%	107.8%	107.8%	107.8%	107.8%	107.8%	107.8%
トマトキッチンスタジオ	3,849	3,787	3,417	3,808	3,574	3,602	3,620	3,626	3,621	3,605	3,578	3,540	3,492
（市場規模・シェアより換算したホールトマト＋トマトペースト＋トマトピューレー＋サルサ売上比）													
		84.5%	89.7%	85.7%	90.5%	87.6%	87.6%	87.6%	87.6%	87.6%	87.6%	87.6%	87.6%
無菌米飯	330	1,077	3,100	4,489	4,541	4,580	4,607	4,618	4,616	4,599	4,567	4,522	4,464
冷凍食品	140	336	512	896	906	914	919	922	921	918	912	903	891
その他	6,584	5,589	4,444	5,079	4,602	4,589	4,562	4,520	4,464	4,395	4,312	4,218	4,113
（市場規模・シェアより換算したパスタソース売上比）													
		133.3%	133.3%	130.7%	151.4%	137.2%	137.2%	137.2%	137.2%	137.2%	137.2%	137.2%	137.2%
食品BU合計	32,836	32,369	32,044	34,600	33,265	32,959	32,639	32,301	31,944	31,567	31,172	30,758	30,328
（伸び率）		−1.4%	−1.0%	8.0%	−3.9%	−0.9%	−1.0%	−1.0%	−1.1%	−1.2%	−1.3%	−1.3%	−1.4%

| STAGE 1 | STAGE 2 | **STAGE 3** | STAGE 4 |

⦿‥‥‥‥‥将来キャッシュフローの予測

ステップ 14 シナリオの業績予測への転換

14-2 売上高の予測（飲料BU、その他BU）

　飲料BUについては、食品部門以上に商品の構成が細かく、移り変わりも激しいため、食品BUとは異なった詳細な分析を行っている。すなわち、カゴメの取扱商品について、金額でなく、数量ベースでの販売実績や市場規模に関するデータをもとに、数量から予測を行う。金額ベースの市場規模は、数量ベースの市場規模に商品単価を乗じて求められるので、数量と価格の推移を別々に分析すれば、市場規模金額予測が可能になる。

解説

●トマトジュース

カゴメ発表のトマトジュース販売容量は、2000年度には51,502kl（キロリットル）であったが2002年度には47,171klまで減少している。販売単価についても331,210円/klから313,328円/klに低下している（図表3-46）。トマトジュースは根強い購買層（ヘビーユーザー）がある一方、周辺のライトユーザーが他の野菜ジュースにシフトしたり、若年層のトマトジュース離れが進んだりしているため、販売容量と単価は今後も減少傾向が続くと予想される。

そこで、販売容量についてはトマトジュース市場全体の過去 4 年間の平均減少率7.5%を参考に、予測期間内で減少率が 5 ％で推移すると予測した。販売単価については、1 klあたり単価推移の過去 2 年間の平均減少率で当初単価が減少した後、その後予測期間内で下落率は低下（歯止めがかかる）し、10年間で下落率が2003年度の半分まで鈍化するように予測した。

●野菜飲料

近年、健康志向が急速に高まっている。健康志向の高まりにより消費者層が厚くなり、野菜飲料の売上は急激に高まった。特にカゴメの主力商品である「野菜生活」は2000年から2002年にかけて売上高で約1.8倍となり野菜飲料のトップブランドに成長している。単価は284,865円/klから、248,676円/klと 2 割近く減少しているものの、販売容量

が64,290klから129,683klと倍増している(図表3-47)。

同社は、「野菜生活」を中心に売上高を急増させたものの、今後は他社の参入も予想され、類似商品の競合により販売単価の下落が予測される。しかしながら、以前カゴメは類似商品の競合による価格競争に巻き込まれ販売単価下落を招いた結果、業績を悪

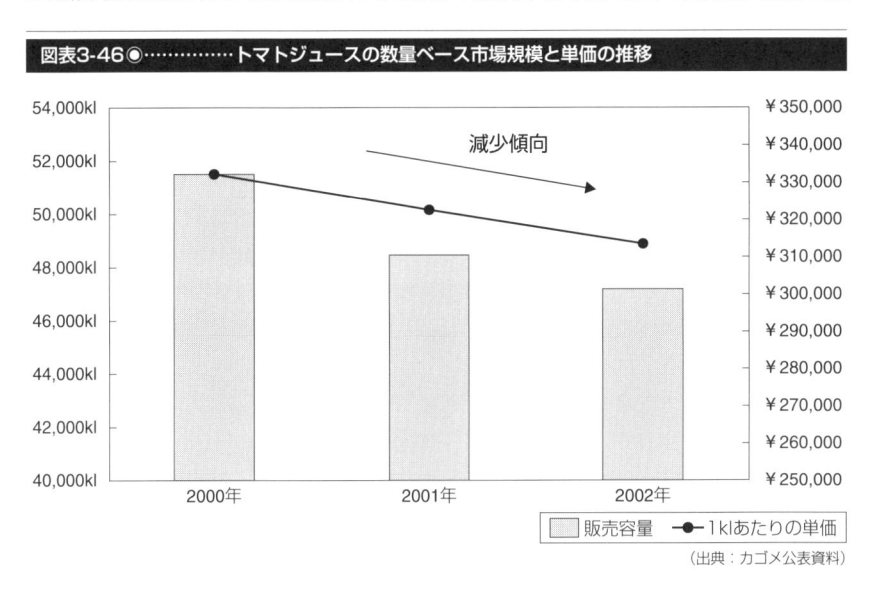

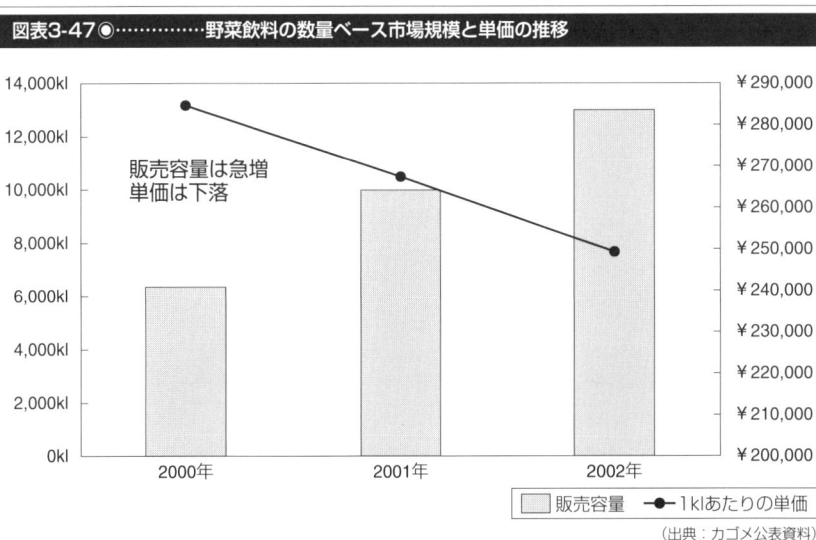

図表3-46 トマトジュースの数量ベース市場規模と単価の推移

減少傾向

販売容量　1klあたりの単価

(出典:カゴメ公表資料)

図表3-47 野菜飲料の数量ベース市場規模と単価の推移

販売容量は急増
単価は下落

販売容量　1klあたりの単価

(出典:カゴメ公表資料)

化させた苦い経験があり、近年は価格水準による競争ではなく商品力で競争する方針を表明しており、今後の販売単価の下落はある程度押さえられると予測される。一方、野菜飲料合計という観点で見れば、市場規模の伸びは一服した感があり、図表3-49、図表3-50を見れば分かるように、市場全体としては、2002年に生産量がマイナス成長に転じている。

以上より、野菜飲料の販売容量については、野菜飲料市場全体の過去4年間の平均増加率は5.7%を参考に、最近の市場の頭打ち傾向を勘案して、平均増加率のほぼ半分である成長率3％を2003年度に適用し、その後伸び率が低下し、5年間で伸び率が0になるように販売容量を予測した。販売単価については、新規参入による価格競争により若干の単価低下が今後続く可能性があるものの、カゴメは価格競争を今後極力避けると予測されることから、各商品についてデータが存在する過去2年間における平均価格下落率の半分の価格下落率を2003年度に適用し、その後予測期間内で下落率は縮小し、10年間で下落率が0になるように予測した。

●麦茶

カゴメが発表した「六条麦茶」の販売動向は、販売容量は2000年度が60,778klであったものが2002年度には74,926klに増加し、販売単価も128,007円/klから130,745円/klに増加している（図表3-48）。ペットボトルを中心とした麦茶市場が拡大しており、一人あたりの麦茶（パック除く）消費量も1999年に約1.4リットルであったものが2002年度には約1.8リットルと拡大している。

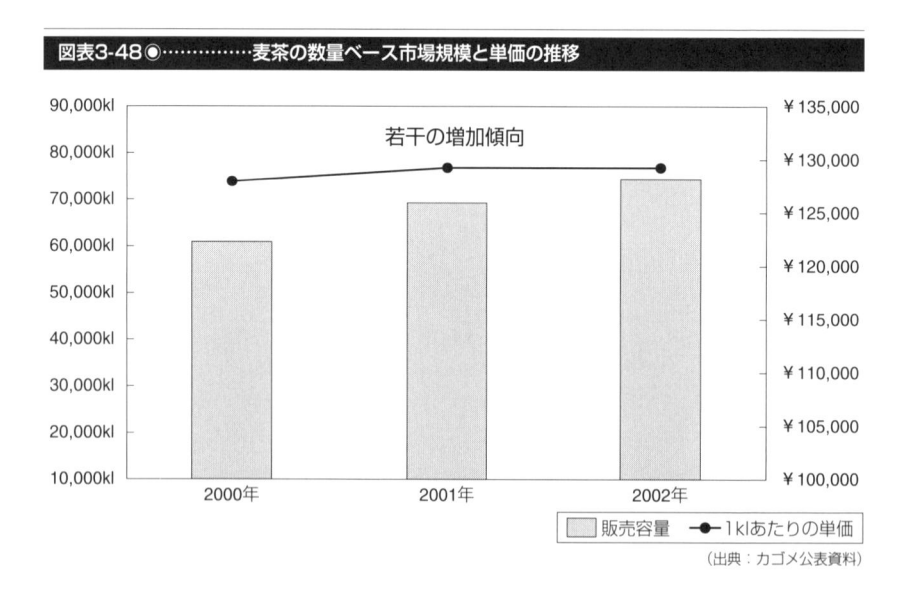

図表3-48　麦茶の数量ベース市場規模と単価の推移

（出典：カゴメ公表資料）

麦茶の消費は夏に集中しており気温の変化により消費量のぶれは大きいものの、昨今の都市部での平均気温上昇のトレンドもあり、市場規模は拡大が予測される。ただ、ある程度まで市場が拡大した後は、他の茶系飲料とのシェア争いとなり、成長は頭打ちとなることが考えられる。

以上より、販売容量については麦茶市場全体の過去4年間の平均増加率を2003年度に適用し、その後伸び率が低下し、5年間で伸び率が0になるように販売容量を予測した。販売単価は緩やかな上昇傾向を示しているものの、他社との競合も激しくなってきているため、2002年度の実績で推移すると予測した。

● その他飲料（上記以外）

詳細な資料が存在しないため、図表3-49、図表3-50に示すような、清涼飲料市場全体の消費額の過去4年間平均増加率、0.4％を2003年度の売上高に適用し、その後予測期間内で伸び率が低下し、10年後に伸び率が0になるように予測した。

図表3-49 ● 清涼飲料市場全体の生産量推移

(単位：kl)

		1998年	1999年	2000年	2001年	2002年
炭酸飲料	コーラ炭酸飲料	1,149,000	1,170,000	1,160,000	1,170,000	1,175,000
	透明炭酸飲料	459,000	420,000	378,000	365,000	313,000
	果汁入り炭酸飲料(10%未満)	55,000	120,000	106,000	126,000	91,000
	果汁入り炭酸飲料(5%未満)	307,000	320,000	297,000	202,000	194,000
	～果実着色炭酸飲料～	362,000	360,000	360,000	293,000	357,000
	乳類入り炭酸飲料	71,000	90,000	88,000	79,000	79,000
	炭酸水	45,000	46,000	45,000	40,000	36,000
	その他炭酸飲料	136,000	116,000	129,000	149,000	135,000
	栄養ドリンク炭酸飲料	269,000	250,000	241,000	225,000	228,000
	計	2,853,000	2,892,000	2,804,000	2,649,000	2,608,000
果汁飲料等	天然果汁	570,000	550,000	556,000	576,000	582,000
	果汁飲料	64,000	51,000	120,000	60,000	56,000
	果肉飲料	40,000	30,000	27,000	24,000	22,000
	果汁入り清涼飲料	930,600	1,121,000	1,130,000	1,078,000	971,000
	果粒入り果実飲料	13,000	75,000	48,000	15,000	80,000
	その他直接飲料	385,000	347,000	354,000	210,000	316,000
	き釈飲料	88,000	90,000	80,000	45,000	46,000

【注】その他BU及び子会社は詳細な資料が存在しないため、詳細な将来予測ができない。しかしながら、その他BUは主に業務用と通信販売であり食品BUと飲料BUと同様の商品を取り扱っているため、食品BU及び飲料BUに売上高が連動すると予測される。その他BUは飲料BU及び食品BUの売上高伸び率を利用し予測を行った。子会社に関してはカゴメ単体の売上高伸び率を利用して売上高の予測を行った。

果汁飲料等	フルーツシロップ	16,000	16,000	20,000	17,000	17,000
	計	2,106,600	2,280,000	2,335,000	2,025,000	2,090,000
コーヒー飲料等		2,562,000	2,600,000	2,610,000	2,688,000	2,757,000
茶系飲料	ウーロン茶飲料	1,210,000	1,280,000	1,295,000	1,398,000	1,217,000
	紅茶飲料	985,000	901,000	789,000	781,000	743,000
	緑茶飲料	610,000	661,000	1,010,000	1,421,000	1,568,000
	麦茶飲料	173,000	180,000	218,000	257,000	232,000
	ブレンド茶飲料	930,000	950,000	981,000	804,000	776,000
	その他茶系飲料	82,000	85,000	87,000	167,000	262,000
	計	3,990,000	4,057,000	4,380,000	4,828,000	4,798,000
ミネラルウォーター類		714,600	956,400	894,300	1,021,200	1,110,500
豆乳飲料等		34,000	45,500	54,000	67,300	78,600
トマトジュース		90,000	90,000	74,000	77,000	66,000
その他野菜飲料		113,400	154,000	186,000	206,000	168,000
スポーツドリンク		1,065,000	1,156,000	1,378,000	1,499,500	1,540,000
乳性飲料		291,000	268,000	345,000	327,000	310,000
乳性飲料(き釈用)		171,000	178,000	185,000	176,000	162,000
その他清涼飲料		481,000	490,000	248,000	295,000	514,000
合計		14,471,600	15,166,900	15,493,300	15,859,000	16,202,100

(出所:清涼飲料関係統計資料)

図表3-50 ● 清涼飲料市場全体の消費額推移

(単位:百万円)

		1998年	1999年	2000年	2001年	2002年
炭酸飲料	コーラ炭酸飲料	249,678	255,835	252,847	234,874	209,516
	透明炭酸飲料	72,680	72,643	69,583	68,513	49,470
	果汁入り炭酸飲料(10%未満)	12,540	24,841	23,727	29,404	22,315
	果汁入り炭酸飲料(5%未満)	59,926	61,968	57,368	37,542	33,635
	果実着色炭酸飲料	77,106	77,021	74,336	57,892	64,017
	乳類入り炭酸飲料	14,441	18,632	18,375	13,628	14,491
	炭酸水	6,731	7,259	7,159	6,542	6,143
	その他炭酸飲料	35,877	29,690	31,736	35,173	28,149
	栄養ドリンク炭酸飲料	136,852	128,184	113,759	99,821	107,799
	計	665,831	676,073	648,890	583,389	535,535
果汁飲料等	天然果汁	102,486	102,364	102,295	101,848	103,166
	果汁飲料	17,882	14,826	20,801	14,513	14,449
	果肉飲料	10,884	8,275	6,008	5,321	3,024
	果汁入り清涼飲料	204,732	232,214	229,016	215,277	211,356
	果粒入り果実飲料	2,820	19,870	12,490	3,498	18,531
	その他直接飲料	82,929	74,961	75,528	37,548	59,250
	き釈飲料	17,362	17,207	14,200	12,068	5,442
	フルーツシロップ	7,757	7,751	9,824	8,016	7,386
	計	446,852	477,468	470,162	398,089	422,604
コーヒー飲料等		801,942	833,902	835,362	834,526	901,473
茶系飲料	ウーロン茶飲料	192,390	204,727	206,010	211,174	171,800
	紅茶飲料	239,946	220,381	196,359	177,056	131,001
	緑茶飲料	122,488	135,073	193,910	261,748	272,860
	麦茶飲料	23,269	24,311	26,499	30,675	46,228
	ブレンド茶飲料	162,285	171,639	173,421	124,863	99,749

茶系飲料	その他茶系飲料	15,055	15,417	16,774	31,246	38,815
	計	755,433	771,548	812,973	836,762	760,453
	ミネラルウォーター類	65,991	85,791	78,001	85,540	98,119
	豆乳飲料等	8,588	11,639	16,583	19,339	22,096
	トマトジュース	31,770	30,481	23,791	23,805	23,359
	その他野菜飲料	60,225	81,788	90,059	95,682	75,231
	スポーツドリンク	179,879	195,248	267,608	265,911	263,858
	乳性飲料	66,901	60,982	84,111	73,639	69,608
	乳性飲料(き釈用)	22,469	22,154	24,217	21,651	18,670
	その他清涼飲料	150,649	160,725	79,583	87,025	117,416
	合計	3,256,530	3,407,799	3,431,340	3,325,358	3,308,422

(出所:清涼飲料関係統計資料)

4 カゴメの飲料BUの売上予測

以上で、飲料BUの取り扱っている主要商品の数量ベースでの将来売上規模と、その単価予測が完成した。カゴメの飲料BUの売上高予測は、これらを用いて、(数量ベース売上予測)×(単価予測)を計算することで求められる。食品BUとは異なり、カゴメの飲料BUの諸数値は、暦年ではなく年度ベースで公表されているため、そのまま年度売上の予測に用いることができる。しかしながら、カゴメの飲料BU売上のうち一部は、業務用BUに計上されている可能性があることから、カゴメが発表している飲料BU内の主要商品の売上高と、その商品について上で推定した((数量ベース売上予測)×(単価予測))の数値(食品BUと異なり、2003年3月期予測は入手できず)の比率を2000年3月期から、2002年3月期までについて計算し、その平均値を、2004年3月期以降の(市場規模×シェア)の予測値に乗ずることで、各商品の年度ごとの売上予測を計算した。商品毎の売上高が発表されていない商品については、((数量ベース売上予測)×(単価予測))の数値をそのまま売上高予測とした。以上の飲料BUの売上高予測に至る過程を、商品別に一覧表にしたのが、下の図表3-51～図表3-53である。

図表3-51 ● カゴメ主力商品の売上容量予測

(単位:kl)

	2000/3	2001/3	2002/3	2003/3	2004/3	2005/3	2006/3	2007/3	2008/3	2009/3	2010/3	2011/3	2012/3
トマトジュース	51,502	48,479	47,171	44,812	42,572	40,443	38,421	36,500	34,675	32,941	31,294	29,729	28,243
伸び率				−5.0%	−5.0%	−5.0%	−5.0%	−5.0%	−5.0%	−5.0%	−5.0%	−5.0%	−5.0%
野菜ミックスJ	37,666	38,915	37,327	36,703	36,212	35,848	35,608	35,489	35,489	35,489	35,489	35,489	35,489
伸び率				−1.7%	−1.3%	−1.0%	−0.7%	−0.3%	0.0%	0.0%	0.0%	0.0%	0.0%
野菜生活	64,290	99,977	129,683	133,573	136,779	139,241	140,912	141,758	141,758	141,758	141,758	141,758	141,758
伸び率				3.0%	2.4%	1.8%	1.2%	0.6%	0.0%	0.0%	0.0%	0.0%	0.0%
キャロットJ	2,825	2,793	3,770	3,883	3,976	4,048	4,096	4,121	4,121	4,121	4,121	4,121	4,121
伸び率				3.0%	2.4%	1.8%	1.2%	0.6%	0.0%	0.0%	0.0%	0.0%	0.0%
六条麦茶	60,778	69,298	74,926	80,629	85,539	89,446	92,169	93,573	93,573	93,573	93,573	93,573	93,573
伸び率				−10%	7.6%	6.1%	4.6%	3.0%	1.5%	0.0%	0.0%	0.0%	0.0%

図表3-52 ● カゴメ主力商品の単価予測

(単位：円／kl)

	2000/3	2001/3	2002/3	2003/3	2004/3	2005/3	2006/3	2007/3	2008/3	2009/3	2010/3	2011/3	2012/3
トマトジュース	331,210	322,325	313,328	304,752	296,828	289,517	282,781	276,589	270,912	265,721	260,994	256,708	252,844
伸び率		-2.7%	-2.8%	-2.7%	-2.6%	-2.5%	-2.3%	-2.2%	-2.1%	-1.9%	-1.8%	-1.6%	-1.5%
野菜ミックスJ	322,758	317,204	310,365	307,357	304,527	301,871	299,384	297,063	294,903	292,903	291,058	289,365	287,823
伸び率		-1.7%	-2.2%	-1.0%	-0.9%	-0.9%	-0.8%	-0.8%	-0.7%	-0.7%	-0.6%	-0.6%	-0.5%
野菜生活	284,865	266,961	248,676	240,510	233,007	226,121	219,810	214,036	208,764	203,966	199,612	195,680	192,146
伸び率		-6.3%	-6.8%	-3.3%	-3.1%	-3.0%	-2.8%	-2.6%	-2.5%	-2.3%	-2.1%	-2.0%	-1.8%
キャロットJ	362,478	349,445	298,408	284,831	272,518	261,358	251,250	242,104	233,842	226,394	219,698	213,700	208,352
伸び率		-3.6%	-14.6%	-4.6%	-4.3%	-4.1%	-3.9%	-3.6%	-3.4%	-3.2%	-3.0%	-2.7%	-2.5%
六条麦茶	128,007	129,369	130,745	130,745	130,745	130,745	130,745	130,745	130,745	130,745	130,745	130,745	130,745
伸び率		1.1%	1.1%	0.0%	0.0%	0.0%	0.0%	0.0%	0.0%	0.0%	0.0%	0.0%	0.0%

図表3-53 ● カゴメ主力商品の売上高予測

(単位：百万円)

	2000/3	2001/3	2002/3	2003/3	2004/3	2005/3	2006/3	2007/3	2008/3	2009/3	2010/3	2011/3	2012/3
トマトジュース	16,523	15,226	14,363	13,269	12,278	11,377	10,556	9,809	9,127	8,505	7,936	7,415	6,938
(数量売上・単価より換算したトマトジュース売上比)	96.9%	97.4%	97.2%	97.2%	97.2%	97.2%	97.2%	97.2%	97.2%	97.2%	97.2%	97.2%	97.2%
野菜ミックスJ	11,971	12,103	11,308	11,060	10,812	10,610	10,452	10,336	10,261	10,191	10,127	10,068	10,015
(数量売上・単価より換算した野菜ミックスJ売上比)	98.5%	98.0%	97.6%	98.0%	98.0%	98.0%	98.0%	98.0%	98.0%	98.0%	98.0%	98.0%	98.0%
野菜生活	18,307	26,686	32,751	32,287	32,030	31,643	31,129	30,493	29,742	29,059	28,438	27,878	27,375
(数量売上・単価より換算した野菜生活売上比)	100.0%	100.0%	101.6%	100.5%	100.5%	100.5%	100.5%	100.5%	100.5%	100.5%	100.5%	100.5%	100.5%
キャロットJ	1,024	976	1,125	1,106	1,084	1,058	1,029	998	964	933	905	881	859
その他野菜飲料（実績値は当社発表の野菜飲料計より逆算）	1,255	814	531	533	535	537	538	540	541	541	542	543	543
（前年比伸び率）		-35.1%	-34.8%	0.4%	0.4%	0.3%	0.3%	0.2%	0.2%	0.2%	0.1%	0.1%	0.0%
野菜飲料計	49,080	55,805	60,078	58,255	56,738	55,224	53,705	52,176	50,635	49,229	47,949	46,785	45,729
伸び率				-3.0%	-2.6%	-2.7%	-2.8%	-2.8%	-3.0%	-2.8%	-2.6%	-2.4%	-2.3%
六条麦茶	7,472	8,967	8,897	10,081	10,695	11,183	11,524	11,699	11,699	11,699	11,699	11,699	11,699
(数量売上・単価より換算した六条麦茶売上比)	96.0%	100.0%	90.8%	95.6%	95.6%	95.6%	95.6%	95.6%	95.6%	95.6%	95.6%	95.6%	95.6%
その他飲料＋ギフト等（実績値は飲料BU売上合計より逆算）	11,926	11,658	12,280	12,329	12,374	12,413	12,448	12,478	12,503	12,523	12,538	12,548	12,553
（前年比伸び率）		-2.2%	5.3%	0.4%	0.4%	0.3%	0.3%	0.2%	0.2%	0.2%	0.1%	0.1%	0.0%
野菜飲料以外の飲料BU売上計	13,658	20,626	21,177	22,410	23,068	23,596	23,972	24,177	24,202	24,222	24,237	24,247	24,252
飲料BU合計	68,478	76,430	81,255	80,665	79,807	78,821	77,676	76,353	74,837	73,451	72,186	71,032	69,981
伸び率				-0.7%	-1.1%	-1.2%	-1.5%	-1.7%	-2.0%	-1.9%	-1.7%	-1.6%	-1.5%

| STAGE 1 | STAGE 2 | **STAGE 3** | STAGE 4 |

●·············将来キャッシュフローの予測

ステップ 14 シナリオの業績予測への転換

14-3 部門別予測損益計算書の作成

　このサブステップでは、売上予測をもとに、その売上に対してどの程度の費用が発生するかを分析しながら、部門別の予測損益計算書を作成していく。

　すでにSTAGE 1で述べたように、カゴメの決算資料では、部門別の限界利益、貢献利益が公表されている。したがって、部門別の利益率の将来予測も、この限界利益と貢献利益を用いると便利である。

　作成された部門予測損益計算書は、図表3-54に示す。以下では計算上わかりにくいと思われる項目を中心に説明する。

図表3-54●解説

---

1 限界利益

限界利益は売上高から変動費を引いたものである。限界利益率を過去 3 期でみると、飲料BUは32.6％、29.8％、28.5％、食品BUは28.2％、25.4％、25.9％、その他BUは30.9％、33.7％、35.2％と年度ごとに若干の変化がみられるものの、原料調達コストの長期安定化を図るべく長期為替予約や世界規模の調達を行うなど、変動比率の安定化を図ろうとしている。今後は原料等の調達コストの安定化が図られると予測し、2002年度の限界利益率が続くとし、BUごとの限界利益を予測した。

2 固定費・貢献利益

〈飲料BU、食品BU、その他BU〉
貢献利益は限界利益から固定費を引いたものである。売上高貢献利益率は過去 3 期でみると飲料BUが9.8％、8.1％、7.7％、食品BUは3.4％、4.1％、4.8％、その他BUは6.6％、10.0％、11.4％と推移している。一方で、過去 3 年間のデータから、売上の変化率に対する固定費の変化率の感応度を推定すると、0.5より若干小さい値となっている。
したがって、ここでは、今後予測売上が変化した場合に、固定費は売上の変化率の 2 分の 1 の変化幅で変動するとして、固定費の推移を予測する。

図表3-54● 部門別予測損益計算書（カゴメ）

(単位：百万円)

	飲料BU	2003/3	2004/3	2005/3	2006/3	2007/3	2008/3	2009/3	2010/3	2011/3	2012/3
	売上高	80,665	79,807	78,821	77,676	76,353	74,837	73,451	72,186	71,032	69,981
1	BU限界利益	23,017	22,772	22,490	22,164	21,786	21,354	20,958	20,597	20,268	19,968
2	固定費	16,838	16,749	16,646	16,527	16,390	16,232	16,088	15,957	15,837	15,727
2	貢献利益	6,178	6,023	5,844	5,636	5,396	5,121	4,870	4,641	4,431	4,241
	営業利益	6,178	6,023	5,844	5,636	5,396	5,121	4,870	4,641	4,431	4,241
3	減価償却費	1,462	1,451	1,441	1,430	1,420	1,409	1,399	1,389	1,379	1,369
4	受取利息	19	19	19	19	19	19	19	19	19	19
5	受取配当金	0	0	0	0	0	0	0	0	0	0
6	支払利息	43	43	43	43	43	43	43	43	43	43
7	その他営業外損益	0	0	0	0	0	0	0	0	0	0
8	特別損益	0	0	0	0	0	0	0	0	0	0
9	法人税等	1,336	1,283	1,216	1,137	1,047	943	848	761	683	612
10	法人税等調整額	(60)	0	0	0	0	0	0	0	0	0
11	役員賞与	30	30	30	30	30	30	30	30	30	30

	食品BU	2003/3	2004/3	2005/3	2006/3	2007/3	2008/3	2009/3	2010/3	2011/3	2012/3
	売上高	34,600	33,265	32,959	32,639	32,301	31,944	31,567	31,172	30,758	30,328
1	BU限界利益	8,950	8,605	8,526	8,443	8,356	8,263	8,166	8,063	7,956	7,845
2	固定費	7,028	6,888	6,855	6,822	6,786	6,748	6,709	6,667	6,623	6,578
2	貢献利益	1,922	1,717	1,670	1,621	1,570	1,515	1,457	1,396	1,333	1,267
	営業利益	1,922	1,717	1,670	1,621	1,570	1,515	1,457	1,396	1,333	1,267
3	減価償却費	638	633	628	624	619	615	610	606	602	597
4	受取利息	7	7	7	7	7	7	7	7	7	7
5	受取配当金	0	0	0	0	0	0	0	0	0	0
6	支払利息	19	19	19	19	19	19	19	19	19	19
7	その他営業外損益	0	0	0	0	0	0	0	0	0	0
8	特別損益	0	0	0	0	0	0	0	0	0	0
9	法人税等	637	553	535	515	495	474	451	427	402	375
10	法人税等調整額	(23)	0	0	0	0	0	0	0	0	0
11	役員賞与	12	12	12	12	12	12	12	12	12	12

	その他BU合計	2003/3	2004/3	2005/3	2006/3	2007/3	2008/3	2009/3	2010/3	2011/3	2012/3
	売上高	20,874	20,477	20,243	19,978	19,677	19,337	19,018	18,718	18,434	18,166
1	BU限界利益	7,341	7,202	7,119	7,026	6,920	6,801	6,689	6,583	6,483	6,389
2	固定費	4,922	4,874	4,847	4,815	4,779	4,739	4,701	4,665	4,632	4,600
2	貢献利益	2,420	2,327	2,273	2,211	2,141	2,062	1,988	1,918	1,851	1,789
	営業利益	2,420	2,327	2,273	2,211	2,141	2,062	1,988	1,918	1,851	1,789
3	減価償却費	384	381	378	375	373	370	367	365	362	359
4	受取利息	5	5	5	5	5	5	5	5	5	5
5	受取配当金	0	0	0	0	0	0	0	0	0	0
6	支払利息	15	15	15	15	15	15	15	15	15	15
7	その他営業外損益	0	0	0	0	0	0	0	0	0	0
8	特別損益	0	0	0	0	0	0	0	0	0	0
9	法人税等	655	620	599	576	549	519	491	465	440	416
10	法人税等調整額	(19)	0	0	0	0	0	0	0	0	0
11	役員賞与	8	8	8	8	8	8	8	8	8	8

本社・間接部門		2003/3	2004/3	2005/3	2006/3	2007/3	2008/3	2009/3	2010/3	2011/3	2012/3
	売上高	0	0	0	0	0	0	0	0	0	0
1	BU限界利益	0	0	0	0	0	0	0	0	0	0
2	固定費	4,253	4,212	4,188	4,161	4,130	4,095	4,062	4,032	4,002	3,975
2	貢献利益	(4,253)	(4,212)	(4,188)	(4,161)	(4,130)	(4,095)	(4,062)	(4,032)	(4,002)	(3,975)
	営業利益	(4,253)	(4,212)	(4,188)	(4,161)	(4,130)	(4,095)	(4,062)	(4,032)	(4,002)	(3,975)
3	減価償却費	288	286	284	282	280	278	276	274	272	270
4	受取利息	0	0	0	0	0	0	0	0	0	0
5	受取配当金	99	99	99	99	99	99	99	99	99	99
6	支払利息	3	3	3	3	3	3	3	3	3	3
7	その他営業外損益	0	0	0	0	0	0	0	0	0	0
8	特別損益	0	0	0	0	0	0	0	0	0	0
9	法人税等	0	0	0	0	0	0	0	0	0	0
10	法人税等調整額	0	0	0	0	0	0	0	0	0	0
11	役員賞与	0	0	0	0	0	0	0	0	0	0

子会社合計		2003/3	2004/3	2005/3	2006/3	2007/3	2008/3	2009/3	2010/3	2011/3	2012/3
	売上高	8,688	8,838	8,670	8,571	8,459	8,331	8,188	8,053	7,925	7,805
1	BU限界利益	139	141	138	137	135	133	131	128	126	124
2	固定費	(319)	(317)	(320)	(321)	(323)	(325)	(327)	(330)	(332)	(333)
2	貢献利益	458	458	458	458	458	458	458	458	458	458
	営業利益	458	458	458	458	458	458	458	458	458	458
3	減価償却費	1,094	1,113	1,092	1,080	1,065	1,049	1,031	1,014	998	983
4	受取利息	91	91	91	91	91	91	91	91	91	91
5	受取配当金	0	0	0	0	0	0	0	0	0	0
6	支払利息	14	14	14	14	14	14	14	14	14	14
7	その他営業外損益	0	0	0	0	0	0	0	0	0	0
8	特別損益	(17)	(17)	(17)	(17)	(17)	(17)	(17)	(17)	(17)	(17)
9	法人税等	183	183	183	183	183	183	183	183	183	183
10	法人税等調整額	0	0	0	0	0	0	0	0	0	0
11	役員賞与	10	10	10	10	10	10	10	10	10	10

連結合計		2003/3	2004/3	2005/3	2006/3	2007/3	2008/3	2009/3	2010/3	2011/3	2012/3
	売上高	145,112	146,466	146,980	146,544	145,047	142,449	140,129	138,134	136,436	135,010
1	BU限界利益	39,602	39,951	40,081	39,947	39,519	38,787	38,158	37,622	37,172	36,800
2	固定費	33,103	33,395	33,503	33,390	33,031	32,418	31,887	31,430	31,040	30,712
2	貢献利益	6,499	6,556	6,578	6,557	6,488	6,369	6,271	6,193	6,132	6,088
	営業利益	6,499	6,556	6,578	6,557	6,488	6,369	6,271	6,193	6,132	6,088
3	減価償却費	3,929	3,993	4,046	4,094	4,136	4,169	4,195	4,225	4,258	4,293
4	受取利息	122	122	122	122	122	122	122	122	122	122
5	受取配当金	99	99	99	99	99	99	99	99	99	99
6	支払利息	94	94	94	94	94	94	94	94	94	94
7	その他営業外損益	0	0	0	0	0	0	0	0	0	0
8	特別損益	(17)	(17)	(17)	(17)	(17)	(17)	(17)	(17)	(17)	(17)
9	法人税等	2,717	2,741	2,750	2,741	2,713	2,663	2,623	2,590	2,565	2,546
10	法人税等調整額	(102)	0	0	0	0	0	0	0	0	0
11	役員賞与	60	60	60	60	60	60	60	60	60	60

〈本社・間接部門〉

本社・間接部門の固定費は飲料BU・食品BU・その他BUの固定費の伸び率を利用して算出した。

3 減価償却費

有形固定資産の減価償却後の残高が売上高の約20%（2003年度実績）で推移するように算出した。

4 受取利息

カゴメは余剰資金を主にコマーシャル・ペーパーで運用している。金利水準は今後低金利が続くとし、受取利息は各BUとも2002年度の実績が続くと予測した。

5 受取配当金

受取配当金は2002年度の実績が続くと予測した。受取配当金には政策投資分と純投資分があるが、カゴメの過去分析と同様の考え方で政策投資分はグループ全体の投資と考え、純投資分に関しても余剰資金を間接部門が運用していると考え受取配当金はすべて間接部門に配分している。

6 支払利息

支払利息も受取利息と同様に今後低金利が続くとし、2002年度の実績がそのまま続くと予測した。カゴメはフリー・キャッシュフローが全期間でプラスとなるため（後記）新規借入の必要はなく、転換社債に関しては満期時に同額でリファイナンスを行うと仮定した。

7 その他営業外損益

その他営業外損益は今後 0 で推移すると予測した。持分法による投資損益の予想は公表資料からは困難であるため中立要因としている。また、為替差損益の長期的な予測は困難であり、本書の趣旨とも異なるため同様に中立要因としている。

8 特別損益

特別損益は今後 0 で推移すると予測した。投資有価証券等の損益は中立要因とする。

9 法人税等

法人税は41.6%で一定としている。

10 法人税等調整額

法人税等調整額の増減は2002年度の実績が続くと予測した。2002年度営業利益が5,936百万円、税金資産が1,613百万円となっており、今後安定して推移することが予想されることから回収可能性には問題がないと思われる。

11 役員賞与

役員賞与は本来業績と役員の人数で予測を行うものであるが、これらに関する詳細な資料がないため、2002年度の数値が推移すると予測した。

| STAGE 1 | STAGE 2 | **STAGE 3** | STAGE 4 |

●……………将来キャッシュフローの予測

ステップ 14 シナリオの業績予測への転換

14-4 部門別予測貸借対照表の作成

　このサブステップでは、部門別売上予測や予測損益計算書をもとに、部門別の予測貸借対照表を作成していく。

　作成された部門別予測貸借対照表は、図表3-55に示す。以下では計算上わかりにくいと思われる項目を中心に説明する。

図表3-55●解説

1 営業用現金

STAGE 1で言及されているとおり、売上高の2％を営業用現金とした。

2 棚卸資産

カゴメの過去3期の棚卸資産回転月数は飲料BUが0.78カ月、食品BUが0.97カ月、その他BUが2.79カ月である。長期的にみれば業界平均に収束するとし、2003年度は過去3期の同社棚卸資産回転月数で推移するが、予測期間の最終である10年後までには、飲料業界および食品業界の棚卸資産回転期間の平均である0.97カ月、0.85カ月（2000年度）に等しくなるとして、棚卸資産の予測を行った。その他BUと子会社BU関しては詳細な業界データが存在しないためカゴメのその他BUの実績値である2.79カ月を利用した。

3 受取手形・売掛金

受取手形・売掛金は売上高に連動していると考え、対売上高比率を、予測期間を通じて変更ないと仮定し、各期の売上高の予測値をもとに各項目の残高を推定した。

4 その他流動資産

その他流動資産については科目の詳細な内容が不明のため現状を維持するとした。

5 買入債務

カゴメの過去3期の買入債務回転月数は飲料BUが1.02カ月、食品BUが1.07カ月、その他BUが0.98カ月である。長期的にみれば業界平均に収束すると予測し、2003年度は過去3期の同社買入債務回転月数で推移するが、予測期間の最終である10年後までには、

図表3-55 ●　部門別予測貸借対照表（カゴメ）

(単位：百万円)

飲料BU	2003/3	2004/3	2005/3	2006/3	2007/3	2008/3	2009/3	2010/3	2011/3	2012/3
営業用現金	1,153	1,141	1,127	1,110	1,091	1,070	1,050	1,032	1,015	1,000
棚卸資産	4,355	4,523	4,678	4,819	4,942	5,045	5,148	5,254	5,360	5,469
受取手形・売掛金	8,323	8,821	9,291	9,727	10,122	10,471	10,817	11,161	11,505	11,849
その他流動資産（除く有価証券・現預金と上記項目）										
	5,813	5,813	5,813	5,813	5,813	5,813	5,813	5,813	5,813	5,813
買入債務	7,421	7,386	7,338	7,274	7,192	7,091	7,000	6,919	6,847	6,785
その他流動負債（除：買入債務と短期有利子負債）										
	9,750	9,750	9,750	9,750	9,750	9,750	9,750	9,750	9,750	9,750
有形固定資産	9,929	9,823	9,702	9,561	9,398	9,212	9,041	8,885	8,743	8,614
無形固定資産	430	425	420	414	407	399	391	384	378	373
役員退職慰労引当金	0	0	0	0	0	0	0	0	0	0

食品BU	2003/3	2004/3	2005/3	2006/3	2007/3	2008/3	2009/3	2010/3	2011/3	2012/3
営業用現金	513	493	489	484	479	474	468	462	456	450
棚卸資産	2,619	2,501	2,463	2,423	2,382	2,340	2,297	2,253	2,209	2,163
受取手形・売掛金	3,570	3,674	3,879	4,079	4,271	4,456	4,633	4,802	4,961	5,112
その他流動資産（除く有価証券・現預金と上記項目）										
	2,293	2,293	2,293	2,293	2,293	2,293	2,293	2,293	2,293	2,293
買入債務	3,302	3,181	3,159	3,135	3,109	3,081	3,052	3,020	2,986	2,951
その他流動負債（除：買入債務と短期有利子負債）										
	3,845	3,845	3,845	3,845	3,845	3,845	3,845	3,845	3,845	3,845
有形固定資産	4,884	4,695	4,652	4,607	4,559	4,509	4,456	4,400	4,341	4,281
無形固定資産	184	177	176	174	172	170	168	166	164	162
役員退職慰労引当金	0	0	0	0	0	0	0	0	0	0

その他BU合計	2003/3	2004/3	2005/3	2006/3	2007/3	2008/3	2009/3	2010/3	2011/3	2012/3
営業用現金	271	266	262	259	255	251	247	243	239	236
棚卸資産	3,846	3,871	3,925	3,970	4,005	4,029	4,055	4,081	4,108	4,136
受取手形・売掛金	2,154	2,113	2,089	2,061	2,030	1,995	1,962	1,931	1,902	1,874
その他流動資産（除く有価証券・現預金と上記項目）										
	1,468	1,468	1,468	1,468	1,468	1,468	1,468	1,468	1,468	1,468
買入債務	1,750	1,745	1,752	1,757	1,757	1,753	1,750	1,748	1,747	1,746
その他流動負債（除：買入債務と短期有利子負債）										
	2,462	2,462	2,462	2,462	2,462	2,462	2,462	2,462	2,462	2,462
有形固定資産	2,676	2,625	2,595	2,561	2,523	2,479	2,438	2,400	2,363	2,329
無形固定資産	113	110	109	108	106	104	103	101	99	98
役員退職慰労引当金	0	0	0	0	0	0	0	0	0	0

本社・間接部門	2003/3	2004/3	2005/3	2006/3	2007/3	2008/3	2009/3	2010/3	2011/3	2012/3
営業用現金	0	0	0	0	0	0	0	0	0	0
棚卸資産	0	0	0	0	0	0	0	0	0	0
受取手形・売掛金	0	0	0	0	0	0	0	0	0	0
その他流動資産（除く有価証券・現預金と上記項目）	211	211	211	211	211	211	211	211	211	211
買入債務	0	0	0	0	0	0	0	0	0	0
その他流動負債（除：買入債務と短期有利子負債）	399	399	399	399	399	399	399	399	399	399
有形固定資産	2,062	2,023	2,000	1,974	1,944	1,910	1,879	1,849	1,821	1,795
無形固定資産	0	0	0	0	0	0	0	0	0	0
役員退職慰労引当金	339	339	339	339	339	339	339	339	339	339

子会社合計	2003/3	2004/3	2005/3	2006/3	2007/3	2008/3	2009/3	2010/3	2011/3	2012/3
営業用現金	174	177	173	171	169	167	164	161	159	156
棚卸資産	2,020	2,055	2,016	1,993	1,967	1,937	1,904	1,872	1,843	1,815
受取手形・売掛金	507	515	506	500	493	486	478	470	462	455
その他流動資産（除く有価証券・現預金と上記項目）	111	111	111	111	111	111	111	111	111	111
買入債務	847	862	845	836	825	812	798	785	773	761
その他流動負債（除：買入債務と短期有利子負債）	1,617	1,617	1,617	1,617	1,617	1,617	1,617	1,617	1,617	1,617
有形固定資産	9,772	9,942	9,753	9,641	9,515	9,372	9,210	9,058	8,915	8,780
無形固定資産	25	26	25	25	25	24	24	23	23	23
役員退職慰労引当金	23	23	23	23	23	23	23	23	23	23

連結合計	2003/3	2004/3	2005/3	2006/3	2007/3	2008/3	2009/3	2010/3	2011/3	2012/3
営業用現金	2,110	2,076	2,051	2,025	1,995	1,961	1,928	1,898	1,869	1,842
棚卸資産	12,839	12,950	13,082	13,205	13,296	13,351	13,404	13,460	13,519	13,582
受取手形・売掛金	14,553	15,123	15,765	16,367	16,917	17,409	17,890	18,364	18,830	19,291
その他流動資産（除く有価証券・現預金と上記項目）	9,896	9,896	9,896	9,896	9,896	9,896	9,896	9,896	9,896	9,896
買入債務	13,320	13,173	13,094	13,002	12,883	12,738	12,600	12,472	12,353	12,243
その他流動負債（除：買入債務と短期有利子負債）	18,073	18,073	18,073	18,073	18,073	18,073	18,073	18,073	18,073	18,073
有形固定資産	29,323	29,109	28,702	28,344	27,939	27,481	27,024	26,592	26,184	25,798
無形固定資産	752	738	730	720	709	697	686	675	664	655
役員退職慰労引当金	362	362	362	362	362	362	362	362	362	362

飲料業界および食品業界の棚卸資産回転期間の平均である1.17カ月（2000年度）に等しくなるとして、買入債務の予測を行った。その他BUおよび子会社BUについても、同じ1.17カ月に10年後までに収束すると仮定した。

6 その他流動負債
その他流動負債は科目の詳細な内容が不明のため現状を維持するとした。

7 有形固定資産・無形固定資産
有形固定資産および無形固定資産の予測は、有形固定資産・無形固定資産の簿価が売上高の一定比率となるように予測した。

8 役員退職慰労引当金
その他流動負債は科目の詳細な内容が不明のため現状を維持するとした。

　以上をもとに、部門別の貸借対照表を作成した。

| STAGE 1 | STAGE 2 | **STAGE 3** | STAGE 4 |

◉⋯⋯⋯⋯**将来キャッシュフローの予測**

ステップ 14　シナリオの業績予測への転換

14-5 部門別フリー・キャッシュフローの算定

　本ステップの最後に、予測損益計算書、予測貸借対照表をもとに、カゴメの部門別NOPLAT、投下資産、そしてフリー・キャッシュフローを算出する。

　以下では、算出された部門別NOPLATを図表3-56に、投下資産を図表3-57に、フリー・キャッシュフローを図表3-58に示す。基本的には計算方法は第2章と同じなので、ここでは特に説明を加えない。

図表3-56◉⋯⋯⋯⋯部門別NOPLATの算定（カゴメ）

（単位：百万円）

飲料BU	2003/3	2004/3	2005/3	2006/3	2007/3	2008/3	2009/3	2010/3	2011/3	2012/3
売上高	80,665	79,807	78,821	77,676	76,353	74,837	73,451	72,186	71,032	69,981
売上原価及び販管費	(73,025)	(72,333)	(71,536)	(70,610)	(69,536)	(68,306)	(67,182)	(66,156)	(65,221)	(64,371)
減価償却費	(1,462)	(1,451)	(1,441)	(1,430)	(1,420)	(1,409)	(1,399)	(1,389)	(1,379)	(1,369)
損益計算書上のEBITA	6,178	6,023	5,844	5,636	5,396	5,121	4,870	4,641	4,431	4,241
過去勤務債務に関する調整	0	0	0	0	0	0	0	0	0	0
役員退職慰労引当金の増加	0	0	0	0	0	0	0	0	0	0
調整後EBITA	6,178	6,023	5,844	5,636	5,396	5,121	4,870	4,641	4,431	4,241
EBITAに対する税金	(1,348)	(1,297)	(1,232)	(1,155)	(1,067)	(965)	(872)	(787)	(711)	(642)
役員賞与	(30)	(30)	(30)	(30)	(30)	(30)	(30)	(30)	(30)	(30)
繰延税金の増減	(60)	0	0	0	0	0	0	0	0	0
NOPLAT	**4,741**	**4,696**	**4,582**	**4,451**	**4,300**	**4,127**	**3,969**	**3,823**	**3,691**	**3,569**
EBITAに対する税金										
法人税等	1,336	1,283	1,216	1,137	1,047	943	848	761	683	612
支払利息による節税額	18	18	18	18	18	18	18	18	18	18
過去勤務債務利息による節税額	1	2	3	4	5	6	7	8	9	10
受取利息に対する税金	(8)	(8)	(8)	(8)	(8)	(8)	(8)	(8)	(8)	(8)
受取配当金に対する税金	1	2	3	4	5	6	7	8	9	10
その他営業外損益に対する税金	0	0	0	0	0	0	0	0	0	0
特別損益に対する税金	0	0	0	0	0	0	0	0	0	0
EBITAに対する税金	1,348	1,297	1,232	1,155	1,067	965	872	787	711	642

●第3章　事業部別ケース

(単位:百万円)

食品BU	2003/3	2004/3	2005/3	2006/3	2007/3	2008/3	2009/3	2010/3	2011/3	2012/3
売上高	34,600	33,265	32,959	32,639	32,301	31,944	31,567	31,172	30,758	30,328
売上原価及び販管費	(32,041)	(30,915)	(30,661)	(30,394)	(30,112)	(29,814)	(29,500)	(29,169)	(28,824)	(28,464)
減価償却費	(638)	(633)	(628)	(624)	(619)	(615)	(610)	(606)	(602)	(597)
損益計算書上のEBITA	1,922	1,717	1,670	1,621	1,570	1,515	1,457	1,396	1,333	1,267
過去勤務債務に関する調整	0	0	0	0	0	0	0	0	0	0
役員退職慰労引当金の増加	0	0	0	0	0	0	0	0	0	0
調整後EBITA	1,922	1,717	1,670	1,621	1,570	1,515	1,457	1,396	1,333	1,267
EBITAに対する税金	(644)	(562)	(546)	(528)	(510)	(491)	(470)	(448)	(425)	(400)
役員賞与	(12)	(12)	(12)	(12)	(12)	(12)	(12)	(12)	(12)	(12)
繰延税金の増減	(23)	0	0	0	0	0	0	0	0	0
NOPLAT	**1,243**	**1,143**	**1,113**	**1,081**	**1,047**	**1,012**	**975**	**937**	**897**	**855**
EBITAに対する税金										
法人税等	637	553	535	515	495	474	451	427	402	375
支払利息による節税額	8	8	8	8	8	8	8	8	8	8
過去勤務債務利息による節税額	1	2	3	4	5	6	7	8	9	10
受取利息に対する税金	(3)	(3)	(3)	(3)	(3)	(3)	(3)	(3)	(3)	(3)
受取配当金に対する税金	1	2	3	4	5	6	7	8	9	10
その他営業外損益に対する税金	0	0	0	0	0	0	0	0	0	0
特別損益に対する税金	0	0	0	0	0	0	0	0	0	0
EBITAに対する税金	644	562	546	528	510	491	470	448	425	400

(単位:百万円)

その他BU	2003/3	2004/3	2005/3	2006/3	2007/3	2008/3	2009/3	2010/3	2011/3	2012/3
売上高	20,874	20,477	20,243	19,978	19,677	19,337	19,018	18,718	18,434	18,166
売上原価及び販管費	(18,071)	(17,769)	(17,592)	(17,391)	(17,163)	(16,906)	(16,664)	(16,435)	(16,220)	(16,017)
減価償却費	(384)	(381)	(378)	(375)	(373)	(370)	(367)	(365)	(362)	(359)
損益計算書上のEBITA	2,420	2,327	2,273	2,211	2,141	2,062	1,988	1,918	1,851	1,789
過去勤務債務に関する調整	0	0	0	0	0	0	0	0	0	0
役員退職慰労引当金の増加	0	0	0	0	0	0	0	0	0	0
調整後EBITA	2,420	2,327	2,273	2,211	2,141	2,062	1,988	1,918	1,851	1,789
EBITAに対する税金	(661)	(628)	(609)	(588)	(564)	(536)	(509)	(485)	(462)	(440)
役員賞与	(8)	(8)	(8)	(8)	(8)	(8)	(8)	(8)	(8)	(8)
繰延税金の増減	(19)	0	0	0	0	0	0	0	0	0
NOPLAT	**1,731**	**1,691**	**1,655**	**1,615**	**1,569**	**1,518**	**1,470**	**1,425**	**1,382**	**1,341**
EBITAに対する税金										
法人税等	655	620	599	576	549	519	491	465	440	416
支払利息による節税額	6	6	6	6	6	6	6	6	6	6
過去勤務債務利息による節税額	1	2	3	4	5	6	7	8	9	10
受取利息に対する税金	(2)	(2)	(2)	(2)	(2)	(2)	(2)	(2)	(2)	(2)
受取配当金に対する税金	1	2	3	4	5	6	7	8	9	10
その他営業外損益に対する税金	0	0	0	0	0	0	0	0	0	0
特別損益に対する税金	0	0	0	0	0	0	0	0	0	0
EBITAに対する税金	661	628	609	588	564	536	509	485	462	440

(単位:百万円)

本社・間接部門	2003/3	2004/3	2005/3	2006/3	2007/3	2008/3	2009/3	2010/3	2011/3	2012/3
売上高	0	0	0	0	0	0	0	0	0	0
売上原価及び販管費	(3,965)	(3,926)	(3,904)	(3,879)	(3,850)	(3,817)	(3,786)	(3,757)	(3,730)	(3,705)
減価償却費	(288)	(286)	(284)	(282)	(280)	(278)	(276)	(274)	(272)	(270)
損益計算書上のEBITA	(4,253)	(4,212)	(4,188)	(4,161)	(4,130)	(4,095)	(4,062)	(4,032)	(4,002)	(3,975)
過去勤務債務に関する調整	0	0	0	0	0	0	0	0	0	0
役員退職慰労引当金の増加	0	0	0	0	0	0	0	0	0	0
調整後EBITA	(4,253)	(4,212)	(4,188)	(4,161)	(4,130)	(4,095)	(4,062)	(4,032)	(4,002)	(3,975)
EBITAに対する税金	(3)	(5)	(7)	(9)	(11)	(13)	(15)	(17)	(19)	(21)
役員賞与	0	0	0	0	0	0	0	0	0	0
繰延税金の増減	0	0	0	0	0	0	0	0	0	0
NOPLAT	**(4,256)**	**(4,217)**	**(4,195)**	**(4,170)**	**(4,141)**	**(4,108)**	**(4,078)**	**(4,049)**	**(4,022)**	**(3,996)**
EBITAに対する税金										
法人税等	0	0	0	0	0	0	0	0	0	0
支払利息による節税額	1	1	1	1	1	1	1	1	1	1
過去勤務債務利息による節税額	1	2	3	4	5	6	7	8	9	10
受取利息に対する税金	0	0	0	0	0	0	0	0	0	0
受取配当金に対する税金	1	2	3	4	5	6	7	8	9	10
その他営業外損益に対する税金	0	0	0	0	0	0	0	0	0	0
特別損益に対する税金	0	0	0	0	0	0	0	0	0	0
EBITAに対する税金	3	5	7	9	11	13	15	17	19	21

(単位:百万円)

子会社	2003/3	2004/3	2005/3	2006/3	2007/3	2008/3	2009/3	2010/3	2011/3	2012/3
売上高	8,688	8,838	8,670	8,571	8,459	8,331	8,188	8,053	7,925	7,805
売上原価及び販管費	(7,135)	(7,267)	(7,120)	(7,034)	(6,936)	(6,824)	(6,699)	(6,580)	(6,469)	(6,364)
減価償却費	(1,094)	(1,113)	(1,092)	(1,080)	(1,065)	(1,049)	(1,031)	(1,014)	(998)	(983)
損益計算書上のEBITA	458	458	458	458	458	458	458	458	458	458
過去勤務債務に関する調整	0	0	0	0	0	0	0	0	0	0
役員退職慰労引当金の増加	0	0	0	0	0	0	0	0	0	0
調整後EBITA	458	458	458	458	458	458	458	458	458	458
EBITAに対する税金	(160)	(162)	(164)	(166)	(168)	(170)	(172)	(174)	(176)	(178)
役員賞与	(10)	(10)	(10)	(10)	(10)	(10)	(10)	(10)	(10)	(10)
繰延税金の増減	0	0	0	0	0	0	0	0	0	0
NOPLAT	**287**	**285**	**283**	**281**	**279**	**277**	**275**	**273**	**271**	**269**
EBITAに対する税金										
法人税等	183	183	183	183	183	183	183	183	183	183
支払利息による節税額	6	6	6	6	6	6	6	6	6	6
過去勤務債務利息による節税額	1	2	3	4	5	6	7	8	9	10
受取利息に対する税金	(38)	(38)	(38)	(38)	(38)	(38)	(38)	(38)	(38)	(38)
受取配当金に対する税金	1	2	3	4	5	6	7	8	9	10
その他営業外損益に対する税金	0	0	0	0	0	0	0	0	0	0
特別損益に対する税金	7	7	7	7	7	7	7	7	7	7
EBITAに対する税金	160	162	164	166	168	170	172	174	176	178

第3章 事業部別ケース

(単位:百万円)

連結合計	2003/3	2004/3	2005/3	2006/3	2007/3	2008/3	2009/3	2010/3	2011/3	2012/3
売上高	144,827	142,387	140,693	138,865	136,790	134,449	132,225	130,128	128,149	126,280
売上原価及び販管費	(134,236)	(132,209)	(130,813)	(129,308)	(127,598)	(125,667)	(123,830)	(122,099)	(120,465)	(118,921)
減価償却費	(3,866)	(3,865)	(3,824)	(3,791)	(3,757)	(3,722)	(3,684)	(3,648)	(3,613)	(3,579)
損益計算書上のEBITA	6,724	6,313	6,057	5,766	5,435	5,061	4,710	4,381	4,072	3,780
過去勤務債務に関する調整	0	0	0	0	0	0	0	0	0	0
役員退職慰労引当金の増加	0	0	0	0	0	0	0	0	0	0
調整後EBITA	6,724	6,313	6,057	5,766	5,435	5,061	4,710	4,381	4,072	3,780
EBITAに対する税金	(2,817)	(2,655)	(2,559)	(2,448)	(2,320)	(2,174)	(2,039)	(1,912)	(1,793)	(1,682)
役員賞与	(60)	(60)	(60)	(60)	(60)	(60)	(60)	(60)	(60)	(60)
繰延税金の増減	(102)	0	0	0	0	0	0	0	0	0
NOPLAT	**3,746**	**3,597**	**3,438**	**3,258**	**3,055**	**2,826**	**2,612**	**2,409**	**2,219**	**2,039**
EBITAに対する税金										0
法人税等	2,811	2,640	2,533	2,412	2,275	2,119	1,973	1,836	1,708	1,586
支払利息による節税額	39	39	39	39	39	39	39	39	39	39
過去勤務債務利息による節税額	5	10	15	20	25	30	35	40	45	50
受取利息に対する税金	(51)	(51)	(51)	(51)	(51)	(51)	(51)	(51)	(51)	(51)
受取配当金に対する税金	5	10	15	20	25	30	35	40	45	50
その他営業外損益に対する税金	0	0	0	0	0	0	0	0	0	0
特別損益に対する税金	7	7	7	7	7	7	7	7	7	7
EBITAに対する税金	2,817	2,655	2,559	2,448	2,320	2,174	2,039	1,912	1,793	1,682

図表3-57 ● 部門別投下資産の算定(カゴメ)

(単位:百万円)

飲料BU	2003/3期	2004/3期	2005/3期	2006/3期	2007/3期	2008/3期	2009/3期	2010/3期	2011/3期	2012/3期
営業流動資産	19,644	20,297	20,909	21,469	21,969	22,399	22,829	23,260	23,694	24,131
営業流動負債	(17,171)	(17,136)	(17,088)	(17,024)	(16,942)	(16,841)	(16,750)	(16,669)	(16,597)	(16,535)
営業運転資金	2,473	3,162	3,821	4,445	5,027	5,558	6,079	6,591	7,096	7,597
有形固定資産	9,929	9,823	9,702	9,561	9,398	9,212	9,041	8,885	8,743	8,614
正味その他営業資産	430	425	420	414	407	399	391	384	378	373
営業投下資産(連結調整勘定除く)	12,832	13,410	13,943	14,420	14,831	15,168	15,511	15,861	16,218	16,583
営業権・連結調整勘定										
営業投下資産(連結調整勘定含む)	12,832	13,410	13,943	14,420	14,831	15,168	15,511	15,861	16,218	16,583
余剰現預金	0	0	0	0	0	0	0	0	0	0
余剰投資有価証券										
その他固定資産、繰延資産	0	0	0	0	0	0	0	0	0	0
その他固定負債	0	0	0	0	0	0	0	0	0	0
投下資産総額	12,832	13,410	13,943	14,420	14,831	15,168	15,511	15,861	16,218	16,583

食品BU

食品BU	2003/3期	2004/3期	2005/3期	2006/3期	2007/3期	2008/3期	2009/3期	2010/3期	2011/3期	2012/3期
営業流動資産	8,994	8,961	9,124	9,279	9,425	9,563	9,691	9,810	9,919	10,018
営業流動負債	(7,147)	(7,026)	(7,004)	(6,980)	(6,954)	(6,926)	(6,897)	(6,865)	(6,831)	(6,796)
営業運転資金	1,847	1,935	2,120	2,299	2,471	2,636	2,795	2,945	3,088	3,222
有形固定資産	4,884	4,695	4,652	4,607	4,559	4,509	4,456	4,400	4,341	4,281
正味その他営業資産	184	177	176	174	172	170	168	166	164	162
営業投下資産(連結調整勘定除く)	6,915	6,807	6,947	7,079	7,202	7,315	7,418	7,511	7,593	7,665
営業権・連結調整勘定										
営業投下資産(連結調整勘定含む)	6,915	6,807	6,947	7,079	7,202	7,315	7,418	7,511	7,593	7,665
余剰現預金										
余剰投資有価証券										
その他固定資産、繰延資産	0	0	0	0	0	0	0	0	0	0
その他固定負債	0	0	0	0	0	0	0	0	0	0
投下資産総額	6,915	6,807	6,947	7,079	7,202	7,315	7,418	7,511	7,593	7,665

その他BU合計

その他BU合計	2003/3期	2004/3期	2005/3期	2006/3期	2007/3期	2008/3期	2009/3期	2010/3期	2011/3期	2012/3期
営業流動資産	7,738	7,718	7,744	7,758	7,758	7,743	7,732	7,723	7,717	7,714
営業流動負債	(4,212)	(4,207)	(4,214)	(4,219)	(4,219)	(4,215)	(4,212)	(4,210)	(4,209)	(4,208)
営業運転資金	3,526	3,511	3,530	3,540	3,539	3,528	3,519	3,513	3,508	3,505
有形固定資産	2,676	2,625	2,595	2,561	2,523	2,479	2,438	2,400	2,363	2,329
正味その他営業資産	113	110	109	108	106	104	103	101	99	98
営業投下資産(連結調整勘定除く)	6,315	6,247	6,234	6,208	6,168	6,111	6,060	6,013	5,971	5,932
営業権・連結調整勘定										
営業投下資産(連結調整勘定含む)	6,315	6,247	6,234	6,208	6,168	6,111	6,060	6,013	5,971	5,932
余剰現預金	0	0	0	0	0	0	0	0	0	0
余剰投資有価証券										
その他固定資産、繰延資産	0	0	0	0	0	0	0	0	0	0
その他固定負債	0	0	0	0	0	0	0	0	0	0
投下資産総額	6,315	6,247	6,234	6,208	6,168	6,111	6,060	6,013	5,971	5,932

●第3章 事業部別ケース

本社・間接部門

	2003/3期	2004/3期	2005/3期	2006/3期	2007/3期	2008/3期	2009/3期	2010/3期	2011/3期	2012/3期
営業流動資産	211	211	211	211	211	211	211	211	211	211
営業流動負債	(399)	(399)	(399)	(399)	(399)	(399)	(399)	(399)	(399)	(399)
営業運転資金	(188)	(188)	(188)	(188)	(188)	(188)	(188)	(188)	(188)	(188)
有形固定資産	2,062	2,023	2,000	1,974	1,944	1,910	1,879	1,849	1,821	1,795
正味その他営業資産	0	0	0	0	0	0	0	0	0	0
営業投下資産 (連結調整勘定除く)	1,874	1,835	1,812	1,786	1,756	1,722	1,691	1,661	1,633	1,607
営業権・連結調整勘定										
営業投下資産 (連結調整勘定含む)	1,874	1,835	1,812	1,786	1,756	1,722	1,691	1,661	1,633	1,607
余剰現預金	0	0	0	0	0	0	0	0	0	0
余剰投資有価証券	25,579	25,579	25,579	25,579	25,579	25,579	25,579	25,579	25,579	25,579
その他固定資産、繰延資産	3,281	3,281	3,281	3,281	3,281	3,281	3,281	3,281	3,281	3,281
その他固定負債	(177)	(177)	(177)	(177)	(177)	(177)	(177)	(177)	(177)	(177)
投下資産総額	30,557	30,518	30,495	30,469	30,439	30,405	30,374	30,344	30,316	30,290

子会社

	2003/3期	2004/3期	2005/3期	2006/3期	2007/3期	2008/3期	2009/3期	2010/3期	2011/3期	2012/3期
営業流動資産	2,811	2,858	2,806	2,775	2,740	2,701	2,656	2,614	2,574	2,537
営業流動負債	(2,464)	(2,479)	(2,462)	(2,453)	(2,442)	(2,429)	(2,415)	(2,402)	(2,390)	(2,378)
営業運転資金	347	379	344	322	298	271	241	212	185	159
有形固定資産	9,772	9,942	9,753	9,641	9,515	9,372	9,210	9,058	8,915	8,780
正味その他営業資産	25	26	25	25	25	24	24	23	23	23
営業投下資産 (連結調整勘定除く)	10,145	10,347	10,121	9,988	9,838	9,667	9,474	9,293	9,122	8,961
営業権・連結調整勘定	0	0	0	0	0	0	0	0	0	0
営業投下資産 (連結調整勘定含む)	10,145	10,347	10,121	9,988	9,838	9,667	9,474	9,293	9,122	8,961
余剰現預金	0	0	0	0	0	0	0	0	0	0
余剰投資有価証券										
その他固定資産、繰延資産	1,376	1,376	1,376	1,376	1,376	1,376	1,376	1,376	1,376	1,376
その他固定負債	(291)	(291)	(291)	(291)	(291)	(291)	(291)	(291)	(291)	(291)
投下資産総額	11,230	11,432	11,206	11,073	10,923	10,752	10,559	10,378	10,207	10,046

連結合計	2003/3期	2004/3期	2005/3期	2006/3期	2007/3期	2008/3期	2009/3期	2010/3期	2011/3期	2012/3期
営業流動資産	39,399	40,046	40,794	41,492	42,104	42,617	43,119	43,618	44,115	44,611
営業流動負債	(31,393)	(31,246)	(31,167)	(31,075)	(30,956)	(30,811)	(30,673)	(30,545)	(30,426)	(30,316)
営業運転資金	8,006	8,799	9,626	10,418	11,147	11,806	12,445	13,072	13,689	14,295
有形固定資産	29,323	29,109	28,702	28,344	27,939	27,481	27,024	26,592	26,184	25,798
正味その他営業資産	752	738	730	720	709	697	686	675	664	655
営業投下資産（連結調整勘定除く）	38,081	38,646	39,058	39,482	39,795	39,985	40,155	40,339	40,537	40,748
営業権・連結調整勘定	0	0	0	0	0	0	0	0	0	0
営業投下資産（連結調整勘定含む）	38,081	38,646	39,058	39,482	39,795	39,985	40,155	40,339	40,537	40,748
余剰現預金	0	0	0	0	0	0	0	0	0	0
余剰投資有価証券	25,579	25,579	25,579	25,579	25,579	25,579	25,579	25,579	25,579	25,579
その他固定資産、繰延資産	4,657	4,657	4,657	4,657	4,657	4,657	4,657	4,657	4,657	4,657
その他固定負債	(468)	(468)	(468)	(468)	(468)	(468)	(468)	(468)	(468)	(468)
投下資産総額	67,849	68,414	68,826	69,250	69,563	69,753	69,923	70,107	70,305	70,516

図表3-58● 部門別フリー・キャッシュフローの算定（カゴメ）

（単位：百万円）

飲料BU	2003/3	2004/3	2005/3	2006/3	2007/3	2008/3	2009/3	2010/3	2011/3	2012/3
営業キャッシュフロー										
NOPLAT	4,741	4,696	4,582	4,451	4,300	4,127	3,969	3,823	3,691	3,569
減価償却費	1,462	1,451	1,441	1,430	1,420	1,409	1,399	1,389	1,379	1,369
グロス・キャッシュフロー	6,202	6,147	6,023	5,881	5,719	5,536	5,368	5,212	5,070	4,938
運転資金の増加	(532)	(689)	(660)	(624)	(581)	(532)	(521)	(512)	(505)	(500)
設備投資	(1,389)	(1,345)	(1,319)	(1,289)	(1,257)	(1,223)	(1,229)	(1,233)	(1,237)	(1,240)
その他資産の増加	3	5	5	6	7	8	7	7	6	6
総投資	(1,918)	(2,029)	(1,974)	(1,907)	(1,831)	(1,746)	(1,742)	(1,739)	(1,736)	(1,734)
のれん代加算前フリー・キャッシュフロー	4,284	4,117	4,049	3,974	3,889	3,790	3,626	3,474	3,334	3,204
のれん代への投資										
フリー・キャッシュフロー	4,284	4,117	4,049	3,974	3,889	3,790	3,626	3,474	3,334	3,204

(単位：百万円)

食品BU	2003/3	2004/3	2005/3	2006/3	2007/3	2008/3	2009/3	2010/3	2011/3	2012/3
営業キャッシュフロー										
NOPLAT	1,243	1,143	1,113	1,081	1,047	1,012	975	937	897	855
減価償却費	638	633	628	624	619	615	610	606	602	597
グロス・キャッシュフロー	1,880	1,776	1,741	1,705	1,667	1,627	1,586	1,543	1,498	1,452
運転資金の増加	(497)	(88)	(185)	(179)	(172)	(165)	(158)	(150)	(143)	(135)
設備投資	(998)	(445)	(585)	(579)	(572)	(564)	(557)	(550)	(543)	(536)
その他資産の増加	(14)	7	2	2	2	2	2	2	2	2
総投資	(1,509)	(525)	(768)	(756)	(742)	(728)	(713)	(698)	(684)	(669)
のれん代加算前フリー・キャッシュフロー		372	1,251	973	949	924	899	872	844	815	783
のれん代への投資										
フリー・キャッシュフロー	**372**	**1,251**	**973**	**949**	**924**	**899**	**872**	**844**	**815**	**783**

(単位：百万円)

その他BU	2003/3	2004/3	2005/3	2006/3	2007/3	2008/3	2009/3	2010/3	2011/3	2012/3
営業キャッシュフロー										
NOPLAT	1,731	1,691	1,655	1,615	1,569	1,518	1,470	1,425	1,382	1,341
減価償却費	384	381	378	375	373	370	367	365	362	359
グロス・キャッシュフロー	2,115	2,072	2,033	1,990	1,942	1,888	1,837	1,789	1,744	1,700
運転資金の増加	(196)	15	(19)	(10)	0	11	9	7	5	3
設備投資	(429)	(330)	(348)	(341)	(334)	(327)	(326)	(326)	(26)	(325)
その他資産の増加	(2)	2	1	1	2	2	2	2	2	1
総投資	(627)	(313)	(366)	(350)	(332)	(313)	(316)	(318)	(320)	(321)
のれん代加算前フリー・キャッシュフロー		1,488	1,759	1,668	1,640	1,610	1,575	1,522	1,472	1,424	1,379
のれん代への投資										
フリー・キャッシュフロー	**1,488**	**1,759**	**1,668**	**1,640**	**1,610**	**1,575**	**1,522**	**1,472**	**1,424**	**1,379**

(単位：百万円)

本社・間接部門	2003/3	2004/3	2005/3	2006/3	2007/3	2008/3	2009/3	2010/3	2011/3	2012/3
営業キャッシュフロー										
NOPLAT	(4,256)	(4,217)	(4,19)	(4,170)	(4,141)	(4,108)	(4,078)	(4,049)	(4,022)	(3,996)
減価償却費	288	286	284	282	280	278	276	274	272	270
グロス・キャッシュフロー	(3,968)	(3,931)	(3,911)	(3,888)	(3,861)	(3,830)	(3,802)	(3,775)	(3,750)	(3,726)
運転資金の増加	0	0	0	0	0	0	0	0	0	0
設備投資	(324)	(247)	(261)	(256)	(250)	(245)	(245)	(244)	(244)	(244)
その他資産の増加	0	0	0	0	0	0	0	0	0	0
総投資	(324)	(247)	(261)	(256)	(250)	(245)	(245)	(244)	(244)	(244)
のれん代加算前フリー・キャッシュフロー	(4,292)	(4,178)	(4,172)	(4,144)	(4,112)	(4,075)	(4,046)	(4,019)	(3,994)	(3,970)
のれん代への投資										
フリー・キャッシュフロー	**(4,292)**	**(4,178)**	**(4,172)**	**(4,144)**	**(4,112)**	**(4,075)**	**(4,046)**	**(4,019)**	**(3,994)**	**(3,970)**

(単位：百万円)

子会社合計	2003/3	2004/3	2005/3	2006/3	2007/3	2008/3	2009/3	2010/3	2011/3	2012/3
営業キャッシュフロー										
NOPLAT	287	285	283	281	279	277	275	273	271	269
減価償却費	1,094	1,113	1,092	1,080	1,065	1,049	1,031	1,014	998	983
グロス・キャッシュフロー	1,382	1,399	1,376	1,361	1,345	1,327	1,307	1,288	1,270	1,253
運転資金の増加	267	(32)	36	21	24	27	31	29	27	26
設備投資	(1,550)	(1,283)	(903)	(968)	(939)	(906)	(870)	(862)	(855)	(848)
その他資産の増加	(1)	(0)	0	0	0	0	0	0	0	0
総投資	(1,285)	(1,315)	(866)	(947)	(915)	(878)	(839)	(833)	(827)	(822)
のれん代加算前フリー・キャッシュフロー	97	83	509	414	430	448	468	455	442	431
のれん代への投資	8	0	(3)	0	(3)	0	(3)	0	(3)	0
フリー・キャッシュフロー	**105**	**83**	**506**	**414**	**427**	**448**	**465**	**455**	**439**	**431**

第3章　事業部別ケース

(単位:百万円)

連結合計	2003/3	2004/3	2005/3	2006/3	2007/3	2008/3	2009/3	2010/3	2011/3	2012/3
営業キャッシュフロー										
NOPLAT	3,746	3,597	3,438	3,258	3,055	2,826	2,612	2,409	2,219	2,039
減価償却費	3,866	3,865	3,824	3,791	3,757	3,722	3,684	3,648	3,613	3,579
グロス・キャッシュフロー	7,612	7,462	7,261	7,049	6,812	6,548	6,296	6,057	5,831	5,617
運転資金の増加	(958)	(793)	(827)	(792)	(729)	(659)	(639)	(627)	(616)	(607)
設備投資	(4,691)	(3,650)	(3,417)	(3,434)	(3,352)	(3,264)	(3,227)	(3,216)	(3,205)	(3,193)
その他資産の増加	(14)	13	9	10	11	12	12	11	10	10
総投資	(5,663)	(4,430)	(4,235)	(4,216)	(4,071)	(3,911)	(3,855)	(3,832)	(3,811)	(3,790)
のれん代加算前フリー・キャッシュフロー	1,949	3,033	3,026	2,833	2,741	2,637	2,441	2,225	2,021	1,828
のれん代への投資	8	0	(3)	0	(3)	0	(3)	0	(3)	0
フリー・キャッシュフロー	1,957	3,033	3,023	2,833	2,738	2,637	2,438	2,225	2,018	1,828

| STAGE 1 | STAGE 2 | STAGE 3 | **STAGE 4** |

◉……………継続価値の計算と企業価値の算定

ステップ 17　追加純投資に対するリターン（ROIC_I）の算定

　最終ステージでは、STAGE 3 で算定した将来キャッシュフローをもとに、継続価値を計算し、企業価値の算定を行う。具体的には以下の 4 つのステップである。

　ステップ17：追加純投資に対するリターン（ROIC_I）の決定
　ステップ18：継続価値の算定
　ステップ19：事業価値の算定
　ステップ20：企業価値の算定

　継続価値を求めるために、まずカゴメのNOPLATが長期的にどの程度の成長率を達成できるかを考える。飲料・食品業界は一般的に成長率が他産業と比べて低く、また海外からの格安商品の輸入増加による価格低下が進んでいる。そこでNOPLATの長期的名目成長率は、長期的インフレ率を下回り、限りなく 0 ％に近い水準で成長していくと考えた。本件ではNOPLATの成長率（g）を0.01％としている。
　この成長率は我々の予測期間中の売上、NOPLAT成長率に比べて楽観的にみえるが、これは超長期の平均でみれば、0.01％の成長程度までは、業績維持できるだろうという考え方に立つものである。
　ここで、長期的NOPLAT成長率（g）、NOPLATに対する再投資比率（NOPLATのうちどの程度が純投資（新規設備投資－減価償却費）に回されているかを示す比率：IR）、追加純投資のROIC（ROIC_I）の間には以下の関係が成り立つ。

$$g = ROIC\_I \times IR$$

　カゴメの現状をみる限り、長期的にROIC_IがWACCを上回る状況は考えづらいため、少なくとも予測期間以降は、WACCと等しいROICを持った新規プロジェクトのみに投資すると考えれば、飲料部門については、ROIC_I＝WACC＝3.03％、食品部門については、ROIC_I＝WACC＝2.23％となる。この結果、逆算される長期的再投資比率（IR）は、それぞれ0.33％、0.45％となり、このような低成長を前提とした場合、新規の投資はほとんど必要ないことがわかる。

| STAGE 1 | STAGE 2 | STAGE 3 | **STAGE 4** |

● ……… 継続価値の計算と企業価値の算定

ステップ 18 継続価値の算定

　継続価値とは、キャッシュフローを予測する期間（2013年3月期）以降に発生するキャッシュフローの現在価値の総和である。本書では、ステップ17で決定した以下のようなバリュー・ドライバー式と呼ばれる算式により、継続価値を計算する。

　キャッシュフロー予測期間後の1年目のNOPLATを標準化し、このフリー・キャッシュフローを以下のバリュー・ドライバー式に代入して計算する。

$$継続価値 = \frac{\text{NOPLAT}_{t+1} \left[1 - \dfrac{g}{\text{ROIC\_I}} \right]}{\text{WACC} - g}$$

　ここで、NOPLAT$_{t+1}$は、予測期間翌年におけるNOPLATの予測である。ただし、カゴメの場合、予測期間の最終年度において減価償却費が新規設備投資を上回っているケースがあり、この場合、減価償却費を新規設備投資額と等しくした場合（NOPLATは結果的に増加する）を想定し、標準化を行った。この数値を2013年3月の標準化後予測NOPLATとして、これに1.0001を乗じたものを用いた。たとえば、飲料部門であれば、2013年3月の標準化後予測NOPLAT 3,731百万円に、（1＋g）＝1.0001を乗じたものとした。

　計算の結果は、ステップ19の図表3-59でまとめて紹介する。

STAGE 1 > STAGE 2 > STAGE 3 > **STAGE 4**

◉............継続価値の計算と企業価値の算定

ステップ 19 事業価値の算定

　事業価値は、その事業から将来生み出されるキャッシュフローの現在価値の総和である。STAGE 3 で予測した予測期間内のフリー・キャッシュフローの現在価値と、本ステージのステップ18で算定した継続価値の現在価値を合算したものが、事業価値となる。

　計算の結果は、図表3-59のとおりである。

図表3-59◉............部門別の事業価値の算定（カゴメ）

(単位：百万円)

	NOPLAT成長率	標準化後NOPLAT T+1	ROIC	WACC	2013年時点での継続価値	継続価値の現在価値	予測期間のFCFの現在価値	事業価値
飲料BU	0.01%	3,645	3.03%	3.03%	120,183	89,141	32,382	121,524
食品BU	0.01%	891	2.23%	2.23%	39,890	31,987	7,705	39,692
その他BU	0.01%	1,361	2.87%	2.87%	47,378	35,692	13,395	49,087
本社・間接部門	0.01%	(3,981)	2.87%	2.87%	(138,572)	(104,392)	(35,267)	(139,659)
子会社	0.01%	348	2.87%	2.87%	12,130	9,138	3,173	12,311
合計値		2,264			81,008	61,566	21,389	82,954

第3章　事業部別ケース

STAGE 1 > STAGE 2 > STAGE 3 > **STAGE 4**

●‥‥‥‥‥継続価値の計算と企業価値の算定

ステップ 20 企業価値の算定

　ステップ19で計算した事業価値に、余剰現金、余剰有価証券や遊休資産などの非事業性資産を加えたものが、評価対象企業の企業価値となる。なお、ステップ1で述べたとおり、余剰現金等の非営業資産については、本社・間接部門に一括計上している。

　企業価値をもとに株主価値を求めるには、この企業価値から有利子負債の現在残高を差し引く。有利子負債については、STAGE 1で説明したように、部門別の負債比率は、部門別の2002年3月現在の簿価ベース資産比率と同じだと仮定して計算した残高を、リース債務については、生産設備が不要な本社・間接部門を除く部門での簿価ベース資産比率に基づいて計算した残高を、それぞれ利用した。また過去勤務債務（退職給付引当金）については、過去3年間の部門別平均従業員数比率に基づいて残高を賦課した。

　以上の計算の結果をまとめたのが、図表3-60である。合算での、カゴメの株主価値は約683億円と算出され、1株あたりの理論株価は884円と計算された。我々の業績予測シナリオの下では、2002年12月末時点の株価727円は、18％ほど割安だったことになる。

図表3-60 ●‥‥‥‥‥部門別の株主価値の算定（カゴメ）

（単位：百万円）

	事業価値	社債部分	退職給付債務	リース債務	余剰有価証券、その他非事業用金融資産	株主価値（百万円）	発行済株式数（千株）	1株あたりの価値（円）
飲料BU	121,524	(7,384)	(1,597)	(1,199)		111,344		
食品BU	39,692	(3,130)	(1,036)	(508)		35,017		
その他BU	49,087	(2,276)	(462)	(370)		45,979		
本社・間接部門	(139,659)	(469)	(1,219)	0	8,384	(132,963)		
子会社	12,311	(2,300)	(687)	(374)		8,950		
合計値	82,954	(15,560)	(5,000)	(2,451)	8,384	68,327	77,250	884

第 **4** 章

詳細分析ケース
三共

◉本章では三共を事例に、より詳細な主力商品毎の将来予測に基づく事業・企業価値評価を行う手順を説明する。三共は、日本の製薬会社で第2位の企業である。同社を事例として取り上げたのは、製薬会社においては、研究開発、臨床試験、新薬としての発売、特許切れ、という取扱製品のライフサイクルが、企業業績に大きな影響を与えるため、総売上だけではなく、商品毎の詳細な分析が不可欠だからである。仮に社運をかけて企業買収や合併（M&A）を行う場合には、本章のような主力商品まで立ち入った分析手順を参考に、価値評価を行うべきだろう。

STAGE 1 > STAGE 2 > STAGE 3 > STAGE 4

◉·············過去の業績分析

ステップ 1 財務諸表の再構成

1-1 過去の財務諸表の収集

　第 4 章では、日本の製薬会社で第 2 位の三共について企業価値評価を行う。三共の企業価値分析は、将来予想値を詳細に分析することを主目的として行った。医薬品製造企業の場合、研究開発に平均10年余を要し、臨床前の段階から始まって、最終新薬として発売できるようになる（この業界では、発売のことを「上市」と呼ぶので以後、上市と表記する）確率が 1 ～ 2 割といわれる。この医薬品という製品の特殊性を考慮すると、企業価値評価をDCF方式のみで行うことが十分かどうかについては疑問が投げかけられよう。特に、現在開発中の新薬に対する価値評価は、ベーシックなDCF法に加えて、将来のキャッシュフローの発生確率を分析するために、モンテカルロ・シミュレーションを用いるダイナミックDCF法やリアルオプション法を用いて評価することを検討する必要があろう。

　一方、既発売の医薬品をベースとして企業価値評価を行う場合には、将来のキャッシュフローの不確実性は比較的少なく、通常のDCF方式を基盤として価値判定を行うことが可能であると考える。

　企業価値を評価するにあたり、最初の作業として、過去の業績を分析する。過去の業績分析の手順は以下の 7 ステップ である。

　　ステップ 1：財務諸表の再構成
　　ステップ 2：NOPLATの算出
　　ステップ 3：フリー・キャッシュフローの算出
　　ステップ 4：ROICの要素分解とバリュー・ドライバーの算定
　　ステップ 5：信用力と流動性の分析
　　ステップ 6：業績の詳細な分析
　　ステップ 7：過去の業績の総合評価

　三共については、第 3 章のカゴメの前半部分と同様に連結財務諸表をベースに企業価値評価を行う。以下では、三共の連結財務諸表上における独自の特殊事項に主に焦

点を当てて説明していく。また、これまでの事例とは異なり、より詳細な将来予測を可能にするために、ステップ6以降の分析を詳細に行っている。

　三共においては、過去10年間の有価証券報告書を使用して、過去業績の分析を行った。これは、連結財務諸表上において、連結減価償却費の数値が開示された期が1995年3月期からとなっているためである。

　なお、過去業績分析は1995年3月期より行ったが、三共にとって最重要商品であるメバロチンの売上高の数値を入手するために、1987年3月期まで遡って有価証券報告書を入手し、分析に用いているが、誌面の都合でここでは過去5年分を掲載する。

　また、ステップ1-2の「要約貸借対照表の作成」は、分析ステップを軽減するため、ステップ1-4の「算定用貸借対照表の作成」でまとめて行っている。

図表4-1◉　　　　　　連結貸借対照表（三共）

(単位：百万円)

	1998/3期	1999/3期	2000/3期	2001/3期	2002/3期
(資産の部)					
流動資産					
現金及び預金	177,615	146,164	123,014	126,783	123,041
受取手形及び売掛金	192,656	192,168	182,250	191,471	192,826
有価証券	123,197	164,832	226,052	144,850	101,823
棚卸資産	92,293	97,790	79,472	85,234	92,530
繰延税金資産			11,709	13,036	14,838
その他	9,515	6,225	7,397	7,804	12,188
貸倒引当金	(1,828)	(1,448)	(1,112)	(904)	(2,207)
流動資産合計	**593,449**	**605,733**	**628,783**	**568,277**	**535,042**
固定資産					
有形固定資産					
建物及び構築物	**92,407**	**97,355**	**105,596**	**106,459**	**109,623**
減価償却累計額					
機械装置及び運搬具	30,231	40,615	43,987	50,938	43,875
減価償却累計額					
土地	23,688	25,350	25,279	25,702	28,552
建設仮勘定	17,944	19,038	18,954	9,546	4,200
その他	11,493	9,851	10,032	11,079	10,858
有形固定資産合計	**175,766**	**192,210**	**203,851**	**203,725**	**197,110**
無形固定資産					
連結調整勘定		881	591	290	
その他	19,621	20,687	9,915	11,944	18,935
無形固定資産合計	**19,621**	**21,569**	**10,506**	**12,235**	**18,935**
投資その他の資産					
投資有価証券	28,767	27,041	26,268	150,910	122,838
長期貸付金	7,001	7,738	7,580	6,861	7,187

繰延税金資産			23,489	14,364	23,145
その他	14,385	12,976	10,906	8,976	12,699
貸倒引当金	(454)	(725)	(730)	(448)	(654)
投資その他の資産合計	**49,699**	**47,031**	**67,514**	**180,663**	**165,217**
固定資産合計	**246,250**	**260,811**	**281,872**	**396,625**	**381,263**
繰延資産合計					
連結調整勘定	1,162				
為替換算調整勘定	(687)	4,139	11,006		
資産合計	**839,700**	**870,685**	**921,662**	**964,902**	**916,305**
(負債の部)					
流動負債					
支払手形及び買掛金	78,569	74,057	73,995	68,569	64,338
短期借入金	30,884	27,227	27,451	38,911	15,377
一年内償還の転換社債	2,000		27,198		
未払事業税等	10,231				
未払法人税等	36,447	38,540	17,255	25,575	22,835
未払消費税等	3,782				
未払地価税					
未払費用	12,181				
賞与引当金	15,861	15,749	14,280	13,424	14,158
返品(調整)引当金	450	461	479	554	587
売上値引引当金	263	268			
売上割戻引当金	763	886	680	973	1,115
その他	38,830	49,730	56,006	54,163	46,863
流動負債合計	**230,267**	**206,921**	**217,345**	**202,173**	**165,275**
固定負債					
社債	9,327				
転換社債	27,207	27,205	0	0	0
長期借入金	7,087	9,897	9,836	9,641	8,202
繰延税金負債			292	130	71
(従業員)退職給付引当金	51,591	57,539	66,966	73,393	78,619
役員退職慰労引当金	1,682	1,850	2,243	2,293	2,426
年金費用引当金	580	670			
その他	470	1,055	648	759	1,081
固定負債合計	**97,946**	**98,217**	**79,987**	**86,218**	**90,401**
負債合計	**337,844**	**305,139**	**297,332**	**288,392**	**255,677**
少数株主持分	8,943	9,035	9,317	8,191	8,407
(資本の部)					
資本金	55,203	55,204	55,207	68,793	68,793
資本準備金	53,292	53,293	53,296	66,862	66,862
連結剰余金	393,402	448,034	506,545	513,833	511,006
その他有価証券評価差額金				26,096	17,087
為替換算調整勘定				(7,242)	(1,348)
自己株式	(42)	(21)	(37)	(25)	(10,181)
資本合計	**501,855**	**556,510**	**615,011**	**668,318**	**652,220**
負債・資本合計	**839,700**	**870,685**	**921,662**	**964,902**	**916,305**

図表4-2◉　　　連結損益計算書（三共）

(単位：百万円)

	1998/3期	1999/3期	2000/3期	2001/3期	2002/3期
売上高	616,941	615,267	589,732	545,072	548,893
売上原価	266,541	251,495	234,768	222,908	221,410
返品調整引当金繰入額	52	10	16	80	32
売上総利益	350,346	363,761	354,947	322,082	327,450
販売費及び一般管理費	217,900	210,672	212,235	234,293	246,801
広告宣伝費及び販売促進費	37,406	37,756	40,411	40,468	41,915
貸倒引当金繰入額	36			−	1,451
給料・賞与	37,283	37,001	36,285	36,536	40,290
賞与引当金繰入額	8,544	7,444	6,527	6,794	7,462
退職給付費用			5,168	5,678	
従業員退職給与引当金繰入額	3,549	4,520	2,329		
役員退職慰労引当金繰入額	251	314	311	424	460
減価償却費	4,974				
事業税等	18,284				
旅費交通費	8,293				
研究開発費	57,220	62,554	64,432	78,759	81,610
連結調整勘定償却		266	290	300	290
その他	42,145	60,813	61,647	65,841	67,639
営業利益	132,446	153,089	142,711	87,789	80,649
営業外収益	7,765	7,027	7,120	7,424	6,422
受取利息	3,003	3,336	2,323	3,453	2,400
受取配当金	727	751	850	853	574
特許係争和解金			−	743	
受取賃貸料	846	856	743	652	700
受託加工益		−	781	788	−
為替差益	936				
その他	2,251	2,084	2,421	1,676	2,003
営業外費用	7,476	6,941	6,473	5,675	5,799
支払利息	1,197	1,404	1,327	964	643
棚卸資産処分損	1,714	1,297	1,181	1,369	1,579
有価証券評価損	1,140				
休止固定資産減価償却費				1,069	831
寄付金	420	416	479	392	501
為替差損		−	1,362	428	−
年金費用引当金繰入額	580	89	−		
その他	2,422	3,732	2,122	1,451	2,243
経常利益	132,736	153,176	143,359	89,539	81,272
特別利益	482	491	3,022	1,120	1,262
固定資産売却益	42	80	302	67	252
関係会社株式処分益			1,898	105	795
投資有価証券売却益	88	143	186	24	214
貸倒引当金取崩益		97	320	289	
従業員退職給与引当金取崩益	307	106	294		
その他	45	63	19	27	
特別損失	745	3,130	53,564	7,446	1,811
固定資産処分損	552	1,232	1,128	3,095	1,005

●第4章　詳細分析ケース

特別退職加算金					607
貸倒引当金繰入額					120
従業員退職給与引当金過年度分繰入額			8,422		
役員退職慰労引当金過年度分繰入額			482	389	77
退職給付会計基準変更時差異				1,661	
トログリタゾン販売中止に伴う整理損			40,954	1,055	
ゴルフ会員権評価損				530	
投資有価証券評価損		1,797	177	287	
研究開発費過年度分償却額			1,798		
委託研究費過年度支払額					
その他	193	101	600	426	
税引前当期純利益	132,473	150,537	92,817	83,213	80,724
法人税、住民税及び事業税	68,354	83,385	55,575	52,211	45,550
法人税等調整額			(5,968)	(11,439)	(3,956)
少数株主利益(減算)	405	386	392		334
少数株主損失(加算)				36	
連結調整勘定償却(減算)	263				
持分法による投資損益(加算)	10				
当期純利益	63,461	66,765	42,817	42,478	38,795

〔セグメント情報より抽出〕

減価償却費	23,076	27,346	27,640	28,280	28,280

| STAGE 1 | STAGE 2 | STAGE 3 | STAGE 4 |

◉............過去の業績分析

ステップ 1

財務諸表の再構成

1-3 要約損益計算書の作成

　三共の要約連結損益計算書はステップ1-1で述べたように過去 8 期分作成したが、紙面の都合上過去 5 年間のデータを掲載する（図表4-3参照）。以下では、比較的わかりにくいと思われる計算項目と計算過程について解説する。

図表4-3◉解説

❶ 売上原価
＝連結損益計算書（図表4-2）の「売上原価」＋「返品調整引当金繰入額」。
返品調整引当金繰入額は、常時棚卸資産の大部分につき無条件買戻特約などの契約をしている企業が、その契約に基づき翌期の返品にかかる損失の見込額として損金経理により返品調整引当金勘定に繰り入れた金額で、その金額のうち繰入限度額に達するまでの金額は、税法上その事業年度の損金額に算入されるというものである。
なお、三共の減価償却費はその内訳（売上原価に含まれるか、販売管理費に含まれるか）が不明であるため、売上原価から売上原価に含まれる減価償却費を差し引く、という作業は行っていない。
2002年 3 月期では、221,410＋32＝221,442百万円となる。

❷ 販売費及び一般管理費
＝連結損益計算書の「販売費及び一般管理費」－「事業税」－「連結調整勘定償却」。
1998年 3 期までは、事業税がこの項目に含まれていたため、事業税を除外し、「法人税等」の項目に集約した。また、1998年 3 月期以前の連結調整勘定償却は「法人税及び住民税」の下に計上されているので、販売費及び一般管理費の下にある項目に振り替えた。売上原価と同様に、減価償却費に関する調整はここでも行っていない。
なお、ステップ 2 のEBITAの計算では、連結調整勘定償却分は考慮しない。
2002年 3 月期では、246,801－0－290＝246,511百万円となる。

❸ 減価償却費
連結の減価償却費で、2002年 3 月期では、28,280百万円である。これは、売上原価と販

図表4-3◉　　　　　　要約損益計算書（三共）

(単位：百万円)

	1998/3期	1999/3期	2000/3期	2001/3期	2002/3期
売上高	616,941	615,267	589,732	545,072	548,893
❶ 売上原価	(266,593)	(251,505)	(234,784)	(222,988)	(221,442)
❷ 販売費及び一般管理費	(199,616)	(210,406)	(211,945)	(233,993)	(246,511)
❷ 連結調整勘定償却	(263)	(266)	(290)	(300)	(290)
❸ ((原価及び販管費に含まれる減価償却費総額))	((23,076))	((27,346))	((27,640))	((28,280))	((28,280))
有価証券報告書上の営業利益	*132,446*	*153,089*	*142,711*	*87,789*	*80,649*
❹ 営業利益	150,469	153,090	142,713	87,791	80,650
受取利息	3,003	3,336	2,323	3,453	2,400
受取配当金	727	751	850	853	574
支払利息	(1,197)	(1,404)	(1,327)	(964)	(643)
❺ その他営業外利益	(2,234)	(2,597)	(1,199)	(1,593)	(1,708)
有価証券報告書上の経常利益	*132,736*	*153,176*	*143,359*	*89,539*	*81,272*
❻ 経常利益	150,768	153,176	143,360	89,540	81,273
❼ 特別損益	(263)	(2,639)	(50,542)	(6,326)	(549)
有価証券報告書上の税引前利益	*132,473*	*150,537*	*92,817*	*83,213*	*80,724*
❽ 税引前利益	150,505	150,537	92,818	83,214	80,724
❾ 法人税及び住民税	(86,638)	(83,385)	(49,607)	(40,772)	(41,594)
❿ 少数株主損益	(405)	(386)	(392)	36	(334)
有価証券報告書上の税引後当期利益	*63,461*	*66,765*	*42,817*	*42,478*	*38,795*
⓫ 当期純利益	63,462	66,766	42,819	42,478	38,796

売費及び一般管理費に含まれるものであるが、連結ベースでの内訳が不明なため、一括の数値を、二重括弧で内訳として記載した。この項目は、後ほどフリー・キャッシュフローの算出で必要となる。

❹ 営業利益

＝「売上高」－「売上原価」－「販売費及び一般管理費」－「連結調整勘定償却」－「減価償却費」。

2002年3月期では、548,893－221,442－246,511－290＝80,650百万円となる（有価証券報告書上の数値との間では、端数誤差あり）。なお、連結調整勘定償却を、販売費及び一般管理費に振り替えた関係で、1998年3月期以前については、上記の計算で求めた数字と有価証券報告書上の数値（表中にはイタリック体で記載）は、一致しない。

❺ その他営業外利益

＝（「営業外収益」－「受取利息」－「受取配当金」）－（「営業外費用」－「支払利息」）＋「持分法による投資損益」。

持分法による投資損益を加えて算出している。持分法による投資損益は、投資している持分法対象子会社の純資産および損益のうち投資会社に帰属する部分の変動に応じて、その投資の額を連結決算日ごとに修正することに伴い発生する損益である。
2002年3月期は、(6,422－2,400－574)－(5,799－643)＋0＝△1,708百万円となる。

６ 経常利益

＝「営業利益」＋「受取利息」＋「受取配当金」－「支払利息」＋**５**の「その他営業外利益」。
2002年3月期は、80,650＋2,400＋574－643＋(△1,708)＝81,273百万円となる（有価証券報告書上の数値との間では、端数誤差あり）。なお、連結調整勘定償却を、販売費及び一般管理費に振り替えた関係で、1998年3月期以前については、上記の計算で求めた数字と有価証券報告書上の数値（表中にはイタリック体で記載）は、一致しない。

７ 特別損益

＝「特別利益」－「特別損失」。
2002年3月期は、1,262－1,811＝△549百万円となる。

８ 税引前利益

＝「経常利益」＋**７**の「特別損益」。
2002年3月期は、81,273＋△549＝80,724百万円となる。なお、連結調整勘定償却を、販売費及び一般管理費に振り替えた関係で、1998年3月期以前については、上記の計算で求めた数字と有価証券報告書上の数値（表中にはイタリック体で記載）は、一致しない。

９ 法人税及び住民税

＝「法人税、住民税及び事業税」＋「法人税等調整額」＋「事業税（1998年3月期まで）」
1998年3月期までは営業外費用に加算されていた事業税を、この科目に振り替えている。
2002年3月期は、45,550＋(△3,956)＋0＝41,594百万円となる。

10 少数株主損益

連結損益計算書上の「少数株主利益または損失」になる。2002年3月期は334百万円の少数株主利益が発生しており、三共の連結税引前利益より減算（△334）される。

11 当期純利益

＝**８**の「税引前利益」－**９**の「法人税及び住民税」－**10**の「少数株主損益」。
2002年3月期は、80,724－41,594＋(△334)＝38,796百万円となる。

STAGE 1

●‥‥‥‥過去の業績分析

ステップ 1 財務諸表の再構成

1-4 算定用貸借対照表の作成

　ステップ1-4では、算定用貸借対照表を作成する。各期の数値は図表4-4を参照されたい。以下は、独自に集計した科目について、その計算過程と2002年 3 月期の数値について記述する。本章以前の事例には存在しなかった、連結貸借対照表（図表4-1）の独自項目については詳細に説明を加えているが、連結貸借対照表上の数値をそのまま適用した科目については説明を割愛し、また、本章以前において詳細な記述がなされている場合は、説明を簡略化する。

図表4-4●解説

1 現金及び預金
＝「現金及び預金」－下記**2**の「営業用現金」。
2002年 3 月期は、123,041－10,978＝112,063百万円となる。

2 営業用現金
＝連結損益計算書（図表4-2）の「売上高」× 2 ％。
2002年 3 月期は、548,893× 2 ％＝10,978百万円となる。

3 受取手形・売掛金
＝「受取手形及び売掛金」＋「貸倒引当金」。
2002年 3 月期は、192,826＋△2,207＝190,619百万円となる。

4 有形固定資産（簿価）
＝「建物及び構築物」＋「機械装置及び運搬具」。
2002年 3 月期は、109,623＋43,875＝153,498百万円となる。
三共の連結貸借対照表上では、減価償却累計額の記載はなく、償却対象資産から減価償却累計額を差し引いた後のネットの数値が記載されている。

5 無形固定資産
無形固定資産の内訳の「その他」項目。2002年3月期は、18,935百万円である。

図表4-4 ● 算定用貸借対照表（三共）

(単位：百万円)

		1998/3期	1999/3期	2000/3期	2001/3期	2002/3期
1	現金及び預金	165,276	133,859	111,219	115,882	112,063
2	営業用現金	12,339	12,305	11,795	10,901	10,978
	棚卸資産	92,293	97,790	79,472	85,234	92,530
3	受取手形・売掛金	190,828	190,720	181,138	190,567	190,619
	その他の流動資産	9,515	6,225	7,397	7,804	12,188
	流動資産計	**470,251**	**440,899**	**391,021**	**410,388**	**418,378**
4	有形固定資産（簿価）	122,638	137,970	149,583	157,397	153,498
	建設仮勘定	17,944	19,038	18,954	9,546	4,200
	土地	23,688	25,350	25,279	25,702	28,552
	その他の有形固定資産	11,493	9,851	10,032	11,079	10,858
	有形固定資産計	**175,763**	**192,209**	**203,848**	**203,724**	**197,108**
5	無形固定資産	19,621	20,687	9,915	11,944	18,935
6	連結調整勘定	1,162	881	591	290	0
7	繰延税金資産（流動分も含む）	0	0	35,198	27,400	37,983
8	有価証券・投資有価証券	151,964	191,873	252,320	295,760	224,661
9	投資その他の資産　その他	20,932	19,989	17,756	15,389	19,232
	固定資産計	**369,442**	**425,639**	**519,628**	**554,507**	**497,919**
	繰延資産合計	0	0	0	0	0
	資産合計	**839,693**	**866,538**	**910,649**	**964,895**	**916,297**
	短期借入金	30,884	27,227	27,451	38,911	15,377
	一年内償還の転換社債	2,000	0	27,198	0	0
	支払手形及び買掛金	78,569	74,057	73,995	68,569	64,338
10	引当金	17,337	17,364	15,439	14,951	15,860
11	その他の流動負債	101,471	88,270	73,261	79,738	69,698
	流動負債計	**230,261**	**206,918**	**217,344**	**202,169**	**165,273**
	転換社債	27,207	27,205	0	0	0
	社債	9,327	0	0	0	0
	長期借入金	7,087	9,897	9,836	9,641	8,202
12	長期引当金	1,682	1,850	2,243	2,293	2,426
13	退職給付債務	52,171	58,209	66,966	73,393	78,619
	その他の固定負債	473	1,053	646	761	1,080
	繰延税金負債	0	0	292	130	71
	固定負債	**97,947**	**98,214**	**79,983**	**86,218**	**90,398**
	負債合計	**328,208**	**305,132**	**297,327**	**288,387**	**255,671**

14	少数株主持分	8,943	9,035	9,317	8,191	8,407
	資本金	55,203	55,204	55,207	68,793	68,793
	資本準備金	53,292	53,293	53,296	66,862	66,862
	連結剰余金	393,402	448,034	506,545	513,833	511,006
	その他有価証券評価差額金	0	0	0	26,096	17,087
15	為替換算調整勘定	687	(4,139)	(11,006)	(7,242)	(1,348)
16	自己株式	(42)	(21)	(37)	(25)	(10,181)
	資本合計	502,542	552,371	604,005	668,317	652,219
	負債、少数株主持分、資本合計	839,693	866,538	910,649	964,895	916,297
	バランスチェック	0	0	0	0	0

6 連結調整勘定

＝無形固定資産の内訳の「連結調整勘定」＋ 繰延資産合計の下に記載された「連結調整勘定」。

2002年3月期は、双方の項目ともにゼロである。

7 繰延税金資産

＝流動資産の部の「繰延税金資産」＋ 固定資産の部の「繰延税金資産」。

2002年3月期は、14,838＋23,145＝37,983百万円である。

8 有価証券・投資有価証券

＝「有価証券」＋「投資有価証券」。

2002年3月期は、101,823＋122,838＝224,661百万円である。

9 投資その他の資産

＝「長期貸付金」＋投資その他の資産の「その他」＋投資その他の資産の「貸倒引当金」。

2002年3月期は、7,187＋12,699＋△654＝19,232百万円である。

10 引当金

＝「賞与引当金」＋「返品（調整）引当金」＋「売上値引引当金」＋「売上割戻引当金」。

2002年3月期は、14,158＋587＋0＋1,115＝15,860百万円である。

11 その他の流動負債

＝「未払事業税等」＋「未払法人税等」＋「未払消費税等」＋「未払地価税」＋「未払費用」＋流動負債の部の「その他」。

2002年3月期は、0 ＋22,835＋ 0 ＋ 0 ＋ 0 ＋46,863＝69,698百万円である。

12 長期引当金

＝「役員退職慰労引当金」＋「年金費用引当金」。

2002年 3 月期は、2,426＋0 ＝2,426百万円。

13 退職給付債務
＝「(従業員) 退職給付引当金」。
2002年 3 月期は、78,619百万円である。

14 少数株主持分
連結貸借対照表上の少数株主持分であり、2002年 3 月期は、8,407百万円である。

15 為替換算調整勘定
＝資産の部の「為替換算調整勘定」＋資本の部の「為替換算調整勘定」。
2002年 3 月期は、0 ＋△1,348＝△1,348百万円である。

16 自己株式
資本の部の「自己株式」であり、三共においては、2002年 3 月期に本格的に自社株買いを実施している。2002年 3 月期の数値は、△10,181百万円である。

STAGE 1 ▶ STAGE 2 ▶ STAGE 3 ▶ STAGE 4

◉............過去の業績分析

1 財務諸表の再構成

1-5 投下資産の計算

　ステップ1-5では、ステップ1-4で作成した算定用貸借対照表をもとに、事業に投下している資産を計算する（図表4-5参照）。これより先の分析においては、使用する数値はすべて要約損益計算書（図表4-3参照）、算定用貸借対照表（図表4-4参照）の各科目を採用している。科目によっては（たとえば「現金及び預金」）有価証券報告書と科目表記は同じだが、数値が異なることがあるので注意が必要である。

図表4-5◉解説

〔資産側〕
１ 営業流動資産
＝算定用貸借対照表の「営業用現金」＋「棚卸資産」＋「受取手形・売掛金」＋「その他の流動資産」。
2002年3月期は、10,978＋92,530＋190,619＋12,188＝306,315百万円となる。

２ 営業流動負債
＝算定用貸借対照表の「流動負債計」－「短期借入金」－「一年内償還の転換社債」。
2002年3月期は、165,273－15,377－0＝149,896百万円となる。表の上では、マイナス表記となっている。

３ 営業運転資金
＝**１**「営業流動資産」－**２**「営業流動負債」。
2002年3月期は、306,315－149,896＝156,419百万円である。

４ 正味その他営業資産
算定用貸借対照表の「無形固定資産」額で、2002年3月期は18,935百万円である。

５ 営業投下資産（連結調整勘定除く）
＝**３**「営業運転資金」＋算定用貸借対照表の「有形固定資産計」＋**４**「正味その他営業資産」。
2002年3月期は、156,419＋197,108＋18,935＝372,462百万円である。

図表4-5● 投下資産の計算（三共）

(単位：百万円)

〔資産側〕	1998/3期	1999/3期	2000/3期	2001/3期	2002/3期
1 営業流動資産	304,975	307,040	279,802	294,506	306,315
2 営業流動負債	(197,377)	(179,691)	(162,695)	(163,258)	(149,896)
3 営業運転資金	107,598	127,349	117,107	131,248	156,419
有形固定資産	175,763	192,209	203,848	203,724	197,108
4 正味その他営業資産	19,621	20,687	9,915	11,944	18,935
5 営業投下資産(連結調整勘定除く)	302,982	340,245	330,870	346,916	372,462
連結調整勘定	1,162	881	591	290	0
営業投下資産（連結調整勘定含む）	304,144	341,126	331,461	347,206	372,462
6 余剰現預金	165,276	133,859	111,219	115,882	112,063
7 余剰投資有価証券	151,964	191,873	252,320	250,661	195,049
8 投資その他の資産、繰延資産	20,932	19,989	17,756	15,389	19,232
その他固定負債	(473)	(1,053)	(646)	(761)	(1,080)
9 投下資産総額	641,843	685,794	712,110	728,377	697,726
〔負債側〕					
10 普通株式・優先株式合計	502,542	552,371	604,005	668,317	652,219
11 有価証券評価差額金	0	0	0	(26,096)	(17,087)
12 繰延税金資産・負債	0	0	(34,906)	(46,273)	(50,437)
未払配当金					
13 継続的引当金	1,682	1,850	2,243	2,293	2,426
14 調整後資本	504,224	554,221	571,342	598,241	587,121
15 少数株主持分	8,943	9,035	9,317	8,191	8,407
16 借入金	76,505	64,329	64,485	48,552	23,579
17 退職給付債務	52,171	58,209	66,966	73,393	78,619
18 投下資産総額	641,843	685,794	712,110	728,377	697,726
バランスチェック	0	0	0	0	0

6 余剰現預金

算定用貸借対照表の「現金及び預金」を使用する。この数値は営業用現金を控除した後のものである。2002年3月期は112,063百万円となる。

7 余剰投資有価証券

＝算定用貸借対照表の「有価証券・投資有価証券」－「その他有価証券評価差額金」－

「繰延税金資産・負債（有価証券評価差額金にかかるもののみ）」（有価証券報告書の税効果会計関係の注記事項より入手できるが図表3-1には記載されていない）。

2002年3月期は、224,661－17,087－12,525＝195,049百万円となる。

8 投資その他の資産、繰延資産

＝算定用貸借対照表の「投資その他の資産　その他」＋「繰延資産合計」。

2002年3月期は、19,232＋0＝19,232百万円となる。

9 投下資産総額

＝**5**「営業投下資産（連結調整勘定除く）」＋**6**「余剰現預金」＋**7**「余剰投資有価証券」＋**8**「投資その他の資産、繰延資産」－「その他固定負債」。

2002年3月期は、372,462＋112,063＋195,049＋19,232－1,080＝697,726百万円となる。

〔負債側〕

10 普通株式・優先株式合計

算定用貸借対照表の「資本合計」を使用する。2002年3月期は652,219百万円である。

11 有価証券評価差額金

算定用貸借対照表の「その他有価証券評価差額金」を使用する。2002年3月期は17,087百万円である（表の上ではマイナス表記）。

12 繰延税金資産・負債

＝算定用貸借対照表の「繰延税金資産（流動分も含む）」－（「繰延税金負債」－**7**で前述した「繰延税金資産・負債（有価証券評価差額金にかかるもの）」）。

2002年3月期は、37,983－（71－12,525）＝△50,437百万円である。

13 継続的引当金

算定用貸借対照表の「長期引当金」と同額。

2002年3月期は、2,426百万円である。

14 調整後資本

＝**10**「普通株式・優先株式合計」＋**11**「有価証券評価差額金」＋**12**「繰延税金資産・負債」＋**13**「継続的引当金」。

2002年3月期は、652,219＋△17,087＋△50,437＋2,426＝587,121百万円である。

15 少数株主持分

算定用貸借対照表の「少数株主持分」を用いる。2002年3月期は、8,407百万円である。

16 借入金

＝算定用貸借対照表の「短期借入金」＋「1年内償還の転換社債」＋「転換社債」＋「社債」＋「長期借入金」。

2002年3月期は、15,377＋0＋0＋0＋8,202＝23,579百万円となる。

🔟 退職給付債務

算定用貸借対照表の「退職給付債務」を用いる。2002年3月期は、78,619百万円である。

🔢 投下資産総額

＝🔢「調整後資本」＋🔢「少数株主持分」＋🔢「借入金」＋🔢「退職給付債務」。
2002年3月期は、587,121＋8,407＋23,579＋78,619＝697,726百万円である。この数字が資産側から計算した投下資産総額の数値と合致していることを確認する（バランスチェック）。

| STAGE 1 | STAGE 2 | STAGE 3 | STAGE 4 |

● ·············· 過去の業績分析

ステップ2　NOPLATの算出

　ステップ2では、ステップ1で再構成した財務諸表（主として要約損益計算書＝図表4-3）を用いて、NOPLAT（Net Operating Profits Less Adjusted Taxes）を算出する（図表4-6参照）。なお、三共の限界税率、実効税率については、同社の財務諸表の税効果会計の注記に記載の41.9%を使用する。

図表4-6●解説

〔売上高からの算出〕
❶ 損益計算書上のEBITA
＝要約損益計算書の「売上高」－「売上原価」－「販売費及び一般管理費」。
連結調整勘定償却分はEBITAの計算では控除しない。
2002年3月期では、548,893－221,442－246,511＝80,940百万円となる。
❷ 過去勤務債務に関する調整
退職給付費用に含まれる利息費用であり、有価証券報告書の注記より2002年3月期は、1,813百万円である。
❸ 継続的引当金の増加
＝投下資産（図表4-5）の当年度「継続的引当金」－同前年度「継続的引当金」。
2002年3月期は、2,426－2,293＝133百万円である。
❹ 調整後EBITA
＝❶「損益計算書上のEBITA」＋❷「過去勤務債務に関する調整」＋❸「継続的引当金の増加」。
2002年3月期では、80,940＋1,813＋133＝82,886百万円である。
❺ EBITAに対する税金
下記❾から⓯を合計することによって求める。
❻ 役員賞与
連結剰余金計算書（後掲　図表4-9）上の「取締役賞与金（含・監査役賞与）」の額で、2002

図表4-6 ●················NOPLATの算出（三井）

(単位：百万円)

〔売上高からの算出〕	1998/3期	1999/3期	2000/3期	2001/3期	2002/3期
売上高	616,941	615,267	589,732	545,072	548,893
売上原価	(266,593)	(251,505)	(234,784)	(222,988)	(221,442)
販売費及び一般管理費	(199,616)	(210,406)	(211,945)	(233,993)	(246,511)
《減価償却費(原価及び販管費に含む)》	((23,076))	((27,346))	((27,640))	((28,280))	((28,280))
1 損益計算書上のEBITA	150,732	153,356	143,003	88,091	80,940
2 過去勤務債務に関する調整	0	0	0	1,672	1,813
3 継続的引当金の増加	163	168	393	50	133
4 調整後EBITA	150,895	153,524	143,396	89,813	82,886
5 EBITAに対する税金	(86,623)	(84,455)	(70,513)	(42,690)	(41,563)
6 役員賞与	(423)	(411)	(377)	(419)	(372)
7 繰延税金の増減	0	0	(5,968)	(11,439)	(3,956)
8 NOPLAT	**63,849**	**68,658**	**66,538**	**35,265**	**36,995**
EBITAに対する税金					
9 法人税等	86,638	83,385	49,607	40,772	41,594
10 支払利息による節税額	502	588	556	404	269
11 過去勤務債務利息による節税額	0	0	0	0	0
12 受取利息に対する税金	(1,258)	(1,398)	(973)	(1,447)	(1,006)
13 受取配当金に対する税金	(305)	(315)	(356)	(357)	(241)
14 その他営業外損益に対する税金	936	1,088	502	667	716
15 特別損益に対する税金	110	1,106	21,177	2,651	230
EBITAに対する税金	86,623	84,455	70,513	42,690	41,563
〔当期利益からの算出〕					
16 当期利益	63,462	66,766	42,819	42,478	38,796
17 役員賞与	(423)	(411)	(377)	(419)	(372)
18 繰延税金負債の増加	0	0	(5,968)	(11,439)	(3,956)
19 連結調整勘定の償却	263	266	290	300	290
20 継続的引当金の増加	163	168	393	50	133
21 税引後その他営業外損益	1,298	1,509	697	926	992
22 税引後特別損益	153	1,533	29,365	3,675	319
23 少数株主持分損益	405	386	392	(36)	334
24 調整後当期利益	65,321	70,217	67,611	35,535	36,536
25 税引後支払利息	695	816	771	560	374
26 過去勤務債務に対する支払利息	0	0	0	1,672	1,813
27 投資家に分配可能な総利益	66,016	71,033	68,382	37,767	38,723
28 税引後受取配当金	(422)	(436)	(494)	(496)	(333)
29 税引後受取利息	(1,745)	(1,938)	(1,350)	(2,006)	(1,394)
30 NOPLAT	**63,849**	**68,658**	**66,538**	**35,265**	**36,995**
バランスチェック	0	0	0	0	0

●第4章　詳細分析ケース

年3月期は372百万円である（表の上ではマイナス表記）。

7 繰延税金の増減

連結損益計算書の「法人税等調整額」で、2002年3月期は3,956百万円である（表の上ではマイナス表記）。

8 NOPLAT

＝**4**「調整後EBITA」－**5**「EBITAに対する税金」－**6**「役員賞与」＋**7**「繰延税金の増減」。

2002年3月期では、82,886－41,563－372－3,956＝36,995百万円となる。

9 法人税等

要約損益計算書上の「法人税及び住民税」額で、2002年3月期は41,594百万円である。

10 支払利息による節税額

＝要約損益計算書の「支払利息」×限界税率41.9％。

2002年3月期は、643×41.9％＝269百万円となる。

11 過去勤務債務利息による節税額

わが国において退職給付費用には当期の税額に対する節税効果はないため、ここでの金額は0である。

12 受取利息に対する税金

＝要約損益計算書の「受取利息」×限界税率41.9％。

2002年3月期は、2,400×41.9％＝1,006百万円である（表の上ではマイナス表記）。

13 受取配当金に対する税金

＝要約損益計算書の「受取配当金」×限界税率41.9％。

2002年3月期は、574×41.9％＝241百万円である（表の上ではマイナス表記）。

14 その他営業外損益に対する税金

＝要約損益計算書の「その他営業外利益」×限界税率41.9％。

2002年3月期は、△1,708×41.9％＝△716百万円である（表の上ではプラス表記）。

15 特別損益に対する税金

＝要約損益計算書の「特別損益」×限界税率41.9％。

2002年3月期は、△549×41.9％＝△230百万円である（表の上ではプラス表記）。

〔当期利益からの算出〕

16 当期利益

要約損益計算書上の「当期純利益」額で、2002年3月期は、38,796百万円である。

17 役員賞与

連結剰余金計算書上の「役員賞与」額で、2002年3月期は372百万円である（表の上で

はマイナス表記)。

⑱ 繰延税金負債の増加
連結損益計算書の「法人税等調整額」で、2002年 3 月期は△3,956百万円である。

⑲ 連結調整勘定の償却
要約損益計算書の「連結調整勘定償却」額で、2002年 3 月期は290百万円である。

⑳ 継続的引当金の増加
＝投下資産の当年度「継続的引当金」－同前年度「継続的引当金」。
2002年 3 月期は、2,426－2,293＝133百万円である。

㉑ 税引後その他営業外損益
＝要約損益計算書の「その他営業外損益」×（1 －限界税率41.9％）。
2002年 3 月期は、△1,708×（1 －41.9％）＝△992百万円となる（表の上ではプラス表記）。

㉒ 税引後特別損益
＝要約損益計算書の「特別損益」×（1 －限界税率41.9％）。
2002年 3 月期は△549×（1 －41.9％）＝△319百万円である（表の上ではプラス表記）。

㉓ 少数株主持分損益
要約損益計算書の「少数株主損益」で、2002年 3 月期は△334百万円である（表の上ではプラス表記）。

㉔ 調整後当期利益
＝⑯「当期利益」－⑰「役員賞与」＋⑱「繰延税金負債の増加」＋⑲「連結調整勘定の償却」＋⑳「継続的引当金の増加」＋㉑「税引後その他営業外損益」＋㉒「税引後特別損益」＋㉓「少数株主持分損益」。
2002年 3 月期は、38,796－372＋△3,956＋290＋133＋992＋319＋334＝36,536百万円となる。

㉕ 税引後支払利息
＝要約損益計算書の「支払利息」×（1 －限界税率41.9％）。
2002年 3 月期は、643×（1 －41.9％）＝374百万円である。

㉖ 過去勤務債務に対する支払利息
退職給付費用に含まれる利息費用で、有価証券報告書の注記より2002年 3 月期は1,813百万円である。

㉗ 投資家に分配可能な総利益
＝㉔「調整後当期利益」＋㉕「税引後支払利息」＋㉖「過去勤務債務に対する支払利息」。
2002年 3 月期は、36,536＋374＋1,813＝38,723百万円である。

㉘ 税引後受取配当金

＝要約損益計算書の「受取配当金」×（1－限界税率41.9%）。

2002年3月期は、574×（1－41.9%）＝333百万円である（表の上ではマイナス表記）。

㉙ 税引後受取利息

＝要約損益計算書の「受取利息」×（1－限界税率41.9%）。

2002年3月期は、2,400×（1－41.9%）＝1,394百万円である（表の上ではマイナス表記）。

㉚ NOPLAT

＝㉗「投資家に分配可能な総利益」－㉘「税引後受取配当金」－㉙「税引後受取利息」。

2002年3月期は、38,723－333－1,394＝36,995百万円である。なお、売上高からの算出と当期利益からの算出が合致することを確認した（バランスチェック）。

STAGE 1 > STAGE 2 > STAGE 3 > STAGE 4

●……………過去の業績分析

ステップ 3 フリー・キャッシュフローの計算

　ステップ 3 では、投下資産およびNOPLATの計算（図表4-6）で得られた諸数値を用いて、フリー・キャッシュフローを算出する（図表4-7参照）。

図表4-7●解説

〔NOPLATからの算出〕
1 NOPLAT
ステップ 2 で算出したNOPLATを用いる。2002年 3 月期は、36,995百万円である。
2 減価償却費
要約損益計算書（図表4-3）の減価償却費（二重括弧で記載）を用いる。2002年 3 月期は、28,280百万円である。
3 グロス・キャッシュフロー
＝**1**「NOPLAT」＋**2**「減価償却費」。
2002年 3 月期は、36,995＋28,280＝65,275百万円となる。
4 運転資金の増加
＝投下資産（図表4-5）の当年度「営業運転資金」－同前年度「営業運転資金」。
2002年 3 月期は、156,419－131,248＝25,171百万円（端数誤差により、表では25,170百万円）となる。運転資金の増加はキャッシュフローにマイナスの影響を与えるので、増加分の金額はグロス・キャッシュフローよりマイナスされる。したがって、計算式上はマイナス表記されている。
5 設備投資
＝算定用貸借対照表（図表4-4）の当年度「有形固定資産計」－同前年度「有形固定資産計」＋**2**の当年度「減価償却費」。
2002年 3 月期は、197,108－203,724＋28,280＝21,664百万円となる。
設備投資額は**4**の「運転資金の増加」と同様にキャッシュフローにマイナスの影響を与えるため、計算式上はマイナス表記されている。

●第 4 章　詳細分析ケース

図表4-7◉ フリー・キャッシュフローの計算（三共）

（単位：百万円）

	1998/3期	1999/3期	2000/3期	2001/3期	2002/3期
営業キャッシュフロー					
① NOPLAT	63,849	68,658	66,538	35,265	36,995
② 減価償却費	23,076	27,346	27,640	28,280	28,280
③ グロス・キャッシュフロー	86,925	96,004	94,178	63,545	65,275
④ 運転資金の増加	6,375	(19,752)	10,243	(14,142)	(25,170)
⑤ 設備投資	(33,131)	(43,792)	(39,279)	(28,156)	(21,664)
⑥ その他資産の増加	(11,807)	(1,066)	10,772	(2,029)	(6,991)
⑦ 総投資	(38,563)	(64,610)	(18,264)	(44,327)	(53,825)
⑧ のれん代加算前フリー・キャッシュフロー	48,362	31,395	75,914	19,218	11,450
⑨ のれん代への投資	(1,425)	15	0	1	0
⑩ フリー・キャッシュフロー	46,937	31,410	75,914	19,219	11,450
⑪ 営業外キャッシュフロー	(2,930)	(6,345)	(35,103)	1,645	1,059
⑫ 税引後受取利息	1,745	1,938	1,350	2,006	1,394
⑬ 税引後受取配当金	422	436	494	496	333
⑭ 余剰現金の減少（増加）	(58,796)	31,418	22,639	(4,662)	3,818
⑮ 余剰投資有価証券の減少（増加）	17,622	(39,909)	(60,447)	1,659	55,612
⑯ 投資家に分配可能なキャッシュフロー	5,000	18,948	4,847	20,363	73,667
財務キャッシュフロー					
⑰ 税引後支払利息	695	816	771	560	374
⑱ 過去勤務債務に対する支払利息	0	0	0	1,672	1,813
⑲ 借入金の減少（増加）	6,796	12,176	(156)	15,933	24,973
⑳ 過去勤務債務の減少（増加）	(2,866)	(6,038)	(8,757)	(6,427)	(5,226)
㉑ 少数株主持分の減少（増加）	254	294	110	1,090	118
㉒ 配当	11,211	11,722	12,387	11,191	11,271
㉓ 資本金・資本準備金の減少（増加）	(11,156)	(2)	(6)	(27,152)	0
㉔ 剰余金変動額	73	0	267	(1,396)	0
㉕ 自己株式消却	0	0	0	24,974	29,977
㉖ 自己株式の増加（減少）	(11)	(21)	16	(12)	10,156
㉗ その他剰余金変動額	0	0	213	(72)	208
アンバランス端数調整額	4	1	2	2	3
㉘ 財務キャッシュフロー	5,000	18,948	4,847	20,363	73,667

6 その他資産の増加
＝投下資産の当年度「正味その他営業資産」－同前年度「正味その他営業資産」。
2002年3月期は、18,935－11,944＝6,991百万円となる。
投下資産の「正味その他営業資産」は、三共の場合は「無形固定資産」と等しくなるため、ここでは、「無形固定資産」への投資分をキャッシュフローからマイナスすることになる。「運転資金の増加」「設備投資」と同様に、この項目は計算式上はマイナス表記されている。

7 総投資
＝4「運転資金の増加」＋5「設備投資」＋6「その他資産の増加」。
2002年3月期は、25,170＋21,664＋6,991＝53,825百万円となる。総投資はグロス・キャッシュフローより差し引かれるため、計算式上はマイナス表記されている。

8 のれん代加算前フリー・キャッシュフロー
＝3「グロス・キャッシュフロー」－7「総投資」。
2002年3月期は、65,275－53,825＝11,450百万円となる。

9 のれん代への投資
＝算定用貸借対照表の当年度「連結調整勘定」－同前年度「連結調整勘定」－要約損益計算書の当年度「連結調整勘定償却」。
2002年3月期は、0－290－△290＝0百万円となる。
この項目も、フリー・キャッシュフロー算出上は減算されるため、計算式上、投資増加分はマイナス表記されている。

10 フリー・キャッシュフロー
＝8「のれん代加算前フリー・キャッシュフロー」－9「のれん代への投資」。
2002年3月期は、11,450－0＝11,450百万円である。

11 営業外キャッシュフロー
補足計算詳細（図表4-8）に示す通りNOPLAT計算の表（図表4-6）の「税引後その他営業外損益」＋「税引後特別損益」－投下資産（図表4-5）の「投資その他資産、繰延資産」の増加額＋算定用貸借対照表（図表4-4）の「その他固定負債」の増加額＋「為替換算調整勘定」の増加額。
2002年3月期は、△992＋△319－（19,232－15,389）＋（1,080－761）＋（△1,348－△7,242）＝1,059百万円である。

12 税引後受取利息
NOPLATの「税引後受取利息」を使用した。2002年3月期は1,394百万円である。NOPLAT算出のための計算式上はマイナス表記されていたが、キャッシュフローにはプラスの影響を与えるので、ここでの計算式においてはプラス表記されている。

13 税引後受取配当金

NOPLATの「税引後受取配当金」を使用した。2002年3月期は333百万円であり、上記と同じ理由で、プラス表記にしている。

14 余剰現金の減少（増加）

＝投下資産の当年度「余剰現預金」－同前年度「余剰現預金」。

2002年3月期は、112,063－115,882＝△3,818百万円となる。この数値は余剰現金が減少したことを示しているが、余剰現金の減少は、投資家に分配可能なキャッシュフローを算出する過程では、キャッシュフローにプラスの影響を与えるため、計算式の表記上は、プラス表記されている。

15 余剰投資有価証券の減少（増加）

＝投下資産の当年度「余剰投資有価証券」－同年度「余剰投資有価証券」。

図表4-8● 補足計算詳細（三共）

(単位：百万円)

	1998/3期	1999/3期	2000/3期	2001/3期	2002/3期
運転資金の増減					
事業用現金の増加	406	(33)	(511)	(893)	76
売上債権の増加	4,362	(108)	(9,582)	9,429	52
棚卸資産の増加	929	5,497	(18,318)	5,762	7,296
その他流動資産の増加	2,544	(3,290)	1,172	407	4,384
(買入債務の増加)	823	4,512	62	5,426	4,231
(引当金の増加)	(1,124)	(27)	1,925	488	(909)
(その他流動負債の増加)	(14,315)	13,201	15,009	(6,477)	10,040
運転資金の増減	**(6,375)**	**19,752**	**(10,243)**	**14,142**	**25,170**
設備投資					
有形固定資産の増加	10,055	16,446	11,639	(124)	(6,616)
減価償却費	23,076	27,346	27,640	28,280	28,280
設備投資	**33,131**	**43,792**	**39,279**	**28,156**	**21,664**
営業外キャッシュフロー					
営業外損益その他	(1,298)	(1,509)	(697)	(926)	(992)
特別損益勘定	(153)	(1,533)	(29,365)	(3,675)	(319)
投資その他の資産　その他、繰延資産の減少(増加)	(2,437)	943	2,233	2,367	(3,843)
その他固定負債の増加	203	580	(407)	115	319
為替換算調整勘定の減少(増加)	755	(4,826)	(6,867)	3,764	5,894
評価替の影響					
包括利益累計額の増加					
営業外キャッシュフロー	**(2,930)**	**(6,345)**	**(35,103)**	**1,645**	**1,059**

2003年3月期は、195,049－250,661＝△55,612百万円となるが、計算式上の表記には⓮「余剰現金の増減」と同じ理由でプラス表記されている。

⓰ 投資家に分配可能なキャッシュフロー
＝⓾「フリー・キャッシュフロー」＋⓫「営業外キャッシュフロー」＋⓬「税引後受取利息」＋⓭「税引後受取配当金」＋⓮「余剰現金の減少（増加の場合はマイナス）」＋⓯「余剰投資有価証券の減少（増加の場合はマイナス）」。

2002年3月期は、11,450＋1,059＋1,394＋333＋3,818＋55,612＝73,667百万円となる。

〔財務キャッシュフローの算出〕

⓱ 税引後支払利息
NOPLATの「税引後支払利息」を使用した。2002年3月期は、374百万円である。

⓲ 過去勤務債務に対する支払利息
NOPLATの「過去勤務債務に対する支払利息」を使用した。2002年3月期は、1,813百万円である。

⓳ 借入金の減少（増加）
＝投下資産の前年度「借入金」－同当年度「借入金」。

2002年3月期は、48,552－23,579＝24,973百万円の借入金の減少となっている。

財務キャッシュフローはキャッシュアウトフローを算出している（数値がプラスの場合はキャッシュアウトを意味する）。そのため、借入金の減少は計算式上はプラス表記されている。

⓴ 過去勤務債務の減少（増加）
＝投下資産の前年度「退職給付債務」－同当年度「退職給付債務」。

2002年3月期は、73,393－78,619＝△5,226百万円となる。2003年度は過去勤務債務が増加したためマイナス表記となる。

㉑ 少数株主持分の減少（増加）
＝投下資産の前年度「少数株主持分」－同当年度「少数株主持分」－NOPLATの計算の表の当年度「少数株主持分損益」。

2002年3月期は、8,191－8,407－△334＝118百万円となる。

㉒ 配当
連結剰余金計算書（図表4-9）の配当額を使用する。2002年3月期は11,271百万円である。

㉓ 資本金・資本準備金の減少（増加）
＝（算定用貸借対照表の前年度「資本金」－同当年度「資本金」）＋（同前年度「資本準備金」－同当年度「資本準備金」）。

2002年3月期は、(68,793－68,793)＋(66,862－66,862)＝0百万円となる。

図表4-9 連結剰余金計算書（三共）

(単位：百万円)

	1998/3期	1999/3期	2000/3期	2001/3期	2002/3期
連結剰余金期首残高	341,651	393,402	448,034	506,545	513,833
過年度税効果調整額			28,725		
連結剰余金増加高		0	0	3,215	0
連結子会社増加に伴う剰余金増加高				2,746	
連結子会社合併に伴う剰余金増加高				469	
連結剰余金減少高	11,708	12,134	13,032	38,405	41,622
配当金	11,211	11,722	12,387	11,191	11,271
取締役賞与金(含　監査役賞与)	423	411	377	419	372
連結子会社減少に伴う剰余金減少高			267	1,819	
連結子会社増加に伴う剰余金減少高	66				
利益による自己株式消却額				24,974	29,977
その他剰余金変動額	7				
当期純利益	63,461	66,765	42,817	42,478	38,795
為替換算調整勘定					
連結剰余金期末残高	393,402	448,034	506,545	513,833	511,006

24 剰余金変動額

連結剰余金計算書の各科目数値を用いる。

＝「連結子会社減少に伴う剰余金減少高」＋「連結子会社増加に伴う剰余金減少高」＋「その他剰余金変動額」－「連結子会社増加に伴う剰余金増加高」－「連結子会社合併に伴う剰余金増加高」－「為替換算調整勘定」。

2002年3月期は、全項目0であるので、0百万円となる。

25 自己株式消却

連結剰余金計算書の「利益による自己株式消却額」を使用する。三共は2001年3月期より大規模に自己株式取得を行っており、同時に消却を実施している。2002年3月期は、29,977百万円となる。

26 自己株式の増加（減少）

＝算定用貸借対照表の前年度「自己株式」－同当年度「自己株式」。

2002年3月期は、△25－△10,181＝10,156百万円となる。この数値は三共が保有する自己株式の増加を指している。企業が株式市場で自己株式を取得した場合、同じ期に消却を行う場合と、相応の期間内に処分をする場合（金庫株のケースを含む）と、2つの対応策がある。後者の場合は相当の期間内には自社株式を保有することになるため、10,156百万円という数値になって表れる。金庫株解禁と同時に、取得した自社株を自社で保有する上場企業が増加しており、今後はこのような事例が増えると考えられる。

27 その他剰余金変動額
＝－投下資産の「繰延税金資産・負債」の前年度比増加額－連結損益計算書（図表4-2）の「法人税等調整額」。
2002年3月期は「繰延税金資産・負債」は前年比△50,437－△46,273＝△4,164百万円なので、財務キャッシュフローの計算上はプラスになる。
ここから、2002年3月期の「法人税等調整額」3,956百万円を差し引いて、－△4,164－3,956＝208百万円を計上する。

28 財務キャッシュフロー
上記 17 ～ 27 を合算する。
2002年3月期は374＋1,813＋24,973＋△5,226＋118＋11,271＋ 0 ＋ 0 ＋29,977＋10,156＋208＋3＝73,667百万円となる。この数字はバランス端数調整＋3を行うことにより、16 の「投資家に分配可能なキャッシュフロー」と一致させている。

第4章 詳細分析ケース

STAGE 1 > STAGE 2 > STAGE 3 > STAGE 4

◉……………過去の業績分析

ステップ
4 　ROICの要素分解とバリュードライバーの算定

　ステップ 4 では、将来のキャッシュフローの予測やキャッシュフローの予測期間以降の価値である継続価値の算定にあたっての前提の決定にあたり、ROICやその他の指標を分析し、企業の業績と企業価値に影響を与える要素（バリュー・ドライバー）をどうとらえるかについてまとめる。

　このステップでは、図表4-10に示すROICツリーを用いて収益性の分析を試みると同時に、ROICツリーの構成要素となる項目について、図表4-10「過去の営業指標」に時系列にまとめた。そしてこの表をもとに、ステップ 7 で触れられている主要バリュードライバーや営業指標の解説も行う。時系列のROICツリーを描くにあたり、有価証券報告書上の数値を数多く使うが、過去を遡る過程で、表示方法の変更や有価証券報告書の単体から連結中心への変更によるデータの不連続性が生じる。時系列の数字が急激に変化する場合、これらの特殊要因を識別し評価に織り込むことが必要である。

解説

　ROICツリーの中で、税引前ROICの構成要因である売上高利益率（EBITA／売上高）が悪化している理由をまず分析する。最初に、売上原価率（売上原価／売上高）については、1996年の47.8％から2002年の40.3％へと大幅な改善を示していることがわかる。連結ベースでの製造原価明細書は開示されていないため詳細は不明だが、単体ベースでの製造原価明細書及び損益計算書の分析によると、製品売上高／商品売上高、当期製品製造原価／当期商品仕入高の比率において、製品の占める割合が徐々に上昇していることから、売上構成において自社製造製品よりも原価率が高い他社商品が占める割合が減少していることに起因しているためと推測される。

　一方で、対売上高販管費率（販管費／売上高）は2000年代に入り40％台と大幅に悪化しているが、その主要な原因は売上高が減少する一方で販管費に分類されている研究開発費が大幅に増加していることにある。この点に関しては、製薬業界において先行投資ともいえる研究開発費をROICを求める際に単純に費用処理すべきか否かという

問題点が残るが、この点を割り引いたとしても、売上高が減少していく半面、広告宣伝費・人件費等の項目も上昇しており、対売上高販管費率の悪化の大きな原因の1つとなっている。そして、売上原価の改善以上に対売上高販管費率が悪化している結果、売上高利益率が急速に落ち込んだことがわかる。

また、税引前ROICのもう1つの構成要因である資産回転率（売上高／投下資産）は対売上高営業運転資金率（営業運転資金／売上高）、対売上高有形固定資産率（有形固定資産／売上高）、対売上高その他資産率（その他資産／売上高）の3要素に分類しており、結論からいうと、この3要素すべてにおいて指標は悪化（上昇）している（なお、図表4-10のROICツリーでは期首投下資産ではなく平均投下資産で算出している）。

最初に、営業運転資金／売上高であるが、営業運転資金については、営業流動資産の金額にほぼ変化がない半面、営業流動負債が大幅に減少している。減少の大部分は「その他流動資産」に分類される項目から生じており、要因は2点存在する。1つは1998年には存在した未払事業税、未払費用の項目が表示方法の変更（「流動負債－その他」に含まれているものと推定）により開示されなくなりデータに歪みが生じていること、2点目は収益の落ち込みから未払法人税計上額が減少していることである。また、営業流動資産については、ほぼ変化がないものの、売上が減少するなかで営業流動資産が減少しない点については注意を要する。なかでも、売掛金は売上減少にもかかわらず同程度の残高を有しており、その結果売掛金回転数が減少している。こうしたことも営業運転資金効率の劣化につながっている（図表4-12参照）。

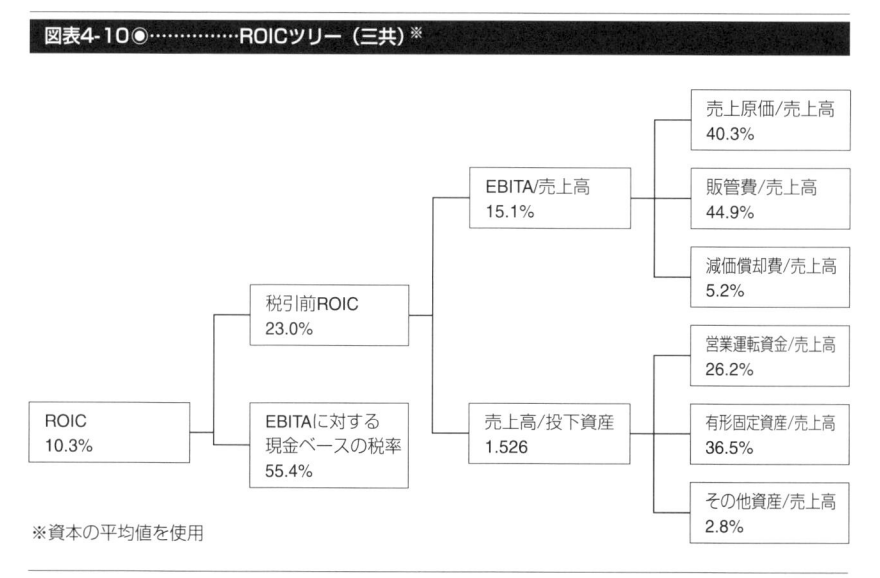

図表4-10● ROICツリー（三共）※

```
ROIC
10.3%
├── 税引前ROIC 23.0%
│   ├── EBITA/売上高 15.1%
│   │   ├── 売上原価/売上高 40.3%
│   │   ├── 販管費/売上高 44.9%
│   │   └── 減価償却費/売上高 5.2%
│   └── 売上高/投下資産 1.526
│       ├── 営業運転資金/売上高 26.2%
│       ├── 有形固定資産/売上高 36.5%
│       └── その他資産/売上高 2.8%
└── EBITAに対する現金ベースの税率 55.4%
```

※資本の平均値を使用

図表4-11 ●　　　　　　　過去の営業指標（三共）

(単位：百万円)

	1996/3期	1997/3期	1998/3期	1999/3期	2000/3期	2001/3期	2002/3期
調整後EBITA/売上高							
売上原価（減価償却含む）/売上高	47.8%	45.5%	43.2%	40.9%	39.8%	40.9%	40.3%
販管費（減価償却含む）/売上高	33.6%	32.0%	32.4%	34.2%	35.9%	42.9%	44.9%
(減価償却費/売上高)	4.0%	3.9%	3.7%	3.8%	4.6%	5.1%	5.2%
過去勤務債務の調整/売上高	0.0%	0.0%	0.0%	0.0%	0.0%	0.3%	0.3%
役員退職慰労引当金の増加/売上高	0.0%	0.0%	0.0%	0.0%	0.1%	0.0%	0.0%
調整後EBITA/売上高	18.7%	22.6%	24.5%	25.0%	24.3%	16.5%	15.1%
ROIC（期首）							
正味有形固定資産/売上高	28.4%	27.3%	26.9%	28.6%	32.6%	37.4%	37.1%
運転資金/売上高	24.7%	23.2%	18.5%	17.5%	21.6%	21.5%	23.9%
その他正味資産/売上高	1.0%	1.3%	1.3%	3.2%	3.5%	1.8%	2.2%
売上高/（営業）投下資産	1.8	1.9	2.1	2.0	1.7	1.6	1.6
税引前ROIC	34.5%	43.6%	52.5%	50.7%	42.1%	27.1%	23.9%
税率（現金ベース）	57.8%	60.6%	57.7%	55.3%	53.6%	60.7%	55.4%
税引後ROIC	14.6%	17.2%	22.2%	22.7%	19.6%	10.7%	10.7%
税引後ROIC（連結調整勘定を含む）	14.5%	17.1%	22.2%	22.6%	19.5%	10.6%	10.7%
ROIC（平均）							
正味有形固定資産/売上高	28.8%	27.5%	27.7%	29.9%	33.6%	37.4%	36.5%
運転資金/売上高	24.8%	21.2%	18.0%	19.1%	20.7%	22.8%	26.2%
その他正味資産/売上高	1.2%	1.3%	2.2%	3.3%	2.6%	2.0%	2.8%
売上高/投下資産	1.8	2.0	2.1	1.9	1.8	1.6	1.5
税引前ROIC	34.1%	45.2%	51.1%	47.7%	42.7%	26.5%	23.0%
税引後ROIC	14.4%	17.8%	21.6%	21.3%	19.8%	10.4%	10.3%
税引後ROIC（連結調整勘定を含む）	14.3%	17.8%	21.6%	21.3%	19.8%	10.4%	10.3%

図表4-12 ●　　　　　　　運転資金の詳細分析（三共）

(単位：百万円)

	1998/3	2002/3
売上高	616,941	548,893
売掛金平均	188,647	190,593
売掛金回転数（回）	3.27	2.88
売上原価	266,593	221,442
買掛金平均	78,981	66,454
買掛金回転数（回）	3.38	3.33

次に、対売上高有形固定資産率（有形固定資産／売上高）は1998年以降の小名浜工場の製造設備増設や、平塚工場の製造設備新設等による有形固定資産への純投資が拡大した半面、売上高が減少したので比率が悪化、またその他の資産に対する比率も影響は軽微ながらも指標が悪化している。運転資金及び有形固定資産共に活用効率が低下し

た結果、投下資産回転率(売上高/投下資産)は1998年の2.1回から2002年には1.5回まで低下している。

税引前ROICは、営業利益率に投下資産回転率を乗ずることによって算出される。どちらの指標も悪化していることから、税引前ROIC(平均ベース)はピーク時である1998年の51.1%から2002年には23.0%と半分以下にまで落ち込んでいる。ただ、実際には研究開発費の増加がROIC悪化に与えている影響もあることから、今後の業績を予測するうえで同費用について考慮に入れる必要があろう。

また、税引後ROICを求める際に必要なEBITAに対する現金ベースの税率は50%台半ばと実効税率と比較して高い水準にある。有価証券報告書の税効果会計関係の開示によると、実効税率と実際の負担率の差異には交際費等永久に損金に参入されない項目や評価性引当金について調整がなされており、現金ベースの税率を押し上げる要因になっている。

三共の売上高成長率は1997年3月期の7.1%を最高として、それ以降低下し、2002年3月期には0.7%の微増という下げ止まりとなっている。これは、近年、主力製品であるメバロチンによる売上の増加が限界に達したこと、メバロチンに代わる大型新薬の販売がなかったこと、薬価基準が下落していることなどが理由として考えられる。また調整後EBITA成長率、NOPLAT成長率および当期利益成長率は、売上の減少だけでなく、研究開発費を増加させているため低水準となっている。

ROIC構成要素の分析が終わったところで、次にエコノミック・プロフィットの推移について見ることとする(図表4-13)。エコノミック・プロフィットは期首投下資産×(ROIC-WACC)で算出され、当該企業が実額ベースで、どの程度資本コストを上回るキャッシュフローを稼ぎ出したかを示す。したがって、エコノミック・プロフィットを算出するにあたっては、まずは各事業年度におけるWACCの算出を行わなくてはならない。WACC算出にあたっては細かな論点が数多く存在するが、ここでは過去の大まかな傾向を把握するという目的に鑑み、重要度の低いと思われる項目については詳細な検討を行わず、主に財務諸表上の数値をそのまま用い、長期金利の水準・ベータ等もBloomberg等の情報端末から入手できる数値をそのまま用いている。将来発生するフリー・キャッシュフローの割り引きに用いるWACCの算出については、STAGE 2において詳細に述べる。

三共の投下資産は設備投資等を反映して概して増加傾向にあるが、(ROIC-WACC)で計算されるスプレッド部分は1999年を頂点として急速に低下しており、その結果エ

図表4-13◉　　　　　エコノミック・プロフィットの推移（三共）

(単位：百万円)

	1991/3期	1992/3期	1998/3期	1999/3期	2000/3期	2001/3期	2002/3期
ROIC（連結調整勘定加算前）※	14.6%	17.2%	22.2%	22.7%	19.6%	10.7%	10.7%
WACC	5.9%	5.3%	4.7%	4.7%	4.2%	2.9%	3.2%
スプレッド	8.7%	11.9%	17.5%	17.9%	15.4%	7.7%	7.5%
投下資産(期首)	301,655	309,048	287,494	302,982	340,245	330,870	346,916
エコノミック・プロフィット（連結調整勘定加算前）	26,231	36,768	50,450	54,354	52,408	25,598	26,026
NOPLAT	43,951	53,056	63,849	68,658	66,538	35,265	36,995
投下資産に対する機会費用	(17,720)	(16,287)	(13,399)	(14,305)	(14,130)	(9,668)	(10,969)
エコノミック・プロフィット（連結調整勘定加算前）	26,231	36,768	50,450	54,354	52,408	25,598	26,026
ROIC（連結調整勘定加算後）※	14.5%	17.1%	22.2%	22.6%	19.5%	10.6%	10.7%
WACC	5.9%	5.3%	4.7%	4.7%	4.2%	2.9%	3.2%
スプレッド	8.6%	11.9%	17.5%	17.9%	15.4%	7.7%	7.5%
投下資産（期首）	303,155	309,798	287,494	304,144	341,126	331,461	347,206
エコノミック・プロフィット（連結調整勘定加算後）	26,143	36,729	50,450	54,299	52,372	25,580	26,017
NOPLAT	43,951	53,056	63,849	68,658	66,538	35,265	36,995
投下資産に対する機会費用	17,808	16,327	13,399	14,360	14,166	9,685	10,978
エコノミック・プロフィット（連結調整勘定加算後）	26,143	36,729	50,450	54,299	52,372	25,580	26,017

※ROICは期首残高ベースのものを使用

コノミック・プロフィットを押し下げている。ROICの推移についてはすでに述べたとおりだが、一方で、三共のWACCは98年3月期、99年3月期をピークにその後低下傾向にあり、（ROIC－WACC）のスプレッド幅の縮小を若干抑える効果があった。WACC低下の要因としては、CAPMを用いて資本コストを求める際のリスクフリー・レートの低下、およびベータの低下によるところが大きい（1999年のベータは0.63、2002年は0.36）。いずれにせよ、WACCを企業が意図的に低下させたとしても、その幅はわずかなものであり、エコノミック・プロフィット、ひいては企業価値を向上させるにはROICの水準向上が重要課題であることがわかる。

| STAGE 1 | STAGE 2 | STAGE 3 | STAGE 4 |

◉……………過去の業績分析

ステップ 5　信用力と流動性の分析

　ステップ5では財務の健全性をチェックするために、インタレスト・カバレッジ、資本構成（有利子負債／投下資産総額）、投資比率、配当性向といった指標を検証する（図表4-14）。

　結論を先取りすると、こうした指標の分析からは、三共が事業の生み出すキャッシュフローの範囲内で債務返済・投資・配当を手当てできていることがわかる。以下、項目別に指標を見ていく。

図表4-14●解説

１ インタレスト・カバレッジ
三共のインタレスト・カバレッジは総じて100倍強の水準を維持しており、利払いにはほぼ問題がないと断言してもよい水準である。こうした高いインタレスト・カバレッジが達成できる要因は、次に述べる有利子負債比率が非常に低いためである。

２ 有利子負債／投下資産総額
借入金は主に転換社債の株式への転換が進んだことから減少傾向をたどっており、近年においては簿価・時価ベース共に借入金が投下資産総額に占める割合は10％以下の水準を維持している（ただし、2002年の決算短信における開示によると、三共では300億円の融資枠（コミットメントライン）を設けている）。STAGE 2 の資本コストの推定で詳しく触れるが、三共に限らず製薬業界での有利子負債率は他業種比できわめて低い水準となっている。

時価ベースでの投下総資産額は、投下資産を求めるワークシートにおいて、「普通株式・優先株式合計」の欄の簿価計上金額を年度末時点での株式時価総額に置き換えて算出した。1997年前後は株価が高かったこともあり、時価ベースと簿価ベースの構成比で大きく違いが出ているが、近年にかけて株価が下落歩調をたどっていることから、その差は縮小している。

第4章　詳細分析ケース

図表4-14● 資金調達の分析（三共）

(単位：百万円)

	1995/3期	1996/3期	1997/3期	1998/3期	1999/3期	2000/3期	2001/3期	2002/3期
1 インタレスト・カバレッジ								
EBITA	102,206	104,091	134,768	150,895	153,524	143,396	89,813	82,886
支払利息	1,809	1,301	1,154	1,197	1,404	1,327	964	643
EBITA／支払利息	56	80	117	126	109	108	93	129
2 資本構成								
借入金	92,758	93,116	83,301	76,505	64,329	64,485	48,552	23,579
投下資産総額	492,567	535,694	581,786	641,843	685,794	712,110	728,377	697,726
借入金／投下資産総額（簿価）								
	18.8%	17.4%	14.3%	11.9%	9.4%	9.1%	6.7%	3.4%
借入金／投下資産総額（時価）								
	8.9%	7.5%	4.9%	4.2%	5.0%	5.0%	4.1%	2.6%
3 投資比率								
純投資額	301,655	7,393	−21,554	15,487	37,264	−9,376	16,047	25,545
NOPLAT	41,456	43,951	53,056	63,849	68,658	66,538	35,265	36,995
純投資比率	728%	17%	−41%	24%	54%	−14%	46%	69%
総投資額	323,778	30,686	1,183	38,563	64,610	18,264	44,327	53,825
グロス・キャッシュフロー	63,579	67,244	75,793	86,925	96,004	94,178	63,545	65,275
総投資比率	509%	46%	2%	44%	67%	19%	70%	82%
4 配当性向								
配当	5,766	6,779	8,801	11,211	11,722	12,387	11,191	11,271
配当可能利益	39,155	44,060	50,965	63,462	66,766	42,819	42,478	38,796
配当性向	15%	15%	17%	18%	18%	29%	26%	29%

3 投資比率

正味ベース・グロスベース共に、投資比率は常に100%を下回っており、投資活動は企業が生み出すキャッシュフローの範囲内で行われていることが読み取れる。なお、投資額と比率が年度ごとに大きく変動しているが、これは運転資金の増減によるところが大きい（図表4-7「フリー・キャッシュフローの計算」を参照のこと）。

4 配当性向

三共の配当性向は1995年の15%から2002年には約2倍の29%まで上昇している。配当性向は支払配当金／配当可能利益で計算される。1995年には一株あたり普通配当が10円強程度であったが、業績が好調に推移した結果、特別配当金が加算されて、1998年には一株あたり配当金は25円程度にまで増額された。配当政策の安易な変更は多くの企業がそれを嫌うが、三共も同様であり、その後の業績悪化にもかかわらず配当額を維持していることから、結果的に配当性向は上昇している。今後も金額固定の配当政策が継続されると考えられ、20～25円程度の配当が実施されると予想される。

| STAGE 1 | STAGE 2 | STAGE 3 | STAGE 4 |

●……………過去の業績分析

ステップ
6 業績の詳細な分析

これまでのステップでは、過去の財務諸表の分析を行ってきた。しかし、将来の収益予測に必要な、NOPLAT、投下資産、フリー・キャッシュフローを算定するために、より複雑な会計上の問題を考慮する必要がある。そこでステップ6では、三共の将来の収益予測を行うために、特に重要な会計上の問題について述べる。

解説

1 少数株主持分
少数株主持分とは、100％所有でない子会社を連結する場合に、当該子会社の資本勘定のうち、連結グループの持分に帰属しない部分は、連結グループ以外（少数株主）の持分として「少数株主持分」として処理される。企業価値評価においては、貸借対照表上の金額を準資本勘定として取り扱い、少数株主に帰属する収益は、支払利息のように資金調達コストとして取り扱う。三共の場合、100％所有でない子会社は5社あり、うち2社は株式を公開している。株式を公開している子会社は直近の株式相場に基づき直接価値評価を行う。他方、非公開子会社は、各子会社ごとにDCF法を用いて価値を評価し、所有比率により持分の価値を算出するのが望ましいが、公開データではそれだけの情報が得られないため、2社合計の将来利益を見積もり、価値評価を行う。

2 支出の資産計上
マーケティングや研究開発に関する費用は、日本の会計基準では発生時にすべて費用処理することとなっている（研究開発費に関する会計基準）。医薬品のように研究開発費の多い業界では、研究開発費の多寡により営業利益に直接影響を与えることとなる。つまり、研究開発費を減少させることにより短期的に営業利益を増加させることができる。そこで企業評価には、研究開発費に関して5年間繰り延べるなどの方法も考えられる。ただし、三共の場合、継続的に研究開発を行っているため、このような調整は行わないこととする。

| STAGE 1 | STAGE 2 | STAGE 3 | STAGE 4 |

● ……………過去の業績分析

ステップ 7 過去の業績の総合評価

　ステップ 7 では、過去の業績を総合的に評価するために、医薬品業界の経営環境、競合状況の概要を理解したうえで、経営・競合環境の変化のなかで、三共が、戦略的、財務的にどのような位置を占めているのかを分析する。

解説

1 医薬品業界の動向

医薬品業界は、いかに早く新薬の候補物質を見つけ出して新薬の販売を行うかが重要である[※1]。この新薬の開発には長期間でかつ、莫大な研究開発費が必要となる。候補化合物を見つけ、前臨床をスタートさせてから上市までの成功確率は、推定方法にもよるが、高いものでは20％、低いものでは0.1％ともいわれており[※2]、1 品目を上市するためには150億～200億円の開発費および10～18年もの期間が必要といわれている。[※3]
また急速な少子高齢化の進展などによる医療費の増大が予想され、薬価引き下げ圧力があることが予想されている。日本の医療用医薬品には、厚生労働省から「病院における薬の値段」である薬価が決められている。この薬価は研究開発などの費用が考慮され、今までにない画期的な「先発品」であれば、その分薬価が高くなる。他方、近年の急速な少子高齢化の進展から国民医療費が増大しているため、国民医療費に占める薬剤費[※4]、つまり薬価を引き下げる傾向がある[※5]。最近、薬価は 2 年ごとに改訂されており、今後も薬価引き下げ傾向は続くと考えられる。
さらに近年「後発品」が台頭し、既存の製薬企業の利益率が減少している。通常、新薬を開発した場合、特許を出願し新薬の保護を行うが、特許権は特許出願後20年で期限が切れる[※6]。特許が切れた場合、同一成分の同種同効薬を「後発品」または「ジェネリック薬」ともいい、開発コストのかからない後発品を専門とするジェネリックメーカーが製品を販売するため、既存の製薬企業の利益率が減少することが予想される。アメリカでは特許切れとともに利益率が 4 分の 1 になるケースもある[※7]。日本では後発品の使用割合が非常に低く、全体の 1 割程度といわれているものの、今後、医療費

図表4-15 ● 2002年世界大手の医薬品売上ランキング

(単位:百万ドル)

2002年順位	メーカー名	国名	売上高	研究開発費
1	グラクソ・スミスクライン	イギリス	28,871	46.5
2	ファイザー	アメリカ	28,288	51.8
3	メルク	アメリカ	21,446	26.8
4	アベンティス	フランス	18,441	32.9
5	アストラゼネカ	イギリス	17,343	30.7
6	ノバルティス	スイス	17,175	31.3
7	ジョンソン・エンド・ジョンソン	アメリカ	17,151	26.9
8	ブリストル・マイヤーズスクイブ	アメリカ	14,705	22.2
9	ロシュ	スイス	12,806	22.9
10	ファルマシア	アメリカ	12,037	23.6
11	ワイス	アメリカ	11,733	20.8
12	イーライ・リリー	アメリカ	10,383	21.5
16	武田薬品工業	日本	7,227	10.5
22	三共	日本	3,743	7.3

出所:ユート・ブレーンニュースリリース2003/6から一部修正

の抑制につなげるために薬価の低い後発品が浸透することが予想される。
こうした状況から医薬品業界では、大手企業同士の世界的な合併・再編が進んでいる。

※1:厚生労働省医薬品産業ビジョン
※2:日本製薬工業協会(国内企業18社の例:1995〜1999実績)
※3:厚生白書(平成11年版)
※4:1999年度17.9% 日本製薬工業協会WebSite
※5:厚生労働省「薬事工業生産動態統計」、内閣府「国民経済計算」
※6:政府による認可を受けるまでに相当の期間が必要な医薬品、農薬、動物用医薬品に限り、出願から20年という通常の存続期限を最大5年間延長することができる。
※7:知的財産戦略会議2002年4月10日資料

2 世界市場の規模

医薬品業界は、世界規模の買収・合併が進んでおり、医薬品売上高のトップ10はすべて海外企業で占められている。図表4-15に示したユート・ブレーンの調査では、国内トップである武田薬品工業であっても世界でみれば16位にすぎない。また同調査によれば、売上が20億ドル以上の会社が35社あり、世界市場を4000億ドルとした場合、この上位35社で世界市場の4分の3を占めるとしている。

医薬品業界では、リスクの高い研究開発を考えると、会社規模が重要になってくる。そこで、膨れ上がる研究開発費を捻出するために、近年、欧米の大手企業同士の世界的な合併・再編が進んでいる。2003年4月にはファイザーがファルマシアとの合併を完了するなど、規模の拡大によって年々高騰する研究開発費を確保し、幅広い分野で

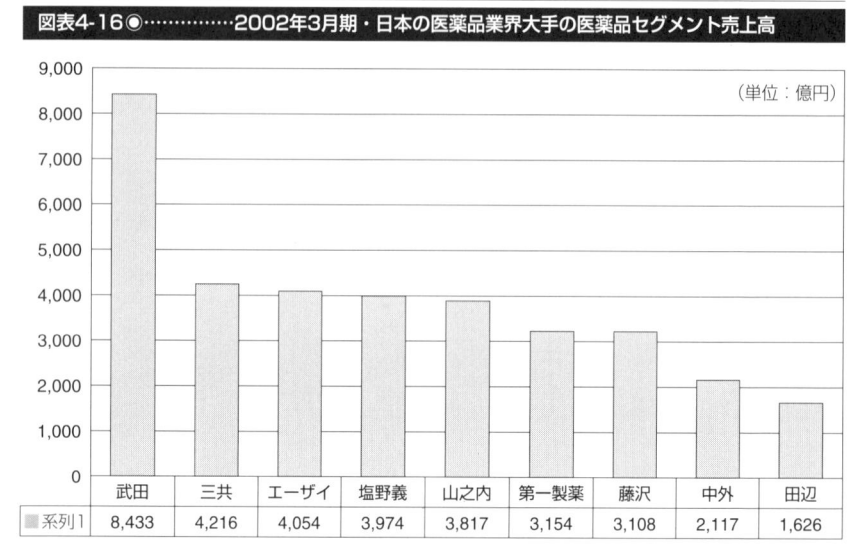

図表4-16● 2002年3月期・日本の医薬品業界大手の医薬品セグメント売上高

(単位：億円)

	武田	三共	エーザイ	塩野義	山之内	第一製薬	藤沢	中外	田辺
■系列1	8,433	4,216	4,054	3,974	3,817	3,154	3,108	2,117	1,626

出典：各社有価証券報告書
＊中外製薬は「医薬品事業」の売上高が全売上高の90％を超えているため、事業の種類別セグメントを開示しておらず、「その他の事業」の売上高が含まれている。

新薬をラインアップしようとしている。日本においても世界で競争を行うためには今後、大きな再編が行われる可能性がある。

3 日本市場の規模

日本の医薬品業界の市場規模は約6.7兆円であり、その9割弱は医療用医薬品である[※8]。日本の医薬品市場は世界市場の約13％を占め、北米についで第2位である[※9]。この10年間で国民医療費は増大[※10]する一方、薬価引き下げなどにより国民医療費に占める薬剤費率は約30％から約20％へ低下しており、医薬品市場規模はほぼ横ばいで推移している[※11]。今後も国民医療費の増大を抑制する圧力が高まることから、医薬品市場の伸び率は年2.3％にすぎないとの予測もある[※12]。

2002年3月期における日本の医薬品業界大手9社の医薬品セグメントの売上高は、図表4-16のとおりである。

[※8]：厚生労働省「薬事工業生産動態統計」。医療用医薬品とは病院や診療所において医師が治療に使用または処方する医薬品であり、一般用医薬品とはいわゆる大衆薬であり医師の処方せんを必要とせず薬局などで自由に購入できる医薬品である。
[※9]：IMS HEALTH, World Review 2002
[※10]：厚生労働省「国民医療費」「薬事工業生産動態統計」等
[※11]：厚生労働省「薬価改定率の推移」
[※12]：IMS HEALTH, World Review 2002

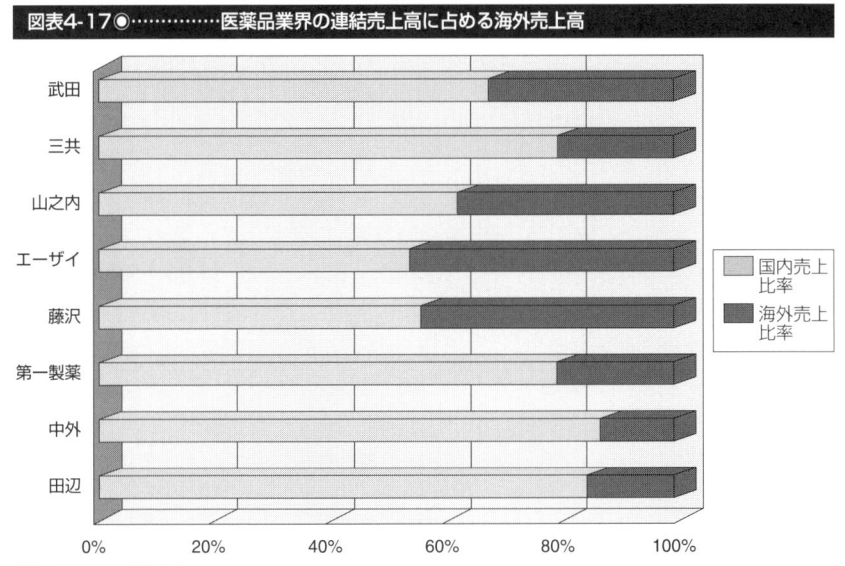

図表4-17 医薬品業界の連結売上高に占める海外売上高

(グラフ：武田、三共、山之内、エーザイ、藤沢、第一製薬、中外、田辺の国内売上比率と海外売上比率を示す横棒グラフ)

出典：各社有価証券報告書
＊塩野義製薬については、海外売上比率が10％未満のため、有価証券報告書に開示がないため省略している。

4 海外売上高の重要性

近年、日本の製薬企業において海外売上高が急増している。これは国内市場が飽和状態であるため、開発した新薬を世界中に販売し海外売上高を増やすことにより、増大する新薬開発コストを回収することを目的としている。2002年3月期の海外売上比率は、図表4-17のとおりである。三共は、大手5社の中では海外売上比率が低く、国内販売の影響が大きいことがわかる。

5 医薬品開発過程（パイプライン）の見方

医薬品の開発過程は細分化されており、ターゲットの発掘から、前臨床試験（薬の元となる新規物質を発見し、有効性と安全性の研究）、臨床試験（ヒトを対象とした有効性と安全性をテスト）、承認申請・審査（厚生労働省[※13]等の審査）を経て上市することができる（図表4-18参照）。既述のとおり、一般に臨床試験前から上市までは10～18年かかるといわれている。したがって医薬品業界の企業価値評価を行う場合、将来のキャッシュフローを予測するためには現在上市されている製品だけでなく、研究開発段階の

図表4-18 医薬品開発過程（パイプライン）のイメージ

ターゲット発掘（2～3年）→ 前臨床試験（3～5年）→ 臨床試験（3～7年）→ 承認申請・審査（2～3年）

医薬品について十分に検討する必要がある。

※13：米国の場合には食品医薬品局（FDA:Food and Drag Administration）による審査となる。

6 三共の現状パイプラインの内容

三共はコレステロール低下剤メバロチンにより急成長したが、2002年10月に特許が切れ、売上の減少が予想されている。またバルク輸出でも、ブリストル・マイヤーズスクイブに導出したメバロチンが、その米国特許満了（2005年10月、独占的販売権は2006年4月まで）後に大幅な売上低下が予想される。このメバロチンは売上の60％を占めており、特許切れによりどの程度売上が減少するかが企業価値評価のポイントとなる。なお、その他2002年5月にはフォレスト社と共同販促により米国市場でベニカー（血圧降下剤）を販売し、2003年度の売上に貢献している。また宇部興産と共同開発したカルブロック（同じく血圧降下剤）は、2002年末に販売を予定していたが、薬事・食品衛生審議会により追加データの提出が要請されており、販売開始時期が遅れている。興和および日産化学から導入したピタバスタチン（NK－104＝コレステロール低下剤）についても、薬物相互作用に関する追加試験の実施に伴い、販売時期が遅れている。新薬については販売時期によりキャッシュフローに与える影響が大きいため注意が必要である。

7 株式市場でのパフォーマンス

ここでは株価変動による株主投資利回り（TRS）と市場付加価値（MVA：Market Value-Added）を反映した時価／簿価比率から三共のパフォーマンスを検討する。なお、株価は2002年12月末を基準日としており、負債の時価評価は製薬業界の負債比率が他業種比で非常に低いため、重要性の観点から簿価で代用している。図表4-18では、株式投資利回り（TRS）を棒グラフと時系列の折れ線グラフで示している。

本来薬品株はディフェンシブ銘柄であり、相場全体の影響を受けにくい体質である。そうしたなか、2002年12月末を基準日とした1年間のTRS算定において山之内製薬を除くすべての比較対象会社でマイナスの利回りを示しているが、これは企業業績そのものよりも、むしろ企業の年金代行運用部分返納による株式売却、大手銀行による保有株の処分、株式税制の変更など株式市場を取り巻く悪環境の影響を強く受けているのではないかと想定される。長期的な傾向を見れば、市場全体ベンチマーク（TOPIX）がどの測定期間においてもマイナスの利回り実績を示しているのに対して、TOPIX薬品株サブインデックスはプラスになっており、競合他社も概してプラスの成績を残している。

1996年から1997年末にかけて三共の株価が大きく上昇しているが、当時は新薬であるノスカールの販売への期待が高まったことやメバロチンの輸出が好調であり、業績的

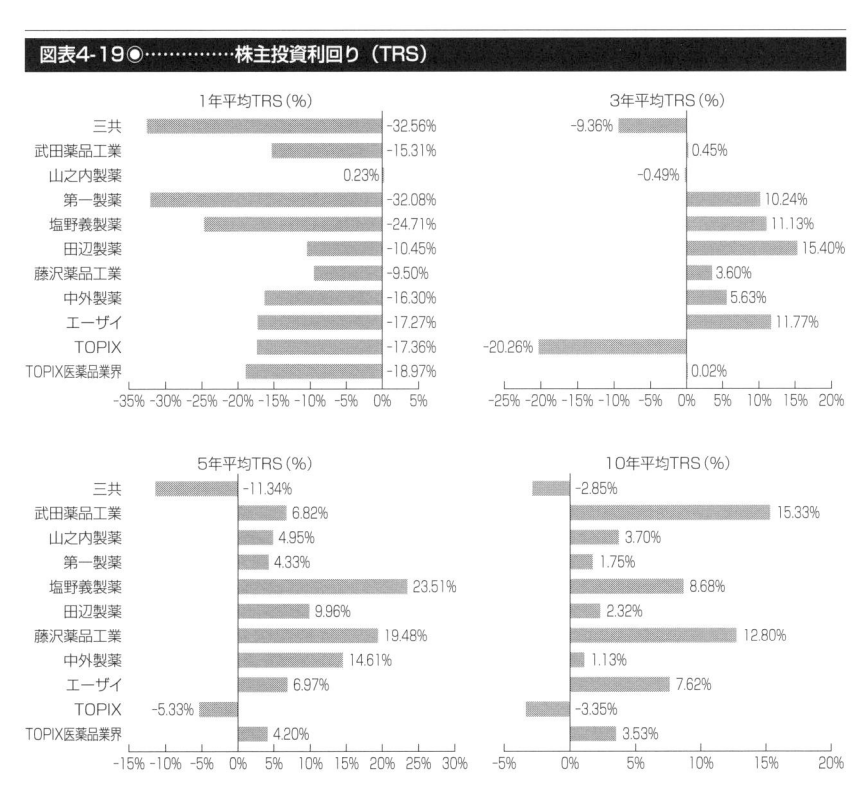

図表4-19 ●·············· 株主投資利回り（TRS）

1年平均TRS（%）

三共	-32.56%
武田薬品工業	-15.31%
山之内製薬	0.23%
第一製薬	-32.08%
塩野義製薬	-24.71%
田辺製薬	-10.45%
藤沢薬品工業	-9.50%
中外製薬	-16.30%
エーザイ	-17.27%
TOPIX	-17.36%
TOPIX医薬品業界	-18.97%

3年平均TRS（%）

三共	-9.36%
武田薬品工業	0.45%
山之内製薬	-0.49%
第一製薬	10.24%
塩野義製薬	11.13%
田辺製薬	15.40%
藤沢薬品工業	3.60%
中外製薬	5.63%
エーザイ	11.77%
TOPIX	-20.26%
TOPIX医薬品業界	0.02%

5年平均TRS（%）

三共	-11.34%
武田薬品工業	6.82%
山之内製薬	4.95%
第一製薬	4.33%
塩野義製薬	23.51%
田辺製薬	9.96%
藤沢薬品工業	19.48%
中外製薬	14.61%
エーザイ	6.97%
TOPIX	-5.33%
TOPIX医薬品業界	4.20%

10年平均TRS（%）

三共	-2.85%
武田薬品工業	15.33%
山之内製薬	3.70%
第一製薬	1.75%
塩野義製薬	8.68%
田辺製薬	2.32%
藤沢薬品工業	12.80%
中外製薬	1.13%
エーザイ	7.62%
TOPIX	-3.35%
TOPIX医薬品業界	3.53%

1992年年初を基準点とした株価推移（TOPIX医薬品業界、三共、TOPIX）

● 第4章 詳細分析ケース

図表4-20 ● 時価／簿価比率

(単位：十億円)

	負債・資本の時価	投下資本総額の簿価	時価と簿価の差	時価／簿価比率
三共	731	714	17	1.02
武田薬品工業	4,388	1,397	2,991	3.14
エーザイ	842	414	428	2.03
山之内製薬	1,299	722	577	1.80
藤沢薬品工業	955	376	579	2.54
第一製薬	551	409	142	1.35
塩野義製薬	761	345	415	2.20
中外製薬	822	296	526	2.78
田辺製薬	378	208	169	1.81

にも最高益を計上する等の追い風が吹いている状況にあった。しかしながら、ノスカールに重大な副作用の危険性があることが判明しイギリスで販売が中止されたこと、メバロチンの薬価基準が下がり収益を押し下げたこと等から値を崩す展開となっている。その後もメバロチンに続く大型新薬が開発されないなかで、中・長期的な業績が懸念されていることを受け、株価は下落歩調をたどり、10年前の水準以下にまで落ち込んでいる。

中・長期的な業績への懸念はMVAの考え方を反映した時価／簿価比率（PBR）からも読み取ることができる（図表4-20参照）。三共を除く競合 8 社の時価／簿価比率の平均値は2.21であるのに対して、三共は1.02と極端に低い水準にある。これは、他社に比べても、非常に低いといわざるをえない。事実、このことは、PBRがほぼ 1 倍の水準にあることを示しており、簿価純資産＝時価という前提を置くと投資家は三共に対して清算価値程度しか見出していないことになる。これまでの分析において、2002年時点でのROICとWACCのスプレッドは7.3%程度あり（図表4-13参照）、株価からみたMVAは低いという印象は否めないが（理論上は、MVAは将来エコノミック・プロフィットを現在価値に割り引いて合計したもの）、投資家はそれだけ同社の先行きに懸念を持っていることを裏づけているともいえる。

8 他社との業績比較

過去 5 年間における日本の上位製薬企業の比較を行ったのが、図表4-21である。これを見れば、業界の大部分の企業では、売上高は全体的に安定した成長をみせているものの、EBITAは新薬の開発如何により高成長率の企業と低成長率の企業の 2 極分化していることがわかる。三共の場合、研究開発費が増加しているにもかかわらず大型の新薬がなかったため、売上高、EBITAともに成長率がマイナスとなっている。

ROICについては、ROICツリーの考え方を利用し、製薬企業についてより詳細な要素

図表4-21 ● 成長率とROIC

企業名	平均成長率（1998/3-2002/3期）		ROIC※		
	売上高	EBITA	のれん代加算前 2002/3期	のれん代加算後 2002/3期	のれん代加算後 1998/3-2002/3期
三共	−2.8%	−12.5%	10.4%	10.4%	14.6%
武田薬品工業	4.6%	25.2%	62.3%	62.2%	32.1%
エーザイ	9.9%	33.6%	29.0%	29.0%	13.8%
山之内製薬	0.5%	−1.6%	21.2%	21.2%	19.2%
藤沢薬品工業	5.1%	−142.5%	11.1%	11.1%	8.8%
第一製薬	4.3%	0.7%	11.5%	11.5%	12.3%
塩野義製薬	4.8%	2.1%	0.1%	0.1%	3.3%
中外製薬	3.3%	16.6%	8.9%	8.5%	6.8%
田辺製薬	−3.1%	19.1%	17.6%	17.6%	8.0%

※平均投下資産に基づくROIC。

分解を行ったものを、図表4-22に示す。

図表4-21、図表4-22を見れば明らかなように、ROICについては、武田薬品工業が62.3%（のれん代加算前）の高水準となっている。これは、武田薬品工業は、1998年から事業の選択と集中を進めており、継続的な新薬開発の成功および経費削減に取り組んでいるからである。その結果より高い営業利益率28.0%を達成している。また、同様に財務体質の改善にも取り組み、資産回転率を3.5という高水準とし、結果としてROICも高水準となっている。他方、三共は大規模な新薬開発がなかったため、営業利益率14.7%と業界平均である16.2%を下回っており、また資産回転率も1.5と業界平均1.9を下回っているため、結果としてROICも10.3%と業界平均の19.1%に対し、約2分の1の水準となっている。なお、塩野義製薬の営業利益率が低いのは、連結子会社として卸子会社があり、利益率の低い卸子会社を連結しているため、企業全体の営業利益率を下げているためである。

最後に、製薬企業の財務の健全性を確認しておこう。図表4-23は、製薬企業の支払利息とキャッシュフローの関係を示したものである。製薬業界の借り入れは、保守的である。これは新薬開発のリスクが高いことから、資金調達を銀行借り入れなどの間接金融ではなく、株式などの直接金融によって行っているためである。したがって、信用比率については支払利息を大幅に上回るEBITAおよびグロス・キャッシュフローを各企業とも獲得している。

図表4-22 ● ROICの要素分解※

(2002/3期)

企業名	営業費用/売上高(%)	減価償却費/売上高(%)	営業利益率(%)
三共	80.2	5.2	14.7
武田薬品工業	69.2	2.8	28.0
エーザイ	79.6	3.6	16.8
山之内製薬	74.9	5.5	19.6
藤沢薬品工業	80.3	6.0	13.7
第一製薬	75.5	4.8	19.7
塩野義製薬	93.7	2.5	3.9
中外製薬	81.3	6.1	12.6
田辺製薬	78.7	4.6	16.7
平均	79.3	4.6	16.2

企業名	運転資金/売上高(%)	有形固定資産/売上高(%)	その他資産/売上高(%)	資産回転率
三共	26.2	36.5	2.8	1.5
武田薬品工業	6.6	21.6	0.6	3.5
エーザイ	14.6	25.3	2.7	2.3
山之内製薬	15.1	40.0	7.8	1.6
藤沢薬品工業	24.1	30.8	7.5	1.6
第一製薬	26.5	32.8	2.6	1.6
塩野義製薬	25.4	20.7	1.0	2.1
中外製薬	29.1	37.6	5.6	1.4
田辺製薬	24.0	33.0	2.6	1.7
平均	21.3	30.9	3.7	1.9

企業名	営業利益率(%)	資産回転率	1-税率(現金ベース)(%)	税引後ROIC(のれん代加算前)(%)
三共	14.7	1.5	44.6%	10.3%
武田薬品工業	28.0	3.5	64.3%	62.3%
エーザイ	16.8	2.3	65.5%	29.0%
山之内製薬	19.6	1.6	68.0%	21.2%
藤沢薬品工業	13.7	1.6	49.5%	11.1%
第一製薬	19.7	1.6	42.4%	11.5%
塩野義製薬	3.9	2.1	0.8%	0.1%
中外製薬	12.6	1.4	50.2%	8.9%
田辺製薬	16.7	1.7	63.1%	17.6%
平均	16.2	1.9	49.8%	19.1%

※平均投下資産に基づくROIC。

図表4-23 信用比率

2002/3期（百万円）

企業名	調整後EBITA	支払利息	調整後EBITA/支払利息	グロスキャッシュフロー/支払利息
三共	82,886	643	128.9	101.5
武田薬品工業	279,982	759	368.9	274.5
エーザイ	81,483	296	275.3	232.0
山之内製薬	94,516	657	143.9	137.9
藤沢薬品工業	47,865	1,253	38.2	35.2
第一製薬	55,779	128	435.8	310.3
塩野義製薬	15,889	737	21.6	14.4
中外製薬	27,035	959	28.2	27.7
田辺製薬	31,526	560	56.3	51.0

| STAGE 1 | **STAGE 2** | STAGE 3 | STAGE 4 |

●……………資本コストの推計

ステップ 8 | 資本構成の推定

8-1 時価ベースでの資本構成の把握

　STAGE 2 では、三共の全社WACCを推定する。具体的には、前章までと同様以下の 4 ステップに従いながら、WACCを推計する。その結果、2002年12月末現在における三共のWACCは3.35％と推計された。

　ステップ 8 ：資本構成の推定
　ステップ 9 ：株式以外での資金調達コストの推定
　ステップ10：普通株式による資金調達コストの推定
　ステップ11：加重平均資本コスト（WACC）の推定

　ステップ 8 では、中期的に目標とする三共の最適資本構成を考える。そこでこれまでの章と同じく、まず負債と株主資本の時価ベース構成比を決定する。手順としては、評価対象企業である三共について、とりうる限り直近の財務データを用いることにより、退職給付引当金を含めた広義の有利子負債および資本の時価総額を算出し、現状での資本構成比を求める。その後、わが国における三共以外の大手製薬会社について2002年 9 月末の有利子負債と資本との資本構成比を求め、三共と比較し、参考にしながら、最終的な目標資本構成を決定する。

解説

１ 短期借入金・長期の有利子負債

有価証券報告書によると、2002年 3 月末時点で三共の短期借入金は15,377百万円（うち、1 年以内に返済予定の長期借入金が2,998百万円）、長期借入金が8,202百万円となっている（図表4-4参照）。また、財務諸表そのものには個別表示されていないものの、付属明細表を見るとその他有利子負債―取引保証金が6,627百万円計上されていることがわかる（貸借対照表上の残高から流動負債のその他項目に計上されていると推定）。この金額については返済期限を特に定めておらず、会社が営業を継続する限りにおいて返済す必

図表4-24 ● 三共の持株比率100％未満の連結対象子会社

会社名	持株比率	上場／非上場
和光堂(株)	60.1%	東証2部上場
富士製粉(株)	66.1%	名証上場
三共有機合成(株)	93.2%	非上場
北海三共(株)	96.0%	非上場
中日合成化学　有限公司	52.0%	非上場

図表4-25 ● 三共の上場子会社についての少数株主持分の時価評価

会社名	少数株主持分比率	2002年12月30日終値(円)	発行済株式総数(千株)	2002年12月30日時価総額(百万円)	2002年3月31日簿価資本(百万円)	PBR(倍)	少数株主持分時価総額(百万円)	少数株主持分簿価総額(百万円)
和光堂(株)	39.9%	3,180	2,966	9,432	13,174	0.72	3,763	5,256
富士製粉(株)	33.9%	87	10,000	870	3,248	0.27	295	1,101
					上場株式少数株主持分合計		4,058	6,357

図表4-26 ● 三共の2002年12月末時点での資本構成

資金調達源	金額(百万円)	割合
短期借入金	15,377	2.0%
うち、1年以内返済長期負債	2,998	0.4%
長期有利子負債	8,202	1.0%
リース	6,032	0.8%
退職給付引当金	78,937	10.1%
負債合計	108,548	13.8%
少数株主持分	6,108	0.8%
普通株	669,304	85.4%
資本合計	675,412	86.2%
資本・負債合計	783,960	100.0%

● 第4章　詳細分析ケース

要がないと思われることから、資本構成を算出するうえでの負債には含めないものとする。なお、三共は社債を発行していない。

2 リース

有価証券報告書のリース取引関係の注記によると、ファイナンス・リース取引によるリース物件の2002年 3 月期末残高相当額は6,032百万円である。また、ファイナンス・リース取引以外にオペレーティング・リース取引の未経過リース料が5,267百万円あるが、これらはリース取引の内容が不明であることから、ファイナンス・リース取引残高のみを負債として計上する。

3 退職給付債務

2002年 3 月期末現在の貸借対照表上の「退職給付引当金」は、78,619百万円であるが、財務諸表の注記によると退職給付引当金から年金資産を差し引いた金額は78,937百万円であることがわかる。資本構成の推定においては、引当金残高ではなく、開示されている純退職債務を用いるものとする。なお、類似企業の資本構成を算出する際にも同様に、貸借対照表上の金額ではなく、注記に記載されている退職給付引当金から年金資産残高を控除した純金額を用いるものとする。

4 普通株式・優先株式

株主資本は財務データを取得している2002年 3 月末ではなく、より直近の2002年12月末の時価総額を用いることとする。2002年12月30日の三共の終値は1,489円であり、発行株式総数の449,499千株を乗じた時価総額は669,304百万円となる。なお、優先株は発行していない。

5 少数株主持分

三共の貸借対照表上の少数株主持分は8,407百万円である（図表4-4参照）。コープランド他の『企業価値評価』によると、少数株主持分の評価方法は①対象子会社が上場している場合にはその株価を用いる、②非上場の場合には理論的にはDCF法を用いて各子会社の企業価値を算出し、少数株主比率分の価値を算出する、などとされている。

2002年 3 月現在、三共の連結対象子会社は20社あり、うち図表4-24に示した 5 社が、持ち株比率100％未満である。

 5 社のうち、和光堂㈱と富士製粉㈱は上場会社であるので、時価を算出することができる。非上場の子会社については、財務状態の詳細が開示されていないことから、時価評価は行わず、上場子会社についてのみ修正する。

図表4-25に示したように、この 2 社の株価は簿価純資産を大きく下回っており、富士製粉に至ってはPBRは0.27と低迷している。少数株主に帰属する持分は株式時価で4,058百万円、簿価純資産ベースで6,357百万円となっており、その差額2,299百万円を時価評価の観点から少数株主持分残高より差し引く。その結果、少数株主持分は6,108

百万円（8,407百万－2,299百万円）となる。

6 まとめ

上記の項目をまとめた結果、三共の2002年12月末時点での資本構成は、図表4-26のとおり、有利子負債13.8％、株主資本86.2％と計算された。

| STAGE 1 | **STAGE 2** | STAGE 3 | STAGE 4 |

◉............資本コストの推計

ステップ

8 資本構成の推定

8-2 類似企業の資本構成の分析

　類似企業の選択基準は、国内企業については東証１部上場の製薬企業のうち、医療機関向けの薬品の製造・販売を中心に行っている８社を選択、また海外企業については㈱ユート・ブレイン発表の「世界大手医薬品メーカー売上ランキング2002」上位10社を採用した。なお、ファルマシアは2003年４月にファイザーと合併している。

　類似企業の資本構成を算出するにあたっては、基本的に三共で適用した手法と同一の条件に基づいている。簡単に要約すると以下のとおりになる。

- 短期借入金・長期の有利子負債は貸借対照表上の簿価を利用し、社債の時価評価等は行っていない。
- リースは国内企業については、有価証券報告書内の注記に記載されているファイナンス・リース取引の未経過リース料期末残高相当額をリース負債として追加計上。
- 退職給付引当金は貸借対照表上の残高ではなく、「年金給付債務額－年金資産」で計算された金額を計上。
- デリバティブ取引については評価は行わない。
- 普通株式は国内・海外企業共に2002年12月末の株価（終値）を利用。
- 少数株主持分は貸借対照表上の簿価を利用。

　上記の条件に基づいた三共および類似企業の資本構成比率は、図表4-27、図表4-28のとおりである。

図表4-27 ● 国内製薬会社の有利子負債比率比較

企業名	(広義の)有利子負債 (百万円)	発行済総株式数 (千株)	時価(2002/12/30現在) (円)	株式時価総額 (百万円)	少数株主持分 (百万円)	総資産 (百万円)	(広義の)有利子負債/総資産
三共	108,548	449,499	1,489	669,304	6,108	783,960	13.8%
武田薬品工業	97,786	889,272	4,960	4,410,789	39,251	4,547,826	2.2%
山之内製薬	48,239	361,214	3,440	1,242,576	2,854	1,293,669	3.7%
第一製薬	49,697	286,453	1,703	487,829	5,682	543,208	9.1%
塩野義製薬	106,160	351,136	1,678	589,206	448	695,814	15.3%
田辺製薬	63,038	267,598	1,036	277,232	1,712	341,982	18.4%
藤沢薬品工業	94,424	330,184	2,715	896,450	1,528	992,402	9.5%
中外製薬	104,047	550,633	1,130	622,215	1,001	727,263	14.3%
エーザイ	82,491	296,567	2,665	790,351	9,184	882,026	9.4%

出所：有価証券報告書、Bloomberg

平均値	10.6%
中央値	9.5%

図表4-28 ● 海外製薬会社の有利子負債比率比較

企業名	(広義の)有利子負債 (百万円)	発行済総株式数 (千株)	時価(2002/12/31現在)	株式時価総額 (百万)	少数株主持分 (百万)	総資産 (百万)	(広義の)有利子負債/総資産
グラクソ・スミスクライン	7,185	6,029,718	11.92	71,874	807	79,866	9.1%
ファイザー	14,095	6,162,164	30.57	188,377	0	202,472	7.0%
メルク	9,248	2,245,556	56.61	127,121	4,928	141,297	6.8%
アベンティス	8,220	797,963	51.80	41,334	159	49,713	16.6%
アストラゼネカ	2,077	1,730,110	22.20	38,408	54	40,539	5.1%
ノバルティス	7,819	2,824,150	50.45	142,478	92	150,389	5.2%
ジョンソン・エンド・ジョンソン	6,466	2,970,582	53.71	159,550	0	166,016	3.9%
ブリストル・マイヤーズスクイブ	8,966	1,937,045	23.15	44,843	0	53,809	16.7%
ロシュ	22,936	678,893	96.35	93,411	-4,963	121,310	19.7%
ファルマシア	5,701	1,292,917	41.80	54,044	1,553	61,298	9.5%

出所：10-K、20-F、Bloomberg 等

平均値	10.0%
中央値	7.0%

◉……………資本コストの推計

ステップ 8 資本構成の推定

8-3 長期的目標資本構成の推定

　図表4-27、図表4-28を見ると、国内企業・海外企業を問わず製薬会社の負債比率は比較的低い水準となっており、現状の三共の資本構成も決して特異な数値ではないことがうかがえる。

　我々は、長期的目標資本構成の設定にあたり、目安として、国内の業界平均値を用いた。国内の業界平均値は、負債比率10.6%となっており、それを参考に目標負債比率を10%とした。

　また、その10%の目標負債のうち、短期・長期有利子負債、及びリースによる部分と、退職給付引当金部分の比率は、現状の三共の負債の構成比（図表4-26）に基づいて加重平均した。ちなみに、退職給付引当金部分の全資本に占める構成比は、7.32%と計算される。

● ……………資本コストの推計

ステップ 9 | 株式以外での資金調達コストの推定

ステップ 9 では、ステップ 8 の目標資本構成を前提に、まず株式以外（負債）の資金調達コストを推定する。

解説

1 短期借入金・長期有利子負債・リース
前章までの事例同様、まずは有利子負債のコストを推定する。すでに述べたように、WACCは超長期間を前提としているので、社債のイールドカーブを見る際にもなるべく長期の社債利回りを用いる。三共の格付はムーディーズがA1、S＆PがA＋となっており、図表2-19のシングルA格のイールドカーブの中で期間20年社債利回りを参考に、2002年12月末時点の金利を1.89%とした。本書では、2に述べる退職給付債務に関する部分以外のすべての有利子負債について、この金利を適用する。

2 退職給付引当金
退職給付債務の負債コストについては、有価証券報告書の注記に記載されている債務を算出するのに用いられた割引率2.5%を、そのまま用いる。

STAGE 1　**STAGE 2**　STAGE 3　STAGE 4

●‥‥‥‥‥資本コストの推計

ステップ

10　普通株式による資金調達コストの推定

10-1 リスクフリー・レートの推定
10-2 マーケット・リスクプレミアムの推定

　ステップ10では、三共の株式による調達のコスト（株主資本コスト）を推定する。株主、資本コストの推定モデルは、資本資産価格モデル（CAPM）を用いるので、その計算に必要な、リスクフリー・レート、マーケット・リスクプレミアム、システマティック・リスクの順に説明する。

　リスクフリー・レートは、第2章による分析同様、20年もの国債の流通利回りを用いるものとする。評価基準日は、2002年12月末であるから、前出の図表2-19にあるとおりのBloombergのデータによる、20年もの国債利回りである1.55%をリスクフリー・レートとする。

　また、マーケット・リスクプレミアムもこれまでの章と同様に5%を使用する。

| STAGE 1 | **STAGE 2** | STAGE 3 | STAGE 4 |

◉............資本コストの推計

ステップ 10 株式による調達コストの推定

10-3 システマティック・リスク（ベータ）の推定
10-4 普通株式資本コストの算定

　第1章に説明された各手法により、ベータを算出し、最終的に適用するベータを決定する。分析の参考として有利子負債比率を求める際に取り上げた海外企業のベータの取得も行った。ステップ10-1〜ステップ10-3で求めた数値を、CAPM（資本資産価格モデル）に当てはめた結果、三共の株主資本コストは3.57%と計算される。

解説

❶ Barra社の「将来予測ベータ（predicted beta）」

ここでは、Barra社のローカル指数に対するベータを取得した。これは、三共の売上高のほとんどが国内向けであることを考慮してのものである。図表4-29は国内の製薬会社、図表4-30は海外の製薬会社についてのベータである。比較対象企業は、必ずしも国内売上がほとんどの企業とは限らないが、比較の都合上、こちらもすべてローカル指数に対するベータを用いている。

Barraのベータは、レバード・ベータ（β_L）の将来予測であるため、表ではそれらを各企業がリスクフリーの社債を発行できると仮定して（$\beta_B = 0$ と仮定して）アンレバーした数値（借入れなしベータ：β_U）も示している。

❷ Bloombergによるヒストリカル・ベータ取得

Barraのベータと比較するため、三共、および❶でリストアップした比較対象企業について、Bloomberg端末によりローカル指数に対するヒストリカル・ベータを取得した。ベータ値推定方法としては、過去の事例と同様に、過去5年間の週次データを用いている。こうして取得したヒストリカル・ベータ（レバード・ベータ（β_L））と、それらを各企業がリスクフリーの社債を発行できると仮定して（$\beta_B = 0$ と仮定して）アンレバーした数値（借入れなしベータ：β_U）を一覧表にしたのが、図表4-31、図表4-32である。

❸ 東証TOPIXデータ集によるヒストリカル・ベータ取得

参考までに、Bloombergと同様に東京証券取引所「TOPIX&ベータVALUE」による

図表4-29 ● 国内医薬品業界のBarraベータ（対TOPIX）

企業名	借入ありベータ(β_L)	有利子負債比率	借入なしベータ(β_U)
三共	0.08	13.8%	0.07
武田薬品工業	0.35	2.2%	0.35
山之内製薬	0.30	3.7%	0.29
第一製薬	0.32	9.1%	0.30
塩野義製薬	0.55	15.3%	0.50
田辺製薬	0.41	18.4%	0.36
藤沢薬品工業	0.62	9.5%	0.58
中外製薬	0.35	14.3%	0.32
エーザイ	0.68	9.4%	0.64
平均	0.41		0.38

出典：Barra

図表4-30 ● 海外医薬品業界のBarraベータ（対ローカル指数）

企業名	借入ありベータ(β_L)	有利子負債比率	借入なしベータ(β_U)
グラクソ・スミスクライン	0.28	8.1%	0.27
ファイザー	0.62	6.5%	0.60
メルク	0.44	6.3%	0.42
アベンティス	0.60	16.4%	0.54
アストラゼネカ	0.57	5.1%	0.55
ノバルティス	0.60	5.2%	0.58
ジョンソン・エンド・ジョンソン	0.39	3.3%	0.38
ブリストル・マイヤーズスクイブ	0.57	15.8%	0.51
ロシュ		19.7%	0.00
ファルマシア	0.74	6.0%	0.71
平均	0.53		0.46

出典：Barra

ヒストリカル・ベータ（レバード・ベータ（β_L））を入手し、三共を含む製薬業界の借入金なしのベータを比較した。それらを各企業がリスクフリーの社債を発行できると仮定して（$\beta_B = 0$ と仮定して）アンレバーした数値（借入れなしベータ：β_U）とともに一覧表にしたのが、図表4-33である。
以上、三共固有のベータ値と業界平均のベータをソースごとにまとめると図表4-34のとおりである。
これらの数値を検討した結果、以下に述べる理由によりBarraによる国内医薬品業界平均のベータ0.38（借入なしベータ）を採用した。

- Bloombergの修正ベータは、（0.67）×未修正ベータ＋0.33という修正計算を行っており、この修正式だと事実上最低ベータが0.33で固定されてしまい、薬品株のように元来ベータが低いといわれる業種の企業に対しては全体的に底上げされてしま

図表4-31 ● 国内医薬品業界のヒストリカル・ベータ (対TOPIX、週次 1998/1/2-2002/12/27)

企業名	未修正ベータ	修正ベータ (借入ありベータ(β_L))	有利子負債比率	借入なしベータ(β_U)
三共	0.32	0.55	13.8%	0.50
武田薬品工業	0.38	0.58	2.2%	0.57
山之内製薬	0.25	0.50	3.7%	0.49
第一製薬	0.13	0.42	9.1%	0.40
塩野義製薬	0.40	0.60	15.3%	0.54
田辺製薬	0.28	0.52	18.4%	0.46
藤沢薬品工業	0.37	0.58	9.5%	0.55
中外製薬	0.32	0.54	14.3%	0.49
エーザイ	0.34	0.56	9.4%	0.53
平均	0.31	0.54	10.6%	0.50

出典：Bloomberg

図表4-32 ● 海外医薬品業界のヒストリカル・ベータ (対ローカル指数、週次 1998/1/2-2002/12/27)

企業名	未修正ベータ	修正ベータ (借入ありベータ(β_L))	有利子負債比率	借入なしベータ(β_U)
グラクソ・スミスクライン	0.82	0.88	8.1%	0.84
ファイザー	0.81	0.87	6.5%	0.84
メルク	0.58	0.72	6.3%	0.69
アベンティス	0.61	0.74	16.4%	0.66
アストラゼネカ	0.63	0.75	5.1%	0.73
ノバルティス	0.83	0.89	5.2%	0.86
ジョンソン・エンド・ジョンソン	0.53	0.68	3.3%	0.67
ブリストル・マイヤーズスクイブ	0.67	0.78	15.8%	0.70
ロシュ	0.90	0.94	19.7%	0.82
ファルマシア	0.64	0.76	6.0%	0.73
平均	0.70	0.80	9.3%	0.75

出典：Bloomberg

図表4-33 ● 国内医薬品業界の東証ベータ (過去5年間月次)

企業名	借入ありベータ(β_L)	有利子負債比率	借入なしベータ(β_U)
三共	0.13	13.8%	0.12
武田薬品工業	0.32	2.2%	0.32
山之内製薬	0.31	3.7%	0.30
第一製薬	0.30	9.1%	0.28
塩野義製薬	0.50	15.3%	0.45
田辺製薬	0.41	18.4%	0.36
藤沢薬品工業	0.60	9.5%	0.57
中外製薬	0.40	14.3%	0.36
エーザイ	0.52	9.4%	0.49
平均	0.39	10.6%	0.36

出典：東京証券取引所

図表4-34● 各種推定方法による、三共および比較企業の平均ベータ値一覧

	Barra		Bloomberg(修正ベータ)		東証	
	Levered	Unlevered	Levered	Unlevered	Levered	Unlevered
三共	0.08	0.07	0.55	0.50	0.13	0.12
国内医薬品業界平均	0.41	0.38	0.54	0.50	0.39	0.36
海外医薬品業界平均	0.53	0.46	0.80	0.75	0.49	0.46

い、必ずしも本来の業種のリスクを反映した数値とならない可能性がある。
- Barraおよび東証による三共固有のベータはそれぞれ0.08、0.13という業界他社比できわめて低い値が観測されている。推測ではあるが、これには、我々の推定期間（1998～2002年）において、STAGE 1 のステップ 7 で説明したように、同社の株式が1996年から1997年末にかけての新薬ノスカール販売への期待が、副作用によって裏切られ、一気に株価が10年前の水準まで下げていったことで、市場全体の株価との連動が少なかったことが影響しているように思える。今後三共が製薬業界全体と比べて、取り立てて異なった株価の動きをすると予測する材料は現時点では見あたらないため、むしろ業界全体の平均ベータを用いるほうが、適切だと判断した。
- 日本の業界平均を使う限り、Barraのベータと東証のベータの間に大きな差はなく、本書の原則どおり、Barraのベータを用いることに問題は見あたらない。
- 海外企業については後で述べるように三共が比較対照のようなグローバル企業になれる可能性は高くないということから、こちらも利用していない。

この0.38という借入れなしベータをステップ8-3で算出した三共の目標資本構成（負債：10%、株主資本：90%）でリレバー（relever）すると、目標資本構成の下での三共のリレバード・ベータ（システマティック・リスク）が0.40と求められる。
以上 3 つのサブステップを経て、CAPMにより、

$k_S = r_f + [E(r_m) - r_f] \beta$
$k_S = 1.55\% + 5\% \times 0.40 = 3.57\%$（リレバード・ベータの端数も含めて計算）

ここで、
- k_S：普通株式による調達コスト（普通株式の資本コスト）
- r_f：リスクフリー・レート
- $[E(r_m) - r_f]$：マーケット・リスクプレミアム

三共の株主資本コストは、3.57%と推定される。

STAGE 1　　STAGE 2　　STAGE 3　　STAGE 4

●………資本コストの推計

ステップ 11　加重平均資本コスト（WACC）の計算

ステップ 8 からステップ10までの作業を踏まえて、三共の資本コストを算出する。具体的には、株式以外（有利子負債）の資金調達コスト、株式による調達コストの推定から下記の式を用いてWACCを算出する。

$$\text{WACC} = k_b(1-T_c)\frac{B}{V} + k_s\frac{S}{V}$$

ここで、

- k_b：有利子負債での資金調達コスト
- k_s：普通株式の資本コスト
- T_c：評価対象企業の限界税率41.90%を適用
- B/V：目標となる負債の総資本に占める構成比を表し、10.0%を適用
- S/V：目標となる株式資本の総資本に占める構成比を表し、90.0%を適用

これを整理したのが、下の図表4-35である。結論としては、三共のWACCは、3.35%と推定された。

図表4-35●………資本コストの推定（三共）

資金調達源	目標とする比率	コスト	税引後コスト	WACCへの寄与
短期借入金	1.38%	1.89%	1.10%	0.02%
長期の有利子負債・リース	1.30%	1.89%	1.10%	0.01%
退職給付債務	7.32%	2.50%	1.45%	0.11%
有利子負債計	10.00%			0.14%
普通株式	89.2%	3.57%	n/a	3.19%
少数株主持分	0.80%	3.57%	n/a	0.03%
資本計	90.0%			3.22%
			WACC	3.35%

第4章　詳細分析ケース

| STAGE 1 | STAGE 2 | **STAGE 3** | STAGE 4 |

◉............将来キャッシュフローの予測

ステップ12 将来予測の期間と詳細の決定

　本STAGEでは、三共の業績予測を通じて、同社が将来生み出すと考えられる将来キャッシュフローを予測する。三共の将来医薬品売上高はトップラインから予測するのではなく、ボトムアップで個別の医薬品の売上高予測値を集計して行う。製薬メーカーの将来予測は、市場が拡大するから売上高も拡大する、という類のものではない。各社の医薬品別売上高の内訳は年々変化し、開発・上市から時間が経過した医薬品の売上高は減少していく。新薬を開発しないと将来の売上の源泉が枯渇してしまう。それゆえ、将来予測は、第1に既存医薬品の売上高の予測、第2に新薬の売上高の予測、の2つの手順を組み合わせて行うことにする。

　既存品については、特許切れによる後発品の参入、有力競合商品の参入の有無、薬価改定による影響等を考慮する必要があるものの、将来の売上シナリオはある程度予想が可能である。一方で、すでにSTAGE 1の冒頭でも触れたように、新薬からの将来売上高は、新薬開発とその上市に依存する部分が大きい。臨床試験結果次第では開発が中断される可能性もあり、また、新薬がめでたく上市したとしても、1997年に三共が発売したノスカール（糖尿病治療剤）のように発売中止になる（副作用問題等が原因）ケースもある。このように、新薬からの売上高は、予想の不確実性が高く、DCF法による企業価値評価に織り込むのは難しい部分がある。したがって本章の予測は保守的であり、三共の将来の新薬売上をフルに反映しているとは必ずしもいえない。この点に注意しながら、本章を読み進めていただければ幸いである。

　具体的な予測は、これまでの章と同じステップで行っていく。なお、ステップ15と16を行って、本ステップ（ステップ12）の「解説」に示すような楽観シナリオと悲観シナリオを作成し、発生確率を（主観的に）割り振って期待値としての企業価値を求めることもできるが、構成上本書では省略した。

ステップ12：将来予測の期間と詳細の決定
ステップ13：戦略的見通しの策定
ステップ14：戦略的見通しの業績予測への転換
ステップ15：業績予測シナリオの作成（本書では省略）

ステップ16：一貫性と整合性のチェック（本書では省略）

解説

1 業績「安定期」に至る期間

将来の予測を行うのに先立って、ステップ12では詳細に業績予測を行う期間を決定する。ここでは、これまでの 2 章と同様に、業績予測期間を10年とし、業績予測期間以後については、企業の存続価値（継続価値）を単純な公式により計算する。ただ、すでに述べたように、三共の将来予測は、第 1 に既存医薬品の売上高の予測、第 2 に新薬の売上高の予測、の 2 つの手順を組み合わせて行い、新薬の予測については、申請中の医薬品・開発段階がフェーズ 3 にある医薬品のみの売上高を予測することとしたため、10年間の将来売上高予測を行うと、2005年 3 月期以降は新薬の上市が予定されなくなり、売上高が減少していくことになる。そして、継続価値の算定基礎となる11年後のNOPLATは、2012年 3 月期のNOPLATを我々の予測する長期キャッシュフロー成長率で 1 年分増加させた数値を利用した。

2 「安定期」の成長率の検証

詳細予測の期間が十分に長ければ、継続価値期間の成長率は経済成長率と同等になる。日本経済の潜在成長率については、さまざまな議論があるが、おおむね実質ベースで 1 〜 2 ％の議論が多い。しかしながら、経済全体の成長率と個別企業の成長率が必ずしも一致するわけではない。本稿では、保守的に見積もって製薬業界の実質成長率を 0 と仮定、名目ベースのNOPLATは長期インフレ率並みに成長すると考え、継続期間の成長率を0.5％とした。このことと上の業績予測期間の売上予測の組合せで描かれるシナリオは、三共が2012年 3 月までは売上高を減らしていくものの、その後は長期的にみて実質成長率ゼロのレベルで踏みとどまって、売上高を維持していく、というものである。このシナリオについては、10年を待たず新薬が売上減少に歯止めをかけ、NOPLATを向上させるという楽観シナリオと、10年後以降についても売上高を維持できず、NOPLATが減少し続けるという悲観シナリオが考えられるだろう。

| STAGE 1 | STAGE 2 | **STAGE 3** | STAGE 4 |

●············ 将来キャッシュフローの予測

ステップ 13 シナリオの策定

　本章の三共のケースでは、第 1 に既存医薬品の売上高の予測、第 2 に新薬の売上高の予測、の 2 つの手順を組み合わせて行う。そのため、ステップ13は三共の医薬品部門の現状と、今後の戦略的問題点を指摘するにとどめる。そして、ステップ14のシナリオの業績予測への転換の作成において、こうした同社の環境を反映しながら、将来の業績予測に反映するかという点に、業績予測の数字をつくっていくことにする。

　三共の置かれている問題点として、主力製品であるメバロチンの国内特許が2002年10月に切れ、2003年 7 月に後発品が参入することがある。また、輸出についても、メバロチンは、2005年10月期には米国向けのバルク輸出が大幅に低下する見込みである。同社はメバロチン依存からの脱却を計画しているが、現在のところ次の成長が見えてこない。現在の新薬については自社開発製品が少なく、他社との共同研究が多い。ピタバスタチン（NK－104）は日産化学工業が創薬し、日産化学と興和が共同開発・共同申請しており、興和との共同販売権を有する。このため、利益率は自社品であるメバロチンに比べ大幅に低いとみられる。したがって三共は研究開発を積極的に行い、新規医薬品の強化を図っており、メバロチンに代わる新薬を早急に開発し、上市する必要がある。

　三共固有の問題とは別に、製薬業界の置かれている環境の問題もある。2000年 4 月に引き続いて2002年 4 月には薬価改定が行われ、全体の薬価は6.3%の引き下げとなった。薬価改定に伴ってメーカーから卸への薬剤販売価格（仕切価）が引き下げられると、製薬企業の業績に影響が出ることになる。長期的には、医療制度改革による薬剤費抑制の方向性は今後も変わらないことから、薬価改定は製薬メーカーの業績に影響を及ぼすことになろう。

| STAGE 1 | STAGE 2 | **STAGE 3** | STAGE 4 |

●・・・・・・・・・・・・・・将来キャッシュフローの予測

ステップ 14　シナリオの業績予測への転換

14-1 売上高の予測

ステップ13で簡単にまとめた、三共の経営環境を念頭に、ステップ14では三共の将来財務諸表の予想を行っていく。ここでは、まず連結売上高を予測し、それに基づいて予測損益計算書を作成、そして予測貸借対照表を作成する、という流れである。主な手順は、以下のようなさらに細かいステップに分けて説明する。

　ステップ14-1：売上高の予測
　ステップ14-2：予測損益計算書の作成
　ステップ14-3：予測貸借対照表の作成
　ステップ14-4：予測フリー・キャッシュフローの算出

これらの手順では、まず損益計算書と貸借対照表の予測から始め、そこからフリー・キャッシュフローやROICを計算することになる。

ステップ14-3の貸借対照表は連結ベースのものを1つだけ予測するが、ステップ14-1、14-2の売上高、損益計算書はセグメントごとに予測し、集計値を連結損益計算書としている。セグメントごとの損益計算書の予測手法は部門によって異なるので、以下で説明しておく。なお、三共の連結セグメント構成は、図表4-36のようになっている（2002年3月期現在）。

図表4-36●・・・・・・・・・・・・・・商品別売上高予測（三共）

	セグメント売上高(百万円)	セグメント営業利益(百万円)
医薬品	422,246	80,467
食品	42,006	699
その他	87,614	(552)
消去または全社	(2,974)	5

> 解説

1 部門ごとの業績予測手法
(1) 医薬品部門以外（食品、その他）の業績予測手法
食品部門とその他部門は、2部門合計の売上高が連結に占める比重が24%であり、営業利益の比重は2.6%であった。医薬品業界においては、業界トップの武田薬品工業が本業回帰のグループ経営を本格化させており、医薬品以外の事業部門を売却している、という環境下にある。武田薬品工業は集中と選択の実行や海外売上高比率の拡大により、連結ベースの資本収益性を大きく改善させている。これらの背景を考慮すると、食品部門を将来的に大きく発展させるという経営判断を三共が行うことは考えづらい。一方、その他部門には、アグリビジネスが含まれており、将来性は見込まれるものの、連結に与える金額的な影響は近い将来においては依然として軽微であると考えられる。以上の理由から、食品部門とその他部門の業績は、過去業績トレンドから、簡易な予測を行うこととした。

(2) 医薬品部門の業績予想手法
医薬品部門の予測については、売上高と粗利益までの数値を予測することとする。その予測は商品ごとに行い、その集計値を医薬品部門の売上高と粗利益とする。実際の売上高や損益計算書諸項目の予測にあたっては、三共が決算短信発表時に同時公表している詳細資料「三共の現状」に掲載されている主要医薬品をベースとし、大きく分けて、既存医薬品の売上高予測と、新薬の売上高予測の2つを組み合わせて行うこととするが、その前に、まず三共の現状のパイプラインをまとめておこう。

2 三共の現状パイプラインの内容
(1) 既存品パイプライン
図表4-37に、三共の現在の医薬品パイプライン（製薬業界で臨床試験を進めている医薬品候補の中身を指す用語。ここではすでに上市済みの商品にも用いている）を示した。三共はコレステロール低下剤メバロチンにより急成長したが、2002年10月に日本国内での特許が切れ、売上の減少が予想されている。またバルク輸出でも、ブリストル・マイヤーズ スクイブに導出したメバロチンが、その米国特許満了（2005年10月、独占的販売権は2006年4月まで）後に大幅な売上低下が予想される。このメバロチンは三共の2002年3月医薬品売上高の41%、連結売上高の32%を占めており、特許切れによりどの程度売上が減少するかが企業価値評価のポイントとなる。

その他、2002年3月時点で売上が計上されている医薬品に、自社開発のロキソニン

図表4-37● 現状のパイプライン（三共）

1. 循環器系疾患（動脈硬化、心疾患、腎疾患他）	
メバロチン	高脂血症治療剤
エースコール	血圧降下剤
クレメジン	慢性腎不全用剤
ウェルコール	高脂血症治療剤：米国
オルメサルタン	血圧降下剤：米国・欧州
2. 重点領域（糖代謝性疾患、骨・関節性疾患、免疫・アレルギー性疾患）	
ファスティック	糖尿病治療剤
ロキソニン	鎮痛・抗炎症・解熱剤
アレジオン	アレルギー性疾患治療剤
3. チャレンジ領域（癌・感染症）	
クレスチン	抗癌剤
バナン	経口用セフェム系抗生剤
カルベニン	注射用カルバペネム系抗生剤
セフメタゾン	注射用セフェム系抗生剤
4. その他	
エスポー	腎性貧血治療剤
ザンタック	消化性潰瘍治療剤
グラン	白血球減少症治療剤

出典：2002年3月期　三共「事業報告書」

（鎮痛・抗炎症・解熱剤）、エースコール（血圧降下剤）、バナン（抗生剤）、カルベニン（抗生剤）と、共同開発品・導入品のエスポー（腎性貧血治療剤：キリンビール）、クレメジン（慢性腎不全用剤：呉羽化学）、グラン（白血球減少症治療剤：キリンビール）などがある。このうち、エスポーとグランは2005年3月に販売権をキリンビールに返還する予定であるため、2006年3月期以降は三共の売上高から外れる。

(2) 新薬パイプライン

2002年5月にはフォレスト社と共同販促により米国市場でベニカー（一般名オルメサルタン＝血圧降下剤）を販売し、2003年度以降の売上に貢献することが予想される。また宇部興産と共同開発したカルブロック（血圧降下剤）は、2002年末に販売を予定していたが、薬事・食品衛生審議会により追加データの提出が要請されており、販売開始時期が遅れている。興和および日産化学から導入したピタバスタチン（NK-104＝コレステロール低下剤）についても、薬物相互作用に関する追加試験の実施に伴い、販売時期が遅れている。

ステップ14-1では、売上高の予測を行う。特に、医薬品部門については、主力商品を

中心に個々の医薬品市場と、競合動向を勘案して詳細な予測を作成する。以下では、これらの予測方法を説明する。

まず既存医薬品の売上高予測においては、既存医薬品(特にメバロチン)の売上高の減少をいかに予測するかが、1つのポイントになる。次に新薬の予測については、すでに述べたように、申請中の医薬品・開発段階がフェーズ 3 にある医薬品のみの売上高を予測することとした。本来はフェーズ 3 にある医薬品すべてが上市できるわけではないので、この予測は楽観的である。一方で、10年間の将来売上高予測を行うと、2005年 3 月期以降は新薬の上市が予定されなくなるため、売上高が減少していくことになる。本来はその時点で、現在フェーズ 2・フェーズ 1 の開発段階にある新薬が上市して三共の売上高に貢献すると予測されるわけだが、3 年先のスケジュールであり、医薬品の専門家ではない我々には、その可能性を予測することができないため、フェーズ 2・フェーズ 1 の開発ステージにある新薬の売上は予測していない。この点では、我々の予測シナリオは保守的である。

個別の医薬品市場の将来予測で最も詳細なやり方は、患者数×投薬額(1日または年間)を推定する方法であると考えられる。しかしながら、我々は将来患者数を詳細に予測するだけの専門的情報を持ち合わせていなかったため、この手法の採用は見送り、代わりに、以下のような方法を用いた。

2003年 3 月期の各医薬品の売上高は三共の予測値(2002年 9 月中間決算短信添付資料ベース)を用いる。

2004年 3 月期以降の予想値は前述のシナリオを数値に転換するものとする。その際、主力商品(メバロチン)と戦略的商品(ピタバスタチン・カルブロック・ロピッド・オルメサルタン)の 5 薬品については、競合薬品の売上予測値を集計して市場規模を推定し、シェア争いが展開されるものとして、市場シェアの推移から売上高を予測する。なお、ベースとなるメインシナリオは、以下のとおりであるが、この 5 薬品は三共の業績、ひいては企業価値に与える影響が大きいと考えられるため、後ほどステップ15において、薬品の市場シェアを変数として、ベースシナリオ以外のシナリオを策定し、感度分析を行うこととする。

1) 国内メバロチンの特許切れによる売上高減少率は 1 割とする(国内市場におけるジェネリック薬の市場占有率を適用)。薬価改定による影響は売上高減少に織り込むこととする。
2) 米国メバロチンの特許切れによる売上高減少率は85%とし、特許切れの 5 年後には売上高がゼロとなる。
3) 戦略的商品のうち 4 薬品(ピタバスタチン・カルブロック・ロピッド・オルメサルタ

ン国内とオルメサルタン海外）は、国内売上高と海外売上高で予測方法が異なる。国内商品（カルブロック・ロピッド・ピタバスタチン国内・オルメサルタン国内）は、三共の予測売上高と競合薬品の予測売上高（メーカー予測）を集計したものを市場規模とし、三共発表の予測売上高を参考にして売上高を予測する。海外商品（オルメサルタン海外）は米国向けの輸出額のみを予測するので、2002年3月期末時点での米国での処方箋シェアより、輸出額の増減を予測する。いずれも三共の予測を若干割り引いた程度の数値になっている。ピタバスタチン海外はフェーズ2であるが、保守的に見積って売上計上していない。

4) 1）〜3）以外の医薬品については、売上高は上市後急速に拡大し、特許切れ前に天井を打って減少するというサイクルに基づいて、成長率より各期の売上高を予測することとする。薬価改定による影響は売上高減少に織り込む。

5) 個別医薬品以外の医薬品を集計した値「その他既存医薬品」については、過去5年間の傾向では毎年12%程度減少しているため、今後もその売上高は年々減少していくと予想する。

以上の前提をもとに、商品別の10年間の売上高を予測したものをまとめたのが、図表4-38である。

図表4-38 商品別売上高予測（三共）

				2003/3期	2004/3期
売上高				530,704	522,085
医薬品				408,254	403,770
製品名	薬効	開発者/提携先	上市/開発段階		
メバロチン(ALL)	高脂血症治療剤	自社	89.10		
メバロチン(国内)				110,200	98,000
メバロチン(輸出)		ブリストルマイヤーズ		64,600	68,000
ロキソニン	鎮痛・抗炎症・解熱剤	自社	86.7	28,500	29,000
エスポー	腎性貧血治療剤	キリン	90.4	17,600	18,000
エースコール	血圧降下剤	自社	94.8	13,500	13,000
バナン(国内)	経口用セフェム系抗生剤	自社	89.12	8,000	7,500
バナン(輸出)		ファルマシア・アップジョン		5,000	4,500
クレメジン	慢性腎不全用剤	呉羽化学	91.1	12,400	13,500
ザンタック	消化性潰瘍治療剤	グラクソ・スミスクライン	84.11	11,300	11,000
カルベニン	注射用カルバペネム系抗生剤	自社	93.12	9,700	9,200
アレジオン	アレルギー性疾患治療剤	日本ベーリンガー	94.6	9,500	9,000
グラン	白血球減少症治療剤	キリンビール	91.12	9,000	7,500
ファスティック	糖尿病治療剤	味の素	03.2	3,800	4,500
その他既存医薬品				83,854	77,146
既存医薬品　売上合計				**386,954**	**369,846**
オルメサルタン(CS-866)	高血圧治療剤				
(国内)		自社	フェーズ3	0	4,000
(欧米)ベニカー		自社	00/7申請	1,300	9,724
ロビッド	高脂血症治療薬	ファイザー	97/3申請	0	0
ピタバスタチン(NK-104)	高脂血症治療薬				
(国内)		興和・日産化学	99/11申請	0	0
(米国)		興和・日産化学	フェーズ2	0	0
カルブロック	高血圧治療剤	宇部興産	97/7申請	0	200
新薬品合計				**1,300**	**13,924**
医療用医薬品合計				**388,254**	**383,770**
ヘルスケア品				20,000	20,000
食品				40,367	38,793
その他				84,940	82,348
消去または全社				(2,857)	(2,826)

(単位：百万円)

2005/3期	2006/3期	2007/3期	2008/3期	2009/3期	2010/3期	2011/3期	2012/3期
520,999	511,184	461,629	472,023	456,292	443,642	427,002	413,986
406,730	400,764	354,646	368,771	356,465	347,142	333,685	323,768
85,000	83,000	78,000	73,290	66,225	61,515	54,450	49,740
70,000	68,000	10,000	7,869	5,738	3,607	1,476	0
29,000	28,000	28,000	27,720	27,443	27,168	26,897	26,628
18,000	0	0	0	0	0	0	0
11,500	11,000	9,500	8,550	7,695	6,926	6,233	5,610
6,700	6,500	5,800	5,220	4,698	4,228	3,805	3,425
4,200	4,000	3,800	3,610	3,430	3,258	3,095	2,940
14,000	15,000	16,000	16,320	16,646	16,979	17,319	17,665
9,500	9,000	8,000	7,200	6,480	5,832	5,249	4,724
8,200	8,000	7,500	7,125	6,769	6,430	6,109	5,803
8,000	7,500	6,700	6,365	6,047	5,744	5,457	5,184
6,500	0	0	0	0	0	0	0
5,000	5,500	5,500	5,225	4,964	4,716	4,480	4,256
70,974	65,296	60,073	55,267	50,846	46,778	43,036	39,593
346,574	310,796	238,873	223,761	206,980	193,182	177,605	165,568
10,000	16,000	20,000	30,000	30,000	30,000	30,000	30,000
19,656	32,968	43,810	55,692	58,812	61,932	65,052	68,172
4,500	9,000	15,000	20,000	19,000	18,000	17,000	16,000
4,500	9,000	13,000	15,355	17,710	20,065	20,065	20,065
0	0	0	0	0	0	0	0
1,500	3,000	3,963	3,963	3,963	3,963	3,963	3,963
40,156	69,968	95,773	125,010	129,485	133,960	136,080	138,200
386,730	380,764	334,646	348,771	336,465	327,142	313,685	303,768
20,000	20,000	20,000	20,000	20,000	20,000	20,000	20,0000
37,280	35,826	34,429	33,086	31,796	30,556	29,365	28,219
79,835	77,398	75,036	72,746	70,526	68,374	66,287	64,264
(2,846)	(2,805)	(2,482)	(2,581)	(2,495)	(2,429)	(2,335)	(2,276)

第4章　詳細分析ケース

| STAGE 1 | STAGE 2 | **STAGE 3** | STAGE 4 |

◉............将来キャッシュフローの予測

ステップ 14 シナリオの業績予測への転換

14-2 予測損益計算書の作成

次に、売上高の予測に基づいて、予測損益計算書を作成していく(図表4-43)。これまでと同様、営業項目をまず分析し、その後にそれ以外の項目についても検討する。すでに述べたように、食品部門とその他部門の業績は、過去業績トレンドから、簡易な予想を行っているので説明を省略し、以下では医薬品部門の予想を中心に説明する。なお、2002年3月期の数値については、図表4-1を参照。

図表4-43 ◉ 解説

1 営業項目(営業費用、運転資金、有形固定資産等)の予測

(1) 医薬品粗利益

医薬品の粗利益率は高いもので90%以上と推定される。薬価の低下・特許切れによって粗利率は低下すると考えられるが、今回は、推定でいくつかのルールを設けて、粗利率を設定している。そのルールを以下に説明する。

まず、三共の個別の医薬品について、特許期間中にある薬品か特許切れの薬品か、医療用医薬品か医療用外医薬品か、という条件により、薬品の粗利率を3段階に分類した。医療用医薬品で特許期間中の医薬品は最も粗利率が高いと推定されるため、粗利率を90%とする。医療用医薬品で特許切れの医薬品は粗利率を70%とする。医療用外医薬品は収益構造が異なると考え、粗利率を50%とする。その根拠として、製薬メーカーの粗利率(2002年3月期)を図表4-39に示した。これを見るとわかるように、単独で最低でも57.6%、連結最低水準で59.7%(塩野義製薬を除く)あることから、最も

図表4-39 ◉ 製薬メーカーの粗利益(2002年3月期)

	三共	武田薬品工業	エーザイ	山之内製薬	藤沢薬品工業	第一製薬	塩野義製薬	中外製薬	田辺製薬	平均
単独粗利率	66.2%	64.4%	69.4%	67.2%	57.6%	65.5%	57.7%	69.3%	60.0%	63.9%
連結粗利率	59.7%	66.4%	76.5%	65.2%	64.3%	66.2%	34.9%※	69.3%	60.0%	62.8%

※塩野義製薬の連結粗利率が単独と比較して著しく低下するのは、連結子会社に医薬品卸が存在するためである

低い粗利率の薬品でも50％程度はあるであろう、と推量した。

自社開発医薬品については、上記粗利率ルールをそのまま適用するが、他社との提携によって開発された薬品（クレメジン：呉羽化学との共同開発等）・他社開発医薬品を委託販売しているもの（エスポー：キリンビールからの販売委託等）・自社開発薬品の販売を海外メーカーに委託しているもの（Pravachol：メバロチンの米国での薬剤名でブリストル・マイヤーズスクイブと販売提携等）については、関与している企業の数に応じて粗利率が低下するものとした。たとえば、クレメジンは推定粗利率90％の薬品だが提携先の呉羽化学と利益を按分すると考え、三共の粗利率は45％になる、といった具合である。提携先が 2 社存在する場合には、3 社で利益を按分するものとしている。バルク輸出をしている薬品については、販売提携先は存在するものの粗利率は高いと考えた。

一般的には提携開発薬品については、各社の役割（製造から流通まで行うか、プロモーションのみか）によって粗利益率が変わってくるはずである。したがって、このような簡便な粗利率ルールを用いているにあたり、その整合性を検証するために、過去の医薬品別売上高の数値にこのルールを適用して推定粗利率と推定粗利額を算出し、実績値と比較した。実績値との乖離は0.3～2.2％であり、トレンドは同じであったため、この粗利率ルールを適用しても問題がないと判断した。

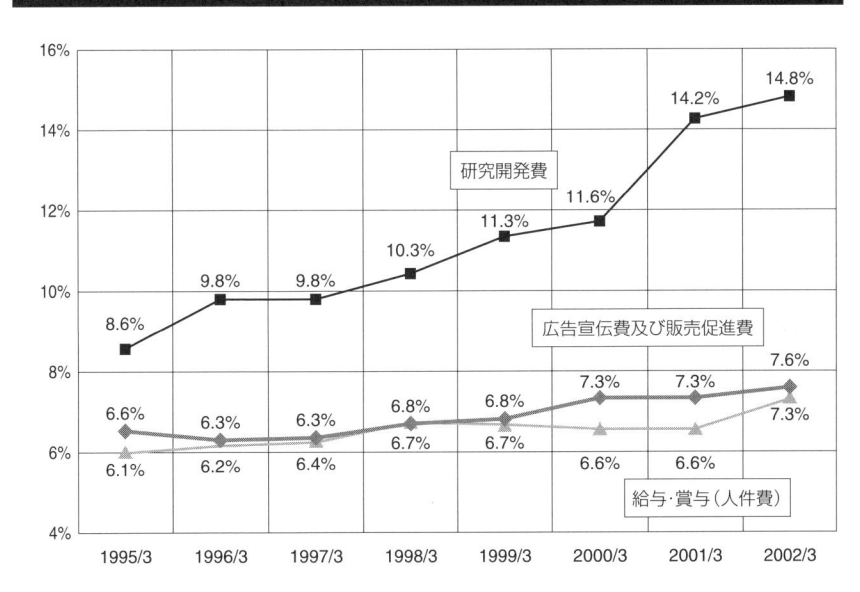

図表4-40 販売管理費の変化（三共）

年度	研究開発費	広告宣伝費及び販売促進費	給与・賞与（人件費）
1995/3	8.6%	6.6%	6.1%
1996/3	9.8%	6.3%	6.2%
1997/3	9.8%	6.3%	6.4%
1998/3	10.3%	6.8%	6.7%
1999/3	11.3%	6.8%	6.7%
2000/3	11.6%	7.3%	6.6%
2001/3	14.2%	7.3%	6.6%
2002/3	14.8%	7.6%	7.3%

第 4 章　詳細分析ケース

(2) 販売管理費

三共の連結損益計算書上では、販売管理費の内訳は10科目（その他項目を含む）に分けて開示されている（2002年3月時点）。各科目の対売上高比率を比較すると、販売管理費のなかでの主要科目が判明する（図表4-40参照）。三共においては、研究開発費・広告宣伝費と販売促進費・人件費の比重が高くなっており、平均的な薬品メーカーの販管費構造である。

販売管理費の予測においては、この3科目は個別に数値を予測し、その他の販管費についてはまとめて数値を予測することとする。主要な科目については、その数値を変数として振らせると企業価値がどのように変化するか、感度分析を行う。

(2-1) 研究開発費

製薬メーカーにとって研究開発への投資は生命線である。図表4-41にあるように各社の対売上高研究開発費比率は増加する傾向にある（塩野義製薬の指標が低い値を示しているが、これは、塩野義製薬の売上高には卸売の数値を含んでいるためであると考えられる）。三共は売上高の15%を研究開発に充てると表明している（決算説明会資料より）。また、2001年に発表した中期経営計画では、年間700億円の研究開発費を今後5年間投入すると計画しているが、実際に拠出された研究開発費はこれを上回る水準に達している。我々が策定したメインシナリオにおける三共の将来売上高予測値は、マイナスの成長率を伴うものとなったため、研究開発費を売上高15%と設定すると、この費用が年々減少することとなり、三共の将来成長の芽を摘み取る結果となりかねない。そのため、将来の研究開発費用は売上高の15%と2002年3月期の研究開発費816億円のどちらか高いほうを採用することとする。

図表4-41● 製薬メーカーの研究開発費比率（対売上高）の推移

	1995/3期	1996/3期	1997/3期	1998/3期	1999/3期	2000/3期	2001/3期	2002/3期
三共	8.6%	9.7%	9.1%	9.3%	10.2%	10.9%	14.4%	14.9%
武田薬品工業	8.7%	8.5%	8.6%	9.4%	9.2%	8.4%	9.3%	10.0%
エーザイ	13.6%	13.7%	13.6%	15.0%	15.3%	15.4%	13.7%	12.7%
山之内製薬	9.9%	9.9%	9.3%	9.1%	12.8%	12.6%	11.9%	13.5%
藤沢薬品工業	12.9%	13.7%	14.5%	14.7%	15.1%	15.8%	17.5%	16.7%
第一製薬	12.5%	13.1%	12.5%	12.8%	13.3%	12.1%	13.3%	14.6%
塩野義製薬	7.4%	7.0%	6.9%	7.3%	7.1%	6.8%	7.1%	7.3%
中外製薬	14.6%	14.8%	16.2%	19.3%	19.9%	20.5%	20.3%	22.6%
田辺製薬	9.3%	9.7%	9.5%	9.4%	10.4%	10.5%	10.2%	11.0%
単純平均	10.8%	11.1%	11.1%	11.8%	12.6%	12.5%	13.1%	13.7%
加重平均※	10.0%	10.0%	10.1%	10.4%	10.2%	10.8%	11.5%	11.4%

※加重平均 = 9社の研究開発費合計/9社の売上高合計(%)

（各社の財務データをもとに評価者が作成）

(2-2) 広告宣伝費及び販売促進費

製薬メーカーにとって、広告宣伝費は主に一般用医薬品向けのものであり、また、販売促進費は医療用医薬品販売推進のために不可欠な存在である。この科目を単純に削減することは、即座に売上高減少を招くと考えられる。

図表4-40で示したように、三共の広告宣伝費及び販売促進費の対売上高比率は95年3月期の6.6%から02年3月期の7.6%まで上昇している。金額自体も増加しているが、売上高が天井を打って減少に転じた影響が比率の低下に表れている。三共の今後の売上高予測は楽観視できない状況にあるため、保守的に見て、過去5年間の平均額並みの40,000百万円を将来的にも適用する。前述の理由から、この科目を削減するという戦略を採る可能性は少ないと考えた。

(2-3) 給与・賞与（人件費）

通常、人件費の定義には、売上原価中の人件費と販売管理費中の人件費が含まれる。連結の売上原価明細が非開示であるため、三共の評価においては、便宜上後者の販売管理費中の人件費のみを用いている。また、同様に人件費の定義には給与・賞与と並んで福利厚生費が含まれることが多いが、三共の連結財務諸表上では福利厚生費が開示されていないことから、簡易的に給与・賞与額のみを人件費と定義することにする。

三共の人件費比率（対売上高）は、95年3月期の6.1%から02年3月期には7.3%に上昇している。これも、広告宣伝費・販促費と同様に、売上高減少の影響を受けて比率が上昇していると考えられるため、一人あたり数値に換算して人件費の上下変動の状況を確認する。図表4-42には三共の連結従業員数と一人あたり人件費を示した。連結従業員数はほとんど変化がないが、一人あたり人件費の金額は上昇している（連結の売上原価明細が未公表で加算されていないため、図表4-42の一人あたり人件費が、実際より安くみえる結果となっている）。

これまでの三共にとっては、人件費は固定費としての性格が強かったと考えられる。1996年3月期から、2002年3月期まで、人件費の変化率が売上高の変化率に対してどの程度連動したか（直線回帰分析における直線の傾き）を測定すると、0.37となっている。すなわち、売上が1%上昇（もしくは下落）しても、平均すれば人件費は0.37%しか上昇（もしくは下落）しなかったことになる。しかし、三共にとっては目先のコ

図表4-42 ●　　　　　従業員数と一人あたり人件費の推移（三共）

（単位：人、百万円）

	1996/3期	1997/3期	1998/3期	1999/3期	2000/3期	2001/3期	2002/3期
連結従業員数	11,866	11,914	11,768	11,585	10,760	10,891	11,244
一人あたり人件費※	2.90	2.98	3.17	3.19	3.37	3.35	3.58

※一人あたり人件費＝連結　給料・賞与金額／連結従業員数

スト削減を図ることが重要な戦略であると考えられるため、人件費の抑制若しくは人件費の変動費化を試みるであろう。また、売上原価に含まれる人件費を本シミュレーションでは無視しているが、人件費削減の対象となりうる間接部門等の人件費の多くは販売管理費に含まれており、そこから先にメスを入れることもできると考えた。したがって、人件費の圧縮効果を見込み、今後人件費は売上高の変化率の0.5倍で変化すると予測した。すなわち、売上高が下がった場合、従来より以上に人件費は削減されることになる。

(2-4) その他販売管理費

2002年3月期の研究開発費・広告宣伝費及び販売促進費・人件費を除くその他販売管理費の売上高に対する比率は15.1%であった。この数値は過去時系列のなかで最も高くなっているため、変動費化等によって、この科目の削減にも取り組むものとし、中期的にこの比率を13.5%（過去8年間の平均値）まで減少させる。

2 連結調整勘定償却

2002年3月期の数値はゼロであり、連結貸借対照表上の連結調整勘定の数値もゼロである。予測シナリオ上では、M&A等は想定しておらず、償却が想定されうる連結調整勘定は発生しないものと考える。したがって、連結調整勘定償却も将来的にはゼロとする。

3 減価償却費

減価償却費については、有形固定資産残高と一括して議論するので、ステップ14-3予測貸借対照表の作成において取り扱う。

4 受取利息

三共の受取利息は、現預金と長期貸付金から発生していると考えられる。長期貸付金から受け取る利息の利率が不明であるため、現預金と同率の利息を受け取っているものと推定する。長期貸付金は2002年3月期に7,187百万円存在しており、「投資その他の資産」の項目に含まれている。投資その他の資産の金額は将来的に変動しない前提を置いているので、長期貸付金も現在値が継続するものと考えて受取利息を算出することとする。なお、受取利息は期中残高に予測金利を掛けて算出し、予測金利には2002年12月31日時点での日本国債のイールドカーブを用いた。

5 受取配当金

貸借対照表の有価証券・投資有価証券の項目は大きく変化しないという前提条件を置いているため、受取配当金は過去8年間の平均値である748百万円が継続するものと考えた。

6 支払利息

支払利息は有利子負債（期中平均）に予測金利を掛けて算出する。予測金利には三共

が有する格付（Moody's A1）相応のスプレッドを上乗せしたイールドカーブを用いる。

7 その他営業外損益
その他営業外損益の詳細項目の過去推移より、恒常的に発生している科目のみを集計する。恒常的に発生している科目とは、受取賃貸料・その他営業外収益・棚卸資産処分損・寄付金・その他営業外損失の 6 科目である。この 6 科目の過去 8 年間における対売上高比率の平均値を算出して合算すると0.21％の損失が発生することになるので、売上高対比で将来的にも同比率のその他営業外損失が発生するものとする。

8 特別損益
特別損益の計上が必要な資産の処分等がありうるか否かは、資産内容の精査が必要であるが、公表データからの判別は難しい。2002年 3 月期の有価証券報告書の「設備の新設・除却等の計画」には固定資産の売却・撤去等で重要なものは計画されていない旨の記述があるので、その方針に沿うこととし、特別損益は発生しないものとして取り扱う。

9 法人税
有価証券報告書の注記によると、三共の税率は41.9％となっているが、1998年 3 月期から2002年 3 月までの税引前利益と法人税額から計算した税率は、平均57％となっている。製薬業界には、有税の販売促進費などが恒常的に発生することから、今後も税率は高めに推移すると考え、50％を税率として適用することにした（なお、この考え方は平均税率としてNOPLATの計算に適用するものであり、STAGE 2 の限界税率とは異なる）。

10 少数株主利益
2001年 3 月期は少数株主損失が発生しているが、それ以外の期は少数株主利益が発生している。少数株主利益が発生した期の、対税引前当期純利益比率の平均値を算出すると0.41％となるので、この数値を将来的に適用する。なお、三共の少数株主利益の比重は小さいため簡易的にこのように算出しているが、この比率が高い企業の場合は、対象となるグループ会社の収益を予測してから少数株主利益を算出することになろう。

11 配当金
三共は2002年 3 月期より25円配当の継続実施の意思を表明しており、その方針に沿って配当を支払うものとする。25円×期末発行済株式数を配当金とする。
三共は短期的には新薬開発のための新規投資を重点的に行うべきであると考え、余剰金融資産は中長期的な成長のために確保しておくべきであると考えた。

12 役員賞与
三共の今後の業績動向は厳しいと予測され、役員賞与が上昇する筋書きは描きづらい。そのため、役員賞与は2002年 3 月期の372百万円が継続するものと予測する。

図表4-43 ● 予測損益計算書（三共）

	2003/3期	2004/3期	2005/3期	2006/3期
売上高				
医薬品	408,254	403,770	406,730	400,764
食品	40,367	38,793	37,280	35,826
その他	84,940	82,348	79,835	77,398
消去又は全社	(2,857)	(2,826)	(2,846)	(2,805)
連結合計	530,704	522,085	520,999	511,184
売上高総利益(含減価償却費)				
医薬品	302,358	300,074	298,817	300,679
食品	3,806	3,658	3,515	3,378
その他	14,245	13,791	13,351	12,925
消去又は全社	0	0	0	0
連結合計	320,409	317,522	315,684	316,982
販売管理費(含減価償却費)				
広告費・販促費	(40,000)	(40,000)	(40,000)	(40,000)
給与・賞与	(39,626)	(39,304)	(39,263)	(38,893)
研究開発費	(81,610)	(81,610)	(81,610)	(81,610)
その他	(78,658)	(75,814)	(74,093)	(71,164)
連結合計	(239,893)	(236,728)	(234,966)	(231,667)
[2] 連結調整勘定償却	0	0	0	0
[3] (減価償却費)	(28,354)	(27,857)	(27,404)	(27,347)
営業利益	80,516	80,795	80,718	85,315
[4] 受取利息	40	95	318	587
[5] 受取配当金	748	748	748	748
[6] 支払利息	(59)	(88)	(123)	(141)
[7] その他営業外損益	(1,145)	(1,127)	(1,124)	(1,103)
経常利益	80,099	80,423	80,537	85,406
[8] 特別損益	0	0	0	0
税引前利益	80,099	80,423	80,537	85,406
[9] 法人税	(40,050)	(40,211)	(40,268)	(42,703)
[10] 少数株主利益	(331)	(333)	(333)	(353)
当期純利益	39,718	39,879	39,935	42,349
[11] 配当金	(11,112)	(11,112)	(11,112)	(11,112)
[12] 役員賞与	(372)	(372)	(372)	(372)
[13] 増資	0	0	0	0
[14] 自社株取得	(8,014)	0	0	0
[15] 期末発効済株式数(除　自社株)	444	444	444	444

(単位：百万円)

2007/3期	2008/3期	2009/3期	2010/3期	2011/3期	2012/3期
354,646	368,771	356,465	347,142	333,685	323,768
34,429	33,086	31,796	30,556	29,365	28,219
75,036	72,746	70,526	68,374	66,287	64,264
(2,482)	(2,581)	(2,495)	(2,429)	(2,335)	(2,266)
461,629	472,023	456,292	443,642	427,002	413,986
255,723	266,780	256,573	248,892	238,758	231,674
3,247	3,120	2,998	2,881	2,769	2,661
12,513	12,114	11,727	11,352	10,990	10,639
0	0	0	0	0	0
271,483	282,013	271,298	263,126	252,516	244,973
(40,000)	(40,000)	(40,000)	(40,000)	(40,000)	(40,000)
(37,008)	(37,425)	(36,801)	(36,291)	(35,610)	(35,068)
(81,610)	(81,610)	(81,610)	(81,610)	(81,610)	(81,610)
(62,880)	(63,824)	(61,697)	(59,986)	(57,736)	(55,977)
(221,498)	(222,859)	(220,108)	(217,887)	(214,957)	(212,654)
0	0	0	0	0	0
(26,832)	(24,231)	(24,777)	(23,951)	(23,287)	(22,413)
49,984	59,154	51,190	45,239	37,560	32,319
858	1,318	1,847	2,414	2,869	3,301
748	748	748	748	748	748
(159)	(172)	(270)	(236)	(263)	(298)
(996)	(1,019)	(985)	(957)	(921)	(893)
50,435	60,030	52,530	47,207	39,992	35,177
0	0	0	0	0	0
50,435	60,030	52,530	47,207	39,992	35,177
(25,217)	(30,015)	(26,265)	(23,604)	(19,996)	(17,589)
(209)	(248)	(217)	(195)	(165)	(146)
25,009	29,767	26,048	23,408	19,831	17,443
(11,112)	(11,112)	(11,112)	(11,112)	(11,112)	(11,112)
(372)	(372)	(372)	(372)	(372)	(372)
0	0	0	0	0	0
0	0	0	0	0	0
444	444	444	444	444	444

● 第4章　詳細分析ケース

13 増資

現状の潤沢な資金量・堅固な財務体質より、資金が枯渇するまでは増資は不要であると判断し（シミュレーション・感度分析の結果、そのような状況に陥る確率は今後10年間では極小である）、増資は行わないものとした。

14 自社株式取得

三共は、自己株式取得を行う理由を「経営環境の変化に対応した機動的な資本政策の実行を可能とするため」としている。2001年3月期に自己株式の取得を実行した際には、一部を償却し、残りを自己株式として保有している。

2002年6月の株主総会において、2002年は上限株数1000万株、上限金額200億円の自社株取得を行うための枠取りを決議し、この決議に基づいて、2002年7月から8月にかけて500万株（80億円相当）の自社株買いを実施している。分析時点においてはこの金額以上の自社株買いを実施していないため、2003年3月期においては、自社株買い金額を500万株の自社株買いのみ実施したものとして、貸借対照表を作成する。また、ここで取得した自社株式については償却せずに、将来の機動的な資本政策実行のために自己株式として所有することとする。

将来的な自社株取得は、株式市場からの要求もあろうが、財務体力を消耗させないために実施すべきではないと考え、2004年3月期以降の自社株取得は0とする。なお、過去の自社株取得を金融機関持合株式解消策として行っている場合は、将来的にも継続的に行われる可能性がある。その際は同時に三共が保有する投資有価証券も減額されていくという筋書きが考えられる。

15 発行済株式数

2002年3月期末時点の発行済株式数（449,498,765株）より2003年3月期の自社株取得株式数（500万株）を控除し、期末発行済株式数としている。増資や自社株式の償却を見込まないので、予測期間を通じて発行済株式数に変化はない。

以上を前提に、10年間の予測損益計算書を作成したのが、図表4-43である。

| STAGE 1 | STAGE 2 | **STAGE 3** | STAGE 4 |

●⋯⋯⋯⋯将来キャッシュフローの予測

ステップ 14 シナリオの業績予測への転換

14-3 予測貸借対照表の作成

　ステップ14-3では、貸借対照表項目の将来予測を立てる。作成された予測貸借対照表を、図表4-44に示す。以下では計算上わかりにくいと思われる項目を中心に説明する。なお、2002年3月期の数値については、図表4-2を参照。

図表4-44●解説

❶ 現金及び預金
三共は総資産に占める現預金の比重が高いため、貸借対照表の作成にあたっては、この科目を貸借のバランス調整項目として扱った。

❷ 営業用現金
営業用現金として売上高の2％を計上することとし、この金額を現金及び預金より控除している。

❸ 棚卸資産
三共の棚卸資産の対売上高比率（期中平均）は2002年3月期で16.2％、回転月数に換算すると1.94カ月である。三共のこの値は製薬メーカー大手9社の中では恒常的に高く、平均値よりも0.4カ月程度多い在庫を余分に保有している。
目先のキャッシュフロー改善の方策として、この指標の改善を図ることとし、長期的に棚卸資産回転月数を9社平均の1.44カ月程度まで改善させる。

❹ 受取手形・売掛金
三共の売上債権の対売上高比率（期中平均）は2002年3月期で34.7％、回転月数に換算すると4.17カ月である。三共の売上債権回転日数は、2000年3月期までは大手9社平均値で推移していたが、平均値の期間は2001年3月より短縮されているのに対し、三共の数値は同時期より急速に悪化した。平均値との乖離は0.8カ月余となっている。
目先のキャッシュフローを確保するためには、この指標の改善を図るための策を採るであろうと考え、長期的には売上債権回転月数を現在の9社平均値3.40カ月程度まで改善させることにする。

第4章　詳細分析ケース

図表4-44 ●　予測貸借対照表（三共）

		2003/3期	2004/3期	2005/3期	2006/3期
1	現金及び預金	121,463	156,421	185,990	224,303
2	営業用現金	10,614	10,442	10,420	10,224
3	棚卸資産	89,464	88,011	87,828	86,173
4	受取手形・売掛金	184,302	181,309	180,932	177,524
5	その他の流動資産	12,188	12,188	12,188	12,188
	流動資産計	418,031	448,370	477,357	510,411
6	有形固定資産（簿価）	150,614	147,992	147,661	144,675
7	建設仮勘定	4,200	4,200	4,200	4,200
	土地	28,552	28,552	28,552	28,552
8	その他の有形固定資産	10,858	10,858	10,858	10,858
	有形固定資産計	194,224	191,602	191,271	188,285
9	無形固定資産	18,935	18,935	18,935	18,935
10	連結調整勘定	0	0	0	0
11	繰延税金資産（流動分も含む）	37,983	37,983	37,983	37,983
12	有価証券・投資有価証券	224,661	224,661	224,661	224,661
	投資その他の資産　その他	19,232	19,232	19,232	19,232
	固定資産計	495,035	492,413	492,082	489,096
	繰延資産合計	0	0	0	0
	資産合計	913,067	940,783	969,440	999,508
13	短期借入金	15,377	15,377	15,377	15,377
14	支払手形及び買掛金	62,206	61,196	61,068	59,918
15	引当金	15,860	15,860	15,860	15,860
16	その他の流動負債	69,698	69,698	69,698	69,698
	流動負債計	163,141	162,131	162,003	160,853
13	長期借入金	8,202	8,202	8,202	8,202
16	長期引当金	2,426	2,426	2,426	2,426
17	退職給付債務	56,969	56,969	56,969	56,969
18	その他の固定負債	1,080	1,080	1,080	1,080
19	繰延税金負債	71	71	71	71
	固定負債	68,748	68,748	68,748	68,748
	負債合計	231,889	230,879	230,752	229,601
20	少数株主持分	8,738	9,071	9,404	9,758
	資本金	68,793	68,793	68,793	68,793
	資本準備金	66,862	66,862	66,862	66,862
	連結剰余金	539,240	567,634	596,084	626,949
21	その他有価証券評価差額金	17,087	17,087	17,087	17,087
22	為替換算調整勘定	(1,348)	(1,348)	(1,348)	(1,348)
23	自己株式	(18,195)	(18,195)	(18,195)	(18,195)
	資本合計	672,439	700,833	729,284	760,149
	負債・少数株主持分・資本合計	913,067	940,783	969,440	999,508
	バランスチェック	0	0	0	0

(単位：百万円)

2007/3期	2008/3期	2009/3期	2010/3期	2011/3期	2012/3期
273,859	284,876	311,029	332,292	352,833	368,347
9,233	9,440	9,126	8,873	8,540	8,280
77,819	79,572	76,920	74,787	71,982	69,788
160,314	163,924	158,461	154,068	148,289	143,769
12,188	12,188	12,188	12,188	12,188	12,188
533,413	550,000	567,723	582,208	593,832	602,371
129,598	132,760	127,974	124,125	119,062	115,102
4,200	4,200	4,200	4,200	4,200	4,200
28,552	28,552	28,552	28,552	28,552	28,552
10,858	10,858	10,858	10,858	10,858	10,858
173,208	176,370	171,584	167,735	162,672	158,712
18,935	18,935	18,935	18,935	18,935	18,935
0	0	0	0	0	0
37,983	37,983	37,983	37,983	37,983	37,983
224,661	224,661	224,661	224,661	224,661	224,661
19,232	19,232	19,232	19,232	19,232	19,232
474,019	477,181	472,395	468,546	463,483	459,523
0	0	0	0	0	0
1,007,432	1,027,181	1,040,118	1,050,754	1,057,315	1,061,894
15,377	15,377	15,377	15,377	15,377	15,377
54,109	55,328	53,484	52,001	50,051	48,525
15,860	15,860	15,860	15,860	15,860	15,860
69,698	69,698	69,698	69,698	69,698	69,698
155,044	156,263	154,419	152,936	150,986	149,460
8,202	8,202	8,202	8,202	8,202	8,202
2,426	2,426	2,426	2,426	2,426	2,426
56,969	56,969	56,969	56,969	56,969	56,969
1,080	1,080	1,080	1,080	1,080	1,080
71	71	71	71	71	71
68,748	68,748	68,748	68,748	68,748	68,748
223,793	225,011	223,167	221,684	219,734	218,208
9,966	10,215	10,432	10,627	10,793	10,939
68,793	68,793	68,793	68,793	68,793	68,793
66,862	66,862	66,862	66,862	66,862	66,862
640,474	658,756	673,319	685,243	693,589	699,548
17,087	17,087	17,087	17,087	17,087	17,087
(1,348)	(1,348)	(1,348)	(1,348)	(1,348)	(1,348)
(18,195)	(18,195)	(18,195)	(18,195)	(18,195)	(18,195)
773,673	791,955	806,518	818,442	826,788	832,747
1,007,432	1,027,181	1,040,118	1,050,754	1,057,315	1,061,894
0	0	0	0	0	0

第4章　詳細分析ケース

5 その他流動資産

2002年3月期のその他流動資産は12,188百万円である。過去の推移を見ると、この科目は売上高の1～4％程度の金額が存在している。売上高に連動して上下変動する科目であれば、売上高連動で予測すべきだが、開示データではこの科目の内訳が不明であるため、2002年3月期数値が継続するものとして考えている。

6 有形固定資産（及び設備投資・減価償却費）

有形固定資産の予測に関しては、有形固定資産の簿価が売上高の一定比率となるように予測した。具体的には、期末の有形固定資産残高が売上高の30.43％になるように設定している。

製薬メーカーは他の製造業に比べて、有形固定資産や設備投資の重要性（対総資産比率・対売上高比率）が低い。三共の設備投資額（有形固定資産の簿価の期首・期末の差額＋減価償却費）の売上高に対する比率は、2002年3月期で4.4％、過去8年平均で5.3％である。今後の研究開発費に売上高の15％相当金額を投下しようとしていることを考えると、非常に低い比率であることがわかる。

なお、今後、重要な設備投資がある場合は、売上高対比で考えるのではなく、別の観点から金額を決定すべきだが、そのようなデータは開示資料には見あたらないため、売上高に対する比率で、設備投資額を決定している。

7 建設仮勘定

三共の過去の貸借対照表上では、この科目は継続的に発生しているため、今後も継続的に発生するものと考えるが、設備投資額は売上高の一定比率で設定しているため、急速な増加はないものと考える。2002年3月期の数値が継続的に続くものとする。

8 その他の有形固定資産

過去の残高は安定的に推移しており、また金額的な重要性には乏しいので、2002年3月期数値が継続的に続くものとする。

9 無形固定資産

無形固定資産にも有形固定資産同様に償却対象となる資産が含まれる。しかし、過去の無形固定資産から発生する減価償却費は不明であるので、償却資産は有形固定資産のみと考えて将来数値を予測する。したがって、無形固定資産はこれ以上変動しないものと考え、2003年3月以降は2002年3月期末の数値18,935百万円が継続するものとする。

10 連結調整勘定

1999年3月から2001年3月の3期間に連結調整勘定が発生していたが、2002年3月期にはゼロとなっている。今回のシミュレーションにおいては買収等を行う予定は加味しておらず、この科目に計上される予定のものは存在しない。したがって、将来値は

ゼロが継続するものとする。
11 繰延税金資産（流動分を含む）
2002年3月期数値が継続する前提を置く。

2002年3月期の繰延税金資産の主項目は、退職給付関連、委託研究開発関連、繰越欠損金である。今後、退職給付について追加拠出を行わないのであれば、退職給付関連項目の金額は、人員減と相殺されて一定になると考えられる。委託研究開発関連項目は、大学や他企業との共同研究に関連する項目だが、会計上は費用処理をしても税務上損金として認められない。三共は研究開発費を増やす方針であるので、共同開発も増えると見込まれるが、その影響によって繰延税金資産が増加する想定金額は微少であるので、2002年3月期の数字を適用することにする。繰越欠損金は子会社に起因しているものだが、この数値は見積もれないため、2002年3月期の数字を横ばいで適用するものとする。

以上のように考え、繰延税金資産全体は横ばいで推移するものとする。なお、繰延税金資産項目に変動がある場合でも、フリー・キャッシュフローの数値には影響を与えない。

12 有価証券・投資有価証券、投資その他資産
特に詳細な将来の変動予測材料がないため、この科目は2002年3月期の数値が維持されるとする。

13 短期借入金及び長期借入金
STAGE 2 の資本コストの項で検討した、三共の負債資本構成は負債比率10.6％との一貫性を意識している（ただし、資本構成は、時価ベースの比率なので、簿価ベースで厳密に合わせる必要はない）。後の 17 退職給付債務で述べるが、2002年3月期の負債比率よりも目標資本構成の負債比率が低いことから、今後退職給付債務を削減していくと考えている。その一方で、通常の短期借入金および長期借入金に関しては、2002年3月期の残高を維持すると考えた。

14 支払手形及び買掛金
三共の買入債務の対売上高比率（期中平均）は2002年3月期で12.1％、回転月数に換算すると1.45カ月である。三共のこの値は大手9社の中では過去恒常的に長かった（平均との乖離は0.4カ月）ので、この値は現在の回転月数を維持することとする。

15 引当金（流動負債）
2002年3月期の数値を将来的にも適用する。

流動負債の引当金の残高は、その大半が賞与引当金であり、人件費が減少するとの仮定の下では、理論的にはこの残高も減少すると考えられる。しかし、ここでは全体への重要性は乏しいものとして、現在の値を継続適用することとする。

16 その他の流動負債、長期引当金
2002年3月期の残高が、将来一定して続くものと仮定する。

17 退職給付債務
負債比率を13.8％から10.6％に低下させるために、この科目を削減する。簿価資本合計額を用いて試算すると、2003年3月期に負債比率を10.6％とするためには退職給付債務を78,619百万円から56,969百万円に削減する必要がある。負債比率10.6％を維持するためには、2004年3月期以降は退職給付債務が増加することになるが、フリー・キャッシュフローの用途がなく現預金が毎年増加することから、退職給付債務は2003年3月期数値が翌期以降も継続するものとする。

18 その他の固定負債
金額的な重要性が乏しいものであり、2002年3月期の1,080百万円が続くものと予想する。

19 繰延税金負債
2002年3月期の71百万円が将来的に継続するものとする。
繰延税金負債は繰延税金資産と相殺されてしまうケースがほとんどであり、三共の事例で出てくる繰延税金負債は海外子会社等に関するものであるので、上記のように考えた。

20 少数株主持分
前期少数株主持分に当期の少数株主損益を加減算して求めた。
少数株主持分の増減は、この他に、株式の追加取得や一部売却、時価発行増資等による少数株主持分比率の変動、子会社における支払い配当金の発生、連結会社間の債権債務の相殺消去に伴う子会社の貸倒引当金の増減、子会社における未実現損益の消去などによっても生じる。

21 その他有価証券評価差額金
保有有価証券の含み益を包括利益として扱う項目である。貸借対照表の投資有価証券の金額は2002年3月期から変動しないとの前提を置くため、この項目も2002年3月期の17,087百万円が継続するものと考えた。なお、保有有価証券の時価の変動は予測しないこととする。

22 為替換算調整勘定
2002年3月期の数値が将来的にも継続するものとする。

23 自己株式
2002年3月期の自己株式保有額10,181百万円に、2003年3月期に取得した8,014百万円を加算した残高で継続するものとする。

| STAGE 1 | STAGE 2 | **STAGE 3** | STAGE 4 |

◉……………将来キャッシュフローの予測

ステップ 14 シナリオの業績予測への転換

14-4 予測フリー・キャッシュフローの算出

　本ステップの最後に、予想損益計算書、予想貸借対照表をもとに、三共の予測フリー・キャッシュフローを算出する。

　フリー・キャッシュフロー計算のためには、NOPLATと、投資から生じるキャッシュフローを予測する必要がある。これらの予測フリー・キャッシュフローを求める手順は、すでに前章までの事例で述べたものと変わりがないため説明は省略し、まず図表4-45にNOPLATの計算過程を、図表4-46に投下資産予測の計算過程を、それぞれ示し、最後に図表4-47に予測フリー・キャッシュフローを示すことにする。

図表4-45 ◉ NOPLATの予測（三共）

	2003/3期	2004/3期	2005/3期	2006/3期
売上高	530,704	522,085	520,999	511,184
売上原価	(210,295)	(204,563)	(205,315)	(194,202)
販売費及び一般管理費	(239,893)	(236,728)	(234,966)	(231,667)
減価償却費(原価及び販管費に含む)	(28,354)	(27,857)	(27,404)	(27,347)
損益計算書上のEBITA	80,516	80,795	80,718	85,315
過去勤務債務に関する調整	0	0	0	0
継続的引当金の増加	0	0	0	0
調整後EBITA	80,516	80,795	80,718	85,315
EBITAに対する税金	(40,224)	(40,367)	(40,344)	(42,665)
役員賞与	(372)	(372)	(372)	(372)
繰延税金の増減	0	0	0	0
NOPLAT	**39,920**	**40,055**	**40,001**	**42,278**
EBITAに対する税金				
法人税等	40,050	40,211	40,268	42,703
支払利息による節税額	25	37	52	59
過去勤務債務利息による節税額	0	0	0	0
受取利息に対する税金	(17)	(40)	(133)	(246)
受取配当金に対する税金	(313)	(313)	(313)	(313)
その他営業外損益に対する税金	480	472	471	462
特別損益に対する税金	0	0	0	0
EBITAに対する税金	40,224	40,367	40,344	42,665
当期利益からの算出				
当期利益	39,718	39,879	39,935	42,349
役員賞与	(372)	(372)	(372)	(372)
＋繰延税金負債の増加	0	0	0	0
＋連結調整勘定の償却	0	0	0	0
＋継続的引当金の増加	0	0	0	0
＋税引後その他営業外損益	665	655	653	641
＋税引後特別損益	0	0	0	0
＋少数株主持分損益	331	333	333	353
調整後当期利益	40,343	40,494	40,549	42,972
＋税引後支払利息	34	51	72	82
＋過去勤務債務に対する支払利息	0	0	0	0
投資家に分配可能な総利益	40,377	40,545	40,621	43,054
－税引後受取配当金	(435)	(435)	(435)	(435)
－税引後受取利息	(23)	(55)	(185)	(341)
NOPLAT	**39,920**	**40,055**	**40,001**	**42,278**
バランスチェック	0	0	0	0

(単位:百万円)

	2007/3期	2008/3期	2009/3期	2010/3期	2011/3期	2012/3期
	461,629	472,023	456,292	443,642	427,002	413,986
	(190,147)	(190,010)	(184,994)	(180,516)	(174,486)	(169,013)
	(221,498)	(222,859)	(220,108)	(217,887)	(214,957)	(212,654)
	(26,832)	(24,231)	(24,777)	(23,951)	(23,287)	(22,413)
	49,984	59,154	51,190	45,239	37,560	32,319
	0	0	0	0	0	0
	0	0	0	0	0	0
	49,984	59,154	51,190	45,239	37,560	32,319
	(25,029)	(29,648)	(25,704)	(22,779)	(18,977)	(16,391)
	(372)	(372)	(372)	(372)	(372)	(372)
	0	0	0	0	0	0
	24,584	**29,134**	**25,115**	**22,088**	**18,211**	**15,556**
	25,217	30,015	26,265	23,604	19,996	17,589
	67	72	113	99	110	125
	0	0	0	0	0	0
	(359)	(552)	(774)	(1,011)	(1,202)	(1,383)
	(313)	(313)	(313)	(313)	(313)	(313)
	417	427	413	401	386	374
	0	0	0	0	0	0
	25,029	29,648	25,704	22,779	18,977	16,391
	25,009	29,767	26,048	23,408	19,831	17,443
	(372)	(372)	(372)	(372)	(372)	(372)
	0	0	0	0	0	0
	0	0	0	0	0	0
	0	0	0	0	0	0
	579	592	572	556	535	519
	0	0	0	0	0	0
	209	248	217	195	165	146
	25,424	30,235	26,465	23,788	20,159	17,736
	93	100	157	137	153	173
	0	0	0	0	0	0
	25,517	30,335	26,622	23,925	20,312	17,909
	(435)	(435)	(435)	(435)	(435)	(435)
	(498)	(766)	(1,073)	(1,403)	(1,667)	(1,918)
	24,584	**29,134**	**25,115**	**22,088**	**18,211**	**15,556**
	0	0	0	0	0	0

第4章 詳細分析ケース

図表4-46● 投下資産の予測（三共）

	2003/3期	2004/3期	2005/3期	2006/3期
営業流動資産	296,568	291,950	291,368	286,108
営業流動負債	(147,764)	(146,754)	(146,626)	(145,476)
営業運転資金	148,804	145,196	144,741	140,632
有形固定資産	194,224	191,602	191,271	188,285
正味その他営業資産	18,935	18,935	18,935	18,935
営業投下資産(連結調整勘定除く)	361,964	355,733	354,947	347,853
連結調整勘定	0	0	0	0
営業投下資産(連結調整勘定含む)	361,964	355,733	354,947	347,853
余剰現預金	121,463	156,421	185,990	224,303
余剰投資有価証券	195,049	195,049	195,049	195,049
投資その他の資産　その他、繰延資産	19,232	19,232	19,232	19,232
その他固定負債	(1,080)	(1,080)	(1,080)	(1,080)
投下資産総額	**696,628**	**725,354**	**754,138**	**785,357**
普通株式・優先株式合計	672,439	700,833	729,284	760,149
有価証券評価差額金	(17,087)	(17,087)	(17,087)	(17,087)
繰延税金資産・負債	(50,437)	(50,437)	(50,437)	(50,437)
未払配当金				
継続的引当金	2,426	2,426	2,426	2,426
調整後資本	607,341	635,735	664,186	695,051
少数株主持分	8,738	9,071	9,404	9,758
借入金	23,579	23,579	23,579	23,579
退職給付債務	56,969	56,969	56,969	56,969
投下資産総額	**696,628**	**725,354**	**754,138**	**785,357**
バランスチェック	0	0	0	0

(単位：百万円)

2007/3期	2008/3期	2009/3期	2010/3期	2011/3期	2012/3期
259,554	265,124	256,694	249,916	240,999	234,024
(139,667)	(140,886)	(139,042)	(137,559)	(135,609)	(134,083)
119,887	124,238	117,652	112,357	105,390	99,941
173,208	176,370	171,584	167,735	162,672	158,712
18,935	18,935	18,935	18,935	18,935	18,935
312,029	319,543	308,171	299,027	286,997	277,588
0	0	0	0	0	0
312,029	319,543	308,171	299,027	286,997	278,648
273,859	284,876	311,029	332,292	352,833	368,347
195,049	195,049	195,049	195,049	195,049	195,049
19,232	19,232	19,232	19,232	19,232	19,232
(1,080)	(1,080)	(1,080)	(1,080)	(1,080)	(1,080)
799,089	**817,620**	**832,401**	**844,520**	**853,031**	**859,136**
773,673	791,955	806,518	818,442	826,788	832,747
(17,087)	(17,087)	(17,087)	(17,087)	(17,087)	(17,087)
(50,437)	(50,437)	(50,437)	(50,437)	(50,437)	(50,437)
2,426	2,426	2,426	2,426	2,426	2,426
708,575	726,857	741,420	753,344	761,690	767,649
9,966	10,215	10,432	10,627	10,793	10,939
23,579	23,579	23,579	23,579	23,579	23,579
56,969	56,969	56,969	56,969	56,969	56,969
799,089	**817,620**	**832,401**	**844,520**	**853,031**	**859,136**
0	0	0	0	0	0

●第4章　詳細分析ケース

図表4-47 フリー・キャッシュフローの予測（三共）

	2003/3期	2004/3期	2005/3期	2006/3期
営業キャッシュフロー				
NOPLAT	39,920	40,055	40,001	42,278
減価償却費	28,354	27,857	27,404	27,347
グロス・キャッシュフロー	68,274	67,912	67,406	69,625
－運転資金の増加	7,615	3,608	455	4,109
－設備投資	(25,471)	(25,234)	(27,074)	(24,361)
－その他資産の増加	0	0	0	0
総投資	(17,856)	(21,626)	(26,619)	(20,252)
のれん代加算前フリー・キャッシュフロー	50,418	46,286	40,787	49,373
のれん代への投資	0	0	0	0
フリー・キャッシュフロー	**50,418**	**46,286**	**40,787**	**49,373**
営業外キャッシュフロー	(665)	(655)	(653)	(641)
税引後受取利息	23	55	185	341
税引後受取配当金	435	435	435	435
余剰現金の減少(増加)	(9,400)	(34,958)	(29,569)	(38,313)
余剰投資有価証券の減少(増加)	0	0	0	0
投資家に分配可能なキャッシュフロー	40,810	11,164	11,184	11,195
財務キャッシュフロー				
税引後支払利息	34	51	72	82
過去勤務債務に対する支払利息	0	0	0	0
借入金の減少(増加)	0	0	0	0
過去勤務債務の減少(増加)	21,650	0	0	0
少数株主持分	0	0	0	0
配当	11,112	11,112	11,112	11,112
資本金・資本準備金の減少(増加)	0	0	0	0
剰余金変動額	0	0	0	0
自己株式消却	0	0	0	0
自己株式の増加(減少)	8,014	0	0	0
その他剰余金変動額	0	0	0	0
法人税等調整額差額	0	0	0	0
アンバランス修正				
財務キャッシュフロー	40,810	11,164	11,184	11,195
バランスチェック	0	0	0	0

(単位：百万円)

2007/3期	2008/3期	2009/3期	2010/3期	2011/3期	2012/3期
24,584	29,134	25,115	22,088	18,211	15,556
26,832	24,231	24,777	23,951	23,287	22,413
51,416	53,365	49,891	46,039	41,498	37,969
20,746	(4,351)	6,585	5,296	6,966	5,449
(11,754)	(27,393)	(19,990)	(20,102)	(18,224)	(18,453)
0	0	0	0	0	0
8,991	(31,745)	(13,405)	(14,806)	(11,258)	(13,004)
60,407	21,621	36,486	31,232	30,240	24,965
0	0	0	0	0	0
60,407	**21,621**	**36,486**	**31,232**	**30,240**	**24,965**
(579)	(592)	(572)	(556)	(535)	(519)
498	766	1,073	1,403	1,667	1,918
435	435	435	435	435	435
(49,556)	(11,017)	(26,152)	(21,264)	(20,541)	(15,514)
0	0	0	0	0	0
11,205	11,212	11,269	11,250	11,265	11,285
93	100	157	137	153	173
0	0	0	0	0	0
0	0	0	0	0	0
0	0	0	0	0	0
0	0	0	0	0	0
11,112	11,112	11,112	11,112	11,112	11,112
0	0	0	0	0	0
0	0	0	0	0	0
0	0	0	0	0	0
0	0	0	0	0	0
0	0	0	0	0	0
0	0	0	0	0	0
11,205	11,212	11,269	11,250	11,265	11,285
0	0	0	0	0	0

● 第4章　詳細分析ケース

| STAGE 1 | STAGE 2 | STAGE 3 | **STAGE 4** |

◉⋯⋯⋯⋯継続価値の計算と企業価値の算定

ステップ17 追加純投資に対するリターン(ROIC_I)の算定

　最終ステージでは、STAGE 3 で算定した将来キャッシュフローをもとに、三共の継続価値を計算し、企業価値の算定を行う。企業価値算定のプロセスは以下の4つのステップに分かれる。

　ステップ17：追加純投資に対するリターン（ROIC_I）の決定
　ステップ18：継続価値の算定
　ステップ19：事業価値の算定
　ステップ20：企業価値の算定

　三共の長期的な成長力を考えるにあたっては、製薬業界における市場規模の拡大予測などの他に医薬品業界の統合シナリオや新薬の発売等を織り込む必要がある。しかし、本ケースにおいては、売上高の予測を、既存医薬品の将来売上高の推定値とフェーズ2以降のステージにある新薬の将来売上高の推定値を合算して求めており、医薬品業界の統合やフェーズ1の開発ステージにある新薬の将来売上高予測については考慮していない。ここでは、これらの条件下で三共の長期的NOPLAT成長率を推定することとし、三共独自の力によるNOPLAT実質成長率はゼロと予測し、長期インフレ率0.5%を参考に、NOPLAT名目成長率を0.5%とする。

　我々は、製薬業界の市場規模が、STAGE 1 のステップ 7 に述べたとおりほぼ横ばいで推移していることから、この数値には妥当性があると考えるが、これは三共の将来性が乏しい、ということを意味しているのではない。むしろ、我々の推定した既存医薬品とフェーズ3にある新薬の売上だけで予測した2012年3月期までは、フリー・キャッシュフローは一貫して減少しており、この成長率0.5%という数字とは一見矛盾している。ここで我々が考えているのは、現時点でフェーズ3にある開発途中の新薬等の材料では、当面既存薬品の売上減を穴埋めするには力不足ではあるが、10年後以降の長期を見れば、フェーズ2やフェーズ1にある薬品をはじめとして、今後何らかの新薬開発等によって、実質売上成長率0程度の売上規模は三共が維持していくだろう、というシナリオである。

追加純投資に対するリターン（ROIC_I）については、予測期間を通してNOPLATが下がっているということを勘案して、長期的にROIC_IがWACCを上回る状況は考えづらいため、少なくとも予測期間以降は、WACCと等しいROIC、すなわち3.34%の新規プロジェクトに投資していくと考える。

　ここで、長期的NOPLAT成長率（g）、NOPLATに対する再投資比率（NOPLATのうちどの程度が純投資（新規設備投資−減価償却費）に回されているかを示す比率：IR）、追加純投資のROIC（ROIC_I）の間には以下の関係が成り立つ。

$$g = \text{ROIC\_I} \times \text{IR}$$

　三共の場合には、上記の式に当てはめて考えると、

$$0.5\% = 3.34\% \times 15\%$$

となっており、逆算される長期的再投資比率（IR）は、15%であり、NOPLATのうち85%相当額は、配当してもかまわないことになる。なお、この再投資比率は、医薬品業界において重要な投資である研究開発費とは別枠である（研究開発費は経費であり、設備投資には含まれない）ため、再投資比率でNOPLAT成長率の妥当性を判断することにはあまり意味がないかもしれない。

●⋯⋯⋯⋯継続価値の計算と企業価値の算定

ステップ 18 継続価値の算定

　ステップ18では、継続価値の算定を行う。三共のケースでは、予測期間の最終年度（2012年3月）において減価償却費が新規設備投資を上回っているので減価償却費を新規設備投資額と等しくした場合を想定し、標準化を行った。この数値17,857百万円を、0.5%の成長率で成長させたもの（(1+0.005) 倍したもの）をNOPLAT$_{t+1}$とした（図表4-47参照）。バリュー・ドライバー式を用いた継続価値の算出過程は次式のようになる（厳密には、WACCは、端数を含めて計算しているので、計算式どおりに単純に計算した数値とは合致しない）。

$$継続価値 = \frac{17,857百万円 \times (1+0.005) \times \left[1 - \frac{0.005}{0.0335}\right]}{0.0335 - 0.005} = 535,528百万円$$

　この継続価値は、2012年3月期の期初のものであるので、WACCで割り引いて現在価値を求めると、385,150百万円となる。

$$継続価値の現在価値 = \frac{535,528百万円}{(1+0.0335)^{10}} = 385,150百万円$$

| STAGE 1 | STAGE 2 | STAGE 3 | **STAGE 4** |

● 継続価値の計算と企業価値の算定

ステップ 19 事業価値の算定

　継続価値の現在価値に2003年3月期から2012年3月期の10年間に創出されるフリー・キャッシュフローのそれぞれの現在価値を合算すると事業価値が求められ、事業価値は719,850百万円となる。

　なお、この事業価値にキャッシュフローの発生時は年度の中央時点であると考える期中調整を加える。事業価値719,850百万円に $(1+WACC)^{\frac{1}{2}} = \sqrt{1+0.035} = 1.0166$ を乗じると、調整後の事業価値731,812百万円が求められる。以上のステップ18とステップ19の計算過程をまとめたのが、図表4-48である。

図表4-48 ● 事業価値の算定（三共）

WACC　3.35%
NOPLAT成長率　0.50%
新規投資のROIC　3.35%

（単位：百万円）

		フリー・キャッシュフロー	割引率(%)	フリー・キャッシュフローの現在価値
1	2003/3期	50,418	0.96758	48,783
2	2004/3期	46,286	0.93620	43,333
3	2005/3期	40,787	0.90585	36,946
4	2006/3期	49,373	0.87647	43,274
5	2007/3期	60,407	0.84805	51,229
6	2008/3期	21,621	0.82056	17,741
7	2009/3期	36,486	0.79395	28,968
8	2010/3期	31,232	0.76821	23,993
9	2011/3期	30,240	0.74330	22,477
10	2012/3期	24,965	0.71920	17,955
継続価値		535,528	0.71920	385,150
事業価値		719,850 百万円		
期中調整		1.0166		
事業価値		731,812 百万円		

STAGE 4
●⋯⋯⋯⋯継続価値の計算と企業価値の算定

ステップ 20 企業価値の算定

　ステップ19で計算した事業価値に、余剰現金と余剰有価証券からなる非事業性資産を加えると1,038,924百万円となり、三共の企業価値が求められる。ここから有利子負債、過去勤務債務、少数株主持分を差し引くと株主価値928,001百万円、および株主価値を発行済株式数で除した理論株価（一株あたり価値）2,088円が求められる（図表4-49）。

　この株主価値および理論株価に対し、2002年12月末時点の株価1,489円は約29％割安である。すなわち、評価時点で三共の価値は株式市場で割安に評価されていたことになる。このことは、評価時点での株式市場では、我々としてはかなり保守的だと考えていた予測以上に三共の将来に悲観的だったことを意味する。この株式市場の評価が正しかったかどうかを判断するのは難しいが、その 1 年後の2003年12月までに、三共の株価は2,000円超の水準まで上昇したことを指摘しておきたい。

　また、図表4-49からわかるように、三共の企業価値のうち、フリー・キャッシュフローの現在価値の総和である事業価値は約 7 割にすぎず、残り 3 割は金融資産である。ただし、投資有価証券のなかには、株式が54,853百万円含まれており、これは事業継続を前提とすると、売却不可能な営業用資産である可能性もある。この場合、一株あたりの理論価値は、1,964円に低下する（さらにそれ以外の余剰現預金や余剰投資有価証券も、今後営業用資産として売却不可能と考えてしまえば、一株あたりの理論価値は1,397円となる）。

図表4-49 ●‥‥‥‥‥企業価値・株主価値の算定(三共)

事業価値	719,850	百万円
期中調整	1.0166	
事業価値	731,812	百万円
事業価値	731,812	百万円
余剰現預金	112,063	百万円
余剰投資有価証券	195,049	百万円
企業価値	1,038,924	百万円
借入金	23,579	百万円
オペレーティング・リースの時価	0	百万円
過去勤務債務	78,937	百万円
優先株式	0	百万円
少数株主持分	8,407	百万円
事業再編引当金	0	百万円
株主価値	928,001	百万円
直近の発行済株式数	444.50	百万株
一株あたり価値	2,088	円

参考文献

【本書が基本とした教科書】

・McKinsey & Company, Inc., Tom Copeland, Tim Koller, and Jack Murrin, 2000, *Valuation: Measuring and managing the value of companies* (3rd edition), John Wiley & Sons, New York, NY.
邦訳：マッキンゼー・コーポレート・ファイナンス・グループ訳、2002年、「企業価値評価　ーバリュエーション：価値創造の理論と実践」、ダイヤモンド社

【その他の参考文献】

・Copeland, Thomas E., J. Fred Weston, and Kuldeep Shastri, 2005, *Financial theory and corporate policy* (4th edition), Addison Wesley, Boston, MA.
・Damodaran, Aswath, 2001, *The dark side of valuation: Valuing old tech, new tech, and new economy companies*, Prentice Hall, Upper Saddle River, NJ.
・Dimson, Elroy, Paul R. Marsh, and Michael Staunton, 2002, *Triumph of the optimists: 101 years of global investment returns*, Princeton University Press, Princeton, NJ.
・Elton, Edwin J., Martin J. Gruber, Stephen J. Brown, and William N. Goetzmann, 2003, *Modern portfolio theory and investment analysis* (6th edition), John, Wiley & Sons, New York, NY.
・Jorion, Philippe, and William N. Goetzmann, 1999, "Global stock markets in the twentieth century," Journal of Finance 54, 953-980.
・日本証券経済研究所編、2002年、「株式投資収益率　2001年」、日本証券経済研究所

[執筆者]

※50音順（なお、全員が中央大学専門職大学院国際会計研究科修士課程（MBAプログラム）修了生である）

小倉　千幸（おぐら　ちさち）（第3章・第4章リーダー）
日系金融機関の投資銀行部門勤務。未上場企業への上場アドバイス、上場企業への財務アドバイス・企業価値評価コンサルティング業務を経て、現在ファイナンス関連業務に従事。

奥山　勉（おくやま　つとむ）（第2章リーダー）
1987年早稲田大学政経学部卒業、同年西武クレジット（現クレディセゾン）入社。財務部、関連事業部、関係会社・財団法人出向、信用企画部等を経て、現在、保険金融部勤務。

杉岡　清誠（すぎおか　きよせい）（第3章リーダー）
中央三井信託銀行を経て、現在、日本格付研究所（JCR）ストラクチャード・ファイナンス部　アナリスト。

田口　敏久（たぐち　としひさ）（第2章）
東海銀行入行。桜通、大阪南支店を経て市場企画部から、証券子会社に出向後、同行戦略事業部にてＵＦＪ統合に従事。その後、日興コーディアルグループ財務部を経て、ＵＦＪ銀行復職。

長谷川　直彦（はせがわ　なおひこ）（第3章・第4章）
公認会計士。アーサーアンダーセン東京事務所にて日米の会計基準に基づく会計監査、デューデリジェンスや証券化・流動化などの業務に従事。2001年より、新創監査法人に勤務し、監査及び税務業務に従事。

長谷部　智一郎（はせべ　ともいちろう）（第4章）
公認会計士。監査法人トーマツ入所後、信託銀行及び事業会社の日米基準による会計監査、株式公開支援業務を経て、2002年より知的財産グループ事務局長。日本公認会計士協会「知的財産専門部会」委員。

平本　政規（ひらもと　まさのり）（第2章）
1990年一橋大学商学部卒業後、住友信託銀行入社。公的資金運用部、証券管理部等を経て現在、証券業務部。日本証券アナリスト協会検定会員。

藤田　宏康（ふじた　ひろやす）（第4章）
証券業界団体に入社後、米国公認会計士資格取得。その後渡米し、Ernst & Young, LLPにて勤務。現在はNTTドコモ関連企業部にて主に国内出資案件審査業務に従事。

三河　武治（みかわ　たけはる）（第3章）
日興證券入社、営業職に従事。商社の経理部門勤務を経て、現在、ソニー・ヒューマンキャピタル管理部勤務。

溝口　和彦（みぞぐち　かずひこ）（第2章）
1991年神戸大学経済学部卒業、明治生命保険相互会社入社。1997年同社退社後、上場を目指すベンチャー企業の財務部長等を経て現在、株式会社オーヴ経営企画室長。

[編著者]

鈴木一功（Kazunori Suzuki）

1961年熊本市生まれ。1986年東京大学法学部卒業後、富士銀行入社。1990年INSEAD（欧州経営大学院）MBA（経営学修士）、1999年ロンドン大学（London Business School）金融経済学博士（Ph.D. in Finance）。富士銀行にてデリバティブズ業務を担当の後、富士コーポレートアドバイザリーM&A部門（現みずほ証券）チーフアナリストとして、企業価値評価モデル開発等を担当。2001年から2012年まで、中央大学専門職大学院国際会計研究科教授。2012年3月より、早稲田大学商学学術院・大学院経営管理研究科教授。現在同大学院にて企業金融・企業価値評価の講義を担当するかたわら、みずほ銀行コーポレートアドバイザリー部の企業価値評価外部アドバイザー。『証券アナリストジャーナル』編集委員会委員。主な著書に『MBAゲーム理論』、共著書に『MBAマネジメント・ブック（初版及び新版）』、監修書に『MBA全集4 ファイナンス』（いずれもダイヤモンド社）などがある。

企業価値評価【実践編】

2004年11月26日　第1刷発行
2023年10月31日　第16刷発行

編著者──鈴木一功
発行所──ダイヤモンド社
　　　　　〒150-8409　東京都渋谷区神宮前6-12-17
　　　　　https://www.diamond.co.jp/
　　　　　電話／03・5778・7233（編集）　03・5778・7240（販売）
装丁────竹内雄二
製作進行──ダイヤモンド・グラフィック社
印刷────堀内印刷所(本文)・加藤文明社(カバー)
製本────ブックアート
編集担当──岩佐文夫

©2004 Kazunori Suzuki
ISBN 4-478-47072-3
落丁・乱丁本はお取替えいたします
無断転載・複製を禁ず
Printed in Japan

◆ダイヤモンド社の本◆

世界標準となったDCF法による企業価値評価を全面改定

DCF法の提唱者が、価値評価の実践技法について、5つのステップで詳細に紹介。株価のみならず、企業価値で市場に評価される企業像を提唱する。

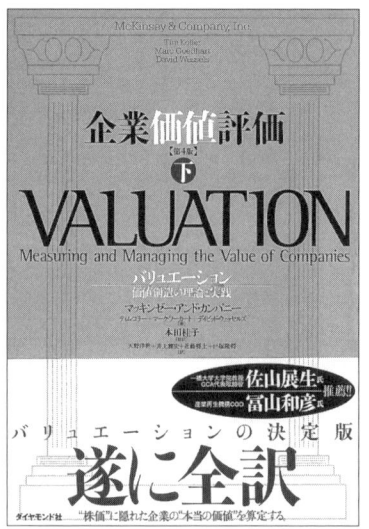

企業価値評価 第4版【上・下】
バリュエーション：価値創造の理論と実践

マッキンゼー・アンド・カンパニー／ティム・コラー／マーク・ゴーダント／デイビッド・ベッセルズ［著］
本田桂子［監訳］　天野洋世／井上雅史／近藤将士／戸塚隆将［訳］

●A5判上製●上巻：定価（本体3800円＋税）、下巻：定価（本体3800円＋税）

http://www.diamond.co.jp/